D0142832

CORIPPE

(FLAVIUS CRESCONIUS CORIPPUS)

ÉLOGE DE L'EMPEREUR JUSTIN II

IL A ÉTÉ TIRÉ DE CET OUVRAGE

200 exemplaires sur papier pur fil Lafuma numérotés de 1 à 200.

COLLECTION DES UNIVERSITÉS DE FRANCE
publiée sous le patronage de l'ASSOCIATION GUILLAUME BUDÉ

CORIPPE

(FLAVIUS CRESCONIUS CORIPPUS)

ÉLOGE DE L'EMPEREUR JUSTIN II

TEXTE ÉTABLI ET TRADUIT

PAR

SERGE ANTÈS

Maître-assistant à l'Université de Picardie

Ouvrage publié avec le concours du Centre National des Lettres

PARIS

SOCIÉTÉ D'ÉDITION « LES BELLES LETTRES »

95, BOULEVARD RASPAIL

1981

Conformément aux statuts de l'Association Guillaume Budé, ce volume a été soumis à l'approbation de la Commission technique qui a chargé M. Jean Doignon d'en faire la révision et d'en surveiller la correction en collaboration avec M. Serge Antès.

ISBN : 2-251-01089-0

AVERTISSEMENT

Nous donnons ci-dessous la liste des abréviations qui désignent des ouvrages modernes ou des périodiques et qui sont celles de la *Collection de Bibliographie classique* publiée par la Société internationale de Bibliographie classique fondée par J. Marouzeau.

A. J. Ph.	*American Journal of Philology.*
A. L. L. G.	*Archiv für Lateinische Lexikographie und Grammatik.*
A. L. M. A.	*Archivum Latinitatis Medii Aevi.*
A. S. N. P.	*Annali della Scuola Normale Superiore di Pisa (Classe di Lettere e Filosofia).*
B. A. B.	*Bulletin de la Classe des Lettres de l'Académie Royale de Belgique.*
B. I. C. S.	*Bulletin of the Institut of Classical Studies of the University of London.*
B. J.	*Bonner Jahrbücher.*
B. M. Q.	*British Museum Quarterly.*
B. Ph. W.	*Berliner Philologische Wochenschrift.*
Byz. Z.	*Byzantinische Zeitschrift.*
C. Ph.	*Classical Philology.*
C. Q.	*Classical Quarterly.*
C. R.	*Classical Review.*
C. R. A. I.	*Comptes rendus de l'Académie des Inscriptions et Belles-Lettres.*
D. L. Z.	*Deutsche Literaturzeitung.*
É. O.	*Échos d'Orient.*
H.	*Hermes.*
H. J.	*Historisches Jahrbuch.*
H. Z.	*Historische Zeitschrift.*
Jb. A. C.	*Jahrbuch für Antike und Christentum.*

J. A. W.	*Jahresbericht über die Fortschritte der klassischen Altertumswissenschaft.*
J. H. S.	*Journal of Hellenic Studies.*
L. Z. B.	*Literarisches Zentralblatt.*
M.D.A.I.(R.)	*Mitteilungen des Deutschen Archäologischen Instituts (Römische Abteilung).*
M. É. F. R.	*Mélanges d'Archéologie et d'Histoire de l'École Française de Rome.*
M. H.	*Museum Helveticum.*
N. Ph. R.	*Neue Philologische Rundschau.*
R. C.	*Revue Critique d'Histoire et de Littérature.*
R. D. M.	*Revue des Deux-Mondes.*
R. E.	*Pauly's Real-Encyclopädie der classischen Altertumswissenschaft.*
R. É. A.	*Revue des Études Anciennes.*
R. É. Aug.	*Revue des Études Augustiniennes.*
R. É. Byz.	*Revue des Études Byzantines.*
R. É. G.	*Revue des Études Grecques.*
R. É. L.	*Revue des Études Latines.*
R. F. I. C.	*Rivista di Filologia e di Istruzione Classica.*
R. H.	*Revue Historique.*
R.H.Ph.R.	*Revue d'Histoire et de Philosophie Religieuses.*
R. H. R.	*Revue de l'Histoire des Religions.*
R. H. S. E.	*Revue Historique du Sud-Est Européen.*
R. H. T.	*Revue d'Histoire des Textes.*
R. I. B.	*Revue de l'Instruction publique en Belgique.*
R. I. N.	*Rivista Italiana di Numismatica e Scienze affini.*
R. L. A. C.	*Reallexikon für Antike und Christentum.*
Rh. M.	*Rheinisches Museum für Philologie.*
R. M. A. L.	*Revue du Moyen Age Latin.*
R. Ph.	*Revue de Philologie, de Littérature et d'Histoire anciennes.*
R. T.	*Revue Tunisienne.*
S. A. W. W.	*Sitzungsberichte der Österreichischen Akademie der Wissenschaften in Wien.*
S. Byz.	*Studi Byzantini e Neoellenici.*

S.B.A.W.	*Sitzungsberichte der Bayerischen Akademie der Wissenschaften (Philos.-Hist. Klasse).*
S.O.	*Symbolae Osloenses.*
S. P. A. W.	*Sitzungsberichte der Preussischen Akademie der Wissenschaften.*
V. Chr.	*Vigiliae Christianae.*
W. K. Ph.	*Wochenschrift für Klassische Philologie.*
W. S.	*Wiener Studien.*
W.Z.K.M.	*Wiener Zeitschrift für die Kunde des Morgenlandes.*
Z. Œ. G.	*Zeitschrift für die Österreichischen Gymnasien.*

On rencontrera aussi les abréviations suivantes :

C. G. L.	*Corpus Glossariorum Latinorum.*
C. I. G.	*Corpus Inscriptionum Graecarum.*
C. I. L.	*Corpus Inscriptionum Latinarum.*
C. S. E. L.	*Corpus Scriptorum Ecclesiasticorum Latinorum.*
C. S. H. B.	*Corpus Scriptorum Historiae Byzantinae.*
D. A. C. L.	*Dictionnaire d'Archéologie Chrétienne et de Liturgie.*
F. H. G.	*Fragmenta Historicorum Graecorum.*
H. G. M.	*Historici Graeci Minores.*
I. C. V. R.	*Inscriptiones Christianae Vrbis Romae.*
I. G.	*Inscriptiones Graecae.*
I. L. S.	*Inscriptiones Latinae Selectae.*
M. G. H.	*Monumenta Germaniae Historica (A.A. = Auctores Antiquissimi; P.L.A.C. = Poetae Latini Aevi Carolini; S.S. = Scriptores* in-fol.).
P. G.	*Patrologiae cursus completus...*, *series Graeca.*
P. L.	*Patrologiae cursus completus...*, *series Latina.*

Les auteurs anciens, désignés par les abréviations de l'*Index* du *Thesaurus linguae latinae* paru à Leipzig en 1904 et complété en 1958 ou, pour les auteurs grecs et médiévaux, par des abréviations suffisamment explicites en elles-mêmes ou par le contexte, sont lus, en l'absence d'indication spéciale, dans la *Collection des Universités de France*, et, quand ils n'y figurent pas, dans la *Bibliotheca Teubneriana*. Sinon, une mention particulière indique soit le nom de l'éditeur soit les références précises de la collection où ils ont été publiés (*Monumenta Germaniae Historica* par exemple). Pour les auteurs chrétiens nous avons utilisé la dernière édition mentionnée par la *Clauis Patrum Latinorum* (= *Sacris Erudiri*, 3) d'E. Dekkers et E. Gaar, 2e édition, Steenbrugge, 1961. Les auteurs byzantins ne sont encore bien souvent accessibles que dans le *Corpus Scriptorum Historiae Byzantinae* paru à Bonn en 1836 ou dans la *Patrologie grecque*. Quelques-uns d'entre eux ont été publiés dans la *Bibliotheca Teubneriana* (Jean Lydus, éd. Wünsch ; Procope de Césarée, éd. Haury ; Théophylacte Simocatta, éd. De Boor ; les fragments de certains historiens, éd. Dindorf) et, plus rarement, dans la série byzantine de la *Collection des Universités de France* (ainsi le début du *Livre des Cérémonies* doit être lu dans l'édition de A. Vogt, *Constantin VII Porphyrogénète*, *Le Livre des Cérémonies*, texte établi et traduit par A. Vogt, *Commentaire* par A. Vogt, 4 vol., Paris, 1935-1940 ; le reste de l'œuvre n'existe que dans la collection byzantine de Bonn). Il existe quelques éditions isolées, comme celle de la *Chronographie* de Théophane par De Boor, 2 vol., Leipzig, 1883-1885.

INTRODUCTION

I

Les circonstances historiques et les intentions du poème

L'auteur. Les seuls renseignements dont l'on puisse disposer sur la vie de Flavius Cresconius Corippus[1] doivent être tirés de ses deux œuvres, la *Iohannis* et l'*In laudem*

1. Aucun manuscrit, actuellement conservé, ne donne le nom complet : le gentilice *Flauius* n'était transmis que par un manuscrit, aujourd'hui perdu, de la bibliothèque fondée par Matthias Corvin à Buda : le début en a été conservé par J. Cuspinianus dans son ouvrage *De Caesaribus atque imperatoribus Romanis opus insigne...*, Argentorati, 1540, p. 216 : *Bellum vero Lybicum, quod Ioannes contra Aphros gessit, Fl. Cresconius Gorippus* (sic) *VIII libris prosequutus est, quibus titulum fecit Iohannidos, quos in regia Bibliotheca Budae repperi. Hi sic incipiunt : signa, duces...* Si l'on excepte la variante graphique *Crestonius* portée au dos du manuscrit *Trivultianus 686*, la forme *Cresconius* du premier surnom est attestée à la fois par le manuscrit de Buda et par la *Chronique* du monastère du Mont-Cassin pour les années 1058 à 1085, composée par Leo Marsicanus, puis par Pierre Diacre, qui mentionne, parmi les ouvrages copiés au monastère sur l'ordre de l'abbé Didier, *Cresconium de bellis Libicis* (*M. G. H.*, *S.S.*, VII, 747). Ce manuscrit, perdu depuis, est encore répertorié par le catalogue de la bibliothèque du monastère réalisé sur l'ordre de Clément VIII au xve siècle (*Bibliotheca Casinensis seu codicum manuscriptorum qui in tabulario Casinensi asservantur... cura et studio monachorum ordinis S. Benedicti abbatiae Montis Casini*, t. 1, 1873, p. LXXXV) sous la forme *Lib. Crescon*(*ii*). *inc*(*ipit*) *Victoris. in versibus.* Le deuxième surnom est conservé par deux manuscrits, le manuscrit de Buda et le manuscrit de Madrid (cf. p. LXXXVIII) : dans ce dernier manuscrit, le surnom se présente deux fois sous la forme *Corippus* (*incipit* du livre 1 et *explicit* du même livre, avec dans ce dernier cas une forme fautive *Corppus*) et une fois sous la forme *Gorippus* (*explicit* du livre 2) qui se lisait également dans le manuscrit de Buda. Les deux formes sont inconnues par ailleurs : il serait ten-

Iustini, et des *incipit* ou *explicit* de leurs rares manuscrits.

Né en Afrique dans la dernière décade du ve siècle ou dans la première du vi^e siècle[1], Corippe y exerçait le métier de professeur de lettres (*grammaticus*) dans une localité des environs de Carthage[2]. Vers 550, il se trouve

tant d'y voir l'indication du lieu d'origine de ce Flavius Cresconius, puisque souvent tel est le rôle du deuxième surnom après *Cresconius* (cf. par exemple dans la liste d'évêques africains donnée par J. L. Maier, *L'épiscopat de l'Afrique romaine, vandale et byzantine* (= *Bibliotheca Helvetica Romana*, vol. 11), Institut suisse de Rome, 1973). Malheureusement *Corippus* ne peut être rapproché d'aucun nom de localité répertorié par les différents recueils épigraphiques consacrés à l'Afrique. Quant à la forme *Gorippus*, si elle fait penser à la *Goritana ciuitas* (*C. I. L.*, VIII, 12421 et 12422), elle ne saurait indiquer l'appartenance géographique, le suffixe *-ippus* ou *-pus* (si c'est un suffixe) n'existant pas ailleurs. Aussi, puisqu'elle n'est pas plus significative que la forme *Corippus* et qu'elle semble en être une simple variante graphique, avons-nous décidé de conserver la forme traditionnellement retenue par les éditeurs, même si elle n'est pas plus attestée que l'autre.

1. *Africanus* se lit dans l'*incipit* du livre 1 et l'*explicit* du livre 2 du manuscrit de Madrid et, dans son court panégyrique du questeur du palais sacré et maître des offices Anastase, Corippe se range parmi les Africains (vers 36-41). Au livre 4 de l'*In laudem Iustini*, il décrit les travaux des paysans africains pour profiter des rares pluies (vers 215-223). Tous les *Cresconii* connus sont signalés en Afrique (cf. *T. L. L.*, *Onomasticon*, vol. 2, col. 705) : les seules exceptions sont un Fl. Alexander Cresconius connu par une inscription d'Ostie (*C. I. L.*, XIV, 140), un Cresconius connu par une inscription de l'*ager Caralitanus* en Sardaigne (*C. I. L.*, X, 7836) et un Cresconius connu par une inscription de Rome (*I. C. V. R.*, 398), où est également signalée une Κρησκωνία (*Tab. devot.*, 156 Audollent). Le Code Théodosien (*Cod. Theod.*, 10, 19, 3 = *Cod. Iust.*, 11, 7, 1) mentionne encore un Cresconius *comes metallorum*. Mais tous ces Cresconii peuvent être d'origine africaine comme ce Cresconius *cibis cartaginesis* (*sic*) mort à Milan (*C. I. L.*, V, 6209). L'époque de la naissance de Corippe peut être approximativement déterminée par l'allusion qu'il fait à sa vieillesse (*Anast.*, 48 : *fessa senecta* ; *préf.* 37 : *senio fessus* ; *periocha préf.* 4 : *fessus senio*) en 565-568 au moment où il compose son poème en l'honneur de Justin II.

2. *Gramaticus* (*sic*) est donné par l'*incipit* du livre 1 et l'*explicit* du livre 2 de l'*In laudem Iustini* (manuscrit de Madrid). Dans la préface de la *Iohannis*, Corippe évoque sa vie à la campagne (v. 25 : *Quid* ⟨*quod ego*⟩ *ignarus, quondam per rura locutus*) et qualifie sa poésie de campagnarde (v. 37 : *Rustica... Musa*, expression qui, rapprochée du v. 25 ne signifie sans doute pas qu'il aurait composé des poèmes d'inspiration bucolique). Il est toutefois impossible de

dans cette dernière ville pour y lire devant les « dignitaires » une épopée de huit livres précédés d'une préface en distiques élégiaques, intitulée *Iohannis* ou *De bellis Lybicis*, qu'il a composée en l'honneur de Jean Troglita, général de Justinien qui avait mené de 546 à 548 une campagne victorieuse contre les Maures révoltés[1]. Une quinzaine d'années plus tard, dépouillé de ses biens et victime de malheurs qu'il est difficile de préciser, Corippe, venu à Constantinople pour y faire appel à l'empereur, qui était peut-être encore Justinien[2], occupe une fonc-

savoir où il donnait son enseignement : si à Carthage l'entourage du préfet du prétoire d'Afrique comprenait deux *grammatici* et deux *sophistae oratores* (Ch. Diehl, *L'Afrique byzantine. Histoire de la domination byzantine en Afrique* (533-709), Paris, 1896, p. 106), rien ne permet de localiser les écoles publiques, en dehors de Carthage, bien que Junilius laisse entendre que l'enseignement était assez largement diffusé en Afrique (Junil., *préf.*, éd. Kihn, 1880, p. 467, l. 13-p. 468, l. 4 : *Ad haec ego respondi vidisse me quendam Paulum nomine, Persam genere, qui in Syrorum schola in Nisibi urbe est edoctus, ubi divina lex per magistros publicos, sicut apud nos in mundanis studiis grammatica et rhetorica, ordine ac regulariter traditur.* Cf. P. Riché, *Éducation et culture dans l'Occident barbare, VIe-VIIIe siècles*, thèse Paris 1960, Paris, 1962, p. 78).

1. C'est l'année qui vit l'achèvement de la campagne qui permet de fixer approximativement la date de cette lecture publique (*Ioh.*, *préf.*, 40 : *si placet ut primi recitem mea dicta libelli*) à Carthage (*Ioh.*, *préf.*, 35 : *Gaudeat in multis sic si Carthago triumphis...*) devant les dignitaires (*Ioh.*, *préf.*, 1 : ... *proceres...*) : les opérations ayant pris fin en 548, il est raisonnable de penser que Corippe a mis une année ou deux pour composer son épopée. Le seul renseignement certain est que la paix était revenue quand il la lit (*Ioh.*, *préf.*, 2 : *tempore pacifico carmine festa canam*; *Ioh.*, 1, 9 : *Reddita pax Lybia bellis cessantibus astat...*). Son titre était *Iohannis* dans le manuscrit de Buda (cf. p. XI, n. 1), *De bellis Libicis* dans le manuscrit copié au XIe siècle au Mont-Cassin (*ibid.*). Le seul manuscrit conservé qui transmet l'ensemble de l'œuvre (*Trivultianus*) ne porte pas de titre.

2. *Iust.*, *préf.*, 43-46 :

Nudatus propriis et plurima uulnera passus
ad medicum ueni, precibus pia pectora pulsans,
ad medicum uerbo pestem qui summouet uno
et sine composito medicamine uulnera curat.

Cf. *Anast.*, 49 : *uulneribusque meis... medere.* Ce peut être une allusion à des malheurs qui l'auraient atteint lors des troubles occasionnés par l'assassinat en 563, sur l'ordre du préfet du prétoire

tion subalterne au palais impérial, dans les services, semble-t-il, du questeur du palais sacré Anastase[1]. Après

d'Afrique Jean Rogathinos, du chef berbère Coutsina, pourtant fidèle vassal des Byzantins (*Ioh.*, 8, 465 : ... *nostris fidissimus armis*, en 546-548 du moins) : La Numidie fut alors soumise au pillage et au massacre (Ch. Diehl, *op. cit.*, p. 456 ; cf. Malal., p. 496, *C. S. H. B.* : ἀνέστησαν τὰ τέκνα τοῦ αὐτοῦ Κουζτίνη (*sic*), ἐκδικοῦντες τὸ πατρῷον αἷμα. καὶ ἐπαναστάντες τοῖς μέρεσι τῆς Ἀφρικῆς, παρέλαβόν τινας τόπους φονεύσαντες καὶ πραιδεύσαντες ; cf. aussi Théophan., *Chronogr.*, p. 239, l. 1-3, éd. De Boor : ἀνέστησαν δὲ τὰ τέκνα τοῦ αὐτοῦ Κουτζίνα, ἐκδικοῦντες τὸ πατρῷον αἷμα, καὶ ἐπαναστάντες τῇ Ἀφρικῇ, παρέλαβον αὐτῆς μέρη τινά πραιδεύσαντες). Il se peut également que Corippe ait été victime des exactions et de la cupidité des fonctionnaires qui profitaient de l'affaiblissement de l'autorité centrale à la fin du règne de Justinien, exactions qui avaient encore cours sous Justin II en 569 (*Novell. Iust.*, 149, 2 : *Nec vero ipsis tantum haec praecepimus sed etiam cuiusque magistratus assessoribus et qui illis praeterea ministeria faciunt. Si quis enim eorum, vel in tributorum exactione neglegentia utatur, vel damnis aut iniuriis subiectos nostros afficiat, et bonis privabitur et maximis suppliciis subicietur*). Le fait que Corippe présente ses malheurs comme une manifestation de la colère de la fortune à son égard (*Iust.*, *préf.*, 41 : *meae saeua fortuna... ira*) et qu'il désigne les Africains comme des *miseri* (*Anast.*, 37) qui ont besoin de *solacia* (*Anast.*, 40) est plutôt en faveur de la première hypothèse : il aurait été victime, comme tant de ses concitoyens, des hasards de la guerre. L'expression *causam defende meam* (*Anast.*, 45) qui, prise au sens propre, évoquerait au contraire des démêlés juridiques avec des fonctionnaires de l'administration impériale, doit sans doute être prise au figuré et considérée comme une image normale dans une requête à un questeur du palais sacré, autrement dit à un ministre de la justice. Le *medicus* dont il est question peut être aussi bien Justinien que Justin II, étant donné que ce terme introduit une comparaison traditionnelle entre l'empereur et un médecin (*Panég.*, 8, 5, 3 ; 8, 11, 5 ; 10, 9, 23 ; 12, 24, 3 ; Vopisc., *Aurélien*, 21, 8). Traditionnelle dans les panégyriques impériaux, cette comparaison est ici christianisée, puisqu'elle assimile le prince à Dieu, qui n'a pas besoin de remède pour soigner (cf. *Consult. Zacch.*, 1, 13, p. 16, 28, éd. G. Morin : *nec medicamine fugit lepra sed verbo* ; Drac., *Laud. dei*, 1, 743-744, *M. G. H.*, *A. A.*, XIV, p. 66 : ... *pietate medelam inpendes cui sancte, tuam medicamine nullo*).

1. Corippe se dit son serviteur (*Anast.*, 46 : *famulum*) et c'est sous son nom qu'il exerce sa fonction (*Anast.*, 46-48) :

... Vestro de fonte creatur
riuulus iste meus, sub cuius nomine gesto
principis officium.

Mais est-ce au questeur du palais sacré en particulier ou plus généralement au maître des offices, responsable de l'ensemble des fonction-

la mort de Justinien le 14 novembre 565, il réclame, dans un court éloge de son supérieur hiérarchique (*Panegyricus*

naires palatins, que ces mots s'adressent, puisqu'Anastase cumulait alors les deux charges (cf. p. XVIII, n. 1)? De fait, un certain nombre de juridismes se trouvent dans l'*In laudem Iustini*, qui révèlent une culture juridique qu'un *grammaticus* n'avait pas forcément, et qui peut être due à la pratique des textes juridiques : *maximus benefactor* (*Anast.*, 19-20 ; *Iust.*, 1, 214-215 ; 2, 145-146 ; aucun exemple dans la *Iohannis*) fait partie de la titulature des novelles de Justin II (cf. J. Zepos et P. Zepos, *Ius graeco-romanum, Novellae et Aureae Bullae imperatorum post Iustinianum*, ex editione C. E. Zachariae a Lingenthal, vol. 1, Athenis, 1931, p. 10, *Novell.* 6 : *Imp*(*erator*) *Caesar Flavius Iustinus... maximus benefactor*) ; *praecommodo* (*Iust.*, 1, 7) n'est attesté, d'après le dictionnaire de Forcellini, que dans le Code Théodosien (14, 27, 2) ; *iuris legumque sacerdos* (*Iust.*, 1, 17) fait penser, certes, à Symmaque qui qualifie les empereurs de *iustitiae sacerdotes* (*epist.*, 10, 3 (54), 13), à *C. I. L.*, VI, 2250 (*sacerdoti iustitiae*), mais plus encore à Ulp., *Dig.*, 1, 1, 1, 1, à propos des jurisconsultes (*cuius iuris merito quis nos sacerdotes appellat, iustitiam namque colimus*) ; *iure fruantur* (*Iust.*, 2, 274) est également un juridisme (Marcell., *Dig.*, 24, 3, 57 : ... *iure suo frui* ; Paul., *Dig.*, 47, 10, 14 : ... *utpote cum de iure fruendo agatur*) ; *non patitur saeclorum secta meorum* (*Iust.*, 2, 341) est une transposition poétique de *Cod. Iust.*, 2, 17 (18), 2 : *temporum meorum disciplina non patitur.* Pour pouvoir toutefois tirer de ces rapprochements une conclusion certaine, il resterait à prouver l'absence de juridisme dans la *Iohannis.* Comme les services du questeur du palais sacré rédigeaient les rescrits qui répondaient aux pétitions et aux suppliques (cf. n. compl. *ad Anast.*, *incipit*), Corippe aurait été bien placé pour se rendre compte que la majorité de ces suppliques provenaient de ses concitoyens africains (*Anast.*, 36-38). Même si Corippe était au service d'Anastase, auparavant celui-ci n'était pas son protecteur, puisque c'est une intervention impériale qui, semble-t-il, s'il faut bien interpréter ainsi les paroles du poète, a procuré à ce dernier une fonction au palais pour ses mérites littéraires (*Anast.*, 42-46) :

Quod labor indulsit, quod fessis prouida Musis
alma per insomnes meruit uigilantia noctes,
hi sacri monstrant apices. Tibi sanctio uestrum
commendat famulum.

Que l'empereur ait fait accorder un poste à un ancien *grammaticus* n'est pas étonnant, étant donné les relations étroites qui existaient dès le Bas-Empire entre le monde des écoles et l'administration impériale : l'auteur du panégyrique de 297 à Constance appartenait à la chancellerie impériale (E. Galletier, *Panégyrique latins* (= *Collection des Universités de France*), 3 vol., Paris, 1949-1955, t. 1, p. 71-72) ; Eumène, au moment de son choix par Constance comme directeur des écoles méniennes d'Autun, était *magister memoriae* (Id., *ibid.*, p. 105) ; l'auteur du panégyrique de 310 à Constantin était probable-

in laudem Anastasii quaestoris et magistri), réparation des dommages qu'il a subis, puis se voit demander[1] un poème à la gloire du nouveau prince, Justin II, intitulé *In laudem Iustini*, qu'il compose en quatre livres précédés d'une préface, dans laquelle il renouvelle la prière auparavant adressée à Anastase. Meurt-il alors? Retourne-t-il à l'obscurité de sa fonction palatine? Obtient-il satisfaction à la suite de sa requête? Flavius Cresconius Corippus cesse désormais d'exister pour nous[2].

ment secrétaire *a libellis* (Id., *ibid.*, t. 2, p. 32-33) ; Claude Mamertin accomplit un *cursus honorum* brillant (Id., *ibid.*, t. 3, p. 4-5) ; Prudence fut avocat, gouverneur, puis eut la charge de *proximus Theodosii* (Prud., *Cath.*, *préf.*, 13-21) ; Exsupérius, rhéteur à Toulouse, devint grâce à ses élèves Dalmatius et Hannibalianus, neveux de Constantin devenus Césars, gouverneur d'une province espagnole (Aus., 207, 8-13, p. 64-65, éd. Peiper) ; Augustin, rhéteur à Milan, visait un poste de gouverneur (*praesidatus*, Aug., *Conf.*, 6, 11, 19, mais le sens du mot est discuté). L'enseignement des écoles de rhétorique formait en effet aux carrières de l'administration (*Panég.*, 5, 5 et 6 ; 7, 23), l'éloquence aux dires d'Ausone conduisait aux plus hautes charges de l'État (Aus., 322, 40-44, p. 263, éd. Peiper). Sur tout cela, cf. H.-I. Marrou, *Histoire de l'éducation dans l'Antiquité*, 6e éd. rev. et augm., Paris, 1965, p. 446-448, et *L'école de l'Antiquité tardive*, dans *Settimane di studio del centro italiano di studi sull'alto medioevo*, XIX, *La scuola nell'occidente latino dell'alto medioevo*, Spoleto, 15-21 aprile 1971, Spoleto, 1972, p. 127-143, et plus spécialement p. 130 ; S. Mac Cormack, *Latin prose Panegyrics : tradition and discontinuity in the later roman Empire*, dans *R. É. Aug.*, 22, 1976, p. 29-77, et plus spécialement p. 67-68.

1. C'est par les principaux dignitaires de la Cour que, à l'en croire, cette demande a été formulée (*Iust.*, 1, 15-27). Le thème de l'auteur écrivant à la demande d'un grand personnage est certes un lieu commun (cf. E. R. Curtius, *La littérature européenne et le Moyen Age latin*, Paris, 1956, p. 105-106, qui donne des exemples de Cicéron à Eugène de Tolède). Mais Corippe le développe ici avec une telle insistance qu'au-delà du simple lieu commun il rejoint la réalité.

2. Pour la version entièrement nouvelle de la vie de Corippe proposée tout récemment par B. Baldwin, cf. n. compl. *ad Anast.* 44. La littérature latine tardive a connu d'autres Cresconii : le plus célèbre est certainement le *grammaticus* donatiste (Aug., *Retract.*, 2, 52, 1, *C. S. E. L.*, t. 36, p. 162, l. 1 : *Grammaticus etiam quidam Donatista Cresconius*) contre lequel Augustin écrivit en 406 son traité *Contra Cresconium*. Un autre Cresconius, évêque auteur d'une *Concordia canonum*, a été parfois confondu avec Corippe, parce qu'une notice du manuscrit *Vallicellianus A. 18* du xe siècle le présente comme l'auteur d'une épopée en huit livres traitant de la guerre du

Date du poème « In laudem Iustini ». Associé par la tradition manuscrite au poème *In laudem Iustini*, le *Panégyrique d'Anastase* est composé à un moment où ce dernier cumule les fonctions de questeur du palais sacré et de maître des offices, c'est-à-dire après le 26 mars 565 et avant la

patrice Jean contre les Sarracènes : *Concordia canonum a Cresconio Africano episcopo digesta sub capitulis trecentis. Iste nimirum Cresconius bella et uictorias quas Iohannes patricius apud Africam de Sarracenis gessit, hexametris uersibus descripsit libris 7.* Comme rien de ce que l'on sait de Corippe ne permet d'en faire un évêque, et comme la campagne contre les Sarracènes menée par le patrice Jean se déroula en 697, il faut croire avec Partsch (p. XLIII-XLIV de son édition) que cette notice est le fait d'un copiste qui, ayant sous les yeux la *Concordia canonum* de l'évêque Cresconius et un manuscrit de la *Iohannis* qui attribuait, comme le faisait celui du Mont-Cassin (cf. p. XI, n. 1), cette œuvre à Cresconius, a confondu les deux hommes et a, de plus, fait une erreur sur l'identité du personnage, et la nature de la guerre célébrée par la *Iohannis.* Les catalogues de manuscrits des bibliothèques médiévales ont gardé en outre le souvenir d'un troisième (?) Cresconius qui avait composé des poèmes d'inspiration religieuse (catalogue des IXe-Xe siècles de la bibliothèque de l'abbaye de Lorsch, dans G. Becker, *Catalogi bibliothecarum antiqui*, Bonnae, 1885, 1re partie, *Catalogi saeculo XIII vetustiores*, n° 37, 459 : *Metrum Cresconii in evangel. lib. I* ; 460 : *eiusdem de diis gentium luculentissimum carmen* ; 461 : *eiusdem versus de principio mundi vel de die iudicii et de resurrectione carnis* ; Catalogue du XVe siècle de la bibliothèque de l'abbaye de Murbach, édité par F. W. E. Roth, *Zwei Bibliothekskataloge saec XI. und XV. der Abtei Murbach OSB*, dans *Strassburger Studien*, 3, Strassburg, 1888, p. 340, § 45 (entre Alcimus Avitus et Aldhelm : *Cresconii poemata*) ou par Matter, *Catalogue de la bibliothèque de l'abbaye princière de Murbach dressé au nom de l'abbé Barthélemy d'Andlau par Frère Sigismond*, s. l., s. d. (= 1855), p. 21, n° 12 (au milieu d'œuvres de Juvencus, Sedulius, Arator, Paulin de Périgueux, Prosper d'Aquitaine, Alcimus Avitus, Fortunat, Prudence, Aldhelm, Bède) : *Metrum Cresconii*, comme dans le catalogue de Lorsch). M. Manitius (*Geschichte der christlich-lateinischen Poesie bis zur Mitte des 8. Jahrhunderts*, Stuttgart, 1891, p. 315) formule, sans preuve, l'hypothèse qu'il s'agit du Cresconius adversaire d'Augustin. En tout cas, ce ne peut être Corippe, puisque les poésies de ce Cresconius d'après leur titre sont très différentes de celles composées par lui et que, surtout, un ouvrage sur les dieux païens (catalogue de Lorsch : *de diis gentium... carmen*) fait penser, comme le remarque justement Manitius, à un ouvrage de polémique anti-païenne à la façon d'Arnobe et de Tertullien, qui n'aurait plus eu de raison d'être au VIe siècle.

fin de 566[1]. La préface ne peut pas avoir été écrite avant la fin de 567 : si l'allusion aux défaites des Francs et des Goths, qui sont à mettre au compte de Justinien[2], ne permettent aucune autre datation qu'un *terminus a quo* déjà bien ancien, la mention de l'ambassade avare, dont le récit se trouve dans la deuxième partie du livre 3[3], situe la composition de la préface après le 21 novembre 565. Cette composition doit toutefois être reportée en 567 à cause de la mention de la fin des hosti-

1. Cf. *Anast.*, *incipit* : *Panegyricum in laudem Anastasii quaestoris et magistri* ; *Anast.*, 26 : *summe magistrorum* ; 31 : *quaestor Anastasi* ; 41 : *quaestorum maxime* ; 44 : *summe magister.* Constantin est encore questeur du palais sacré en décembre 562 (Malal., 494 E, *C. S. H. B.*). Anastase lui succède et reste questeur au moins jusqu'au Vendredi saint de 572 (15 avril) ou de 573 (7 avril), jour où il est victime d'un accès de folie. Il vit alors encore à peu près un an et demi, comme simple particulier (Ioh. Eph., 2, 29, éd. E. W. Brooks, p. 69-70). En tout cas, il n'est plus questeur au printemps 575, puisqu'alors c'est Trajan qui est questeur du palais sacré (Ménand., *fragm.* 39, *F. H. G.*, 4, 241, éd. Müller = *H. G. M.*, 2, 77, éd. Dindorf). En étant également, selon Corippe, maître des offices, il cumule les deux charges (*Anast.*, 32 : ... *geminoque ornauit honore*) à la façon de Tribonien en 536 (cf. L. Bréhier, *Les institutions de l'Empire byzantin* (= coll. « L'évolution de l'humanité », vol. 20), Paris, 1970, p. 93, qui reprend A. E. R. Boak, *The master of the offices in the later roman and byzantine Empires*, New-York, 1919, p. 108). D'après la Novelle 137, Pierre le Patrice est encore maître des offices le 26 mars 565 (*Novell. Iust.*, 137, *incipit* : ... *Petro clarissimo magistro sacrorum officiorum*) et, après l'intérim d'Anastase, c'est son fils Théodore qui est titulaire de la charge quand Corippe écrit, après le 3 octobre 566, le premier livre de l'*In laudem Iustini* (*Iust.*, 1, 25-26) :

successorque boni recidiuaque gloria Petri
hinc Theodorus adest, patria grauitate magister.

2. *Iust.*, *préf.*, 10-11. Cf. *appendice* I.

3. *Iust.*, 3, 231-401. L'ambassade est datée par Corippe du septième jour du règne de Justin II (*Iust.*, 3, 151 : *Septima gaudentem lux aurea uiderat orbem*), soit du 21 novembre 565 (et non du 20, selon E. Stein, *Studien zur Geschichte des byzantinischen Reiches, vornehmlich unter den Kaisern Justinus II und Tiberius Constantinus*, Stuttgart, 1919, p. 4, qui date (p. 1) la mort de Justinien du 13 novembre, à tort comme il le remarque dans son *Histoire du Bas-Empire, De la disparition de l'Empire d'Occident à la mort de Justinien (476-565)*, t. 2, publié par J.-R. Palanque, Paris-Bruxelles-Amsterdam, 1949, p. 780). Cf. *appendice* II.

lités entre Lombards et Gépides[1] et, plus précisément, à la fin de 567 en raison d'une référence à l'ambassade perse conduite par Mebodh[2]. Les livres 1 et 4 contiennent chacun une allusion à l'exécution, le 3 octobre 566, des patrices Addaeus et Aetherius qui avaient voulu empoisonner l'empereur[3]. L'ensemble des quatre

1. *Iust.*, *préf.*, 12-18. Cf. *appendice* I.

2. *Iust.*, *préf.*, 30-40 :

Ille etiam solis qui se subiactat amicum,
ardua suspiciens minuentis cornua lunae
noctiuagosque colens astrorum consulit ignes,
urguetur terrore tuo properatque superbum
inclinare caput subiectaque ponere colla.

Corippe utilise là une façon traditionnelle de désigner le roi des Perses : cf. Amm., 17, 5, 3 : *Rex regum Sapor, particeps siderum, frater solis et lunae* ; Sid. Ap., *Epist.*, 8, 9, 52-54 (*Parthius Arsaces*, v. 45) :

qui cognata licet sibi astra fingens
Phoebea tumeat propinquitate
mortalem hic tamen implet obsecrando.

Id., *Carm.*, 23, 252-254 :

qui supra satrapas sedet tyrannus
ructans semideum propinquitates
lunatum tibi flecteret tiaram.

Mais pour évoquer ce trait bien connu des croyances perses, il a recours à un calque (*solis... amicum*) de l'expression chrétienne *amicus Dei* (Vulg., *Iudith.*, 8, 22 ; *Sap.*, 7, 27 ; *Iac.*, 2, 23 ; *Anon. Vales.*, 15, 88 ; Aug., *Ciu.*, 11, 4 ; Hier., *Epist.*, 22, 8 ; 47, 2 ; 79, 1 ; 79, 7 : *amicus Domini*) ou *amicus Christi* (Sulp. Sev., *Dial.*, 2, 4, 6 ; Damas., *Epigr.*, 11 (13), 6), dont dérive l'expression *daemonum amicus* (Aug., *Ciu.*, 9, 16 ; 9, 188 *et alibi*).

3. *Iust.*, 1, 60-61 ; 4, 349-350. Sur cette affaire, cf. C. Groh, *Die Geschichte des oströmischen Kaisers Justins II, nebst den Quellen*, Leipzig, 1889, p. 52-53 (qui date l'exécution des deux sénateurs de 567) ; Stein, *Studien...*, p. 32, n. 10 ; J. B. Bury, H. M. Gwatkin et J. P. Whitney, *The Cambridge Medieval History*, t. 2, Cambridge, 1913, p. 267. Jean de Biclar déclare qu'ils « avaient voulu faire mourir Justin par le poison grâce à des médecins plutôt que par le fer », *dum Iustino uellent ueneno potius quam ferro per medicos inferre* (*M. G. H.*, *A. A.*, XI, 1, p. 211, l. 23-24). Cf. aussi Théophan., *Chronogr.*, p. 242, l. 9-10, éd. De Boor : Αἰθέριος καὶ Αὔδιος καὶ ὁ σὺν αὐτοῖς ἰατρὸς ἐπεβούλευσαν τῷ βασιλεῖ Ἰουστίνῳ καὶ γνωσθέντες ἀπέθανον ξίφει. C'est Foggini qui le premier proposa de voir dans les vers 60-61 du premier livre une allusion à cette conspiration, proposition généralement admise depuis, sauf par D. Romano (p. 9 et 154 de son édition) : l'expression du poète est certes très vague,

livres est donc postérieur à cette date, sans cependant avoir été écrit en une seule fois, puisque le poète à la fin du livre 3, tout en se promettant de reparler le moment venu des activités du prince et de « la ferveur dont jouit son pouvoir », déclare expressément que son œuvre s'achève[1]. C'est après le livre 3 que la préface paraît avoir été écrite : si elle contient quelques expressions de la *Iohannis*, du *Panégyrique d'Anastase* et des deux premiers livres, elle en reprend plusieurs du récit de l'ambassade avare au livre 3, sans en renfermer une seule du livre 4[2]. Aucune partie de l'œuvre ne peut être postérieure au mois d'avril 568, puisqu'elle ne contient aucune allusion à l'invasion des Lombards en Italie et que la préface montre même ce peuple en paix, ce qui n'est plus vrai à partir du 1er avril 568[3]. Ainsi Corippe composa d'abord et de façon indépendante du poème *In laudem Iustini*, sans doute dans les premiers moments du règne de Justin II[4], le *Panégyrique d'Anastase*, puis entre la fin de 566 et la fin de 567 les trois premiers livres de l'*In laudem Iustini*. A la fin de 567 ou au début de 568 furent écrits la préface et le quatrième livre qui, bien que célébrant le premier consulat de

mais elle ne prend tout son sens que par rapport à des événements précis. Corippe peut viser aussi Justin, fils de Germanus, assassiné avant le 3 octobre 566 à Alexandrie sous prétexte de complot (cf. p. XXXII et n. 1).

1. *Iust.*, 3, 402-407 ; il est probable en outre que, comme le pense U. J. Stache, *Flavius Cresconius Corippus, In laudem Iustini Augusti minoris, Ein Kommentar*, Berlin, 1976, p. 409, Corippe se soit d'abord arrêté au vers 150 du livre 3. Les vers 147-150 constituent en effet une supplique à Sophie, comme il s'en trouve une à Anastase à la fin de l'éloge qui lui est adressé et comme il s'en trouve une deuxième à la fin de la préface adressée à Justin.

2. Cf. *testimonia*.

3. Cf. Groh, *op. cit.*, p. 78 ; Stein, *Studien...*, p. 9 ; Bury, *op. cit.*, p. 196.

4. Anastase est encore maître des offices dans la pièce qui lui est adressée et l'Afrique y est toujours sous le coup de la révolte des fils de Coutsina (*Anast.*, 37 : ... *miseri... Afri*, cf. p. XIII, n. 2), alors qu'au début du livre 1 elle est pacifiée (*Iust.*, 1, 19-21), ce qui suppose un délai de quelques mois.

Justin, peut fort bien être postérieur à son deuxième consulat le 1er janvier 568.

La situation politique à la mort de Justinien.

Quand le *grammaticus* africain arrive à Constantinople dans les derniers temps du règne de Justinien, la situation politique intérieure est en pleine déliquescence : l'état des finances est particulièrement désastreux. Pour pouvoir payer les subventions que, conformément à sa politique habituelle, l'empereur versait à plusieurs peuples barbares, pour faire face aux dépenses de prestige[1] ou pour remédier à diverses catastrophes naturelles qui s'étaient abattues sur différentes régions de l'Empire de 543 à 557 et à l'épidémie de peste qui sévit de 542 à 558[2], le trésor impérial

1. Cf. Ch. Diehl, *Justinien...*, Paris, 1901, p. 418-419 ; 422-423 ; Bury, *op. cit.*, p. 34 ; 36 ; 39-40 ; 42 ; Stein, *Studien...*, p. 3-4 et p. 30, n. 6 ; *Histoire du Bas-Empire...*, p. 309 ; 419 et n. 1 ; 420-422 ; 503 ; 505, n. 2 ; 534-535. Parmi les bénéficiaires des « largesses » impériales figurèrent entre autres les Gépides jusqu'en 536, le Lachmide Moundhir et son fils Amr, Gubazès roi des Lazes, le Lombard Ildigisal, les Huns Outigours et Kotrigours et surtout, à partir de 558, Baïan et ses Avares (cf. *Iust.*, 3, 303-305 :

Annua praelargi patris solacia uestri
sumere tempus adest. Sanctus quae praebuit ille,
uos etiam praebere decet...).

A ces versements plus ou moins réguliers s'ajoutaient des dépenses extraordinaires, celle qui par exemple permit en 528 l'alliance avec Boa, reine des Huns Sabires (Stein, *Histoire du Bas-Empire...*, p. 283), celle aussi qui fut occasionnée par l'achat en septembre 532, à prix d'or, de la Paix éternelle avec la Perse (Stein, *ibid.*, p. 294-295). Les constructions en tout genre de Justinien sont longuement énumérées dans le *De aedificiis* de Procope de Césarée. A côté de travaux de restauration et de constructions utilitaires (fortifications, routes, ponts, digues, aqueducs, réservoirs, thermes) figurent un grand nombre d'églises et de monastères, ainsi que des édifices de prestige (la *Chalcè* au palais sacré par exemple, cf. *Iust.*, 3, 191-193), dont la basilique Sainte-Sophie n'est pas le moindre, cf. *Iust.*, 4, 281-284 :

Instituit pulchrum, solidauit robore templum,
coepit, perfecit donisque ornauit et auxit.
Iam Salomoniaci sileat descriptio templi,
cedant cunctorum miracula nota locorum.

2. Cf. Diehl, *Justinien...*, p. 423 ; 434-435 ; 579-580 ; Bury, *op. cit.*,

s'était épuisé et les impôts, qui avaient été multipliés, rentraient difficilement, en raison de la lourdeur et de la corruption de l'administration fiscale[1]. Après une tentative vite avortée, en 553, d'altérer le poids des monnaies d'or, on en était réduit maintenant à lancer des emprunts forcés[2]. Tandis que les finances sont ruinées, l'armée s'affaiblit en raison de l'irrégularité des paiements, du manque d'effectifs, des désertions, et les places fortes se délabrent[3]. C'est le temps des complots et des émeutes des factions du cirque, au point que

p. 51 ; Stein, *Histoire du Bas-Empire...*, p. 756-761. Ces catastrophes sont notamment le tremblement de terre de Cyzique en septembre 543, les inondations de 544 en Thrace, celles du fleuve Cydnus en mars 550, le séisme de 551 dans la partie orientale de l'Empire et surtout la destruction d'une partie de Constantinople par le tremblement de terre du 14 au 23 décembre 557. La peste, venue d'Abyssinie, apparue en Égypte à l'automne de 541, se déclare dans la capitale en mai 542 et gagne tout l'Empire pour disparaître et reparaître plusieurs fois jusqu'en 558.

1. *Iust.*, 2, 261 : ... *unde tot exhaustus contraxit debita fiscus* ; *Iust.*, 2, 269 : ... *et licet exhausti uacuarit commoda fisci...* ; *Novell. Iust.*, 148, *préf.* : *Fiscum enim cum multis debitis oneratum et ad extremam inopiam adactum inveniremus...* (a. 566). En 553 déjà, la situation financière n'était guère meilleure (*Novell. Iust.*, 147, *préf.* : *Tametsi nunc si umquam multis sumptibus res publica indiget...*). Pour la corruption de l'administration, cf. *Iust.*, 2, 249 : *quod fisci est nullus rapiat...*, et 2, 272 : *nec patimur quemquam sacratum laedere fiscum.* Déjà en 556 la Novelle 134 condamnait la lenteur et la vénalité de l'administration. Sur tout cela, cf. Diehl, *Justinien...*, p. 424 ; Bury, *op. cit.*, p. 42-43 ; Stein, *Histoire du Bas-Empire...*, p. 761-776.

2. Stein, *Histoire du Bas-Empire...*, p. 766-769, donne tous les détails sur cette tentative de Pierre Barsymès, comte des largesses sacrées. L'émission d'emprunts obligatoires se déduit de *Iust.*, 2, 361-406 (remboursement par Justin des dettes contractées par le fisc auprès des particuliers sous Justinien).

3. Diehl, *Justinien...*, p. 417-418 ; Bury, *op. cit.*, p. 51 ; Stein, *Histoire du Bas-Empire...*, p. 445-446 ; 765. Cf. *Novell. Iust.*, 148, *préf.* : *Deinde rem militarem rerum necessariarum penuria iam dilapsam ita ut res publica barbarorum invasionibus irruptionibusque infinitis labefactaretur, quoad eius facere potuimus, idonea emendatione dignamur.* Quand Corippe loue le préfet du prétoire d'Afrique Thomas d'avoir ramené l'ordre *sine milite* (*Iust.*, 1, 20), il attire indirectement l'attention sur la faiblesse des troupes en Afrique (cf. Diehl, *L'Afrique byzantine...*, p. 455 et 459).

Coripe peut justement dire qu'à la mort de Justinien, Justin « verra tout périr, si la foule se rend compte que la Cour est vide sans prince »[1]. Au lieu d'essayer de redresser la situation, l'empereur est tout entier absorbé par les problèmes religieux, mais en adhérant par l'édit de la fin de 564 à l'hérésie aphthartodocète, selon laquelle le corps du Christ était de nature incorruptible et impassible, il s'aliène le clergé orthodoxe et va jusqu'à faire déposer et interner le patriarche de Constantinople Eutychius, si bien que l'Église attend avec impatience un changement de règne et que Jean III, successeur du patriarche déchu, est prêt à couronner Justin II quelques heures seulement après la mort de Justinien dans la nuit du 14 au 15 novembre 565[2].

1. *Iust.*, 1, 176-177 :

Omnia mox ueniente die periisse uidebis,
si uacuam uulgus sine principe senserit aulam.

Ce n'est pas une vaine parole : en septembre 560, alors que Justinien était souffrant et que courait le bruit de sa mort, Constantinople fut le théâtre d'émeutes et de scènes de pillage. A cette occasion, les curateurs Georges et Aethérius ainsi que le préfet de la ville Gérontius furent accusés de complot. Plus récemment, en novembre 562, une tentative, pour tuer l'empereur, avait échoué de peu. Bélisaire, accusé de complicité, avait été pour un temps disgrâcié, mais avait été réhabilité en juillet 563 (Diehl, *Justinien...*, p. 426 ; Stein, *Histoire du Bas-Empire...*, p. 778-779). C'est à de tels faits, ainsi bien sûr qu'au rôle joué par Hypathius et Pompeius lors de la sédition Nika en 532, que Corippe fait allusion quand il évoque ceux qui « ont voulu nuire à l'innocence » (c'est-à-dire à Justinien, *Iust.*, 1, 170-171 :

et tamen innocuo plures uoluere nocere :
non caret inuidia regni locus...).

Quant aux émeutes des factions du cirque, de 561 à 565 la liste en est longue. Elles durèrent même une fois plus de deux mois et s'étendirent à Cyzique (Diehl, *Justinien...*, p. 424-426 ; Stein, *Histoire du Bas-Empire...*, p. 778-779).

2. *Iust.*, 2, 263-268. Quand il mourut, Justinien avait 82 ans. Sa dernière Novelle (*Novell. Iust.*, 137, du 26 mars 565) concerne la discipline cléricale. En 563, alors qu'il ne s'était guère, de toute sa vie, éloigné de Constantinople, il avait accompli un pèlerinage à l'église des Archanges de Germia en Galatie (Diehl, *Justinien...*, p. 417 ; Stein, *Histoire du Bas-Empire...*, p. 777). Sur l'édit aphthartodocète et ses conséquences, cf. Groh, *op. cit.*, p. 44 ; Diehl, *Justinien...*, p. 364-365 ; Bury, *op. cit.*, p. 49 ; L. Duchesne, *L'Église au*

Quelques mois auparavant, en mars 565, s'était éteint « le plus grand général de son siècle », Bélisaire, dont le nom reste indissociablement lié à celui de Justinien et à la reconquête de l'Afrique du Nord sur les Vandales[1]. Vers la fin de l'année ou au début de 566, celui qui était encore maître des offices le 26 mars 565, Pierre, dit Le Patrice, devait décéder et être remplacé par Anastase, titulaire également de la charge de questeur du palais sacré[2]. Un eunuque très âgé, Callinicus, bien qu'ayant accompli la majeure partie de sa carrière sous Justinien, va, à la mort de ce dernier, jouer le rôle politique le plus important de toute sa vie, en favorisant de façon déterminante la candidature du futur Justin II et en lui apportant la caution du Sénat, alors que l'empereur défunt n'avait désigné officiellement aucun successeur[3].

L'arrivée au pouvoir de Justin II.

Quoi qu'en dise Corippe au début de l'*In laudem Iustini*[4], les circonstances de l'arrivée au pouvoir de Justin II révèlent une manœuvre minutieusement préparée. Flavius Justinus, qui avait alors

VIe siècle, Paris, 1925, p. 270-273 ; G. Bardy, L. Bréhier, P. de Labriolle, G. de Plinval, *De la mort de Théodose à l'élection de Grégoire le Grand* (= *Histoire de l'Église*, t. 4), s. l., 1937, p. 480-481 ; Stein, *Histoire du Bas-Empire...*, p. 686-690 ; A. H. M. Jones, *The later Roman empire...*, t. 1, Oxford, 1964, p. 297-298.

1. Cf. *Iust.*, 1, 125, et Stein, *Histoire du Bas-Empire...*, t. 2, p. 284.

2. Cf. *Iust.*, 1, 25, et n. compl. *ad loc.*

3. *Iust.*, 1, 84-88 (cf. 4, 332-365). Vivant dans l'intimité de l'empereur en tant que *praepositus sacri cubiculi*, Callinicus était particulièrement bien placé pour connaître ses intentions les plus secrètes. Stein (*Histoire du Bas-Empire...*, t. 2, p. 745-746) souligne d'autre part ses sympathies monophysites : or Sophie, l'épouse de Justin II, fut longtemps monophysite comme sa tante Théodora. Sur l'indécision de Justinien vieillissant, cf. Diehl, *Justinien...*, p. 426-427 ; Stein, *op. cit.*, p. 743.

4. *Iust.*, 1, 1-3. Le thème du pouvoir « atteint sans brigue » est en réalité un thème de panégyrique (cf. Claud., 8, 46 : ... *non ambitione potitus*). Quant aux armes, si elles ne sont pas intervenues, elles étaient prêtes à le faire, comme Corippe le reconnaît lui-même ensuite (*Iust.*, 1, 202-206).

une cinquantaine d'années, était l'un des fils de Vigilantia, la sœur de Justinien, et avait épousé Aelia Sophia, la nièce de Théodora[1]. Sous son oncle, il avait accompli quelques missions officielles : en août 551 et en janvier 552 il avait été chargé de négocier avec le pape Vigile, en août 559 il avait surveillé l'évacuation de la Thrace et le franchissement du Danube par les Huns Kotrigours de Zabergan, en mai 562 et en avril 563 il avait réprimé les émeutes des factions du cirque[2]. Mais il n'avait pas la popularité qui s'attachait au général Justin, fils du dernier cousin germain de l'empereur, Germanus, et, comme Justinien n'avait pas fait choix d'un héritier, il n'avait aucun droit particulier à l'Empire : un accord aurait même existé entre lui et le général Justin, selon lequel celui qui accéderait au pouvoir ferait de son compétiteur malheureux le second personnage de l'État[3]. Dans cette course au pouvoir, Flavius Justinus était mieux placé que son rival : curopalate depuis 550 ou 551, il avait une fonction qui lui permettait de rester à la Cour. Ainsi il avait pu s'y lier avec

1. Cf. Vict. Tonn., *M. G. H.*, *A. A.*, XI, p. 206, l. 6-8 : *Iustinus Iunior, Vigilantiae sororis Iustiniani Augusti filius, patre Dulcidio natus, cum tranquillitate populi maxima imperii sumit sceptra. Huius coniux Sophia Theodorae Augustae neptis asseritur.* Son âge approximatif est déduit par Stein, *Histoire du Bas-Empire...*, t. 2, p. 744, n. 3, de *Iust.*, 1, 53 : *praestantior aetas.* Le nom de Sophie, *Aelia Sophia*, est donné par les inscriptions et les papyri, cf. Stein, *Studien...*, p. 54, n. 13.

2. Groh, *Die Geschichte des oströmischen Kaisers Justins II, nebst den Quellen*, Leipzig, 1889, p. 41 ; Stein, *Histoire du Bas-Empire...*, p. 744-745 ; *Iust.*, 1, 130-142. Corippe amplifie bien entendu l'activité de Justin sous Justinien, jusqu'à utiliser un lieu commun de panégyriste (*Iust.*, 1, 140-141 : ... *nil ille peregit /te sine...* ; cf. Sid. Ap., *Carm.*, 7, 231-232 : ... *qui... /nil sine te gessit*, et Claud., 7, 145-146 : ... *quid... gessi /te sine?...*).

3. Diehl, *Justinien...*, p. 426 ; Stein, article *Iustinus*, n° 7, dans *R. E.*, XX. Halbband, Stuttgart, 1919, col. 1330-1332 ; *Histoire du Bas-Empire...*, t. 2, p. 514 ; 516 ; 542-544 ; 744 ; Jones, *The later Roman empire...*, p. 304. C'est Évagrius (5, 1, p. 196, l. 20-25, éd. Bidez-Parmentier) qui rapporte l'espèce de contrat entre les deux Justins.

Jean de Sirimis, le futur patriarche Jean III, et faire nommer vers 564 comte des excubiteurs, autrement dit chef des gardes palatins, un homme qui n'avait rien à lui refuser, Tibère, celui qui deviendra César en 574 et empereur en 578 sous le nom de Tibère II Constantin. Sophie, de son côté, pour avoir été jadis monophysite comme Théodora, avait les sympathies du sacellaire et *praepositus sacri cubiculi* Callinicus, qui par ses fonctions vivait dans l'intimité de l'empereur[1].

Aussi n'est-il pas étonnant de voir, dans la nuit du 14 au 15 novembre 565, alors que l'empereur venait de mourir, le vieil eunuque se rendre dans la résidence privée de Justin et de Sophie pour annoncer au curopalate que Justinien sur son lit de mort l'avait désigné comme successeur. Callinicus, qui était alors le *prior senatus* de fait, était accompagné des sénateurs, qui ainsi donnaient leur investiture au fils de Vigilantia[2]. Justin, se conformant à une tradition bien établie, fit semblant de refuser le pouvoir pour mieux l'accepter ensuite[3] et se rendit

1. La date où Justin fut nommé curopalate est établie par Stein, *Histoire du Bas-Empire...*, p. 650, n. 1, et 742, n. 1. Sur les rapports entre Justin, Jean de Sirimis et Tibère, cf. n. compl. *ad* 1, 213 et 2, 160. Pour Callinicus, cf. *supra*, p. XXIV, n. 3.

2. Les (prétendues) dernières paroles de Justinien sont relatées par Corippe, *Iust.*, 4, 337-363, tandis qu'en 1, 115-186, il raconte l'entrevue entre les sénateurs, conduits par Callinicus, et Justin. Au moment de la mort de Justinien le « protopatrice » en titre était Apion, consul en 539, qui n'était pas alors à Constantinople. Justin, fils de Germanus, consul en 540, se trouvait sur le bas Danube, et Basile, consul en 541, était sénateur d'Occident, de sorte que Callinicus « fort âgé et peut-être déjà patrice depuis un quart de siècle, avait probablement le pas sur tous les autres sénateurs présents dans la capitale » (Stein, *Histoire du Bas-Empire...*, t. 2, Excursus C : *Sur le prior senatus de Constantinople*, p. 788). Que le Sénat fût sous l'autorité morale de Callinicus était une chance de plus pour Justin.

3. *Iust.*, 1, 161 et 172. Lors de l'imposition d'un collier d'or autour du cou, première phase de la cérémonie du couronnement, Justin, en signe de modestie, refuse par deux fois l'insigne, puisque le soldat qui le lui place doit s'y reprendre à trois fois (*Iust.*, 2, 132 ; cf. W. Ensslin, *Zu Torqueskrönung und Schilderhebung bei der Kaiserwahl*, dans *Klio*, 17 (35), 1942, p. 268-298, et plus spécialement p. 292). Le refus du pouvoir, s'il pouvait parfois être sincère, est le plus souvent un

avec son épouse au palais, gardé par les hommes de Tibère, « de peur » dit Corippe « que quelque opposant n'ose porter ses pas hostiles dans la Cour impériale, tant ces hommes étaient dévoués et prudents, tant les excellents sénateurs avaient de présence d'esprit dans leur sollicitude »[1]. On discerne derrière ces sénateurs l'ombre de Callinicus, et aussi de Marcellus, le propre frère de Justin, qui avaient pris leurs précautions pour écarter un rival, mais aussi, probablement, pour retarder le plus longtemps possible la divulgation de la mort de Justinien[2]. Tout se passa ensuite très vite : le lendemain matin, Justin est couronné au palais par Jean III, il annonce dans une sorte de discours du trône les principes essentiels de sa politique, puis apparaît à l'hippodrome pour s'y faire

véritable rite, qui a pour but de montrer que le nouvel empereur est insensible à l'ambition et auquel se soumettent aussi bien les empereurs légitimes que les usurpateurs. On peut en trouver la première trace dans le refus par Auguste de l'*imperium* proconsulaire ou des magistratures extraordinaires (*R. gest. diu. Aug.*, 5, 1 et 5, 5). Le refus du pouvoir est attesté pour Trajan (Plin., *Traj.*, 5, 5), Constantin (*Panég.*, 7, 8, 4), Julien (Amm., 20, 4, 17), Théodose (*Panég.*, 12, 11, 1), Honorius (Claud., 8, 48) et pour bien d'autres. Cf. J. Béranger, *Le refus du pouvoir. Recherches sur l'aspect idéologique du principat*, dans *M. H.*, 5, 1948, p. 178-196, et la longue liste qu'il donne dans *Recherches sur l'aspect idéologique du principat* (= *Schweizerische Beiträge zur Altertumswissenschaft*, fasc. 6), thèse Lausanne 1952, Bâle, 1953, p. 139-140. Le même rite est attesté pour les évêques (Id., *ibid.*, p. 161-169). L'exemple le plus connu est celui d'Ambroise de Milan (Ambr., *Epist.*, 63, 65).

1. *Iust.*, 1, 204-208.

2. C'est R. Guilland, *La politique intérieure de l'Empire byzantin de 525 à 717* (*Les Cours de Sorbonne*), 2e partie, Paris, 1951, p. 79, qui a émis l'idée que les issues du palais étaient gardées pour éviter la divulgation de la nouvelle de la mort de Justinien. On peut en trouver une confirmation dans les paroles de Corippe : malgré son saisissant tableau de l'envol de *Fama* (*Iust.*, 1, 298-313), il reconnaît que lorsque le jour se lève (*Iust.*, 1, 308 : ... *nocte peracta*) ce sont seulement les premiers murmures qui circulent (*Iust.*, 1, 311 : ... *murmura prima mouentur*) et que les habitants de Constantinople en sont encore à s'interroger (*Iust.*, 1, 312-313). L'un des arguments avancés par les sénateurs pour que Justin prenne le pouvoir est, d'autre part, que la foule ne doit pas se rendre compte de la vacance du pouvoir (*Iust.*, 1, 176-177, et *supra*, p. XXIII, n. 1).

acclamer, pour promettre au peuple des conditions de vie plus faciles sous sa ferme direction et pour annoncer la célébration prochaine de son consulat. Comme cadeaux d'avènement, il rembourse, au cours d'une cérémonie bien réglée, les emprunts forcés émis par son prédécesseur et accorde une amnistie générale[1]. L'élévation au trône de Flavius Justinus apparaît dans ces conditions comme le couronnement des efforts d'un clan qui avait misé sur l'effet de surprise, ce que laisse clairement entendre Évagrius : « Personne ne connaissait le décès de Justinien et la proclamation de Justin, si ce n'est son entourage, avant qu'il n'apparût à l'hippodrome pour accomplir les rites impériaux et s'y soumettre. Quand cela fut fait et comme absolument personne ne fomentait de troubles, il retourna à la Cour »[2].

Le changement de politique à l'avènement de Justin II.

Le changement d'empereur ne tarda pas à faire sentir ses effets. Dans le domaine financier, le successeur de Justinien avait annoncé, aussitôt après son avènement, une moralisation des pratiques fiscales : le fisc ne grèverait plus les particuliers et des particuliers, c'est-à-dire des fonctionnaires corrompus, ne devraient plus léser le fisc[3]. Pour soulager ses sujets, il accorda en 566 une remise de dettes[4].

Il rompit avec la politique de construction effrénée de son prédécesseur : s'il construisit le Chrysotriklinos au palais sacré, s'il compléta ou embellit quelques églises,

1. *Iust.*, livre 2.

2. Évagr., 5, 1, p. 195, l. 9-15, éd. Bidez-Parmentier : ... μετ' αὐτὸν τὴν ἁλουργίδα περιβάλλεται, οὔτε τὴν ἀποβίωσιν 'Ιουστινιανοῦ, οὔτε τὴν ἀνάρρησιν 'Ιουστίνου τινὸς ἐγνωκότος πλὴν τῶν ἀμφ' αὐτόν, μέχρις οὗ κατὰ τὴν ἱπποδρομίαν ἐφάνη τὰ νόμιμα τῆς βασιλείας δράσων τε καὶ πεισόμενος. 'Ως δ'οὖν ταῦτα γέγονε, μηδενὸς παντάπασι νεωτερισθέντος, ἐπανῆκε μὲν κατὰ τὴν αὐλήν.

3. *Iust.*, 2, 272-273.

4. *Novell. Iust.*, 148.

il fut dans l'ensemble très modéré et se consacra surtout à des travaux utilitaires, comme l'édification du phare de Zeuxippe, la restauration de l'aqueduc de Valens, le dragage du port de Sophie, l'ancien port de Julien[1]. Il suspendit, par ailleurs, les versements annuels aux barbares : les premières victimes de cette nouvelle politique furent les Avares, qui, quelques jours seulement après l'avènement de Justin, le 21 novembre 565, virent opposer un refus hautain à la demande de leur ambassadeur Tergazis venu chercher les subsides habituels. Les versements aux Huns Outigours et Kotrigours furent également suspendus, ainsi que ceux au Lachmide Amr d'Hira, pour qui l'ambassadeur Mebodh intervint dans la deuxième moitié de 567 sans autre résultat que de s'attirer une sévère réponse de l'empereur[2].

Ce point précis de la nouvelle politique financière entraîna, par contrecoup, un renforcement et une réorganisation de l'armée ; car désormais les guerres avec les barbares ne pourraient plus être évitées longtemps, et l'on ne pourrait pas toujours utiliser un peuple contre l'autre, comme en 567 les Lombards contre les Gépides : « Maintenant les enseignes, les chefs étaient mis en place, les escadres, les formations de combat, les armées, les armes obéissaient à une politique nouvelle et étaient secrètement préparées », dit Corippe[3]. Nous sommes toutefois mal renseignés sur les mesures précises qui furent prises alors, bien qu'elles soient formellement

1. Pour la modération de Justin par rapport à son prédécesseur, en ce qui concerne les constructions (bien que Théophan., *Chronogr.*, p. 241, l. 29, éd. De Boor, l'appelle φιλοκτίστη), voir Groh, *Die Geschichte des oströmischen Kaisers Justins II*..., p. 49-50, et Stein, *Studien*..., p. 29-30, n. 6.

2. Les circonstances de l'arrêt des versements aux Avares sont relatées par Corippe, *Iust.*, 3, 231-398. Pour la cessation des paiements aux Huns et à Amr d'Hira, cf. Stein, *Studien*..., p. 4-5 et n. 7, p. 30-31. Les Perses avaient déjà reçu pour jusqu'en 569 les sommes prévues par la paix de 561, de sorte que le changement de politique de Justin II n'est pas encore apparent en ce qui les concerne.

3. *Iust.*, 1, 259-261.

attestées par la Novelle 148. Les nouvelles dispositions financières devaient, d'autre part, calmer le mécontentement du peuple et faire cesser jusqu'en 568-569 les émeutes des factions auxquelles Justin s'était promis de mettre un terme[1]. L'apaisement revint aussi dans le domaine religieux, avec l'abandon pur et simple du malheureux édit aphthartodocète[2].

A l'avènement de Justin II est liée l'apparition de nouvelles personnalités. Si Callinicus reste *praepositus sacri cubiculi* et sacellaire sans doute jusqu'à sa mort (il était très âgé), Anastase, questeur du palais sacré, doit bientôt abandonner sa charge de maître des offices à Théodore, le fils de son prédécesseur[3]. L'administration des finances

1. *Iust.*, 2, 231 : *Priuentur caedes, populorum iurgia cessent* ; *Iust.*, 2, 339 : *Tranquillam faciam securis ciuibus urbem* ; *Iust.*, 2, 347-348 :

... este quieti
si socium socius, si ciuem ciuis amabit.

En traduisant en 2, 231 *populi* par « hommes », nous avons donné à ce pluriel un sens courant en latin tardif et fréquemment utilisé par le poète (*Iust.*, 1, 299 ; 1, 305 ; 1, 345 ; 1, 348 et *passim*). Mais il se peut que le terme, en *Iust.* 2, 231 (cf. 2, 336), comme en 2, 304 et 2, 325, ait un sens technique, correspondant au grec δῆμος et désignant « l'ensemble des tenants d'une couleur » au cirque (sur ce sens, cf. A. Maricq, *Factions du cirque et partis populaires*, dans *B. A. B.*, 36, 1950, p. 396 421, et plus spécialement p. 412-414, où sont cités Capitol., *Vér.*, 6, 6 (*populus prasinianorum*), Cassiod., *Var.*, 1, 27, 2 (*populi pars prasini*), et *Novell. Iust.*, 17 et 105, où δῆμοι est rendu par *populi*. En 2, 304 et 2, 325, *populi* se trouve même employé avec *partes* (2, 310). Mais nous ne pouvons pas suivre A. Maricq quand, p. 413, n. 4, il donne à *populi* également le sens de δῆμοι pour les emplois du mot au livre 4, par exemple en 4, 3 ; 4, 53 ; 4, 64 ; 4, 226 ; 4, 250). Pour le soulèvement des Bleus et des Verts en 568-569, cf. Groh, *op. cit.*, p. 53-54, et Stein, *Studien...*, p. 32, n. 10.

2. Sur les mesures d'apaisement religieux, cf. Groh, *op. cit.*, p. 44 ; Stein, *Histoire du Bas-Empire...*, p. 681, n. 1. Corippe, de son côté, insiste sur la stricte orthodoxie de Justin (*Iust.*, 4, 320-321 :

... ueramque fatetur
quam retinet pietate fidem...)

et, pour cela, se livre à une espèce de paraphrase du symbole du concile de Nicée (*Iust.*, 4, 294-311 et surtout 301-302 ; cf. *Canon. Migne*, 56, 371 C et 372 B-C : ... *lumen ex lumine, ... natum non factum... et homo factus passus est*).

3. *Iust.*, 1, 26.

est confiée au conte des largesses sacrées Magnus[1]; Corippe nous apprend aussi que la *Schola notariorum* était placée sous la direction du *proto a secretis*, — si le titre existait déjà — Démétrius, personnage qu'il est difficile d'identifier[2]. La dignité de curopalate, qui prend désormais une importance qu'elle n'avait jamais eue, revient à Baduaire, qui avait épousé Arabia, la fille des souverains[3]. Tandis que Narsès, le général de Justinien, exarque d'Italie, va, en 567, tomber en disgrâce auprès de Justin II, son homonyme devient spathaire et sacellaire[4]. En Afrique, au poste de préfet du prétoire, Thomas a remplacé Jean Rogathinos et réussit par la diplomatie à faire cesser la révolte des Berbères que ce dernier avait provoquée en faisant assassiner Coutsina[5].

Cependant, malgré la réussite de la manœuvre qui a porté Justin II au pouvoir, une sourde opposition subsiste : à la fin de l'année 566, on découvre le complot des sénateurs Addaeus et Aetherius, qui sont exécutés le

1. *Iust.*, 1, 22-24.

2. *Iust.*, 1, 27, et n. compl. *ad loc.*

3. *Iust.*, 2, 284-285. L'importance prise, à partir de Justin II, par la charge de curopalate en fait la dignité la plus élevée de l'Empire après celle de César et de nobilissime, une dignité pratiquement réservée à des membres de la famille impériale, ainsi à Domentiolos, neveu de Phocas, aux frères de Maurice et d'Héraclius, aux gendres de Léon III et de Nicéphore Ier (J. B. Bury, *History of the Later Roman Empire...*, vol. 1, London, 1923, réimpr. New-York, 1958, p. 8 et n. 4 ; Stein, *Histoire du Bas-Empire...*, p. 746). Corippe laisse entrevoir (*Iust.*, 1, 134-136) combien Justin II a dû tout faire pour donner à cette charge, qui avait été, finalement, son seul titre à l'Empire, une importance qu'elle n'avait pas en réalité.

4. *Iust.*, 3, 220-227 ; 4, 366-369 et 371-373. Narsès, général de Justinien, était né avant 490. Sacellaire à partir de 530, il devient en 537 *praepositus sacri cubiculi.* En 565 (peut-être dès 558) il est *ex praeposito sacri palatii.* Malgré sa victoire sur l'Hérule Sindual en 566, il est disgrâcié par Justin II et meurt à Rome, dans une demi-retraite comme *praefectus praetorio per Italiam*, en 574 (cf. Diehl, *Justinien...*, p. 167-171 ; Stein, *Studien...*, p. 34, n. 17 ; *Histoire du Bas-Empire...*, p. 356-358 ; p. 599, n. 4 ; A. Lippold, article *Narses*, dans *R. E.*, Supplementband XII, Stuttgart, 1970, col. 870-889. Sur son homonyme, favori de Justin II, cf. n. compl. *ad* 3, 221.

5. *Iust.*, 1, 18-21.

3 octobre. Quant à Justin, fils de Germanus, dépouillé de ses gardes du corps, déclaré indésirable chez l'empereur, envoyé à Alexandrie comme *dux* et *Augustalis*, il est assassiné dans cette ville sur l'ordre de Sophie avant le 3 octobre, parce qu'il aurait comploté. En fait, Justin II avait trouvé là l'ultime moyen d'assurer définitivement son pouvoir[1]. C'est alors que les principaux dignitaires de l'Empire songent, pour affirmer la légitimité du pouvoir de leur maître, à utiliser les compétences du *grammaticus* africain qui faisait partie des services de l'un d'entre eux, le questeur du palais sacré Anastase. Corippe, de son côté, y trouvait son compte, puisqu'il avait annoncé son intention de « dire en un chant plein de félicité les triomphes d'un prince invincible »[2] et qu'il avait, de cette façon, une nouvelle occasion d'attirer l'attention sur ses malheurs.

La signification politique de l'emploi du latin en 566-568 à Constantinople.

Lorsque les dignitaires s'adressent à Corippe pour faire l'éloge de Justin II, ils choisissent un homme qui, pour autant que l'on puisse en juger, ne connaissait pas le grec, du moins pas suffisamment pour écrire une œuvre en cette langue[3]. Des

1. Cf. *supra*, p. XIX, n. 3, pour la conjuration d'Addaeus et Aetherius ; pour l'exécution de Justin, cf. Groh, *Geschichte des Kaisers Justins II...*, p. 51-52 ; J. B. Bury, *The Cambridge Medieval History*, t. 2, Cambridge, 1913, p. 267, n. 1 ; Stein, article *Iustinus*, n° 7, dans *R. E.*, XX. Halbband, col. 1330-1332 ; *Studien...*, p. 32, n. 10. Que ce dernier ait été assassiné à l'instigation de Sophie révèle l'extrême énergie de la nièce de Théodora, semblable en cela à sa tante (cf. Groh, *op. cit.*, p. 43). L'empereur lui-même, à en croire Corippe (*Iust.*, 2, 198-200), reconnaissait l'importance du rôle politique de son épouse.

2. Cf. *supra*, p. XVI, n. 1, et *Anast.*, 50-51.

3. Il est malaisé de se faire une idée du degré de connaissance du grec que pouvait avoir Corippe : si l'on ne tient pas compte d'influences grecques déjà anciennes en latin (entre autres, le génitif de comparaison, *Iust.*, 4, 130 : ... *meliorque sui...*, qui, sans être un hellénisme, s'est développé sous l'influence du grec, cf. M. Leumann, J. B. Hofmann et A. Szantyr, *Lateinische Grammatik*, 2. Band : *Syntax und Stilistik* (= *Handbuch der Altertumswissenschaft*, 2.

lettrés qui parlaient le grec ne devaient pourtant pas manquer à Constantinople : dès 425 l'université que

Abteilung, 2. Teil, 2. Band), München, 1965, p. 112-113) les traces d'une influence directe du grec sur la langue de l'*In laudem Iustini* sont bien minces : quelques finales en *-os* de mots depuis longtemps latinisés (*Iust.*, 3, 90 : *Tyros* ; 3, 91 : *Cypros* ; 4, 120 : *pyropos*, s'il ne s'agit pas de confusions *-u-* /*-o-* comme en 3, 337, *monitus* M^2 : *-tos* M^1 ; 4, 65, *latus edd.* : *-tos M* ; 4, 67, *gradus* M^2 : *-dos* M^1 ; 4, 88, *arcus* M^2 : - *cos* M^1) et deux termes peut-être empruntés au grec (le neutre *syngrapha*, *Iust.*, 2, 368, n'est attesté qu'en grec, et encore, sur des inscriptions des ve-ive siècles avant J.-C. ; *cymbius*, *Iust.*, 3, 196, n'existe qu'au neutre κυμβίον avec le seul sens de *coupe*). Une construction particulière de *ceteri*, dans laquelle ce mot est opposé à ce qui suit (*Iust.*, 2, 21) pourrait faire penser à l'hellénisme courant qui consiste à opposer ἄλλος à ce qui suit, mais il en existe quelques exemples en latin depuis Plaute (Plaut., *Most.*, 871 ; Val. Max., 1, *préf.* ; Sén., *Epist.*, 121, 24 ; Tert., *Nat.*, 2, 5) et c'est l'imitation d'Ovide qui est cause de sa présence chez Coripe (Ov., *Mét.*, 1, 84-85) :

prona cum spectent animalia cetera terram,
os homine sublime dedit...

Il n'est pas non plus possible de mettre en évidence de façon certaine l'influence d'une quelconque œuvre grecque. F. Cumont (*Malalas et Corippe*, dans *R. I. B.*, 37, 1894, p. 77-79) avait bien cru reconnaître dans un passage de la *Chronographie* de Jean Malalas (Malal., p. 173, l. 9, p. 174, l. 17 et p. 175, l. 16-20 *C. S. H. B.*) la source du développement sur le cirque et ses jeux (*Iust.*, 1, 314-344). Mais ce type de développement, si l'on excepte celui de Tertullien, *Spect.*, 9, qui est antérieur, et celui d'Isidore de Séville, *Etym.*, 18, 36, 2, qui est postérieur, est fréquent au vi^e^ siècle. Il en existe au moins trois autres exemples, un chez Cassiodore, *Var.*, 3, 51, un deuxième dans, l'*Anthologie latine*, *carm.*, 197, éd. Riese, un autre chez Jean Lydus, *De mensibus*, 3, 26, sans qu'il soit possible de déterminer leur(s) source(s). En tout cas, C. E. Gleye (*Malalas und Corippus*, dans *Byz. Z.*, 4, 1895, p. 366-367) a montré que Jean Malalas n'était pas la source de Corippe, tout en croyant que ce dernier, Malalas et Lydus avaient une source commune. Rien cependant ne prouve que celle de Corippe était grecque, comme l'indique l'existence des passages de Cassiodore et de l'*Anthologie latine*. Il se peut qu'elle ait été la *ludicra historia* (Gell., 9, 7, 3) perdue de Suétone, qu'utilisa Tertullien dans son *De spectaculis*, hypothèse malheureusement indémontrable. Ainsi pourrait-on conclure que, au mieux, le *grammaticus* africain aura appris le grec à Constantinople. De cette façon pourraient s'expliquer la présence de ces finales en *-os* (si elles ne sont pas à mettre au compte de la tradition manuscrite) et ces deux termes qui semblent venir du grec. Les affirmations de I. Cazzaniga, *Animadversiones criticae in Cresconii Corippi Iohannida*, dans *R. F. I. C.*, 100, 1972, p. 46-67, et plus spécialement p. 53-54, affirmations auxquelles fait allusion

Théodose II y avait créée comprenait, outre quinze professeurs de latin, seize professeurs de grec[1] et le poète lui-même nous apprend que, lors de la célébration du consulat de l'empereur le 1er janvier 566, « l'éloquence des orateurs chanta dans les deux langues en un présent solennel les remarquables titres de gloire de l'Auguste consul »[2]. Justin II appartenait certes, comme Justin I et Justinien, à une famille de langue latine originaire de l'Illyricum[3]. Mais depuis plus d'un siècle, sans devenir en Orient une langue morte, le latin n'était plus normalement utilisé dans l'entourage de l'empereur ; et sous Justinien, le grec était devenu habituel dans les actes de la chancellerie impériale, où le latin était jusqu'alors exclusivement employé[4]. Aussi une œuvre comme l'*In laudem Iustini*, quelle que fût sa valeur littéraire, ne pouvait-elle pas avoir une large diffusion, et la pauvreté de la tradition manuscrite semble à cet égard révélatrice[5]. Mais surtout, composée en latin, elle était destinée

Stache, *Flavius Cresconius Corippus...*, *Ein Kommentar...*, p. 2, n. 4, selon lesquelles Corippe aurait parlé le grec dès l'époque de la *Johannide*, ne sont pas convaincantes. Elles s'apppuient en effet sur *un* passage discuté de la *Iohannis* (*Ioh.*, 6, 291).

1. *Cod. Theod.*, 14, 9, 3 : *Habeat igitur auditorium specialiter nostrum in his primum, quos Romanae eloquentiae doctrina commendat, oratores quidem tres numero, decem vero grammaticos in his etiam, qui facundia Graecitatis pollere noscuntur, quinque numero sint sofistae et grammatici aeque decem... Unum igitur adiungi ceteris volumus, qui philosophiae arcana rimetur...*

2. *Iust.*, 4, 154-156 :

Tunc oratorum geminae facundia linguae
egregias cecinit sollemni munere laudes
consulis Augusti.

3. Cf. *Novell. Iust.*, 7, 1, 30 : ... *et protulimus et non paterna voce legem conscripsimus, sed hac communi et graeca ut omnibus sit nota propter facilem interpretationem.*

4. Cf. L. Bréhier, *Les institutions de l'Empire byzantin*, Paris, 1970, p. 143 ; G. Dagron, *Aux origines de la civilisation byzantine : Langue de culture et langue d'État*, dans *R. H.*, 241, 1969, p. 23-56, et plus spécialement p. 37. Cette dernière étude donne (p. 24, n. 2) la bibliographie des travaux relatifs aux rapports du grec et du latin à Constantinople.

5. Cf. *infra*, p. LXXXV-C.

à un milieu bien précis, celui du personnel politique et militaire de haut rang et des fonctionnaires de la chancellerie : ils étaient en effet les seuls, avec les universitaires, à pouvoir, dans la partie orientale de l'Empire, comprendre et utiliser le latin, qui ne survécut plus, à partir du successeur de Justin, Tibère, que par un grand nombre de termes militaires ou administratifs, et, jusqu'à Héraclius, par les légendes monétaires[1].

La propagande dans l'« In laudem Iustini ». La finalité politique du poème de Corippe apparaît clairement dès le début de l'œuvre : le poète veut chanter « un faîte du pouvoir enlevé sans aucun bouleversement, sans combat, atteint sans brigue »[2]. Cette idée de la légitimité du pouvoir de Justin revient comme un leitmotiv tout au long de l'*In laudem Iustini*, et surtout dans le premier livre. Parmi les diverses formes sous lesquelles elle se présente, la plus fréquente est l'affirmation de l'origine divine du pouvoir du nouveau souverain[3], mais comme c'est là une prétention commune à tous les empereurs byzantins, usurpateurs ou non[4], et bien qu'elle soit étayée par le

1. Cf. L. Bréhier, *ibid.* ; G. Dagron, *ibid.*, p. 37 et 54.

2. *Iust.*, 1, 1-3, cf. *supra*, p. xxiv, n. 4.

3. *Iust.*, *préf.*, 1-3 ; *préf.*, 19-20 ; 1, 42 ; 1, 47-48 ; 1, 152 ; 1, 182-183 ; 1, 209-211 ; 1, 366-367 ; 2, 3 ; 2, 36-37 ; 2, 44 ; 2, 179-181 ; 2, 427 ; 3, 360-361 ; 4, 339-340 ; 4, 346-347.

4. Cf. pour les ve et vi^e siècles les exemples donnés par W. Ensslin, *Gottkaiser und Kaiser von Gottes Gnaden*, dans *S. B. A. W.*, phil.-hist. Abteilung, 1943, Heft 6, p. 83-93, qui réutilise son article *Das Gottesgnadentum des autokratischen Kaisertums der frühbyzantinischen Zeit*, dans *S. Byz.*, 5, 1939, p. 154-166, et, du vi^e au xie siècle, les innombrables exemples cités par R. Guilland, *Études byzantines* (= *Publications de la Faculté des lettres et sciences humaines de Paris*), Paris, 1959, p. 214-223, où l'auteur reprend son article *Le droit divin à Byzance*, dans *Eos*, 42, 1947, p. 142-168. Cf. aussi J. B. Bury, *History of the Later Roman Empire...*, t. 1, p. 12 et n. 4, et L. K. Born, *The perfect prince according to the latin panegyrists*, dans *A. J. Ph.*, 55, 1934, p. 20-35, et plus spécialement p. 32-33. Dans l'iconographie, cette conception se traduisait par le motif de la main divine, puis du Christ, de la Vierge, d'un archange ou d'un saint couronnant l'em-

récit d'une vision qu'aurait eue Justin aussitôt après la mort de Justinien[1], elle ne saurait suffire comme marque de légitimité. Aussi Corippe développe-t-il toute une série d'autres arguments plus politiques : comme successeur, Justinien a choisi son neveu[2], qui est le « prince désigné »[3], l'héritier du royaume né dans le pouvoir[4] et qui, en succédant à son oncle décédé, comme le phénix renaît de sa mort[5], assure la continuité de la dynastie

pereur (cf. A. Grabar, *L'empereur dans l'art byzantin, Recherches sur l'art officiel de l'Empire d'Orient* (= *Publications de la Faculté des lettres de l'Université de Strasbourg*, fasc. 75), Paris, 1936, p. 112-120).

1. *Iust.*, 1, 28-65. Cette vision semble inventée de toutes pièces, étant donné que Corippe est le seul à la rapporter. Mais elle pouvait être convaincante, puisque la mentalité byzantine admettait l'existence de songes ou de présages qui annonçaient au futur empereur sa haute destinée (cf. R. Guilland, *Études byzantines...*, p. 225) : souvent l'heureux élu était survolé par un aigle, par exemple, Marcien (450-457) pendant son sommeil, Philippicos (711-713) dans un rêve. Basile Ier (867-886) fut survolé par un aigle, mais son destin fut également annoncé par Dieu à l'higoumène de Saint-Diomède. En ce qui concerne les présages, Corippe ne peut guère mentionner que le chant des coqs (*Iust.*, 1, 197-201) !

2. *Iust.*, 1, 146 ; 1, 179-180 ; 1, 245-247.

3. *Iust.*, 1, 113 : *electus princeps.*

4. *Iust.*, 1, 46 : ... *tu proximus heres* ; 1, 247 ; 1, 269 ; 2, 382 ; *Iust.*, 4, 192 : *natus in imperio, media nutritus in aula.* L'expression *proximus heres* (qui se trouve comme clausule chez Stat., *Silu.*, 3, 3, 69, et Pers., 2, 12) est un juridisme (cf. Afric., *Dig.*, 22, 1, 27, et Ulp., *Dig.*, 29, 2, 30, 1), comme le verbe *firmare* dans l'expression *firmato herede* (*Iust.*, 1, 247 ; cf. Paul, *Sent.*, 3, 4 a, 8 : *qua lege... hereditates firmantur*). L'*Histoire Auguste* l'emploie avec cette valeur (Capitol., *Gord.*, 8, 3 : *imperatores eos dicemus adhibitisque insignibus Romano iure firmabimus*). Le thème de la naissance au pouvoir et de l'éducation au palais est par ailleurs un thème rhétorique (Ménandre, p. 371, l. 17, éd. Spengel).

5. *Iust.*, 1, 349-356. Le symbole du phénix avait une large diffusion dans l'idéologie impériale : il apparaît depuis les monnaies frappées après la mort de Trajan et les monnaies d'Hadrien (cf. H. Cohen, *Description historique des monnaies frappées sous l'Empire romain, communément appelées médailles impériales*, 2e éd., continuée par Feuardent, Paris, 1880-1892, réimpr. Graz, 1955, t. 2, Trajan, nos 658 et 659 ; G. Camozzi, *La consecratio nelle monete da Cesare ad Adriano*, dans *R. I. N.*, 14, 1901, p. 27-53, et particulièrement p. 51-53 ; R. van den Broek, *The myth of the Phoenix according to classical and early christian traditions* (= *Études préliminaires aux religions orientales dans l'Empire romain*, t. 24), Leiden, 1972, p. 428 et pl. 6, 4).

inaugurée par Justin I[1]. Un accord, que Corippe est le seul à mentionner, l'avait fait César et Justinien lui avait fait partager ses responsabilités[2]. Il est l'élu des dignitaires, des sénateurs unanimes et tous les hommes se sont ralliés à son nom[3]. L'éloge de Justin est donc avant tout une réponse à l'opposition réelle, comme celle d'Addaeus et Aetherius, ou considérée comme telle, à l'exemple de celle de Justin, fils de Germanus, et un avertissement à ceux qui seraient tentés, parmi le personnel politique de haut rang, de mettre en doute la légitimité de Justin II.

En même temps, l'*In laudem Iustini* affirme les nouvelles orientations de la politique intérieure et extérieure, en faisant le récit des premiers actes politiques de Justin qui les avaient illustrées : son allocution au Sénat dans laquelle il avait exposé ses vues en matière de justice et de fiscalité[4], son discours au peuple où il avait montré son souci de la sécurité et de la moralité publiques[5], le remboursement des emprunts forcés par lequel il avait commencé à mettre en pratique la politique annoncée aux sénateurs[6], la réception d'une ambassade avare, marquée par son refus de poursuivre la politique extérieure de son prédécesseur et d'acheter une paix précaire aux barbares[7], la célébration de son consulat qui

1. *Iust.*, 2, 139-146.
2. *Iust.*, 1, 136-142.
3. *Iust.*, 1, 64-65 ; 1, 148 ; 1, 156 ; 1, 174 ; 1, 345-367. Dans ce dernier passage, on notera l'abondance des mots ou même des préfixes qui traduisent l'unanimité (1, 345 : ... *omnes populi*... ; 1, 347 : ... *uox omnibus una*... ; 1, 348 : ... *mens eadem*... *omnibus unum* ; 1, 357 : ... *conueniens*... ; 1, 360 : ... *omnes* ; 1, 361 : ... *omnia*... ; 1, 362 : ... *omnia congaudent*, *omnes*... ; 1, 363 : ... *conueniunt*...). Corippe insiste aussi sur la joie de la foule (1, 357 : ... *laetarum*... *uolucrum* ; 1, 360 : *laetitia*... ; 1, 362 : ... *congaudent*... ; 1, 364 : ... *gaudere*...).
4. *Iust.*, 2, 178-274.
5. *Iust.*, 2, 333-356.
6. *Iust.*, 2, 361-406.
7. *Iust.*, 3, 231-401.

le faisait renouer avec une tradition abandonnée par Justinien[1]. Si un pan de la politique du nouvel empereur est resté dans l'ombre aux premiers jours du règne, période à laquelle se limite Corippe, ce dernier n'hésite pas à attirer l'attention sur lui en introduisant un développement étranger au cours du récit : c'est ainsi qu'il faut comprendre la paraphrase du symbole du concile de Nicée à laquelle se livre le poète lors de l'évocation de la basilique Sainte-Sophie[2] et qui est une façon

1. Décrite au livre 4. Ce dernier livre n'était initialement pas prévu et ne correspond pas au projet formé par le poète à la fin du livre 3 (*Iust.*, 3, 406-407) de « rendre notoire avec dévouement... la faveur des succès » de Justin, projet qui restera sans suite. Mais Corippe a dû s'apercevoir après coup (ou on lui a fait remarquer) que son œuvre n'était pas complète, puisqu'elle ne relatait pas une cérémonie annoncée solennellement au livre 2 (*Iust.*, 2, 351-356) :

Ditabo plebes opibus nomenque negatum
consulibus consul post tempora tanta nouabo.
Gaudeat ut totus Iustini munere mundus,
dona calendarum properant uicina mearum.
Vos uestris astate locis, properate, parate,
promissaque die nostras sperate curules.

En fait, comme l'ont souligné G. Bloch (article *Consul*, dans le *Dictionnaire des antiquités grecques et romaines*, vol. 1, 2e partie, Paris, 1887, p. 1472) et C. Jullian (*Processus consularis*, dans *R. Ph.*, 7, 1883, p. 145-163, plus spécialement p. 162), il n'y eut pas, malgré les affirmations de Justin et de Corippe (*Iust.*, 2, 352 : *nouabo* ; *Iust.* 4, 136-137 : *reparator opimi (nominis)*, de véritable restauration du consulat : le dernier consul dont fut célébré le *processus* avait été Basile en 541. Ensuite, Justinien, sans supprimer la dignité, n'avait plus nommé de consul, restant seul titulaire de la charge, comme son successeur Justin II. Plus tard la procession consulaire sera intégrée à la cérémonie du couronnement.

2. *Iust.*, 4, 294-321. Cf. *supra*, p. XXX, n. 2. De la même façon, la comparaison entre la réponse de Justin aux ambassadeurs avares, telle que la rapporte Corippe (*Iust.*, 3, 311-398), et celle conservée par l'historien Menander Protector (*F. H. G.*, 4, 14, éd. Müller = *H. G. M.*, p. 35, l. 8-27, éd. Dindorf, cf. *appendice* II) fait apparaître que le poète a introduit dans les propos de l'empereur un long développement sur les principes moraux qui régissent la politique de l'Empire byzantin, principes qui se veulent les mêmes que ceux de l'époque augustéenne : on comparera sur ce point *Iust.*, 3, 331 : *pax est subiectis, pereunt per bella superbi*, et Virg., *Én.*, 6, 852-853 :

Hae tibi erunt artes, pacisque imponere morem,
parcere subiectis et debellare superbos.

d'opposer l'orthodoxie de Justin à l'aphthartodocétisme de Justinien.

En somme l'*In laudem Iustini* répond à deux intentions complémentaires, proclamer la légitimité du neveu de Justinien et montrer que sa politique correspond à l'attente de l'Empire en réparant les graves erreurs des dernières années du règne précédent.

Valeur historique de l'éloge de Justin. Œuvre de propagande, l'*Éloge de Justin II* n'est pas dépourvu pour autant de toute valeur historique : Corippe, en effet, adopte un plan chronologique, il s'attache à rapporter dans le détail les événements qui marquèrent la succession de Justinien et les premiers jours du règne de Justin II, pour lesquels le poème est notre seule source historique. Cet intérêt, du strict point de vue événementiel, s'étend même parfois aux derniers moments du règne de Justinien : ainsi c'est grâce à l'*In laudem Iustini* que l'on connaît l'existence d'emprunts forcés pendant cette sombre période[1]. Mais son intérêt vient aussi des jugements politiques que Corippe formule et qui atteignent une objectivité inconnue dans la littérature officielle. Particulièrement frappante est la fin du long discours adressé par Justin aux sénateurs immédiatement après son couronnement : elle fait apparaître le Justinien historique et sa négligence désastreuse en matière fiscale[2], bien qu'il soit par ailleurs gratifié des épithètes (conventionnelles) de *pius* et *sanctus*[3]. Corippe apporte un témoignage direct sur la précarité de la situation politique

Ce point de vue était ensuite devenu un lieu commun de la pensée politique romaine (cf. Hor., *Carm. saec.*, 51-52 ; Tac., *Ann.*, 2, 10 ; Claud., *Carm.*, 15, 97-98 ; Rut. Nam., 1, 71-72) et il se retrouve dans la *Iohannis* (8, 461-464).

1. *Iust.*, 2, 367-389.

2. *Iust.*, 2, 269-271.

3. *Iust.*, 1, 147 ; 2, 99 ; 2, 126 ; 2, 270 ; 3, 32 ; 3, 61.

d'alors[1] et sur l'existence de complots[2]. Pour ce qui est de la succession du vieil empereur, il reconnaît que Justin II avait des rivaux et que Tibère, qui lui devait tout, était intervenu, en accord avec le Sénat, pour faire garder le palais dans la nuit de la mort de Justinien et dissuader ainsi les compétiteurs du futur empereur[3]. Notre auteur formule enfin nettement la nouvelle orientation de la politique étrangère pratiquée par Justin II, visant à défendre la paix par les armes plutôt qu'à l'acheter au détriment des finances de l'État[4].

II

Le genre littéraire composite du poème

Politique et panégyriques impériaux.

Traditionnellement le rôle politique qui est dévolu à l'éloge de Justin revient aux panégyriques impériaux : c'est ainsi que dans le corpus des *Panegyrici latini*, les panégyriques prononcés en 307 et 310 en l'honneur de Constantin essaient, eux aussi, de démontrer la légitimité de cet empereur parvenu au pouvoir en transgressant quelque peu les principes posés par la Tétrarchie[5]. D'une façon générale, ces œuvres

1. *Iust.*, 1, 176-177.
2. *Iust.*, 1, 170-171.
3. *Iust.*, 1, 202-225.
4. *Iust.*, 1, 254-263.
5. A la mort de Constance Chlore en juillet 306, le César Sévère était devenu Auguste et Constantin n'avait été reconnu que César. Mais le fils de Constance, gratifié du titre d'empereur par les troupes de son père et revêtu de la pourpre par Maximien qui, après son abdication le 1er mai 305, avait repris indûment le pouvoir, était dans ces conditions un Auguste frappé d'illégitimité. Les discours de 307 et 310 (*Panégyriques latins*, texte établi et traduit par E. Galletier (= *Collection des Universités de France*), t. 2, Paris, 1952, discours 6 et 7) s'efforcent de légitimer le pouvoir de Constantin, à partir d'arguments propres au cas de ce prince, mais aussi grâce à des éléments traditionnels de légitimation que l'on retrouve chez Corippe : le *consensus* des dieux (remplacé à Byzance au VIe siècle par la volonté

mettent en valeur des aspects particulièrement bénéfiques de la politique des empereurs auxquels elles sont consacrées[1].

Mais elles le font à l'intérieur d'un cadre parfaitement défini par les règles des écoles de rhétorique, qui ont été le plus clairement et systématiquement formulées par le rhéteur grec Ménandre dans son traité Περὶ ἐπιδεικτικῶν et plus spécialement dans la partie de l'ouvrage consacrée au βασιλικὸς λόγος[2]. Sommairement résumé, le plan-type devait commencer, après un développement sur les difficultés rencontrées par l'orateur pour traiter convenablement son sujet, par la célébration de la patrie, de la race et de la famille. L'éloge proprement dit du personnage venait ensuite avec l'évocation de sa naissance et des éventuels prodiges qui l'avaient accompagnée, de son éducation au palais et de son goût pour les études. Suivaient le récit des exploits guerriers, puis celui des actes politiques civils, ordonnés suivant les quatre vertus cardinales (vaillance, justice, modération, prévoyance). La conclusion qui en résultait était que le prince loué surpassait tous les princes antérieurs. Un tableau de la prospérité de l'État et des prières aux dieux, pour demander que le pouvoir du prince dure et

de Dieu) et l'agrément des hommes. Ils manifestent également des tendances dynastiques en présentant Constantin comme le troisième empereur d'une dynastie fondée par Claude II le Gothique et poursuivie par Constance.

1. Par exemple, les bienfaits de la politique économique de Trajan (Plin., *Traj.*, 25-32) et de sa politique financière (Plin., *Traj.*, 37-43), le rétablissement des écoles méniennes d'Autun par Constance (*Panég.*, 5, éd. Galletier), la réduction de l'impôt foncier et la remise d'un arriéré d'impôts de cinq ans par Constantin (*Panég.*, 8, 8-13, éd. Galletier), la remise des arriérés d'impôts par Gratien et son dévouement pour ses soldats (Aus., 419, 73-74 et 75-78, p. 372-373 et 373-374, éd. Peiper), la remise des impôts par Anastase, la restauration des villes, le retour de la sécurité pour la navigation et les citoyens sous son gouvernement, son sens de la justice (Prisc., *Anast.*, 156-170 et 180-253).

2. *Rhetores Graeci* recognovit L. Spengel (= *Bibliotheca Teubneriana*), t. 3, Lipsiae, 1856, p. 368-377. Cf. J. A. Straub, *Vom Herrscherideal in der Spätantike* (= *Forschungen zur Kirchen- und Geistesgeschichte*, 18. Band), Stuttgart, 1939, réimpr. 1964, p. 153-157.

se transmette à sa descendance, achevaient le panégyrique.

Ce canevas est utilisé, parfois avec de sérieuses modifications, mais sans être totalement méconnaissable, par les panégyriques latins, qu'ils soient en vers ou en prose. L'éloge de Lucain pour les quinquennales de Néron en 60 après J.-C.[1], le discours de Paulin de Nole en l'honneur de Théodose[2], plusieurs discours panégyriques de Symmaque[3] sont certes perdus ; d'autres sont conservés, mais de façon fragmentaire : les éloges de Valentinien et Gratien par le même Symmaque[4], les panégyriques d'Aétius, en vers et en prose, de Fl. Merobaudes[5], les discours adressés par Cassiodore à Eutharic, Théodoric et Théodat[6] ; par ailleurs on voit des petites pièces constituer des éloges sans répondre à la définition du βασιλικὸς λόγος : ainsi, le poème composé par Stace pour le dix-septième consulat de Domitien[7], les poésies de Publilius Optatianus Porfyrius en l'honneur de Constantin[8], divers morceaux en vers adressés à des rois et des nobles locaux et même à Justin II et Sophie par Venantius Fortunatus[9].

1. Cf. M. Schanz, *Geschichte der römischen Literatur bis zum Gesetzgebungswerk des Kaisers Justinian* (= *Handbuch der Altertumswissenschaft*, 8. Abteilung), 2. Teil : *Die römische Literatur in der Zeit der Monarchie bis auf Hadrian*, 4. neubearbeitete Auflage von C. Hosius, München, 1935, p. 494 et 495.

2. Cf. Id., *ibid.*, 4. Teil : *Die römische Literatur von Constantin bis zum Gesetzgebungswerk Justinians*, 1. Hälfte : *Die Literatur des 4. Jahrhunderts*, 2. vermehrte Auflage, München, 1914, p. 271-272.

3. Cf. *Q. Aurelii Symmachi quae supersunt* edidit O. Seeck (= *M. G. H.*, *A. A.*, VI, 1), Berolini, 1883, ed. nova 1961, p. VI).

4. Cf. *ibid.*, p. 318-332.

5. *Fl. Merobaudis reliquiae*... edidit F. Vollmer (= *M. G. H.*, *A. A.*, XIV, 1), Berolini, 1905, p. 7-20.

6. *Cassiodori senatoris uariae* recensuit Th. Mommsen. Accedunt... III : *Cassiodori orationum reliquiae* edidit L. Traube (= *M. G. H.*, *A. A.*, XII), Berolini, 1894, p. 465-484.

7. Stat., *Silu.*, 4, 1.

8. *Publilii Optatiani Porfyrii carmina* recensuit et praefatus est E. Kluge (= *Bibliotheca Teubneriana*), Lipsiae, 1926.

9. *Venanti Honori Clementiani Fortunati... opera poetica* recensuit et emendavit Fr. Leo (= *M. G. H.*, *A. A.*, IV, 1), Berolini, 1881, ed. nova 1961.

En revanche, Pline le Jeune, lorsqu'il remanie sa *gratiarum actio* pour la publication, s'inspire du canevas des rhéteurs[1]. Les onze discours prononcés en l'honneur de Constance, Maximien, Constantin, Julien et Théodose, même s'ils recomposent le plan-type, en utilisent bien les différents éléments[2], Claudien, dans ses éloges de Probinus et Olybrius, d'Honorius, de Manlius Theodorus et de Stilichon, se souvient, comme on l'a montré, des règles de l'école[3], dont est tributaire également Sidoine Apollinaire, quand il écrit ses poèmes en l'honneur d'Anthémius, de Majorien et d'Avitus[4]. Les rapports des autres panégyriques avec la rhétorique grecque n'ont pas été étudiés ; cependant l'essentiel du plan de Ménandre transparaît dans le poème composé vers 512 en l'honneur de l'empereur Anastase par Priscien de Césarée[5].

1. Cf. J. Mesk, *Die Überarbeitung des Plinianischen Panegyricus auf Trajan*, dans *W. S.*, 32, 1910, p, 239-260, et M. Durry, *Pline le Jeune, Panégyrique de Trajan*, préfacé, édité et commenté par M. Durry, thèse compl. Paris 1933, Paris, 1938, p. 6 et 27-28.

2. Cf. O. Kehding, *De panegyricis latinis capita quattuor*, diss. Marburg, 1899 ; J. Mesk, *Zur Technik der lateinischen Panegyriker*, dans *Rh. M.*, 67, 1912, p. 569-590, et E. Galletier, *op. cit.*, t. 1, 1949, p. XXX.

3. Cf. P. Fargues, *Claudien, Études sur sa poésie et son temps*, thèse Paris 1933, Paris, 1933, p. 195-216 ; D. Romano, *Claudiano*, Palermo, 1958, p. 80 ; Al. Cameron, *Claudian, Poetry and propaganda at the court of Honorius*, Oxford, 1970, p. 253-254.

4. Cf. A. Loyen, *Sidoine Apollinaire et l'esprit précieux en Gaule aux derniers jours de l'Empire*, thèse Paris 1942, Paris, 1943, p. 115.

5. La *gratiarum actio* prononcée en 379 à Trèves par Ausone contient un éloge de Gratien (cf. *Ausonius* with an english translation by H. G. Evelyn-White, 2 vol., 3e éd., London, 1961, p. 218-269). En 507, Ennode de Pavie adresse un panégyrique en prose à Théodoric (*Panegyricus dictus clementissimo regi Theodorico*, dans *Magni Felicis Ennodi opera* recensuit Fr. Vogel (= *M. G. H.*, *A. A.*, VII), Berolini, 1885, ed. nova 1961, p. 203-214). Le *Carmen de laude Anastasii imperatoris* de Priscien de Césarée a été édité dans les *Poetae Latini minores* recensuit et emendavit Aem. Bährens (= *Bibliotheca Teubneriana*), t. 5, Lipsiae, 1883, p. 264-274 : le poète, après avoir évoqué la famille d'Anastase, qu'il rattache à Pompée, fait le récit des exploits guerriers du prince puis présente les bienfaits de sa politique civile. Le panégyrique se termine par l'éloge des neveux de l'empereur et par une courte prière à Dieu.

Éléments de la tradition des panégyriques impériaux dans l'« In laudem Iustini ».

Comme cela est prévisible chez un ancien *grammaticus*, Corippe connaît les règles de l'École et certains usages des panégyriques impériaux, d'où dérivent plusieurs lieux communs de l'*In laudem Iustini* : le début du poème ne manque pas de souligner les difficultés du sujet[1]. Justin, quand il n'était pas encore au pouvoir, partageait les responsabilités de Justinien[2]. Le souverain est un médecin[3], un prince éclairé[4], qui sait qu'il ne faut pas mépriser les inférieurs[5] et qui fait preuve d'une sobriété remarquable[6] malgré l'abondance des marchandises qui affluent en son palais de Constantinople[7].

1. *Iust.*, 1, 3-14 (cf. Ménand., p. 368, l. 9-11, éd. Spengel ; *Panég.*, 2, 2 ; 4, 1 ; 9, 1 ; 10, 1 ; 12, 1 ; Claud., *Carm.*, 16, 1-6 ; Aus., 419, 41, p. 363-364, éd. Peiper). Pour ce lieu commun qui commence avec Isocrate et Lysias, cf. les nombreuses références données par Kl. Thräde, *Untersuchungen zum Ursprung und zur Geschichte der christlichen Poesie*, II, dans *Jb. A. C.*, 5, 1962, p. 128-129.

2. Cf. *supra*, p. XXV, n. 2.

3. Cf. *supra*, p. XIII, n. 1. La comparaison du dirigeant politique avec un médecin remonte à Platon (*Rép.*, 341 c ; 345 c ; 567 c ; *Polit.*, 297 e) et elle est reprise systématiquement par la deuxième sophistique grecque (Ménand., p. 375, l. 13-18, éd. Spengel. Libanius l'utilise dans son Προσφωνητικὸς Ἰουλιανῷ, *or.*, 13, 42. Julien lui-même (89 b et 129 a) y a recours). Pour son utilisation dans la littérature grecque, consulter G. Barner, *Comparantur inter se Graeci de regentium hominum virtutibus auctores*, diss. Marburg, 1889, p. 9, 12, 37 et 42. Dans la littérature latine, aux exemples cités p. XIII, n. 1, il faut ajouter Sén., *Clem.*, 1, 15 (17), 2, et Claud., *Carm.*, 22, 204-205.

4. *Iust.*, 4, 182-185 (cf. Ménand., p. 371, l. 27-30, éd. Spengel ; 5, 8, 1-3 ; Prisc., *Anast.*, 248-253). Le lieu commun de la culture du souverain a été étudié par E. R. Curtius, *La littérature européenne et le Moyen Age latin*, traduit de l'allemand par J. Bréjoux, Paris, 1956, p. 218.

5. *Iust.*, 2, 218-222 et 228-229 (Claud., *Carm.*, 8, 303, et les références données par Fargues, *Claudien...*, p. 204, n. 10).

6. *Iust.*, 3, 105-110 (Claud., *Carm.*, 22, 144 ; Aus., 419, 66, p. 369-370, éd. Peiper).

7. *Iust.*, 3, 88-105. Ce passage est une variante de l'éloge traditionnel d'Athènes ou de Rome pour les marchandises qui y affluent (Thuc., 2, 38, 2 ; Isocr., 4, 42 et 45 ; Aristid. 14, 12-13, éd. Keil). Procédé catalogué par les rhéteurs (Dion. Hal., *Ars rhet.*, 5, 5, p. 275, l. 20-22.

Suivant les préceptes des rhéteurs, le poète fait ressortir les mérites du souverain en le comparant aux princes antérieurs, et tout spécialement aux plus célèbres d'entre eux, César et Auguste[1]. Tels sont les éléments, somme toute peu nombreux, qui rappellent dans l'éloge de Justin, la technique de la littérature encomiastique.

A l'instar encore des auteurs de panégyriques impériaux, Corippe se fait le porte-parole de l'idéologie impériale romaine traditionnelle, dont le genre littéraire de l'éloge n'a toutefois pas l'exclusivité : dénué d'ambition[2], Justin a accepté malgré lui[3] les soucis et les peines du gouvernement[4], apportant ainsi au monde fatigué[5] le

éd. Usener-Radermacher ; Ménand., p. 377, l. 22-24, éd. Spengel), il est fréquent dans la littérature latine, surtout dans les œuvres panégyriques (Prud., *C. Symm.*, 2, 950-953 ; Rut. Nam., 1, 143-154 ; panégyristes proprement dits, Claud., *Carm.*, 15, 52-59 ; 17, 38-41 ; 18, 401-409 ; Sid. Ap., *Carm.*, 2, 52-55 ; 5, 40-50). Il est possible que Corippe, dans son énumération des vins, se soit également souvenu de Sidoine Apollinaire (*Carm.*, 17, 15-16) :

Vina mihi non sunt Gazetica, Chia, Falerna
quaeque Sareptano palmite missa bibas.

1. *Iust.*, 2, 403-406 ; 3, 27 ; 3, 130-131 ; 4, 138-139 ; Ménand., p. 372, l. 21-25 ; p. 376, l. 29 ; p. 377, l. 8, éd. Spengel ; Plin., *Traj.*, 35, 4 ; 51, 2 ; 61, 7 ; 89, 1 ; certaines comparaisons du corpus des *Panegyrici latini* ont été étudiées par W. S. Maguiness, *Some methods of the latin Panegyrists*, dans *Hermathena*, 47, 1932, p. 42-61, et plus spécialement p. 46-53 ; Claud., *Carm.*, 28, 331-350 ; Symm., *Or.*, 1, 16, *M. G. H.*, *A. A.*, VI, 1, p. 322, l. 7-20 ; Sid. Ap., *Carm.*, 5, 448-461 ; Aus., 419, 73, p. 372, éd. Peiper ; Prisc., *Anast.*, 15-17 ; 46-49.

2. Cf. Claud., *Carm.*, 8, 46 ; Spart., *Pesc.*, 4, 3.

3. Cf. *supra*, p. XXVI, n. 3.

4. *Iust.*, 1, 51-52 ; 2, 180 ; 3, 138-141. Pour le thème traditionnel du pouvoir comme « fardeau » et de la vigilance du prince (cf. aussi *Iust.*, 2, 192 et 338), consulter J. Béranger, *Recherches sur l'aspect idéologique du principat...*, p. 175-217.

5. *Iust.*, 1, 80 : ... *defesso... mundo* ; 1, 253 : ... *fesso... orbi.* Sur ce thème, voir les nombreux exemples rassemblés par A. Alföldi, *Insignien und Tracht der römischen Kaiser*, dans *M. D. A. I.* (*R.*), 50, 1935, p. 1-171, et plus particulièrement p. 83, n. 4 ; Ensslin, *Gottkaiser und Kaiser von Gottes Gnaden...*, p. 30, et surtout Béranger, *Recherches sur l'aspect idéologique du principat...*, p. 266-267.

renouveau[1] dans la stabilité[2]. En outre, bien que l'on soit à Byzance au VIe siècle, les vieux thèmes solaires de

1. *Iust.*, 1, 80 ; 3, 76-79 ; 4, 137. Il est superflu de faire remarquer que l'exploitation de la Quatrième Bucolique de Virgile (*Iust.*, 3, 78), qui annonce le retour d'un siècle d'or, est sans cesse pratiquée dans le cadre de la mystique séculaire (Sén., *Apoc.*, 4, 1, 8-9 ; Calp., *Ecl.*, 1, 42 ; 1, 63-65 ; Mart., 5, 19, 1-2 ; 8, 55, 1-2 ; Stat., *Silu.*, 1, 6, 39-42). Cette mystique trouve également son expression sur les monnaies avec les légendes SAECVLVM NOVVM (pour la première fois en 248 après J.-C. sur les monnaies de Philippe l'Arabe à l'occasion des fêtes du millénaire de Rome, H. Cohen, *Description historique des monnaies frappées sous l'empire romain...*, continuée par Feuardent, 2e éd., Paris, 1880-1892, t. 5, Philippe l'Arabe, n° 198 ; 201 ; 202 ; 203 ; 204), RENOVATIO ROMANORVM (monnaies de Carausius, Cohen *Description historique des monnaies...*, t. 7, Carausius, n° 290 ; 291 ; 292 ; 293 ; 300 ; 302), RENOVATIO VRBIS ROMAE (monnaies de Magnence et Décence, Cohen, *Description historique des monnaies...*, t. 8, Magnence, n° 27, Décence, n° 8) ou GLORIA NOVI SAECVLI (monnaies de Gratien, Cohen, *Description historique des monnaies...*, t. 8, Gratien, n°s 12 ; 13 ; 14 ; 15). Les inscriptions parlent de FEL(IX) TEM(PORVM) REP(ARATIO) (*C. I. L.*, XIII, 10024, 125). Dans les textes littéraires, l'expression correspondante est *Roma novata* (Aur. Vict., *Caes.*, 41, 17, cité par J. Doignon, *Le titre de* Nobilissimus Puer *porté par Gratien et la mystique littéraire des origines de Rome à l'avènement des Valentiniens*, dans *Mélanges A. Piganiol*, t. 3, Paris, 1966, p. 1696, n. 8) ou *Roma renovata* (Muadwin, *Ecl.*, 1, 25-28, *M. G. H.*, *P. L. A. C.*, I, p. 385, cité par P. E. Schramm, *Kaiser, Rom und Renovatio, Studien und Texte zur Geschichte des römischen Erneuerungsgedankens vom Ende des Karolingischen Reiches bis zum Investiturstreit*, 1. Teil, *Studien* (= *Studien der Bibliothek Warburg*), Leipzig-Berlin, 1929, p. 43). En ce qui concerne les textes grecs tardifs, le *Livre des Cérémonies* de Constantin Porphyrogénète donne quelques exemples de l'acclamation εἰς δόξαν καὶ ἀνέγερσιν τῶν Ῥωμαίων, mais ce n'est plus qu'une formule figée et rare (Schramm, *op. cit.*, p. 41 et n. 1). Ce souhait d'un renouvellement romain fut repris par les conquérants germaniques (Théodoric dans Cass., *Var.*, 3, 17 et 31, cité par Schramm, *op. cit.*, p. 41 et n. 3 et 4) et le globe impérial de Charlemagne porte encore l'inscription RENOVATIO ROMAN. IMP., mais il s'agit dans ce dernier cas de restaurer le passé (Schramm, *op. cit.*, p. 42, et l'exemple de Muadwin cité ci-dessus).

2. *Iust.*, 1, 185-186. Pour ce « rêve de la stabilité du pouvoir impérial... devenu le vœu courant de toute spéculation séculaire » et qui « continue de faire le fond positif de l'idée de *renovatio* au Moyen Age », cf. J. Gagé, *Le « Templum Urbis » et les origines de l'idée de « Renovatio »*, dans *Mélanges Franz Cumont* (= *Annuaire de l'Institut de philologie et d'histoire orientales et slaves*, t. 4), Bruxelles, 1936, p. 151-187, et plus spécialement p. 174-175, n. 4, qui renvoie à *Panég.*, 6, 2, 5, éd. Galletier. On pourrait citer aussi Claud., *Carm.*, 21, 150.

l'idéologie impériale[1] ne sont pas oubliés : la demeure du futur empereur est la demeure du soleil[2] ; parvenu au pouvoir, Justin est entouré de lumière[3], il possède sa propre lumière[4], il est lumière lui-même[5]. Sur son bouclier de couronnement il ressemble au soleil[6], le baldaquin qui couvre son trône figure la voûte céleste[7], il est

1. Les exemples d'allusions astrales et tout particulièrement solaires sont innombrables dans la littérature latine : cf. A. Alföldi, *Der neue Weltherrscher der vierten Ekloge Vergils*, dans *H.*, 65, 1930, p. 369-384, spécialement p. 381 ; J. A. Straub, *Vom Herrscherideal in der Spätantike*, Stuttgart, 1939, réimpr. 1964, p. 133-134 ; H. P. L'Orange, *Domus aurea, der Sonnenpalast*, dans *Serta Eitremiana, opuscula philologica S. Eitrem... oblata* (= *S. O.*, t. 11, fasc. supplet.), Osloae, 1942, p. 68-100, précisément p. 68-70 (antécédents solaires de Néron). Des exemples pris dans la littérature grecque sont donnés par K. Prächter, *Antikes in der Grabrede des Georgios Akropolites auf Iohannes Dukas*, dans *B. Z.*, 14, 1905, p. 481, n. 1. A Byzance la métaphore de l'empereur soleil devint un ornement rhétorique courant dans la littérature aulique (cf. F. Dölger, *Die Kaiserurkunde der Byzantiner als Ausdruck ihrer politischen Anschauungen*, dans *H. Z.*, 159, 1938-1939, p. 229-250, tout particulièrement p. 244. Plusieurs exemples sont cités par A. Grabar, *L'empereur dans l'art byzantin, Recherches sur l'art officiel de l'Empire d'Orient*, Paris, 1936, p. 105 et n. 1). Dans l'iconographie ou la numismatique, les motifs correspondants, à partir du IIIe siècle, étaient ceux de l'empereur en Soleil sur son char et, jusqu'au VIe siècle (Théodoric), de l'empereur à la main droite levée (cf. H. P. L'Orange, *Sol invictus imperator, Ein Beitrag zur Apotheose*, dans *S. O.*, fasc. 14, 1935, p. 86-114).

2. *Iust.*, 1, 101.

3. *Iust.*, 4, 328.

4. *Iust.*, 2, 299 ; cf. 2, 91.

5. *Iust.*, 1, 149.

6. *Iust.*, 2, 149. Bien que l'élévation sur le pavois fût d'origine germanique (cf. n. compl. *ad Iust.*, 2, 137-139), des influences orientales avaient fini par faire considérer le bouclier comme un symbole solaire, comme l'anneau du monde. Sur ce point, cf. H. P. L'Orange, *Cosmic Kingship in the ancient World*, dans *The Sacral Kingship, Contributions to the central theme of the VIIIth. international Congress fot the history of religions*, Rome, April 1955 (= *Numen*, suppl. 4), Leiden, 1959, p. 481-492, notamment p. 491-492. Pour lui « the emperor on the shield is the emperor on the world, the cosmocrator, the new sun ».

7. *Iust.*, 3, 196-197. Sur la signification astrale de ce baldaquin, cf. A. Alföldi, *Insignien und Tracht der römischen Kaiser*, dans *M. D. A. I.* (*R.*), t. 50, 1935, p. 1-171, et notamment p. 127-128, et H. P.

un second soleil, plus brillant que le soleil réel[1]. Au reste, les empereurs romains d'Orient se sont vus honorés par les jeux du cirque qui étaient auparavant consacrés au soleil[2]. Plus ancien encore est le thème de la complicité des éléments naturels, puisqu'il remonte à Pompée[3]. Ainsi, bien plus encore que les procédés spécifiques des panégyriques impériaux, c'est l'idéologie impériale exprimée dans l'*In laudem Iustini* qui rapproche le poème de Corippe de ces œuvres.

Seule la préface constitue un portrait idéal en diptyque, célébrant en deux tableaux les réussites militaires de l'Empire byzantin au début du règne de Justin II et les vertus civiles du prince, conformément à la plus pure tradition rhétorique : le premier tableau est l'occasion d'évoquer la fortune du souverain[4], le second est consacré à son calme, à sa vigilance, à sa sagesse, à sa justice, à sa piété et à leurs effets sur les peuples, toutes vertus qui, sauf la justice, ne sont évoquées que de façon

L'Orange, *Domus aurea...*, p. 83-84, qui le compare à celui du trône sassanide. Un baldaquin est représenté sur deux diptyques consulaires (n°s 51 et 52 de R. Delbrück, *Die Consulardiptychen und verwandte Denkmäler* (= *Studien zur spätantiken Kunstgeschichte im Auftrage des deutschen archäologischen Instituts* herausgegeben von R. Delbrück und H Lietzmann, 2), Berlin-Leipzig, 1929) et dans l'évangéliaire de Rossano (planche 70 de Ch. Diehl, *La peinture byzantine*, Bruxelles-Paris, 1933). De la cour byzantine, son usage s'est répandu dans les églises (Alföldi, *Insignien und Tracht...*, p. 130-131).

1. *Iust.*, 2, 149-158 ; 2, 287-293 ; 2, 327-330 ; 4, 99-102 ; 4, 250-254.

2. *Iust.*, 1, 340-344.

3. *Iust.*, 1, 361. Nous avons à faire là à une utilisation très atténuée du thème de la complicité des éléments naturels, qui était à l'origine l'un des aspects de la *felicitas* du chef et qui est souvent mentionné dans la littérature encomiastique (Cic., *Manil.*, 16, 48 ; Stat., *Silu.*, 4, 1, 24 ; *Panég.*, 4, 7 ; 10, 32, 6, éd. Galletier ; Claud., *Carm.*, 7, 97-98 ; Prisc., *Anast.*, 107-111).

4. *Iust.*, *préf.*, 1-18. La *fortuna* (*Iust.*, *préf.*, 15) de Justin est également mentionnée sur les inscriptions et les papyrus (τύχη : *C. I. G.*, 8646 ; E. Bernand, *Les inscriptions grecques de Philae*, t. 2, *Haut et Bas-Empire*, Paris, 1969, n° 216 ; J. Maspero, *Catalogue général des antiquités égyptiennes du Musée du Caire*, n°s 67279-67359, *Papyrus grecs d'époque byzantine*, t. 3, Le Caire, 1916, p. 173, n° 67353, l. 27-29).

diffuse dans le reste du poème[1]. Mais, si, du point de vue formel, le poète semble dans la préface se situer plus nettement à l'intérieur du cadre défini par les règles du βασιλικὸς λόγος, cette imitation des panégyriques est avant tout pour lui une façon de brosser rapidement un tableau général de la situation de l'Empire vis-à-vis de ses voisins, tableau à l'intérieur duquel vont prendre place les événements, très localisés et très limités dans le temps, qu'il relatera minutieusement dans les quatre livres de l'*In laudem Iustini.*

L' « In laudem Iustini » confluent de traditions littéraires variées.

La tradition manuscrite, en appelant l'œuvre *poème à la gloire de Justin*[2], évite de se prononcer catégoriquement sur le genre littéraire auquel elle appartient. En outre, sa longueur est inhabituelle pour un panégyrique en hexamètres : totalisant, sans

1. *Iust.*, *préf.*, 21-29. Toutes ces vertus sont des vertus traditionnelles chez les panégyristes (cf. L. K. Born, *The perfect prince according to the latin panegyrists*, dans *A. J. Ph.*, 55, 1934, p. 20-35), mais seules la justice et la piété sont de « grandes » vertus impériales (cf. M. P. Charlesworth, *The virtues of a roman emperor*, dans *P. B. A.*, 23, 1937, p. 105-133). *Pietas uestra* est même à l'époque tardive une formule officielle utilisée pour s'adresser à l'empereur : cf. O. Hiltbrunner, *Latina-Graeca, semasiologische Studien über lateinische Wörter im Hinblick auf ihr Verhältnis zu griechischen Vorbildern*, Bern, 1958, p. 102, n. 50. Dans le corps du poème, la justice du prince est soulignée par un jeu de mots sur son nom (*Iust.*, 2, 156-158) et par le plaidoyer qu'il fait pour cette vertu (*Iust.*, 2, 215-216 ; 2, 232 ; 2, 256-259). La piété est la vertu la plus célébrée, sous toutes ses formes (piété religieuse, *Iust.*, 4, 178 ; 4, 314 ; 4, 321 ; piété filiale, *Iust.*, 1, 263 ; 1, 267 ; 1, 273 ; piété envers les sujets, *Iust.*, 2, 262 ; 2, 280 ; 2, 380 ; 2, 407 ; 4, 195, et envers les barbares, *Iust.*, 3, 309 et 349). L'épithète *pius* est trop fréquemment utilisée pour avoir une réelle signification. Une bonne existence (*bene uiuere*, *Iust.*, *préf.*, 29) est un antique idéal des philosophes (Cic., *Tusc.*, 4, 5 : ... *hanc amplissimam omnium artium bene uiuendi disciplinam...* ; 5, 120 : ... *de sapientium perpetua bene uiuendi facultate...* ; Cic., *Fin.* 1, 2, 5 : ... *quae... de bene beateque uiuendo a Platone disputata sunt* ; *Pis.*, 71 : ... *siquidem philosophia... uirtutis continet et officii et bene uiuendi disciplinam*).

2. *Carmen in laudem Iustini* : *Iust. incipit* de la *periocha ad praef.* ;

compter les lacunes et le *Panégyrique d'Anastase*, 48 + 1.581 vers, elle ne peut guère être comparée qu'à l'éloge de Stilichon par Claudien (1.254 vers)[1]. Son plan est strictement chronologique et rapporte en détails les événements de la nuit du 14 au 15 novembre 565, de la journée du 15, de la matinée du 21, et, ce qui n'était pas initialement prévu par Corippe, du 1er janvier 566[2].

De fait l'auteur se place clairement dès les premiers vers du poème, qui évoquent l'*Énéide*, sous le signe de l'épopée[3]. Il est vrai que les panégyriques latins en hexamètres, surtout ceux de Claudien, ont toujours manifesté des affinités avec l'épopée[4] et qu'ils lui em-

periocha I, III, Les éloges de Claudien sont appelés par la tradition manuscrite *panegyricus* ou *laus* (éloge de Stilichon), ceux de Sidoine Apollinaire *panegyricus*, celui de Priscien *laus*.

1. A titre de comparaison, les trois panégyriques de Claudien en l'honneur d'Honorius font respectivement 18 + 211 vers, 656 vers, 26 + 660 vers ; ceux de Sidoine Apollinaire 30 + 548 vers, 18 + 603 vers et 36 + 602 vers ; celui de Priscien 22 + 312 vers.

2. Cf. p. CXIII-CXIX. Nous ne pouvons suivre E. Appel (*Exegetisch-kritische Beiträge zu Corippus mit besonderer Berücksichtigung des vulgären Elementes seiner Sprache*, diss. München, 1904, p. 10) quand il croit reconnaître l'influence de Ménandre et de son plan en deux parties (activités guerrières et activités civiles du prince), sous prétexte que le récit de l'ambassade avare montre Justin en chef de guerre et que le livre 4 le présente en « prince de la paix ». Appel (*op. cit.*, p. 13) s'étonne par ailleurs de la rapidité dans l'enchaînement de certains faits (rapidité du rassemblement du peuple au cirque et des funérailles de Justinien après la mort de ce dernier), de l'ordre de certains événements (les obsèques de Justinien suivent immédiatement le couronnement de Justin et précèdent le joyeux repas de couronnement) et du contraste entre la tristesse des funérailles et l'explosion de joie du peuple tout de suite après. Mais nous avons vu, dans la première partie, que Justin et le clan qui le soutenait avaient profité de l'effet de surprise, ce qui explique la rapidité de l'enchaînement des événements et leur bouleversement. Quant à l'explosion de joie du peuple qui survient aussitôt après les obsèques, elle s'explique par le soulagement ressenti devant le changement de règne et elle peut suivre les manifestations de deuil de convenance qui accompagnent l'enterrement de Justinien.

3. *Iust.*, 1, 1-3.

4. Au point que Al. Cameron, *Claudian, Poetry and propaganda at the court of Honorius*, Oxford, 1970, p. 255, a pu dire que les pané-

pruntent plusieurs procédés (apparitions, descriptions, prières), procédés que l'on retrouve justement chez Corippe[1]. Il n'est pas possible par ailleurs d'arguer de la présence de nombreux emprunts mécaniques aux poètes épiques[2], inévitables dans la mesure où la poésie hexamétrique latine est par essence épique, pour rattacher l'*In laudem Iustini* à l'épopée.

Mais n'est-on pas autorisé à le faire en présence de passages précis d'œuvres épiques réutilisées par Corippe dans un contexte analogue? Il est remarquable de constater, par exemple, que les adieux funèbres de Justin à Justinien forment comme une variation brodant sur ceux d'Énée à Pallas[3]. Dans le même ordre d'idées, l'œuvre de Corippe contient une scène typiquement épique, qui se rencontre depuis Ennius, un récit d'abattage d'arbres, qui en l'occurrence s'inspire très étroitement d'un développement analogue de la *Thébaïde* de

gyriques de Claudien étaient « a new and hybrid form, children of the marriage between Greek panegyric and Latin epic ». Les rhéteurs grecs avaient ouvert la voie en recommandant des comparaisons avec Achille, Hercule, Hector, Ajax et d'autres (Ménand., p. 371, l. 24 ; p. 372, l. 2 ; p. 374, l. 2, éd. Spengel).

1. Ainsi les descriptions (*Iust.*, 1, 97-114 : description de la demeure du futur empereur ; 1, 272-293 : description du vêtement funèbre préparé par Sophie pour Justinien ; 2, 84-136 : description de la tenue d'apparat de la cérémonie du couronnement ; 3, 191-209 : description de la salle du trône). Justin voit dans son sommeil la Vierge lui annoncer la mort de Justinien et lui remettre le pouvoir (*Iust.*, 1, 28-65). Le début du livre 2 reconstitue les prières de Justin et de Sophie au Christ et à la Vierge avant leur couronnement (*Iust.*, 2, 11-42 et 52-69). La prière du futur empereur est même assortie d'un oracle (*Iust.*, 2, 6 : ... *supplex oracula poscens*, et 2, 44 : ... *et sanctus « regnato » spiritus inquit.* Le vers 44 montre clairement que l'expression *oracula poscens* ne signifie pas « gagnant l'oratoire », comme le veulent J. Partsch, p. 185 de son édition (= index), et U. Stache dans son compte rendu de l'édition de D. Romano dans *Gnomon*, 46, 1974, p. 305-307, sens qui serait par ailleurs possible en latin tardif).

2. Cf. *infra*, p. LXXVI-LXXVII.

3. *Iust.*, 3, 35-36, et Virg., *Én.*, 11, 97-98 : ... *salue aeternum mihi, maxime Palla, / aeternumque uale.*

Stace. Son caractère épique est souligné par une allusion à l'expédition des Argiens contre Troie[1].

Ainsi, étant donné le peu de cas que le poète semble faire de la technique des panégyriques impériaux et le caractère bien particulier de la tonalité épique de son poème au sein des panégyriques traditionnels en hexamètres, s'il fallait caractériser l'*In laudem Iustini*, on pourrait le définir comme une « épopée princière historique-encomiastique »[2].

Mais ce n'est pas l'inertie d'un homme âgé qui, ayant abandonné son métier de professeur pour des tâches administratives, n'a pas pris la plume depuis plus de quinze ans (si ce n'est pour adresser une courte pièce à Anastase) et ne veut pas courir le risque de sortir du seul genre qu'il ait jamais pratiqué avec la *Iohannis*,

1. Pour une scène d'abattage d'arbres chez Ennius, cf. *Ann.*, 6, fragm. 140 = 6, 11, éd. Vahlen. Le passage de Corippe (*Iust.*, 4, 23-24 et 37-45) s'inspire de Stace, *Théb.*, 6, 97-106 : ce dernier après avoir montré, comme Corippe (*Iust.*, 4, 23-24), la fuite des bêtes sauvages et des oiseaux (*Théb.*, 6, 97-98), énumère les différents arbres qui sont abattus. A cette énumération, le poète du VIe siècle emprunte plusieurs expressions (*Iust.*, 4, 38 : ... *cadit ictibus ardua pinus* = *Théb.*, 6, 98 : ... *cadit ardua fagus* ; *Iust.*, 4, 40 : *iliceaeque trabes* = *Théb.*, 6, 101 : ... *iliceaeque trabes* ; *Iust.*, 4, 39 : ... *suco taxus amaro* = *Théb.*, 6, 101-102 : ... *metuendaque suco /taxus* ; *Iust.*, 4, 43 : ... *numquamque natabile robur* = *Théb.*, 6, 103 : ... *non expugnabile robur* ; *Iust.*, 4, 42 : ... *amictae uitibus ulmi* = *Théb.*, 6, 106 : ... *nec inhospita uitibus ulmus*. Dans ce dernier cas toutefois, tout en se souvenant de Stace, Corippe a utilisé un hémistiche d'Ovide, *Mét.*, 10, 100). La référence à l'expédition contre Troie suit en *Iust.*, 4, 50-51 (cf. Ov., *Mét.*, 13, 182 et d'autres).

2. Cf. pour les différentes sortes d'épopées selon les Anciens, S. Koster, *Antike Epostheorien* (= *Palingenesia*, *Monographien und Texte zur klassischen Altertumswissenschaft*, Band 5), Wiesbaden, 1970. Nous ne suivons toutefois pas Th. Nissen, *Historisches Epos und Panegyrikos in der Spätantike*, dans *H.*, t. 75, 1940, p. 293-325, lorsqu'il fait un certain nombre de rapprochements quant au genre littéraire entre les œuvres de Corippe et le *Bellum Auaricum* et l'*Heraclias*, œuvres composées une cinquantaine d'années plus tard par Georges de Pisidie. Les œuvres de ce dernier sont indépendantes de celles de Corippe et ne font pas partie du même mouvement littéraire.

l'épopée historique[1], qui explique l'originalité du poème de Corippe par rapport aux panégyriques impériaux habituels. Les raisons de ce caractère *sui generis* peuvent d'abord être recherchées dans les exigences créées par la situation politique : il convenait, pour une œuvre dont le but avoué est d'affirmer la légitimité de l'empereur en place, de s'attacher à reprendre dans le détail les circonstances de l'arrivée au pouvoir du souverain, afin de montrer qu'elles n'étaient entachées d'aucune irrégularité. De là cette concentration de la narration sur les quelques heures qui suivirent la mort de Justinien, concentration incompatible avec le plan présenté par les rhéteurs. Dans le cas de Justin, une autre raison rendait ce dernier inopportun : alors qu'ils recommandaient de célébrer la famille, l'enfance, l'éducation et les exploits militaires, le successeur de Justinien n'avait eu aucune existence officielle avant d'obtenir la charge de curopalate[2] et, même alors, il n'avait guère eu l'occasion de s'illustrer par des exploits[3]. Aussi, lorsque Corippe veut évoquer dans sa préface des victoires militaires, est-il obligé d'énumérer, pour une grande part, des succès de Justinien[4].

Cependant des influences littéraires s'ajoutent aux motifs historico-politiques pour expliquer la place originale de l'*In laudem Iustini* par rapport aux genres littéraires traditionnels. Marqué par la topique des panégyriques impériaux, mais paraissant davantage se

1. La distance que le poète prend vis-à-vis des orateurs qui font un panégyrique de Justin lors de la cérémonie consulaire et le reproche indirect de facilité qu'il leur fait en remarquant qu'ils se contentent « d'accumuler ornement sur ornement » (*Iust.*, 4, 158-164) indiquent qu'il a délibérément choisi de ne pas se livrer à un éloge conventionnel.

2. Cf. E. Stein, *Histoire du Bas-Empire*..., t. 2, p. 744, qui parle de « pénurie extrême des renseignements » sur Justin et Sophie avant leur avènement. Ainsi Procope ne les mentionne jamais.

3. Cf. *supra*, p. XXV et n. 2.

4. Cf. *appendice* I.

rattacher à l'épopée historique, le poème peut, en effet, se réclamer d'autres traditions : en dehors du cadre du panégyrique impérial proprement dit et de celui de l'épopée, une tradition de récits d'activités princières ou de descriptions de riches demeures, impériales ou non, est représentée par Stace et Martial[1]. Corippe se situe dans leur lignée, lorsqu'il décrit repas, cortèges ou palais impériaux[2]. C'est d'autre part à la tradition de préciosité et de maniérisme représentée en Gaule notamment par Ausone et Sidoine Apollinaire que notre auteur fait penser, lorsqu'il se livre à des développements érudits sur l'histoire et la signification symbolique des jeux de l'hippodrome ou sur les vins du banquet impérial[3].

D'une façon générale, le procédé de l'ἔκφρασις, largement utilisé dans l'*Éloge de Justin*, s'il est anciennement épique[4], relève d'une longue tradition alexandrine, qui aboutit à la fin du ve et au début du vi^e siècle à la floraison de l'École de Gaza. Plus près de Corippe, tandis que Procope de Césarée et Paul le Silentiaire composent d'amples *ekphraseis*, la mode se répand à Constantinople de courtes épigrammes descriptives sur des monuments et des statues, à la manière des auteurs de l'*Anthologie palatine* comme Agathias ou Christodoros[5]. Dans la transmission de cette tradition épique de l'*ekphrasis*,

1. Stat., *Silu.*, 4, 2, et Mart., 8, 49 : repas impérial ; Mart., 10, 6 : *aduentus* de Trajan à Rome ; Stat., *Silu.*, 1, 3 ; 2, 2 ; Mart., 8, 36 : description de villas ou de palais. Cf. pour d'autres références, H. Frère et H. J. Izaac, édition de *Stace, Silves* (= *Collection des Universités de France*), 2e éd. revue et corrigée, Paris, 1961, t. 1, p. 31, n. 1.

2. *Iust.*, 1, 97-111 ; 3, 85-125 ; 3, 191-209 ; 4, 224-263 par exemple.

3. *Iust.*, 1, 314-344 ; 3, 87-102. Cf. Aus., 334, 85-149, p. 122-125, éd. Peiper (les poissons de la Moselle) ; 371, p. 101, éd. Peiper (les constellations) ; 382, p. 102, éd. Peiper (les signes astrologiques) ; 385, p. 104-105, éd. Peiper (les fêtes romaines) ; Sid. Ap., 5, 42-50 (les productions des provinces romaines) ; le poème 9 de cet auteur n'est presque qu'un long développement érudit sur la mythologie, l'histoire et la littérature.

4. Depuis la description par Homère du bouclier d'Achille.

5. Cf. G. Downey, article *Ekphrasis*, dans *R. L. A. C.*, t. 4, 1959, col. 921-944, et plus spécialement col. 938-942 ; A. Hohlweg, article

s'il semble douteux que Corippe ait pu être influencé par des œuvres comme celles de l'École de Gaza ou même celles de Procope de Césarée et de Paul le Silentiaire, étant donné que nous n'avons aucun indice sérieux qu'il ait connu le grec avant son arrivée à Constantinople dans les dernières années du règne de Justinien[1], il a pu du moins être sensible au courant littéraire alors à la mode dans la capitale, représenté par Agathias.

Les éléments chrétiens dans l'« In laudem Iustini ». Occupant une place originale dans l'histoire des genres littéraires, l'*Éloge de Justin* présente une autre particularité, dont la littérature latine de l'Antiquité offre peu d'exemples pour une œuvre de cette longueur : si son sujet est théoriquement profane, le poème est profondément chrétien. Conséquence de sa composition à un endroit et à une époque où la politique et le sacré sont intimement mêlés, cette caractéristique découle également de la personnalité même et de la culture de Corippe.

Son œuvre est avant tout chrétienne par l'idéologie impériale qui la sous-tend : tout au long de l'*Éloge de Justin* notre auteur dit ou fait dire sans cesse à Justin et à Sophie que leur pouvoir vient de Dieu, dont ils sont les représentants sur terre et qui leur donne leur puissance terrestre pour accomplir ses volontés[2]. Il montre les souverains dans leur vie chrétienne, se recueillant en prières avant d'être couronnés ou commençant des discours officiels par un signe de croix et un acte de foi et de soumission envers Dieu[3]. Justinien meurt appelé par Dieu

Ekphrasis, dans *Reallexikon zur byzantinischen Kunst...*, 9. Lieferung, Stuttgart, 1967, col. 33-75, et notamment col. 47-49.

1. Cf. *supra*, p. XXXII, n. 3.

2. *Iust.*, *préf.*, 1-3 ; 20 ; *Iust.*, 1, 42 ; 1, 182 ; 1, 208-211 ; 1, 366-367 ; 2, 2-3 ; 2, 36-42 ; 2, 178-181 ; 2, 214 ; 2, 425-428 ; 3, 333 ; 3, 359-369 ; 4, 292-311 ; 4, 339-340.

3. *Iust.*, 2, 4-42 ; 2, 47-71 ; 2, 176 ; 2, 300.

dans son royaume[1]. La fête païenne du solstice d'hiver, qui donnait lieu à Constantinople à des courses de chars, est réinterprétée par Corippe de façon chrétienne[2].

Sur un plan plus strictement littéraire, le *grammaticus* africain témoigne d'une grande familiarité avec les textes chrétiens, qu'il s'agisse des livres de l'Écriture sainte, de documents doctrinaux officiels ou plus largement des poésies d'auteurs chrétiens. Plusieurs expressions scripturaires se retrouvent dans son œuvre, qui sont généralement employées dans des conditions voisines de celles de la Bible : Justinien est « comblé de jours » comme les vieillards illustres de l'Ancien Testament (Abraham, David)[3]. Le peuple et les barbares « tombent sur leur face » pour implorer ou adorer le prince à la façon des hommes qui adorent Dieu ou des disciples qui se prosternent devant le Christ[4]. Justinien meurt « victorieux du monde » comme le Christ[5], après s'être rendu compte que pour lui « la figure de ce monde était passée »[6]. La prière de Justin avant son couronnement est une paraphrase en vers du début de la Genèse[7], celle de Sophie contient des réminiscences du Livre des Psaumes et du Nouveau Testament[8]. Le nom de Justin est pour Corippe l'occasion de prêter à l'âme de l'homme juste les caractéristiques scripturaires de la Sagesse[9] ; ce qu'il dit de la solidarité nécessaire des membres du corps de l'État et de l'importance du rôle des humbles est tout à fait comparable aux propos de saint Paul sur les fidèles de l'Église comme membres du corps du Christ[10] et il rappelle le paradoxe chrétien de l'humilité

1. *Iust.*, 4, 337-339 ; cf. aussi 1, 365 ; 2, 144-145 ; 3, 32-35 ; 4, 341-342.
2. *Iust.*, 1, 338-344.
3. *Iust.*, 1, 143.
4. *Iust.*, 2, 366 et 3, 261.
5. *Iust.*, 1, 238.
6. *Iust.*, 2, 268.
7. *Iust.*, 2, 11-29.
8. *Iust.*, 2, 52-69.
9. *Iust.*, 2, 156-158. Cf. n. compl. *ad loc.*
10. L'image du corps de l'État (*Iust.*, 2, 186-253) est certes ancienne

qui grandit[1]. Si la profession de foi d'orthodoxie qu'il fait au nom de Justin reprend l'essentiel du *credo* constantinopolitain de 553, elle s'inspire également du symbole de Chalcédoine de 451[2]. L'*In laudem Iustini*, enfin, est parsemé d'emprunts aux poèmes chrétiens d'Arator, Avitus, Commodien, Dracontius, Juvencus, Prudence, Sedulius et Sidoine Apollinaire[3].

L' « In laudem Iustini » poème de la description.

Finalement, l'unité profonde du poème résulte, mieux que de son appartenance problématique à un genre littéraire bien précis, de sa caractéristique fondamentale qui en fait un poème de la description ou, pour reprendre l'expression d'Av. Cameron, un poème de l' « art visuel »[4].

La description de diverses phases du cérémonial impérial et de plusieurs productions de l'art officiel occupe une place de choix dans l'œuvre : le couronnement de Justin II est décrit scrupuleusement et supporte la

à Rome. *Corpus rei publicae* se trouve dans Cic., *Off.* 1, 85 ; *Phil.*, 8, 15 ; Val. Max., 8, 9, 1 ; Tac., *Ann.*, 1, 12 ; *corpus regni* dans Virg., *Én.*, 11, 313, et Claud., 22, 202 ; *imperii corpus* dans Ov., *Trist.*, 2, 232, et Tac., *Hist.*, 1, 16. D'autres exemples sont donnés par le *T. L. L.*, t. 4, col. 1006, l. 67-78. Pour *membra* et *caput* employés à propos de royaumes, voir *T. L. L.*, t. 8, col. 643, l. 40-55, qui cite (entre autres) Cic., *Att.*, 8, 1, 1 ; Plin., *Nat.*, 2, 117 ; Symm., *Or.*, 4, 6 ; Claud., 24, 129. Cependant il existe l'image chrétienne parallèle de l'Église et des fidèles comme membres du corps du Christ (*T. L. L.*, t. 3, col. 399, l. 46-60, et t. 8, col. 642, l. 30-78). Dans sa façon de développer la comparaison, Corippe dépend à la fois de la tradition profane (*Iust.*, 2, 249-253, fait penser à Liv., 2, 32 : apologue des membres et de l'estomac) et de la tradition chrétienne (*Iust.*, 2, 195-196, correspond à Vulg., *I Cor.*, 12, 12 : *sicut enim corpus unum est et membra habet multa, omnia autem membra corporis cum sint multa, unum tamen corpus sunt, ita est Christus* ; *Iust.*, 2, 218-225, est un souvenir de Vulg., *I Cor.*, 12, 22 : *sed multo magis quae uidentur membra corporis infirmiora esse, necessariora sunt*).

1. *Iust.*, 4, 319-320.

2. *Iust.*, 4, 292-311, et n. compl. *ad loc.*

3. Cf. *index fontium*.

4. Cf. Av. Cameron, *Corippus' poem on Justin II : a terminus of antique art*, dans *A. S. N. P.*, N. S., 5, 1975, p. 129-166 ; éd. de *Fla-*

comparaison avec le *Livre des Cérémonies*[1]. Corippe nous fait spectateurs de la pompe funèbre des obsèques de Justinien[2] et du luxe du banquet impérial[3]. Ce qu'il nous apprend de l'étiquette des audiences impériales est un témoignage aussi précieux que celui de Constantin Porphyrogénète[4]. Une grande partie du livre 4 est un document qui vient compléter les représentations des diptyques consulaires et d'un relief en écaille de l'époque des Sévères[5]. Nos yeux contemplent le riche linceul de Justinien, qui rappelle par ses motifs plus d'une mosaïque ou peinture byzantine[6]. La description de la tenue de couronnement montre qu'elle était tout à fait semblable à celle portée par Justinien (et, un siècle plus tard, par Constantin IV Pogonate) sur les célèbres mosaïques de Saint-Vital, Saint-Apollinaire-le-Neuf et Saint-Apollinaire-in-Classe de Ravenne[7]. Notre poète est sen-

vius Cresconius Corippus, In laudem Iustini Augusti minoris libri IV..., London, 1976, p. 10-11.

1. *Iust.*, 2, 130-174. Cf. n. compl. *ad* 2, 159-164.
2. *Iust.*, 3, 6-27 ; 3, 36-61.
3. *Iust.*, 3, 85-125.
4. *Iust.*, 3, 233-237 ; 3, 255-266. Cf. J. Ebersolt, *Le grand palais de Constantinople et le Livre des Cérémonies*..., Paris, 1910, p. 40-41, et *Études sur la vie publique et privée de la Cour byzantine*..., dans *R. H. R.*, 76, 1917, p. 78. Les ambassadeurs étaient reçus par les hauts fonctionnaires (cf. *Iust.*, 3, 233-236) et, une fois levée la tenture qui masquait l'entrée du grand consistoire (cf. *Iust.*, 3, 207 et 255), leur chef, après une première adoration sur place, allait se jeter au sol à un endroit signalé par une plaque de porphyre, puis se prosternait une deuxième fois au milieu de la salle et enfin baisait les pieds de l'empereur (cf. *Iust.*, 3, 258-259).
5. Cf. R. Delbrück, *Die Consulardiptychen*... ; Id., *Severische Schildpattreliefs*, dans *B. J.*, 139, 1934, p. 50-53 et planche I. Ces plaques d'écaille, trouvées dans un sarcophage découvert en 1860 dans le village de Sievernich et conservées aujourd'hui au Musée de Bonn, représentent la procession consulaire de Géta en 208.
6. *Iust.*, 1, 276-293. Cf. n. compl. *ad loc.* L'expression *series laborum* (*Iust.*, 1, 276) fait penser aux travaux d'Hercule.
7. *Iust.*, 2, 100-122. Cf. pour la mosaïque de Saint-Vital, A. Grabar, *La peinture byzantine* (= *Les grands siècles de la peinture*), Genève, 1953, p. 62, et pour celles de Saint-Apollinaire-le-Neuf et Saint-Apollinaire-in-Classe, C. O. Nordström, *Ravennastudien, Ideen-*

sible aux thèmes triomphaux de la vaisselle impériale[1], et c'est à lui que l'on doit la seule description de la salle du trône du Grand Palais de Constantinople[2]. Si la grande tribune élevée pour l'accomplissement de la cérémonie consulaire du 1er janvier 566 n'est pas exactelent une production de l'art officiel, sa construction n'en est pas moins décrite précisément[3].

L'influence des thèmes iconographiques se remarque encore dans la façon subtile dont Corippe structure certains développements et qui est caractéristique d'un art d'essence visuelle. Ainsi, d'un point de vue formel, la préface correspond à la répartition rhétorique « exploits guerriers-vertus civiles » du prince[4], mais la disposition particulière, d'un côté, d'une nation orientale qui fait acte de sujétion, la Perse, de l'autre des nations occidentales vaincues, entourant la famille impériale, fait penser, comme l'a justement remarqué Av. Cameron, aux représentations iconographiques triomphales, comme celles de la base de la colonne d'Arcadius[5]. On peut penser également aux scènes de la base de l'obélisque de Théodose, figurant l'empereur entouré de dignitaires dans le Kathisma, pour éclairer l'énumération, à la suite de l'empereur, des dignitaires, sous le patronage desquels le poète a composé l'*In laudem Iustini*[6].

La fidélité descriptive, quasi picturale, de l'auteur peut s'étendre à des détails très secondaires, par exemple celui de montrer la foule qui enlève son manteau à l'arrivée

geschichtliche und ikonographische Untersuchungen über die Mosaïken von Ravenna (= *Figura*, 4), diss. Uppsala, 1953, pl. 18 a et 29 c.

1. *Iust.*, 3, 121-125.
2. *Iust.*, 3, 194-203. Cf. J. Ebersolt, *Le grand palais...*, p. 41.
3. *Iust.*, 4, 55-73. Corippe donne même des détails techniques : *coniungunt tabulae et ferri nexibus artant* (*Iust.*, 4, 62).
4. Cf. *supra*, p. XLVIII.
5. Cf. Av. Cameron, *In laudem Iustini Augusti minoris libri IV...*, p. 10 et 119.
6. *Iust.*, 1, 15-27. Cf. Av. Cameron, *op. cit.*, p. 128.

du prince au cirque[1] ou celui d'attirer l'attention sur l'éclat de haches à double tranchant des excubiteurs, qui étaient leur arme distinctive[2]. Cette objectivité constitue l'un des intérêts majeurs de l'*In laudem Iustini*, mais il arrive exceptionnellement que la poésie n'y trouve plus son compte, même lorsqu'elle amène Coripe à bâtir un vers entier uniquement avec des noms de fonctionnaires disposés dans l'ordre hiérarchique[3].

III

La langue et le style

Sévérité des jugements portés sur l'« In laudem Iustini ».

Les jugements portés sur l'éloge de Justin sont sévères : si sa valeur historique et documentaire a été volontiers reconnue[4], entre autres par les historiens[5], rares furent

1. *Iust.*, 2, 294.

2. *Iust.*, 3, 178. La hache était plus précisément l'arme distinctive des volontaires barbares des troupes d'apparat (cf. Not. Dign., *occ.* 9 et *or.* 11, citée par C. Jullian, *Processus consulaire*, dans *R. Ph.* 7, 1883, p. 154-155). Or les excubiteurs étaient des Isauriens (cf. n. compl. *ad* 1, 202). Les haches pouvaient être ornées de lauriers.

3. *Iust.*, 3, 160 : *turba decanorum, cursorum, in rebus agentum* (vers déjà relevé par C. Jullian, *Processus consulaire...*, p. 159). Les *decani* et les *cursores* sont effectivement associés dans cet ordre par *Cod. Iust.* 12, 59 (60), 10, 5 : ... *decanorum partis Augustae, cursorum partis Augustae.* Sur ces fonctionnaires, cf. n. compl. *ad* 3, 160.

4. Cf. F. Skutsch, article *Corippus*, dans *R. E.*, 1. Reihe, 4. Band, Stuttgart, 1900, col. 1238-1239 ; E. Appel, *Exegetisch-kritische Beiträge zu Corippus...*, p. 5 ; F. J. E. Raby, *A history of secular latin poetry in the Middle Ages*, vol. 1, Oxford, 1957, p. 145 ; J. Szöverffy, *Weltliche Dichtungen des lateinischen Mittelalters, Ein Handbuch*, t. 1 : *Von den Anfängen bis zum Ende der Karolingerzeit*, Berlin, 1970, p. 188.

5. C. Jullian, *Processus consularis*, dans *R. Ph.*, 7, 1883, p. 145-163 ; Ch. Diehl, *Justinien...*, p. XXXVI et 89 ; J. Ebersolt, *Le grand palais de Constantinople...*, p. 3 ; E. Stein, *Histoire du Bas-Empire...*, p. 693 ; L. Bréhier, *Les institutions de l'Empire byzantin...*, p. 91 ; R. Guilland, *La politique intérieure de l'Empire byzantin de 525 à 717*, 2e partie, Paris, 1951, p. 85.

les jugements favorables portés sur la valeur littéraire du poème de Corippe[1] : tout en mettant parfois à son actif ses attaches avec le classicisme latin[2], on fit remarquer qu'il est inférieur à la première œuvre du *grammaticus* africain, la *Iohannis*[3], on lui reprocha d'être une composition rhétorique[4] et laborieuse[5], monotone et fastidieuse[6]. On a reconnu à son auteur une correction

1. Si ce n'est celui de J. N. Funck, *De inerti ac decrepita latinae linguae senectute commentarius*..., Lemgoviae, 1750, § 32, p. 247 (« carmine, supra seculi genium eleganti, epico cecinit »), celui de J. A. Fabricius, *Bibliotheca latina mediae et infimae aetatis*..., Florentiae, 1858, vol. 1, p. 402, qui reprend celui de Barth (« Ornatissimum hunc ultra seculum quo vixit et ultimum poëtarum vocat Barthius... satisque suavem in descriptionibus »), et, pour les modernes, celui de L. K. Born, *The perfect prince according to the latin panegyrists*, dans *A. J. Ph.*, t. 55, 1934, p. 31 (« his panegyrics... adressed to Justin Minor... approaching the volume or *the power* of Claudian »). Pour Skutsch, *op. cit.*, il n'y a de poétique que les comparaisons et seul Appel, *op. cit.*, tente de le réhabiliter.

2. Cf. Th. Dempster, *Antiquitatum Romanorum corpus absolutissimum*... Thoma Dempstero a Muresk... auctore, ed. postrema, Genevae, 1632, index s. u. *Cresconius Corippus* (« antiquitatis studiosus poeta »), et J. Chr. F. Bähr, *Geschichte der Römischen Literatur*, 4. verbesserte und vermehrte Aufl., Carlsruhe, 1868, p. 472, qui déclara un peu rapidement : « Die Sprache dieses Dichters ist vielfach *der des Virgilius* und selbst des Claudianus nachgebildet ». Selon M. Schanz, *Geschichte des römischen Literatur*..., 4. Teil, 2. Hälfte : *Die Literatur des fünften und sechsten Jahrhunderts* von M. Schanz, V. Hosius, und G. Krüger, München, 1920, p. 80 : « Man sieht es auch seinen Gedichten an, dass er die Schriftsprache und den Stil der guten lateinischen Autoren kannte ». Mais il est vrai que ces jugements englobent à la fois la *Iohannis* et l'*In laudem Iustini* et que les éditions corrigent parfois le texte selon des normes « classiques » (cf. p. LXV, n. 4).

3. Skutsch, *op. cit.* ; M. Manitius, *Geschichte der lateinischen Litteratur des Mittelalters* (= *Handbuch der klassischen Altertumswissenschaft*, 9. Abteilung, 2. Teil), 1. Band : *Von Justinian bis zur Mitte des zehnten Jahrhunderts*, München, 1911, p. 169 ; Schanz, *op. cit.*, p. 79 ; A. A. Vasiliev, *Histoire de l'Empire byzantin*, traduit du russe par P. Brodin et A. Bourguina, t. 1, Paris, 1932, p. 244 ; Stein, *Histoire du Bas-Empire*..., p. 693.

4. Raby, *op. cit.*, parle de ses « rhetorical descriptions ».

5. Petschenig, p. VIII de son édition. Raby. *op. cit.*, p. 145, note, donne comme exemple les préparatifs du consulat (*Iust.*, 4, 13 sqq.) qui sont « laboriously catalogued ».

6. W. S. Teuffel, *Histoire de la littérature romaine*, trad. sur la

de grammairien[1], mais on a parlé de ses dons poétiques bornés[2] et on lui a reproché des flatteries serviles[3] ou de mauvais goût[4]. Finalement l'image de Corippe retenue par la critique à travers l'*In laudem Iustini* est celle d'un « pauvre poète » et d'un « médiocre esprit »[5] et l'on n'hésita pas à excuser cette médiocrité par l'âge et la misère[6].

L'on aurait pu épargner à Corippe l'accusation de servilité et éviter de la formuler parfois de façon outrancière[7] : malgré les différences fondamentales qui séparent l'éloge de Justin du βασιλικὸς λόγος, son auteur était tributaire cependant des lieux communs de la littérature encomiastique. Mais les autres critiques demandent un examen plus approfondi et un jugement plus nuancé de ce qui, dans la manière d'écrire de Corippe, a pu les alimenter, sans toutefois les justifier totalement.

3e éd. allemande par J. Bonnard et P. Pierson avec préface de Th. H. Martin, t. 3, Paris, 1883, p. 331 ; Jullian, *op. cit.* ; Stein, *op. cit.*

1. Teuffel, *op. cit.*

2. Vasiliev, *op. cit.*

3. N. Alamanni, *Procopii Caesariensis anecdota...*, Lugduni, 1623, p. III, qualifie Corippe de « Iustini adulator » ; Bähr, *op. cit.*, parle de ses « vielen Schmeicheleien » ; Teuffel, *op. cit.*, le dit « servile comme un Byzantin ».

4. Skutsch, *op. cit.*, col. 1240, remarque que dans la *Iohannis* la « Byzantinerei » n'atteint pas les hauteurs du mauvais goût qu'elle atteint dans l'éloge de Justin et cite *Iust*, 2, 91 :

constitit et lumen membris regalibus auxit.

5. Diehl, *Justinien...*, p. XXXVI et p. 89.

6. Chr. G. Heynius, *Opuscula academica collecta et animadversionibus locupletata*, vol. 6, Gottingae, 1812, p. 115, voit dans l'*In laudem Iustini* une œuvre « infimae adulationis famelici hominis ». Petschenig, p. VIII de son édition, déclare que Corippe implore Justin « senio iam confectus et egestatem perpessus senili carmine... necessitate cogente » ; pour Schanz, *op. cit.*, le poème est « ein Werk der Not und des Zwangs ».

7. Comme Teuffel, *op. cit.* : l'éloge de Justin « pousse la louange jusqu'à la servilité et ce n'est que de loin en loin qu'un rayon de vérité parvient à se faire jour au milieu de nuages d'encens. »

Le vocabulaire. Malgré ce que l'on a pu dire d'un certain classicisme de la langue de l'*In laudem Iustini*[1], le vocabulaire de cette œuvre est celui de son époque : pour s'en convaincre, il suffit de consulter les listes de mots données par E. Appel[2], sur lesquelles pour l'essentiel il n'y a pas à revenir, si ce n'est pour mettre en garde contre son point de vue radicalement faux qui consiste à considérer comme des termes du latin vulgaire des mots qui appartiennent plus généralement au vocabulaire du latin tardif[3].

Le lexique de l'éloge de Justin contient sept mots créés par Corippe[4]. A côté de ces créations se trouvent douze

1. Cf. *supra*, p. LXI, n. 2.

2. E. Appel, *Exegetisch-kritische Beiträge zu Corippus, mit besonderer Berücksichtigung des vulgären Elementes seiner Sprache*, diss. München, 1904, p. 18-26 et p. 32-33. Ce sont soit des mots de latin tardif, soit des sens tardifs pour des mots qui existaient déjà, soit des changements de genre (*gaza* pl. n. en *Iust.*, 4, 334).

3. Cf. p. 17 : « So ist dabei von der Erwägung ausgegangen, dass das Vulgärlatein den Grundstock des Spätlateins bildet, von dem es ebensowenig mit Bestimmtheit unterschieden werden kann als vom Kirchenlatein. » Avec un tel point de vue, il range sous la rubrique « Vulgäre Wortbildung » *benefactor* (p. 18) qui faisait partie de la titulature impériale (*supra*, p. XIV, n. 1) !

4. *albicolor* (*Iust.*, 1, 329) composé sur le modèle de *concolor* (*Iust.*, 1, 322).

colubrimodus (*Iust.*, *préf.*, 4) formé à l'image de *colubrifer* (Ov., *Mét.*, 5, 241 ; Lucan., 9, 677).

ensipotens (*Iust.*, 4, 366) que Corippe a créé à l'occasion de sa *Iohannis* (*Ioh.*, 5, 281 et 7, 420) sur le modèle d'*armipotens*, cf. *Ioh.*, 4, 565).

Garizaeus (*Iust.*, 3, 102) dérivé du nom du mont Garizim.

informidabilis (*Iust.*, 2, 346).

persculptus (*Iust.*, 3, 377).

subiacto (*Iust.*, *préf.*, 30).

A ces créations il faut ajouter un sens nouveau donné à *testudo* (*Iust.*, 3, 284), celui de « carapace de glace », qui est un souvenir du *testa* d'Ovide (*Trist.*, 3, 10, 37-38) :

Vidimus ingentem glacie consistere pontum,
lubricaque immotas testa premebat aquas.

Le sujet est semblable (l'immobilité des eaux), le mouvement est identique (*uidimus*), le même sens rare est donné à *testa* et à *testudo*. Le mot *cymbius*, d'autre part, n'apparaît pas avant Corippe (*Iust.*,

mots rares[1] et une demi-douzaine d'expressions juridiques[2]. Il apparaît que, si certains de ces mots rares ou créés sont d'authentiques poétismes (*albicolor*, *colubrimodus*, *concisor* — que l'on peut considérer comme un poétisme — *conifer*, *ensipotens*, *stellifer*, *undiuagus*) ou sont employés de façon bienvenue (*scabredo* permet une allitération heureuse[3]), certains autres ne sont en rien poétiques et doivent leur présence à de pures raisons métriques : *dispositus* remplace *dispositio* qui, par sa

3. 196), mais il peut venir du grec (cf. *supra*, p. XXXII, n. 3) et il est attesté vers 615 dans les Actes de saint Torpet (*Acta Sanctorum*, Mai, t. 4, Antverpiae, 1685, p. 9 r) : *Tunc aedificavit ecclesiam mirae magnitudinis, fundatam cancellis et cymbio aureo refulgentem.* Les manuscrits ont *cymbro*, *cymbo* ou *cinibo*. Le cas auquel le mot est employé ne permet pas de savoir s'il est neutre comme en grec.

1. *concisor* (*Iust.*, 4, 22) attesté dans l'*Itala* (*Ios.*, 9, 21 et 27 *cod. lugd.* ; *Is.*, 10, 15) et plus tard dans le corpus des gloses (*C. G. L.*, 3, 505, 24).

conifer (*Iust.*, 2, 322 et 3, 172) employé quatre fois avant Corippe, pour la première fois par Virgile.

dispositus (*Iust.*, 1, 138, et *Ioh.*, 4, 595) utilisé par Tac., *Hist.*, 2, 5, et Aus., 298, 15, p. 153, éd. Peiper.

euitabilis (*Iust.*, 1, 265) se rencontrant d'abord chez Ov., *Mét.*, 6, 234, puis chez Sén., *Nat.*, 2, 50, 2, et Aug., *In psalm.*, 142, 4.

excubitus (*Iust.*, 3, 165) dont il existe quatre exemples antérieurs.

oratus (*Iust.*, 2, 4) apparaissant depuis Cic., *Flac.*, 37.

planare (*Iust.*, 2, 223, et *Ioh.*, 2, 191 ; 5, 419) usité dans la poésie chrétienne (Sédul., *Carm. pasch.*, 4, 7 ; Alc. Av., *Carm.*, 5, 701).

praefulguro (*Iust.*, 3, 222) présent chez Val. Fl., 3, 119, et Stat., *Théb.*, 7, 502.

praelargus (*Iust.*, 3, 303) employé par Pers., 1, 14, et Iuvenc., 3, 753.

scabredo (*Iust.*, 4, 48) connu depuis Ps. Apul., *Herb.*, 73.

stellifer (*Iust.*, 2, 13) attesté par Cic., *Rep.*, 6, 5, et Sén., *Phèdr.* 785.

undiuagus (*Iust.*, 1, 110, et *Ioh.*, 7, 343 et 8, 344), qui est africain (*Anth.*, 584, 3, éd. Riese ; Drac., *Orest.*, 363, puis Fort., *Mart.*, 3, 485).

2. *firmare heredem* (*Iust.*, 1, 247).

iure frui (*Iust.*, 2, 274).

praecommodo (*Iust.*, 1, 7).

proximus heres (*Iust.*, 1, 46).

iuris lequmque sacerdos (*Iust.*, 1, 17).

saeclorum secta meorum (*Iust.*, 2, 341).

(Cf. *supra*, p. XIV, n. 1, et p. XXXVI, n. 4).

3. *Iust.*, 4, 48 : ... *et tractae stridunt scabredine serrae.*

suite de trois brèves est amétrique, *excubitus* est utilisé en concurrence avec *excubiae* en fonction des conditions métriques[1] et, pour réaliser une élision, Corippe a recours à *euitabilis* à la place du simple *uitabilis* qui se trouve dans le passage de Maximianus dont il s'inspire[2]. C'est encore la métrique ainsi que le souci de ne pas utiliser des mots strictement identiques à trois ou quatre vers de distance qui amène l'auteur de l'éloge de Justin à jouer sur les préverbes et à faire alterner *superimponere* (*Iust.* 3, 10) et *superponere* (*Iust.* 3, 13) ; *ornare* (*Iust.* 3, 63) et *exornare* (*Iust.* 3, 66) ; *miscere* (*Iust.* 3, 98) et *permiscere* (*Iust.* 3, 102).

La syntaxe. Comme le vocabulaire, la syntaxe de l'éloge de Justin est marquée par son époque. Cela se manifeste par la présence de quelques traits de latin tardif dont nous signalons ci-après les principaux.

Ce sont d'abord des irrégularités dans l'emploi des cas (*sub* et l'ablatif au lieu de l'accusatif[3] ; *in* et l'accusatif au lieu de l'ablatif[4]) et dans l'emploi des modes (les interrogatives indirectes sont couramment à l'indicatif[5] ; *quamquam* est construit aussi bien avec l'indicatif qu'avec le subjonctif[6]).

1. *Iust.*, 1, 202 : *excubiae primum quae summa palatia seruant*, et *Iust.*, 3, 165 : *ingens excubitus diuina palatia seruans.*

2. Maxim., *Eleg.*, 6, 9 : *ergo quod attritum quodque est uitabile nulli* et *Iust.*, 1, 264-266 : ... *iustumque dolorem / diuinis animi nulli euitabilis auxit / carnis condicio...*

3. *Iust.*, 1, 63 ; cf. M. Leumann, J. B. Hofmann et A. Szantyr, *Lateinische Grammatik*, 2. Band : *Syntax und Stilistik*, München, 1965, p. 280 (Zusätze α).

4. *Iust.*, 3, 12, et 4, 199. Foggini dans le premier passage, Ruiz dans le second ont rétabli indûment l'ablatif. Cf. M. Leumann, J. B. Hofmann et A. Szantyr, *op. cit.*, p. 277, et le *T. L. L.*, vol. 7, 1, col. 797, l. 71-col. 799, l. 11.

5. *Iust.*, 1, 181, et 3, 381-384. Cf. *Ioh.*, 1, 104 ; 4, 625-626 ; 8, 207-208 ; M. Leumann..., A. Szantyr, *op. cit.*, p. 537-538. En *Iust.*, 1, 268, il s'agit d'une interrogative directe au potentiel et non d'une interrogative indirecte au subjonctif.

6. Indicatif : *Iust.*, 3, 2 ; cf. *Ioh.*, 3, 26. Subjonctif : *Anast.*, 37 ;

Ce sont ensuite des types de propositions inconnus de la langue « classique » : des complétives introduites par *quia* et par *quoniam*[1], une consécutive introduite par *quod*[2], des propositions temporelles introduites par *dum*, alors que l'on attend *cum*, ou par *non primum... nisi* signifiant *priusquam*[3]. L'*In laudem Iustini* offre également deux exemples de nominatif absolu[4].

Quelques tournures se rencontrent enfin, qui sont plus particulières : le comparatif analytique et le renforcement

Iust., 3, 105 ; cf. *Ioh.*, 1, 216 ; M. Leumann..., A. Szantyr, *op. cit.*, p. 602-603. Moins sûre est cette double construction après *licet* chez Corippe, alors qu'elle est attestée ailleurs (cf. H. Goelzer, *Le latin de saint Avit évêque de Vienne (450?-526?)*, avec la collaboration d'A. Mey (= *Université de Paris, Bibliothèque de la Faculté des lettres*, t. 26), Paris, 1909, p. 338). En *Iust.*, 1, 3-4 ; 2, 269 ; 4, 344, *licet* est suivi du subjonctif, comme en *Ioh.*, 2, 225-226 ; 3, 213-214 ; 4, 527-528 ; 7, 511, et 8, 18. En *Ioh.*, 1, 525, *licet* est suivi de l'indicatif, mais dans un passage discuté par les éditeurs. Le seul passage sûr où *licet* est suivi de l'indicatif est *Iust.*, 1, 85 : ... *licet haec deus omnia fecit*, où Corippe imite Virg., *Ecl.*, 1, 6 : ... *deus haec otia fecit*, qu'il imite aussi en *Iust.*, 1, 182 : ... *pro te deus omnia fecit*. On peut donc se demander s'il n'a pas maintenu ici volontairement l'indicatif, comme il maintient le datif en *Anast.*, 48, *Iust.*, 2, 402, et 3, 348, après *miseror* : partout ailleurs (*Ioh.*, 1, 339 ; 1, 412-413 ; 3, 277, et 4, 283) Corippe utilise l'accusatif après ce verbe. S'il ne le fait pas dans les trois passages cités c'est parce qu'il utilise des clausules de Virgile (*Anast.*, 48 : ... *miserere senectae* = Virg., *Én.*, 12, 934) et de Commodien (*Iust.*, 2, 402 et 3, 348 : ... *miseratus egenis* = Commod., *Instr.*, 2, 38, 3), alors qu'Ausone utilise la clausule : ... *miseratus egentem* (363, 19, p. 91, éd. Peiper), et Dracontius le génitif (*Laud. dei*, 2, 757 : ... *miseratus egentis*). Plutôt que l'utilisation mécanique inconsciente d'un emprunt, ce pourrait être une espèce de « coquetterie » littéraire d'un auteur qui tient à signaler clairement qu'il se souvient d'un passage d'un poète.

1. *Iust.*, 1, 238 ; 3, 369. Cf. M. Leumann..., A. Szantyr, *op. cit.*, p. 577.

2. *Iust.*, 1, 242-243. Cf. M. Leumann..., A. Szantyr, *op. cit.*, p. 581-582.

3. *Iust.*, 2, 5-7, et 3, 3-4 (avec dans ce dernier cas la variante *non... ni... primum*). Sur cette tournure qui remplace *priusquam* à époque tardive, cf. M. Leumann..., A. Szantyr, *op. cit.*, p. 600.

4. *Iust.*, 1, 324 et 4, 332. Voir M. Leumann..., A. Szantyr, *op. cit.*, p. 143-144.

du comparatif par *plus*[1], le génitif de comparaison[2], l'emploi de *ipse* avec le sens d'*idem*[3], la locution *in primis* signifiant « en premier lieu »[4], la construction de *do* directement avec un subjonctif[5] ou avec un ablatif comme *dono*[6], l'accusatif comme complément de *congaudere*[7].

Nous n'avons mentionné ici que les faits de langue tardive les plus patents et nous renvoyons sur ce point encore au travail d'E. Appel où sont relevés de très nombreux autres traits moins caractérisés, c'est-à-dire appa-

1. Comparatif analytique : *Iust.*, 3, 112 ; 4, 179-180 ; cf. M. Leumann..., A. Szantyr, *op. cit.*, p. 166. Renforcement du comparatif par *plus* : *Iust.*, 4, 129-130. *Plus lucidiores* est dans Ital., *Sir.*, 23, 8. Plusieurs exemples sont donnés par K. Sittl, *Die lokalen Verschiedenheiten der lateinischen Sprache mit besonderer Berücksichtigung des afrikanischen Lateins*, Erlangen, 1882, p. 101, et par M. Leumann..., A. Szantyr, *op. cit.*, p. 167.

2. Cf. *supra*, p. XXXII, n. 3, et E. Löfstedt, *Late latin* (= *Instituttet for sammenlignende Kulturforskning*, Serie A : *Forelesninger*, 25), Oslo-London-Wiesbaden-Paris-Cambridge Mass., 1959, p. 89-90.

3. *Iust.*, 4, 60. Cf. Sittl, *op. cit.*, p. 114, et M. Leumann..., A. Szantyr, *op. cit.*, p. 189-190.

4. *Iust.*, 2, 209. Pour ce sens tardif et médiéval (correspondant à celui de ἐν πρώτοις du grec tardif), cf. E. Löfstedt, *op. cit.*, p. 111-112.

5. *Anast.*, 23. Cette construction est préclassique et postclassique (Plaut., *Curc.*, 313 ; *Stich.*, 757 ; Cat., *Agr.*, 73 et 156, 6 ; Chir., *Mul.*, 953 ; Anon., *Med.*, éd. Piechota, 51 v°, vol. 2, p. 1965, 79 sqq. : *et da uibat*) et, à époque tardive, n'est pas littéraire.

6. *Iust.*, 1, 7. Le *T. L. L.* cite deux exemples : Chiron, *Mul.*, 704 (*ut in ea causa positum mollibus cibis non a plenam uentrem olea des*), et *C. I. L.*, II, 6095, l. 6 (*Nouatiano aedilicis honorib(us) ab ordine dato*), mais fait remarquer que *C. I. L.*, II, 4216, a *aedilic. honor. ab ordine don(ato)*. Aussi n'est-ce peut-être pas un fait de langue tardive, mais une licence poétique due à la métrique.

7. *Iust.*, 2, 94-95 :

... omnia uisum
congaudent elementa diem. Mox erigit...

C'est du moins le texte que nous avons adopté et qui est le plus proche du texte du manuscrit (*uisu... diem*). Cette construction se trouve également chez Grégoire de Tours (*Vit. patr.*, 11, 2). Mais comme le manuscrit présente des cas de confusion *-u-* /*-o-* (cf. *supra*, p. XXXII, n. 3) et qu'une dittographie peut être responsable de la leçon *diem*, un texte *uiso... die* ne peut être catégoriquement écarté, d'autant plus qu'en *Iust.*, 3, 114, le simple *gaudeo* est construit avec l'ablatif.

raissant surtout à basse époque, mais pouvant remonter parfois à une époque plus ancienne[1].

La métrique et la versification. Le poème *In laudem Iustini* contient un certain nombre d'irrégularités métriques déjà bien attestées dans la grande poésie latine de Virgile à Claudien : l'adaptation de la quantité des voyelles de certains mots aux nécessités métriques[2], l'allongement d'une voyelle brève à l'arsis[3] ou devant *h*[4], la synisèze de *huic*[5].

Mais Corippe s'est permis aussi des licences beaucoup

1. Appel, *op. cit.*, p. 32-58. Nous ne pensons pas qu'en *Iust.*, 1, 109, il soit nécessaire de donner à *gratior* la valeur d'un superlatif, comme le fait Appel, p. 34, que *per* en *Iust.*, 4, 18, ait la valeur de *in* ou de *ad* (p. 42), que *nam* en *Iust.*, 1, 138, soit un *nam* adversatif, et que *mox* en *Iust.*, 1, 76, signifie *simul ac* (p. 44), comme cela est certes possible en latin tardif (cf. M. Leumann..., A. Szantyr, *op. cit.*, p. 505-506 et 637.

2. *Iust.*, 1, 274 : *ădicit* (comme dans Sil., 17, 528, et Stat., *Théb.*, 7, 4, alors qu'Ovide, *Met.*, 2, 384, écrit *ādicit*) ; *Iust.*, 3, 257 : *fulgĕre* (cf. Verg., *Én.*, 6, 826) ; *Anast.*, 23 et 24 ; *Iust.*, *préf.*, 38 : *mihĭ* (cf. Ov., *Mét.*, 1, 197 et 507 ; *mihī* : Ov., *Mét.*, 5, 494 et 13, 35) ; *Iust.*, 4, 121 : *tenēbras* (cf. Claud., 3, 253 ; 18, 459 ; 26, 36) ; *Iust.*, 4, 361 : *unĭus* (cf. Claud., 21, 216 ; 22, 385 ; en *Ioh.*, 5, 93, Corippe écrit *unīus* comme Claud., 15, 162 ; 17, 56 ; 18, 483) ; *Iust.*, 4, 23 : *uolŭcres* ; *Iust.*, 3, 50 : *uolŭcrum* ; *Iust.*, 1, 199 ; 1, 233 : *uolūcres* ; *Iust.*, 1, 357 : *uolūcrum* (*uolŭcres* : Virg., *Én.*, 3, 216 ; 7, 33 ; 8, 456 ; 10, 440 ; Ov., *Mét.*, 1, 75 ; Claud., 26, 545 ; *C. m.*, 25, 105 ; 53, 21 ; *uolūcres* : Virg., *Én.*, 3, 241 ; 4, 525 ; Ov., *Mét.*, 13, 607 ; Claud., 20, 408 ; 22, 418 ; *C. m.*, 9, 1 ; 31, 3) ; *Iust.*, 3, 81 : *retrō* ; *Iust.*, 3, 345 : *ergō* ; *Iust.*, 1, 165 ; 2, 187 ; 2, 197 : *ergŏ* ; *Iust.*, 2, 381 : *ultrŏ*.

3. *Iust.*, 3, 177 : *laeuaquē dextraque* ; cf. pour cet allongement du premier-*que*, Virg., *Én.*, 3, 91 ; Ov., *Mét.*, 1, 193 ; 4, 10 ; 7, 265.

4. *Iust.*, 1, 268 : *quīs hominum* ; *Iust.*, 2, 259 : *commandamūs hanc* ; *Iust.*, 4, 304 : *patrīs hominique* ; cf. pour cet allongement J. Marouzeau, *Traité de stylistique latine* (= *Collection d'Études latines publiée par la Société des Études latines, série scientifique*, t. 12), 4e éd., Paris, 1962, p. 11, qui cite (devant des mots grecs) Verg., *Ecl.*, 6, 53 ; *Én.*, 7, 398 ; Prop., 2, 28, 29 et (devant des mots latins) Prop., 2, 8, 8 ; 2, 24, 4.

5. *Iust.*, 2, 198 (cf. Claud., 24, 279).

plus rares : des abrègements[1], des allongements[2], parfois en profitant de la position[3], qu'il néglige cependant ailleurs[4], la synisèze de *lanceas*[5] et un hiatus *omnium hic* très rare[6]. La nature de son sujet l'a obligé à faire entrer dans ses hexamètres des noms propres non dactyliques en en modifiant la quantité[7], mais il n'hésite pas non plus à changer les quantités de certains adjectifs pourtant aptes à être utilisés dans les hexamètres dactyliques[8]. Ce sont enfin des considérations métriques qui lui font désigner l'impératrice par *Sapientia* au nominatif et par *Sophia* aux autres cas[9], le nominatif *Sophia*, qu'il ne pouvait se permettre d'élider, étant par sa suite de trois brèves inutilisable.

1. *Iust.*, 4, 204 : *bălatibus* (dans une clausule de Sédulius, *Carm. pasch.*, 2, 114), mais en *Ioh.*, 2, 174, Corippe écrit aussi *bălatus*) ; *Iust.*, 4, 260 : *flăgitant* ; *Iust.*, 2, 143 : *iŭge* (comme Sédul., *Carm. pasch.*, 1, 34, mais en *Ioh.*, 7, 493, le *-u-* de *iugiter* est également bref) ; *Iust.*, 2, 113, et 4, 274, *mystĕrium* ; *Iust.*, 3, 55 : *transitŭs* au génitif.

2. *Iust.*, 2, 23 : *lūtum* (comme en *Ioh.*, 5, 368) ; *Iust.*, 2, 80 : *n uus* ; *Iust.*, 4, 37 : *quādrata.*

3. *Iust.*, 3, 265 : *officiā stratos* ; *Iust.*, 3, 112 : *grauiā plus.* Dans ce dernier passage le manuscrit donne *plūs /grăuiă.* Petschenig a fait remarquer dans son apparat critique (p. 195 de son édition) qu'en quatre autres endroits le manuscrit présentait des interversions (*Iust.*, 1, 283 ; 2, 226 ; 4, 60 et 290). Les deux dernières sont toutefois supposées par plusieurs éditeurs, à la suite desquels nous nous rangeons, pour éviter des irrégulatités métriques : l'allongement de *bāses* et de *ībi.*

4. *Iust.*, 2, 254 : *omnibŭs sufficiunt.* Ce passage a souvent inquiété les éditeurs, mais il est précisément donné en exemple par l'*Ars grammatica* attribué à Julien de Tolède (cf. p. LXXXV et n. 4). Ce type de licence métrique est préclassique.

5. *Iust.*, 3, 242.

6. *Iust.*, 3, 369.

7. *Iust.*, 1, 16 : *Anastăsius* ; *Anast.*, 31 : *Anastāsi* ; *Iust.*, 2, 284 : *Baduārius* ; *Iust.*, 1, 76 ; 1, 77, et 4, 332 : *Călinicus* (cette modification de la quantité a des incidences sur la graphie : le nom est partout ailleurs écrit Καλλίνικος. Mais Corippe, par l'étymologie qu'il en donne (*Iust.*, 1, 81 : *Bona... Victoria*), confirme, pour ainsi dire, la liberté qu'il prend avec la scansion) ; *Iustĭnianus*, *passim* ; *Iust.*, *préf.*, 12 : *Lang bardorum* ; *Iust.*, 2, 124 : *Rāuenna.*

8. *Iust.*, 3, 16 : *Memphĭtica* ; *Iust.*, 3, 96 : *Mĕthymnaeus.*

9. Cf. *index nominum*, s. u. *Sapientia* et *Sophia.*

Si le taux d'élisions est remarquablement bas[1], l'abondance des césures bucoliques[2], parfois précédées de spondées[3], la présence d'un nombre relativement important de césures « anormales »[4], l'absence de césure penthémimère dans deux vers[5] font apparaître que le

1. 12,8 % et, pour le détail, *Anast.* (6 cas) : 12 % ; *Iust., préf.* (9 cas) : 18,75 % ; livre I (43 cas) : 11,75 % ; livre II (49 cas) : 11,40 % ; livre III (62 cas) : 15,25 % ; livre IV (48 cas) : 12,75 %. A titre de comparaison, voici les pourcentages donnés pour d'autres auteurs par J. Soubiran, *L'élision dans la poésie latine*, thèse Paris 1964, Paris, 1966, p. 587, 600, 605, 607-610 ; Cicéron 37,9 % ; Lucrèce 50,3 % ; Catulle 47,1 % ; Horace *Epist.* 20,2 % ; *Sat.* 45,1 % ; Tibulle 17,2 % ; Ovide 21, 1 % ; Lucain 11,8 % ; Perse 51 % ; Martial 9,2 % ; Juvénal 33 % ; Virgile s'est permis 54,4 % d'élisions dans l'*Énéide* ! Que Corippe soit assez strict en ce qui concerne les élisions ne justifie pas l'attitude de L. Müller, *De re metrica poetarum latinorum praeter Plautum et Terentium libri septem...*, Petropoli et Lipsiae, 1894, p. 351, qui en *Iust.*, 1, 46, corrige *te expectat* en *te spectat*, élision au premier demi-pied pratiquement inconnue de la poésie classique (Soubiran, *op. cit.*, p. 515).

2. Nous en avons compté 59, ce qui fait environ 3,5 %. Voici les pourcentages mentionnés par J. Perret, *Ponctuation bucolique et structure verbale du quatrième pied*, dans *R. É. L.*, 34, 1956, p. 146-158, et plus spécialement, p. 153, n. 1 : Cicéron 0,8 % ; Lucrèce 0,3 % ; Virgile, *Ecl.*, 4, 2 % ; *Géorg.* 1, 1 % ; *Én.* 0,6 % ; Ovide, *Mét.* 1 % ; *Ciris* 0,7 % ; *Aetna* 1, 1 % ; Manilius 0,3 % ; Lucain 0,9 % ; Stace, *Théb.* 0,7 % ; Valérius Flaccus 1,6 % ; Calpurnius 2,5 % ; *Culex* 2,7 %.

3. *Iust.*, *préf.*, 41 ; 1, 54 ; 1, 187 ; 2, 30 ; 2, 44 ; 2, 62 ; 2, 371 ; 2, 389 ; 3, 74 ; 3, 380 ; 4, 44 ; 4, 340. Cela fait 20 % des césures bucoliques. C'est un usage banni de la poésie classique (cf. J. Perret, *op. cit.*, p. 152, n. 1, et J. Soubiran, *L'hexamètre latin, problèmes de structure et de diction*, dans *R. É. L.*, 46, 1968, p. 410-424, particulièrement p. 415-416). La grande poésie n'admet pas non plus des liaisons syllabiques entre les pieds III et IV autre que du type consonne-voyelle (J. Soubiran, *op. cit.*, p. 418 et 420). Or sur les 59 liaisons seules 35 (60 %) sont de ce type.

4. Trochaïque première : *Iust.*, 1, 309 ; entre les pieds I et II : *Iust.*, 1, 141 ; 1, 244 ; 2, 61 ; 2, 341 ; 2, 368 ; 2, 384 ; 3, 72 ; 3, 87 ; 3, 318 ; 4, 25 ; 4, 53 ; 4, 137 ; 4, 143 ; 4, 145 ; 4, 325 ; trochaïque deuxième : 3, 72 ; entre les pieds II et III : *Iust.*, 1, 270 ; trochaïque troisième : 4, 267 ; trochaïque cinquième : 3, 118 ; 3, 267 ; 3, 405 ; 4, 86 ; 4, 131 ; 4, 329 ; 4, 337 ; 4, 340 ; entre les pieds V et VI : *Anast.*, 41 ; *Iust.*, *préf.*, 41 ; 1, 40 ; 1, 45 ; 1, 163 ; 1, 260 ; 1, 305 ; 1, 309 ; 2, 65 ; 2, 133 ; 2, 333 ; 2, 381 ; 2, 414 ; 2, 416 ; 3, 32 ; 3, 35 ; 3, 74 ; 3, 380 ; 3, 383 ; 3, 385 ; 4, 44.

5. Sans qu'elle soit remplacée par le couple trihémimère-hephthé-

texte de l'*In laudem Iustini* entre quelquefois mal dans le cadre du vers. A plusieurs reprises le vers est, en quelque sorte, disloqué par des accumulations[1], plusieurs rejets n'ont pas de signification stylistique[2] et la même remarque peut être faite de la soixantaine de vers spondaïque et de la trentaine de vers dactyliques que nous avons dénombrés[3]. En somme, le texte de Corippe donne l'impression par endroits d'une prose versifiée, parfois maladroitement, qui, en grande partie, ne doit son caractère poétique qu'aux nombreux emprunts littéraires qu'elle contient.

mimère : *Iust.*, 3, 212, n'a (à la rigueur) qu'une trihémimère, et *Iust.*, 4, 116, qu'une césure entre les pieds III et IV.

1. *Iust.*, 1, 169 ; 1, 254 ; 1, 259-260 ; 1, 309 ; 2, 142-143 ; 3, 72 ; 3, 74 ; 4, 44.

2. Si en 1, 122 ; 1, 141 ; 1, 167 ; 1, 273 ; 2, 29 ; 2, 102 ; 2, 122 ; 2, 140 ; 2, 402 ; 3, 197 ; 4, 53 ; 4, 137, les rejets ont certainement une valeur stylistique, il n'en est pas de même en 1, 356 ; 2, 56 ; 2, 59 ; 2, 136 ; 2, 183 ; 3, 87 ; 3, 375 et 4, 110.

3. Nous entendons par là des vers uniquement composés de spondées, sauf au 5e pied (dactyle) et éventuellement au 6e (trochée) ou de dactyles sauf au 6e pied (spondée ou trochée). Ils constituent environ 5 % du texte. Nous reconnaissons bien volontiers une valeur stylistique aux spondées du premier vers de l'éloge d'Anastase, à ceux de *Iust.*, 1, 88 (annonce prophétique de la gloire éternelle de Calinicus), de *Iust.*, 1, 262 et 280 (toute-puissance politique et militaire de l'empereur), de *Iust.*, 2, 351 (solennité de l'annonce des cérémonies consulaires, soulignée par une triple allitération et une paronomase), de *Iust.*, 3, 31 (douleur), de *Iust.*, 3, 138 (poids du sommeil) opposés aux dactyles de *Iust.*, 3, 139 (activités de la veille), aux spondées de *Iust.*, 3, 238 (majesté des lieux), de *Iust.*, 3, 242 (crainte admirative des barbares), 3, 272 (importance des prétendus exploits des Avares), de *Iust.*, 4, 238 (lenteur du cortège qui s'ébranle). Les dactyles de *Iust.*, 2, 321 (si l'on admet la correction *exagitata*) peuvent évoquer le mouvement des arbres et ceux de *Iust.*, 3, 293, la course des chevaux. Ce n'est peut-être pas un hasard si les vers qui annoncent que le prince va parler ou qu'il a parlé (*Iust.*, 2, 275 ; 2, 332 ; 3, 37 ; 3, 269) sont spondaïques. Mais il est difficile d'attribuer une valeur stylistique à tous les autres vers spondaïques ou dactyliques (spondaïques : *Iust.*, 1, 327 ; 1, 330 ; 2, 14 ; 2, 18 ; 2, 27 ; 2, 111 ; 2, 135 ; 2, 256 ; 2, 282 ; 2, 306 ; 2, 310 ; 2, 382-383 ; 2, 387 ; 3, 49 ; 3, 74-75 ; 3, 167 ; 3, 174 ; 3, 199 ; 3, 242 ; 3, 268 ; 3, 358 ; 3, 366 ; 3, 390 ; 4, 13 ;

Les emprunts littéraires. Les emprunts ont été étudiés par M. Manitius et surtout par R. Amann[1]. Mais ce dernier, non content de faire des rapprochements suffisamment clairs en eux-mêmes, a souvent cherché à démontrer l'existence d'emprunts en faisant appel à ce que la linguistique moderne appelle les « champs lexicaux » : dans 10, 20 ou 30 vers d'un auteur, il relevait un certain nombre de mots ou d'expressions qui se retrouvaient, non point forcément identiques ni disposées dans le même ordre, dans un passage de Corippe et en déduisait une filiation, en oubliant bien souvent que le vocabulaire pouvait être voisin par suite d'une similitude de sujet. Les résultats auxquels il parvient laissent rêveur et, selon lui, pratiquement l'ensemble de la poésie latine se retrouverait dans les œuvres de Corippe[2]. Il n'en reste pas moins que les listes d'emprunts données par Amann et Manitius sont précieuses et nous leur devons une bonne moitié des emprunts que nous pensons pouvoir mentionner.

Le texte de l'*In laudem Iustini* est truffé d'expressions fréquentes dans la poésie hexamétrique latine : des

4, 39 ; 4, 88 ; 4, 115 ; 4, 125 ; 4, 175 ; 4, 181 ; 4, 209 ; 4, 262 ; 4, 277 ; 4, 282 ; 4, 295 ; 4, 302-303 ; 4, 309-310 ; 4, 324 ; 4, 359 ; 4, 368 ; dactyliques : *Iust.*, *préf.*, 46 ; 1, 263 ; 1, 265 ; 1, 268 ; 1, 283 ; 2, 42 ; 2, 151 ; 2, 214-215 ; 2, 366 ; 2, 388 ; 3, 153 ; 3, 179 ; 3, 257 ; 3, 314 ; 3, 327 ; 4, 94 ; 4, 106 ; 4, 141 ; 4, 170 ; 4, 174 ; 4, 190 ; 4, 240 ; 4, 296 ; 4, 304 ; 4, 355).

1. M. Manitius, *Zu spätlateinischen Dichtern*, dans *Z. Œ. G.*, 37, 1886, I. *Corippus*, p. 82-101 ; R. Amann, *De Corippo priorum poetarum latinorum imitatore*, diss. Oldenburg, 1885 ; *particula altera*, diss. Oldenburg, 1888.

2. C'est ainsi que dans sa dissertation de 1885 Amann pouvait dire (p. 43) : « Ecce totum fere poeseos Latinae hortum peragrantes undique flores a Corippo decerptos vidimus. » Mais c'est surtout dans sa deuxième dissertation relative aux auteurs chrétiens qu'Amann a usé et abusé de cette méthode, de sorte que notre liste d'emprunts aux poètes chrétiens, plus encore que pour les autres auteurs, est très sensiblement réduite par rapport à la sienne.

débuts de vers (7 exemples [1]), des clausules (48 exemples [2]),

1. Ils remontent tous à Virgile, mais on ne peut les considérer strictement comme des emprunts à Virgile, étant donné qu'ils ont été souvent utilisés par la suite. Ce sont :

Iust., 1, 66 : *Dixerat haec...* (Virg., *Én.*, 5, 84).
Iust., 1, 71 : *Sic ait...* (Virg., *Én.*, 1, 142).
Iust., 1, 154 : *Talibus orabat...* (Virg., *Én.*, 4, 437).
Iust., 1, 173 : *Talia dicentis...* (Virg., *Én.*, 4, 362).
Iust., 1, 357 : *Vndique conueniunt...* (Virg., *Én.*, 5, 293, et 9, 720, mais ce début de vers se trouve déjà dans Enn., *Ann.*, 431 éd. Vahlen).
Iust., 3, 308 : *Talia iactantem...* (Virg., *Én.*, 1, 102).
Iust., 4, 158 : *O fortunati...* (Virg., *Én.*, 1, 437).

2. En voici la liste avec, entre parenthèses, l'indication du passage où elles sont attestées pour la première fois :

Anast., 12, et *Iust.*, 4, 247 : ... *sidera caeli* (Varr., *Mén.*, 202).
Anast., 25 : ... *protegar umbra* (Virg., *Géorg.*, 2, 489).
Anast., 26 : ... *arbiter orbis* (Sédul., *Carm. pasch.*, 4, 165. La clausule est encore utilisée par Santeuil au XVIIe siècle, cf. F. Chatillon, *Arbiter omnipotens*, dans *R. M. A. L.*, 11, 1955, p. 5-46, et spécialement p. 46).
Iust., *préf.*, 6 : ... *seruire parata* (Lucan., 1, 351).
Iust., *préf.*, 31, et *Iust.*, 2, 18 : ... *cornua lunae* (Ov., *Am.*, 2, 1, 23).
Iust., 1, 41 : ... *omnibus idem* (Virg., *Géorg.*, 3, 244).
Iust., 1, 64 : ... *limina portae* (Virg., *Én.*, 2, 752, et 3, 351).
Iust., 1, 66 : ... *lumina somnus* (Virg., *Géorg.*, 4, 496).
Iust., 1, 72 : ... *rumpere somnos* (Virg., *Én.*, 7, 458).
Iust., 1, 87 : ... *mercede laborum* (Lucan., 9, 1101).
Iust., 1, 92 : ... *pectore somnos* (Virg., *Én.*, 9, 326).
Iust., 1, 118 : ... *sede relictis* (Ov., *Mét.*, 4, 447, et 15, 148).
Iust., 1, 123 : ... *silentia fecit* (Ov., *Fast.*, 1, 183).
Iust., 1, 188 : ... *gratissima coniux* (Virg., *Én.*, 10, 607).
Iust., 1, 258 : ... *pectore toto* (Virg., *Én.*, 1, 717, et 9, 276).
Iust., 1, 276 : ... *murice uestem* (Virg., *Én.*, 9, 614).
Iust., 1, 300 : ... *limina pulsat* (Stat., *Théb.*, 5, 97).
Iust., 1, 321 : ... *frigora flammis* (Ov., *Mét.*, 1, 51).
Iust., 1, 348 : ... *omnibus unum* (Lucr., 1, 661).
Iust., 2, 62 : ... *gloria matrum* (*Epiced. Drusi*, 124).
Iust., 2, 77 : ... *gratia formae* (Ov., *Mét.*, 7, 44).
Iust., 2, 103, et 4, 121 : ... *luce tenebras* (Sil., 6, 150).
Iust., 2, 141 : ... *uiribus aequis* (Virg., *Én.*, 5, 809).
Iust., 2, 147 : ... *numen adorant* (Virg., *Én.*, 3, 437).
Iust., 2, 156 : ... *mergitur undis* (Germ., 525).
Iust., 2, 193 : ... *corporis artus* (Hor., *Carm. saec.*, 64).
Iust., 2, 266 : ... *feruebat amore* (Sil., 17, 566).
Iust., 2, 322 : ... *cacumina siluae* (Ov., *Mét.*, 1, 346).
Iust., 2, 339 : ... *ciuibus urbem* (Lucr., 6, 1140. Cette clausule a été étudiée par F. Chatillon, *Les clausules lucrétiennes* civibus urbem

des *iuncturae* courantes (85 exemples[1]). Cependant la majorité des emprunts a une source précise, en premier

et civibus urbes *et le thème des villes affligées ou vaincues* : I. *De Lucrèce à Paul Diacre*, dans *R. M. A. L.*, 11, 1955, p. 201-282).

Iust., 2, 429, et 4, 11 : ... *munere donans* (Virg., *Én.*, 5, 282 et 361).
Iust., 3, 1 : ... *limina tecti* (Ov., *Mét.*, 5, 43).
Iust., 3, 21 : ... *laquearia tecti* (Virg., *Én.*, 8, 25).
Iust., 3, 43 : ... *aethera pulsat* (Lucan., 6, 225).
Iust., 3, 60 : ... *membra sepulcro* (Virg., *Én.*, 10, 558).
Iust., 3, 95 : ... *discrimina belli* (Lucan., 8, 389).
Iust., 3, 181 et 227 ; 4, 371 : ... *luce corusca* (Val. Fl., 1, 486).
Iust., 3, 258 : ... *poplite flexo* (Prud., *C. Symm.*, 2, 559).
Iust., 3, 293 : ... *ungula campos* (Virg., *Én.*, 8, 596).
Iust., 3, 305 : ... *foedera pacis* (Lucr., 5, 1155).
Iust., 4, 195 : ... *pietate paterna* (Drac., *Orest.*, 391).
Iust., 4, 273 : ... *signa futuri* (Ov., *Ib.*, 127).
Iust., 4, 302 : ... *de lumine lumen* (Aus., 153, 82, p. 11, éd. Peiper).

1. Ce sont :
Anast., 21 : ... *latas... terras* (Cic., *Carm. frg.*, 29, 9).
Anast., 30 ; *Iust.*, 2, 394 ; 4, 370 : ... *fuluum... aurum* (Virg., *Én.*, 7, 279).
Iust., *préf.*, 2, et *Iust.*, 3, 343 : ... *reges... superbos* (Lucil., *Sat.*, 11, 13, éd. Müller).
Iust., *préf.*, 13 : ... *latos... campos* (Virg., *Én.*, 10, 408).
Iust., *préf.*, 44 : ... *pectora pulsans* (Plaut., *Epid.*, 528).
Iust., 1, 1 : ... *culmen imperii...* (Heges., 4, 26, 1).
Iust., 1, 20 : ... *pacem composuit* (Virg., *Én.*, 7, 339).
Iust., 1, 64 : ... *pulsantes limina* (Sil., 6, 73).
Iust., 1, 73 : ... *dulcem quietem* (Virg., *Én.*, 6, 522).
Iust., 1, 92 : ... *dulcesque... somnos* (Virg., *Géorg.*, 1, 342).
Iust., 1, 94-95 : ... *ampla... atria* (Virg., *Én.*, 1, 725-726).
Iust., 1, 107 : *aequoreos... fluctus* (*Culex*, 357).
Iust., 1, 110 : *curuasque... carinas* (Virg., *Géorg.*, 1, 360).
Iust., 1, 125 : ... *latos... agros* (Virg., *Géorg.*, 4, 522).
Iust., 1, 129 : ... *bibula... harena* (Lucr., 2, 376).
Iust., 1, 138, et 2, 36 : ... *sceptra tenere* (Virg., *Én.*, 1, 57).
Iust., 1, 141 : *bella moueret* (Virg., *Én.*, 6, 820).
Iust., 1, 152 : *cape dona* (Virg., *Én.*, 3, 488).
Iust., 1, 173 : ... *prostrata iacensque* (Lucr., 6, 785).
Iust., 1, 181 : *urbis et orbis* (Ov., *Fast.*, 2, 684 ; cf. E. Wölfflin, *Der Reim im Lateinischen*, dans *A. L. L. G.*, 1, 1884, p. 350-389, et plus spécialement p. 388 ; A. Otto, *Die Sprichwörter... der Römer*, Leipzig, 1890, p. 358-359, n° 1834 ; W. Gernentz, *Laudes Romae*, diss. Rostock, 1918, p. 136, n. 1).
Iust., 1, 246 : *linqueret artus* (Lucr., 3, 401).
Iust., 1, 293 : *hora... fatalis* (*Carm. epigr.*, 55, 7).
Iust., 1, 332 : *aequo discrimine* (Virg., *Én.*, 5, 154).
Iust., 2, 1 : *roscida Aurora* (*Epiced. Drusi*, 281-282).

lieu et de loin Virgile, puis Ovide, Claudien, Lucain, Stace et Silius Italicus. Parmi les poètes chrétiens, ce

Iust., 2, 10 : *lacrimis... obortis* (Virg., *Én.*, 3, 492. De nombreux exemples de cette *iunctura* sont donnés par A. S. Pease, *Publi Vergili Maronis Aeneidos liber quartus*, Cambridge (Mass.), 1935, p. 113, ad *Én.*, 4, 30. Il faut y ajouter Liv., 1, 58, 7, et Curt., 10, 8, 20).

Iust., 2, 28 : *persoluam... grates* (Virg., *Én.*, 1, 600).

Iust., 2, 59 : *uelamine carnis* (Sédul., *Carm. pasch.*, 3, 294).

Iust., 2, 66 : *perfice coepta* (*Nux*, 182).

Iust., 2, 103 : *aetherea... luce* (Sén., *Phèdr.*, 889).

Iust., 2, 119 : *rutilo... metallo* (Lucan., 9, 364).

Iust., 2, 136 : *solemnia dona* (Virg., *Én.*, 9, 626).

Iust., 2, 137 : *clipei... orbem* (Virg., *Én.*, 2, 227).

Iust., 2, 178 : *sic orsus* (Virg., *Én.*, 1, 325).

Iust., 2, 234 : *colla... confringite* (Lucan., 9, 600 : *frangere colla*).

Iust., 2, 276 ; 3, 259 et 4, 131 : *pronus adorauit* (Juv., 6, 47-48, et Vulg.).

Iust., 2, 299 : *frontem... serenam* (Sil., 2, 414).

Iust., 2, 308 : *ingens... fragor* (Virg., *Én.*, 12, 724).

Iust., 2, 314 et 319 : *pariter pariterque* (Lucr., 2, 43).

Iust., 2, 320 : *fertque refertque* (Virg., *Én.*, 4, 438).

Iust., 2, 326 : *clamosi... circi* (Mart., 10, 53, 1).

Iust., 2, 337 : *duros... labores* (Enn., *Ann.*, fragm. 349 éd. Vahlen).

Iust., 2, 342 : *componite mores* (Ov., *Ars*, 3, 370).

Iust., 2, 351 ; 4, 189, et 4, 224 : *ditabo opibus* (Juvenc., 1, 102).

Iust., 2, 360 : ... *dulci modulamine* (*Anth.*, 733, 8).

Iust., 2, 377 : ... *longa dies* (Plaut., *Epid.*, 545).

Iust., 2, 384 : ... *innumerae cateruae* (Stat., *Théb.*, 10, 468).

Iust., 2, 393 : *rutili... ignes* (Virg., *Géorg.*, 1, 454, et *Én.*, 8, 430).

Iust., 3, 3 : *dulces epulas* (Hor., *Carm.*, 3, 8, 6).

Iust., 3, 26 : *supremum... honorem* (Virg., *Én.*, 11, 61 et 76).

Iust., 3, 28 : *corpus uenerabile* (*Epiced. Drusi*, 171).

Iust., 3, 43 : *uirgineus... chorus* (*Carm. de bell. Aeg. frg.*, éd. Ferrara, 1627 a).

Iust., 3, 65 : *glaucae... oliuae* (Virg., *Catal.*, 2, 9).

Iust., 3, 87 : *regales epulas* (Ov., *Mét.*, 6, 488).

Iust., 3, 87-88 : *Bacchi munera* (Virg., *Géorg.*, 3, 526-527).

Iust., 3, 125 : *alta... Capitolia* (Virg., *Én.*, 6, 836).

Iust., 3, 154 : *gelidas... pruinas* (Lucr., 2, 431).

Iust., 3, 161 : *candida turba* (Tib., 2, 1, 16).

Iust., 3, 172 : *sacra... flumina* (Virg., *Géorg.*, 2, 147).

Iust., 3, 173 : *blanda... unda* (Prop., 1, 20, 41-42).

Iust., 3, 182 et 197 : *conuexi... caeli* (Ov., *Mét.*, 1, 26).

Iust., 3, 188 : *potentia rerum* (Ov., *Mét.*, 2, 259).

Iust., 3, 230 : *claro... igne* (Cic., *Arat.*, 331).

Iust., 3, 242 : *saeuasque... secures* (Lucr., 5, 1234).

Iust., 3, 251 : *fera uincla* (Ov., *Pont.*, 1, 2, 48).

Iust., 3, 263 : *membris immanibus* (Virg., *Én.*, 9, 708).

sont Prudence, Sédulius et Avitus qui sont le plus mis à contribution. Formellement, plus de la moitié des emprunts sont mécaniques, c'est-à-dire qu'ils sont strictement régis par les règles métriques, avec les mots dans le même ordre, à la même place dans le vers, très souvent sous la même forme grammaticale que dans le texte-source[1] : plus de 10 % des vers (176 sur 1.680) sont con-

Iust., 3, 301 : *latos... campos* (Enn., *Sat.*, 23 éd. Vahlen).
Iust., 4, 19 : *uirides... siluae* (Virg., *Én.*, 8, 96).
Iust., 4, 105 et 242 : *rutilum... aurum* (Claud., 24, 230).
Iust., 4, 202 : *teneros... agnos* (Virg., *Ecl.*, 1, 8).
Iust., 4, 251 : *liquidis... undis* (Virg., *Én.*, 5, 859).
Iust., 4, 251 : *sol... aureus* (Varr., *Ling.*, 7, 83).
Iust., 4, 300 : *conditor orbis* (Prud., *Cath.*, 12, 154).
Iust., 4, 318 : *humilis corde* (Vulg., *Matth.*, 11, 29).
Iust., 4, 347 : *terribilis... Dei* (Vulg., *Deut.*, 7, 21).

1. Cf. *index fontium*. Nous avons considéré comme emprunts mécaniques un certain nombre d'emprunts dans lesquels un mot avait pu être changé, à condition qu'il soit remplacé par un mot métriquement et parfois syntaxiquement équivalent. Il s'agit de :

Anast., 48 : ... *fessae miserere senectae* (Virg., *Én.*, 12, 934 : ... *Dauni miserere senectae*).

Iust., *préf.*, 5 : ... *crudisque asperrima belli* (Virg., *Én.*, 1, 14 : ... *studiisque asperrima belli*).

Iust., *préf.*, 43 : ... *plurima uulnera passus* (Ov., *Mét.*, 6, 297 : ... *diuersaque uulnera passis* ; cf. *Mét.*, 13, 391 : ... *uulnera passum*, et 3, 251 : *plurima uulnera*).

Iust., 1, 33 : ... *caeli demissa per auras* (Virg., *Én.*, 11, 595 : ... *caeli delapsa per auras*).

Iust., 1, 36 : ... *sacrae pietatis imago* (Virg., *Én.*, 6, 405 : ... *tantae pietatis imago*).

Iust., 1, 123 ... *dextraque silentia fecit* (Lucan., 1, 298 : ... *dextraque silentia iussit* combiné avec la clausule courante ... *silentia fecit*).

Iust., 1, 158 : ... *supplex dabat oscula plantis* (Val. Fl., 8, 44 : ... *supplex dedit oscula palmis*).

Iust., 1, 199 : ... *primi sensere uolucres* (Sil., 14, 594 : *primi sensere canes*).

Iust., 1, 202 : ... *summa palatia seruant* (Virg., *Géorg.*, 1, 499 ... *Romana palatia seruas*).

Iust., 1, 255 : ... *commotis undique signis* (Claud., 26, 405 : *properantibus undique signis*).

Iust., 1, 269 : ... *regni successor et heres* (Ov., *Mét.*, 3, 589 : ... *studii successor et heres*).

Iust., 1, 305 : ... *et « surgite, surgite » clamat* (Stat., *Théb.*, 5, 701 : ... *et « parcite, parcite » clamat*).

cernés par ce procédé. Il s'agit rarement de débuts de vers (5 cas), souvent de clausules (45 cas), mais surtout de premiers hémistiches (34 cas) et plus encore de seconds hémistiches (92 cas). Il faut y ajouter deux transpositions d'hémistiches[1].

Iust., 1, 323 : ... *nemus omne uirescit* (Virg., *Ecl.*, 7, 59 : ... *nemus omne uirebit*).

Iust., 1, 326 : ... *ferrugine diues et ostro* (Virg., *Én.*, 11, 772 : ... *ferrugine clarus et ostro*).

Iust., 1, 331 : ... *longis anfractibus orbem* (Lucan., 1, 605 : ... *longis anfractibus urbem*).

Iust., 2, 24 : ... *costis ex omnibus una* (Alc. Av., 1, 154 : ... *costarum ex ossibus una*).

Iust., 2, 53 : *excelsi regina poli*... (Stat., *Théb.*, 10, 68 : *siderei regina poli*...).

Iust., 2, 236 : *uiri, deflectite mentem* (Lucan., 3, 304 : ... *uiri deflectere mentem*).

Iust., 2, 322 : ... *frondosa cacumina siluae* (Sil., 3, 415 : ... *frondosa cacumina montis* combiné avec la clausule courante ... *cacumina siluae*).

Iust., 3, 41 : ... *tantae miracula pompae* (Claud., 8, 565 : ... *quantae miracula pompae*).

Iust., 3, 53 : ... *innumerae glomerantur aues* (Virg., *Én.*, 6, 311 : *quam multae glomerantur aues* combiné avec Claud., *C. m.*, 27, 76 : ... *innumerae comitantur aues*).

Iust., 3, 77 : ... *repetit primordia formae* (Juvenc., 2, 203 : ... *repetit primordia uitae* combiné avec Claud., 5, 493 : ... *primordia formae*).

Iust., 3, 80 : ... *decus addite cunctis* (Virg., *Én.*, 8, 301 : ... *decus addite diuis*).

Iust., 3, 95 : ... *uitans discrimina belli* (Sédul., 1, 124 : ... *uitans discrimina mundi* combiné avec la clausule courante... *discrimina belli*).

Iust., 3, 114 : ... *genitoris imagine uisa* (Virg., *Én.*, 4, 84 : ... *genitoris imagine capta*).

Iust., 3, 259 : ... *affixus inhaesit* (Ov., *Mét.*, 4, 553 : ... *affixa cohaesit*).

Iust., 3, 342 : ... *inopino fulmine turmas* (Sil., 12, 185 : ... *inopino flumine turmae*).

Iust., 4, 25 : ... *penitus tremuere cauernae* (Virg., *Én.*, 8, 242 : ... *penitus patuere cauernae*).

Il faut ajouter aux emprunts automatiques *Iust.*, *préf.*, 24 : ... *nomen de nomine* | – ⏓ | = Virg., *Én.*, 3, 18 ; *Iust.*, 1, 204 : ... *armato milite* | – ⏓ | = Virg., *Én.*, 2, 20 ; *Iust.*, 1, 296 : ... *altum petit aethera* | – ⏓ | = Virg., *Géorg.*, 3, 358 ; *Iust.*, 1, 320 : ... *studia in contraria* | – ⏓ | = Virg., *Én.*, 2, 39 = Stat., *Théb.*, 5, 147, emprunts qui ne rentrent pas dans notre classification.

1. Ce sont des deuxièmes hémistiches de pentamètre qui passent

Du point de vue de la mise en œuvre littéraire bien des emprunts, mécaniques, isolés et inconscients ne révèlent pas d'intention particulière de l'auteur : ils contribuent simplement à donner une allure poétique au texte[1]. Mais d'autres emprunts relèvent d'une imitation délibérée : ce peut être un simple clin d'œil à l'auditeur ou au lecteur lettré (comparaison discrète du poète dans le « verger » des bienfaits impériaux à Vertumne dans le jardin de Pomone ; rappel du début de l'*Énéide* ; variation sur les adieux funèbres d'Énée à Pallas ; renvoi à un poète chrétien pour évoquer la conception du Christ ; allusion à un parallèle virgilien entre des guerriers et des chênes au bord de cours d'eau[2]). Mais l'imitation peut aller jusqu'à une plus vaste variation sur un classique morceau de bravoure de la poésie (description d'une pièce d'étoffe précieuse ; vol de la Renommée ; spectacle de l'activité fébrile des abeilles ; scène d'abattage forestier[3]). Il arrive même que Corippe veuille et parvienne à donner un tour particulièrement saisissant à un tel morceau de bravoure en assemblant comme sur une mosaïque des expressions de poètes variés, choisies pour leur caractère remarquable (récit des exploits des

au début de l'hexamètre (et qui ont pu être modifiés comme indiqué p. LXXVI, n. 1) : *Iust.*, 1, 182 : *prouida cura seni*... (Ov., *Fast.*, 2, 60 : ... *prouida cura ducis*) ; *Iust.*, 1, 323 : *pinguis oliua comis*... (Claud., *C. m.*, 31, 40 : ... *pinguis oliua coma*).

1. Par exemple, il est difficile de voir une intention particulière de Corippe quand il utilise l'expression virgilienne *purpureoque alte suras uincire cothurno* (*Én.*, 1, 337) sous la forme *purpureo surae resonant fulgente cothurno* (*Iust.*, 2, 104) : il l'applique à l'empereur, alors que chez Virgile il s'agit des... jeunes filles tyriennes !

2. *Anast.*, 6, et Ov., *Mét.*, 14, 656-657 ; *Iust.*, 1, 3, et Virg., *Én.*, 1, 1 ; *Iust.*, 3, 35-36, et Virg., *Én.*, 11, 97-98 ; *Iust.*, 2, 48 ; 2, 55-56, et Alc. Av., *Carm.*, 6, 202 ; 6, 205-206 ; 6, 217-218 ; *Iust.*, 3, 172-176, et Virg., *Én.*, 9, 679-682 (Corippe ne pense pas là aux chênes de Dodone, comme le veut U. Stache, commentaire *ad loc.*).

3. *Iust.*, 1, 279-284, et Claud., *Rapt. Pros.*, 1, 254-255 ; *Iust.*, 1, 299-309 (cf. n. compl. *ad loc.*) ; *Iust.*, 4, 29-34, et Virg., *Géorg.*, 4, 43-44 ; 4, 179 ; *Én.*, 6, 708 ; *Iust.*, 4, 23-46, et Stat., *Théb.*, 6, 97-106.

Avares dans les pays froids[1]) : à ce point paradoxalement l'originalité et l'ampleur poétiques naissent de l'imitation.

Une espèce particulière d'emprunts est celle des emprunts que Corippe se fait à lui-même et qui, eux aussi, sont nombreux[2] : il s'agit soit d'expressions de la *Iohannis* qui sont reprises dans l'*In laudem Iustini*, soit d'expressions remployées à l'intérieur même de cette dernière œuvre. C'est en cela que l'on peut dire que l'éloge de Justin est une œuvre de la vieillesse, comme l'ont fait certains critiques[3] : l'auteur se nourrit en quelque sorte de lui-même, en vivant sur son passé et en puisant dans sa mémoire pour alimenter son poème de textes que son ancien métier lui avait rendus familiers.

La rhétorique. Que Corippe ait été *grammaticus* n'est pas sans influence sur sa poésie : la rhétorique y est en effet omniprésente, et non seulement dans les discours qu'il recompose.

Nombreux sont les balancements et antithèses[4], ainsi que les accumulations[5]. Chiasmes, anaphores, paro-

1. *Iust.*, 3, 281-296. La description de l'hiver comporte des souvenirs de Virgile, d'Ovide, de Claudien (cf. *testimonia*), l'évocation des chariots sur la glace est traditionnelle (Ov., *Pont.*, 4, 7, 9-10 ; *Trist.*, 3, 10, 31-34 ; Rut. Nam., 1, 485-486), mais l'ensemble a de l'allure. Cf. aussi *supra*, p. LXIII, n. 4.

2. Cf. *testimonia*.

3. Cf. *supra*, p. LXII, n. 6.

4. *Anast.*, 36-37 ; *Iust.*, 1, 8-9 ; 1, 102-103 ; 1, 137-138 ; 1, 141-142 ; 1, 151 ; 2, 230 ; 2, 241-242 ; 2, 255 ; 2, 257 ; 2, 259 ; 2, 272-273 ; 2, 349-350 ; 3, 130-131 ; 3, 229 ; 3, 269-270 ; 3, 330-334 ; 3, 339-340 ; 4, 134 ; 4, 195-196.

5. Cf. *supra*, p. LXXI, n. 1. Ce type d'accumulation se trouve déjà chez Juvénal (10, 35) et se développe dans la poésie tardive (Prud., *Psych.*, 229 et 295 ; *Perist.*, 10, 326-334, pour décrire la puissance du Père et du Fils ; Claud., *C. m. app.*, 5, 60-61 ; Sid. Ap., *Carm.*, 2, 413-415 ; 9, 95-97 ; 15, 141-143 ; 23, 39-44 ; 23, 46-47 et 300-302 ; Drac., *Orest.*, 558-559 ; *Laud. dei*, 2, 42 ; *Romul.*, 5, 173 ; 7, 12-14 ; 7, 72 ; 10, 411). La *Iohannis* en présente également plusieurs exemples (*Ioh.*, 1,

nomases, alliances de mots, allitérations sont également des procédés très employés[1] et l'auteur de l'éloge de Justin n'hésite pas à avoir recours au rythme ternaire[2] et à jouer sur la longueur des membres de phrase[3]. Le début du livre 2 présente deux prières parallèles. Apparaissent enfin quelques procédés plus particuliers : l'utilisation d'un même mot au début et à la fin d'un vers[4], celle d'un même mot à la fin d'un vers et au début du vers suivant[5], celle du même mot à la fin de deux vers qui se suivent[6].

La rhétorique se manifeste encore par un mouvement

44-45 ; 4, 223-224 ; 4, 586-587 ; 4, 592 ; 6, 42 ; 6, 79-80 ; 6, 163 ; 7, 29). Plus tard Abbon de Saint-Germain (*De bellis parisiacis*, 1, 192-194) compose trois vers qui font se correspondre un adjectif, un substantif et un verbe :

Sanguivomis, laceris, atris, edacibus, † *aequo* †
vulneribus, praedis, necibus, flammis, laniatu
persternunt, spoliant, perimunt, urunt, populantur.

1. Chiasmes : *Iust.*, 1, 136 ; 1, 319 ; 2, 132 ; 2, 231 ; 2, 274 ; 2, 286 ; 2, 287 ; 2, 314 ; 2, 319 ; 3, 57 ; 3, 170 ; 3, 199 ; 3, 219 ; 3, 353 ; 4, 83 ; 4, 145 ; 4, 194 ; 4, 288 ; anaphores : *Anast.*, 33-35 ; *Iust.*, 1, 10-11 ; 1, 46-48 ; 1, 148-150 ; 2, 62-64 ; 2, 200-202 ; 2, 393-395 ; 3, 180-181 ; paronomases : *Iust.*, *préf.*, 18 ; 24 ; 1, 87 ; 1, 142 ; 1, 170 ; 1, 196 ; 1, 338 ; 1, 340 ; 1, 351 ; 2, 29 ; 2, 348 ; 2, 352 ; 2, 403-404 ; 2, 426 ; 3, 132 ; 3, 354 ; 4, 164 ; 4, 255 ; 4, 261 ; 4, 305 ; 4, 307 ; 4, 348 ; alliances de mots : *Anast.*, 4 ; *Iust.*, 1, 49 ; 1, 144 ; 2, 2 ; 2, 357 ; 2, 401 ; 4, 96. En 1, 144, l'alliance de mots *funere felici* est un emprunt à Virg., *Én.*, 7, 599. Allitérations : *Iust.*, *préf.*, 33, 44 ; 1, 145 ; 1, 236 ; 2, 23 ; 2, 351-352 ; 3, 250 ; 3, 327 ; 4, 48 ; 4, 86.

2. *Anast.*, 26 ; *Iust.*, 1, 1-2 ; 1, 88 ; 1, 318 ; 2, 147 ; 2, 210 ; 3, 364-365 (trois propositions parallèles introduites par *cuius*, mais « prolongées » par une proposition introduite par *qui*).

3. *Iust.*, *préf.*, 10-14 (le procédé attire l'attention sur la seule victoire de Justin dans toutes les victoires énumérées) ; *Iust.*, 1, 309-313 (la longueur croissante des membres d'une phrase évoque la rumeur qui s'enfle).

4. *Iust.*, 2, 170 ; 2, 287 (avec un chiasme) ; 3, 9.

5. *Iust.*, 1, 103-104 ; 1, 360-361 ; 2, 288-289 ; 3, 8-9. Cf. *Ioh.*, 5, 332-333.

6. *Iust.*, 1, 166-167 ; 1, 347-348 ; 2, 272-273 ; 3, 8-9 ; 3, 264-265. Cf. *Ioh.*, 3, 334-335 ; 3, 364-365 ; 5, 249-250.

oratoire bien connu[1] et quelques lieux communs[2] : *omnia saecula*[3], *omnis sexus et aetas*[4]. Un troisième topos est la variante du lieu commun de l'indicible qui consiste à se déclarer incapable d'énumérer tous les aspects du sujet que l'on traite[5]. Si Coripe l'emploie au début du premier livre, incorporé au topos plus général et plus particulier au *basilikos logos* des difficultés rencontrées par l'orateur pour traiter son auguste sujet[6], dans les deux autres passages où il apparaît, il est un moyen artificiel pour éviter d'avoir à rapporter des faits sans intérêt : dans un cas il permet à Corippe de ne pas s'attarder sur les cinq jours qui s'écoulèrent entre les cérémonies du couronnement et la réception de l'ambassade avare et qui ne furent marqués par aucun événement

1. *Iust.*, 4, 284 : *Cedant cunctorum miracula, locorum.* Cf. Prop. 2, 34, 65, qui annonce la composition de l'*Énéide* : *Cedite Graii scriptores...* ; Stat., *Silu.*, 1, 1, 84 ; 1, 3, 83 ; 1, 5, 22 ; 2, 2, 61 ; 2, 7, 75 ; 3, 1, 142 ; 3, 4, 84.

2. Autres que ceux qui sont propres au βασιλικὸς λόγος (*supra*, p. XLIV).

3. *Iust.*, 2, 128-129. Il s'agit de la variante temporelle d'un topos dont la variante locale est représentée par Merob., *M. G. H.*, *A. A.*, XIV, p. 9, v. 21-22 :

> *nulla regio, nullus locus, nulla denique lin-*
> *gua laudibus tuis vacua est...*

4. *Iust.*, 3, 40 et 4, 54. Pour ce topos, voir les nombreux (33) exemples donnés par A. Schöne, *M. Minucii Felicis Octauius* hgg. und mit einem textkritischen Anhang versehen von Dr A. Schöne, Leipzig, 1913, p. 180 ; J. H. Baxter, *Omnis sexus*, dans *A. L. M. A.*, 9, 1934, p. 103, et E. R. Curtius, *La littérature européenne et le Moyen Age latin...*, p. 197 et n. 4. A ces exemples il faut ajouter Paul. Petr., 4, 258 ; Vict. Vit., 3, 64 ; Fort., *Mart.*, 4, 467 ; Gauthier de Chatillon, *Alexandréide*, 333 ; 1423 ; 4853. Ce lieu commun est attesté de Sénèque, *Oct.*, 9, 6 (*sexus omnis homines et omnis aetatis*), à Manzoni au XIXe siècle (*I promessi sposi*, chap. 4 : *Signori d'ogni età e d'ogni sesso*).

5. Le lieu commun de l'indicible se rencontre depuis l'*Iliade*, 2, 489-490. Cf. les nombreux exemples dans la littérature grecque donnés par Kl. Thräde, *Untersuchungen zum Ursprung und zur Geschichte der christlichlateinischen Poesie*, dans *Jb. A. C.*, 4, 1961, p. 119-120.

6. Cf. *supra*, p. XLIV, n. 1.

important[1], dans l'autre il lui permet de passer rapidement sur le contenu des éloges conventionnels adressés à Justin lors des cérémonies consulaires[2].

La poésie de l'« In laudem Iustini ».

Ainsi la poésie de l'éloge de Justin est d'abord oratoire. Procédés familiers à Corippe en raison de sa formation et sur certains points imposés au poète tributaire du genre de l'éloge, les procédés rhétoriques sont, plus encore, volontairement recherchés par notre auteur pour obtenir des effets auxquels nous pouvons encore être sensibles ou au contraire dont l'intérêt poétique nous échappe davantage, sans qu'il ait toutefois échappé aux contemporains de Coripppe[3]. Ce genre de poésie est beaucoup plus approprié à une lecture publique qu'à une perception personnelle. Nous ne savons pas si l'*In laudem Iustini* a fait l'objet d'une *recitatio*, comme la *Iohannis*[4]. Il se pourrait bien qu'il en ait été ainsi : ses caractéristiques rhétoriques le rendent tout à fait apte à ce genre de diffusion, dans le cadre majestueux du Grand Palais de Constantinople lors d'une grandiose cérémonie à la gloire de l'empereur de Byzance.

La poésie de l'éloge de Justin est ensuite précieuse. Cette préciosité ne se manifeste pas seulement par la présence de développements érudits[5], mais aussi par le goût de notre auteur pour les jeux de mots, sur les noms propres surtout (*Iustinus*[6], *Sophia*[7], *Vigilantia*[8],

1. *Iust.*, 3, 142-146.
2. *Iust.*, 4, 165-167.
3. Cf. notre article *Rhétorique et poésie dans le poème* In laudem Iustini *de Flavius Cresconius Corippus*, dans les *Actes du Colloque sur la Rhétorique, Calliope I* (= *Caesarodunum* XIV *bis*), Paris, 1979, p. 187-196, dont nous reprenons ici les conclusions.
4. Cf. *supra*, p. XIII.
5. Cf. *supra*, p. XLIV, n. 3.
6. *Iust.*, *préf.*, 24 ; 2, 156.
7. *Iust.*, *préf.*, 22-23 ; 2, 189-198 ; 4, 280.
8. *Iust.*, *préf.*, 21-22.

Calinicus[1], *Magnus*[2]), mais non pas exclusivement[3]. C'est au compte de la préciosité qu'il faut mettre également certaines hyperboles, qui semblent aux modernes malvenues et qui parfois compliquent la tâche du traducteur[4], et surtout la longue métaphore filée développée dans le *Panégyrique d'Anastase*, tellement compliquée et artificielle que Corippe se sent obligé de l'expliquer[5].

La poésie du professeur africain est aussi exotique, par les comparaisons nombreuses auxquelles il se livre[6]. Toutes ne sont pas originales : sur vingt-quatre comparaisons[7], huit qui assimilent l'empereur à Dieu, à un berger, au soleil ou au phénix sont liées étroitement aux thèmes de l'idéologie impériale, comme le parallèle entre les Avares et les bêtes sauvages qui adorent l'empereur au cirque[8]. Une autre qui compare l'État à un corps vivant relève davantage de la rhétorique que de la poésie[9]. Plusieurs, relatives à des animaux (abeilles,

1. *Iust.*, 1, 81.

2. *Iust.*, 1, 22. Ce jeu de mots est traditionnel (cf. Ov., *Pont.*, 2, 3, 1, sur Maximus : *Maxime, qui claris nomen uirtutibus aequas*).

3. *Iust.*, 1, 43. La clausule ... *prima secundo* se trouve dans Hor., *Sat.*, 2, 5, 53, mais comme les deux mots y ont leur valeur d'adjectifs numéraux, cette rencontre est une simple coïncidence.

4. *Iust.*, 1, 162 ; 2, 104 ; 3, 44-46.

5. *Anast.*, 1-25. Rittershausen, le premier, a remarqué que dans les vers 7 à 14 Corippe s'inspire de Vulg., *Dan.*, 4, 7-9. Le thème de l'arbre fertile en toute saison peut venir de Vulg., *Apoc.*, 22, 2, et celui de l'arbre au bord de l'eau de Vulg., *Psalm.*, 1, 3. A ces souvenirs bibliques sont mêlées des expressions de Virgile et d'Ovide (cf. *testimonia*).

6. Skutsch les qualifiait d' « oasis rafraîchissantes » (cf. p. LXI, n. 1).

7. *Iust.*, 1, 124-129 ; 1, 229-235 ; 1, 349-363 ; 2, 75-83 ; 2, 92-97 ; 2, 150-158 ; 2, 186-200 ; 2, 238-247 ; 2, 288-293 ; 2, 321-324 ; 2, 327-330 ; 2, 420-428 ; 3, 50-54 ; 3, 172-176 ; 3, 180-190 ; 3, 246-254 ; 4, 28-34 ; 4, 148-153 ; 4, 168-172 ; 4, 198-205 ; 4, 215-223 ; 4, 250-254 ; 4, 256-263 ; 4, 369-373.

8. *Iust.*, 1, 349-363 ; 2, 92-97 ; 2, 288-293 (cf. *supra*, p. XLVII, n. 1) ; 2, 327-330 ; 2, 420-428 ; 3, 246-254 (cf. Mart., *Epigr.*, 17 ; 30) ; 4, 148-153 (l'expression *primordia fertilis anni* renvoie à *Iust.*, 1, 223, *primordia prospera regni*) ; 4, 198-205 ; 4, 250-254 ; en 3, 228-230, la comparaison est indirecte : Narsès près de l'empereur est comparé à l'étoile du matin (s. e. alors que l'empereur est le soleil).

9. Cf. *supra*, p. LVI, n. 10.

hirondelles et plus généralement oiseaux), sont des variations sur des textes antérieurs[1]. Mais avec certaines comparaisons, c'est toute la sécheresse de l'Afrique qui est révélée aux habitants de Constantinople, les scènes de captage des eaux d'irrigation reviennent comme un leitmotiv, qui montrent l'agriculteur guettant les nuages, curant les citernes, se hâtant de faire des digues et d'entretenir les canaux[2]. Corippe affectionne les paysages ruraux[3], dont il semble avoir gardé la nostalgie. Ainsi ce sont de véritables petits tableaux exotiques, souvent autonomes[4], que le poète offre à ses lecteurs ou à ses auditeurs citadins.

Une telle poésie, oratoire, précieuse, peut ne pas plaire à une sensibilité moderne. Elle a choqué également nombre d'érudits plus habitués aux critères de la poésie latine « classique », virgilienne essentiellement, ce qui explique la sévérité injuste de leur jugement. Corippe, dans l'*In laudem Iustini*, n'est certainement pas un très grand poète et l'on a pu dire que l'œuvre ne devait peut-être pas être jugée « en fonction de critères strictement littéraires »[5]. Cependant, aux yeux des contemporains de Justin II, ce poème ne devait, à coup sûr, pas faire si piètre figure.

1. *Iust.*, 1, 229-235 (cf. Virg., *Én.*, 6, 282-283 et 293 : les ombres autour de l'arbre des Songes) ; 3, 50-54 (cf. Virg., *Én.*, 6, 311-312 : les oiseaux migrateurs) ; 4, 256-263 (cf. Virg., *Én.*, 12, 475).

2. *Iust.*, 2, 241-243 ; 4, 168-172 ; 4, 215-223. L'eau est également présente dans la comparaison de 1, 124-129 et de 3, 172-176.

3. *Iust.*, 2, 92-97 ; 2, 287-293 ; 2, 321-324 ; 3, 172-176 ; 4, 149-153.

4. Au point que leur insertion dans le poème est parfois « forcée », ainsi en *Iust.*, 1, 124-129, où Calinicus mettant fin aux gémissements et aux pleurs est comparé à un paysan élevant des digues pour contenir un fleuve en crue.

5. Av. Cameron, *In laudem Iustini Augusti minoris...*, p. 7.

IV

La transmission du texte

Le passage du texte de l' « In laudem Iustini » en Espagne.

Bien que Max Manitius[1] ait cru reconnaître des expressions de Corippe et plus particulièrement de l'éloge de Justin chez Fortunat[2] et Aldhelm[3], les seules traces sûres du texte de l'*In laudem Iustini*, avant la première mention d'un manuscrit, se trouvent dans l'*Ars grammatica* attribué le plus souvent à Julien de Tolède et composé sous le roi Erwige (680-687)[4], et dans un court éloge de

1. M. Manitius, *Zu spätlateinischen Dichtern*, dans *Z. Œ. G.*, 37, 1886, IV : *Fortunatus*, p. 253 ; Id., *Zu Aldhelm und Baeda*, dans *S. A. W. W.*, 112, 1886, p. 535-634, et plus spécialement p. 627-628. Ses conclusions ont été reprises, malheureusement sans être vérifiées, par M. Schanz, *op. cit.*, p. 81, par Skutsch, *op. cit.*, col. 1244 et, récemment, par L. Krestan et K. Winkler, article *Corippus*, dans *R. L. A. C.*, 3. Band, Stuttgart, 1957, col. 424-429.

2. Outre des clausules et des *iuncturae* courantes, Manitius rapprochait *Iust.*, 2, 322 : ... *frondosa cacumina siluae*, et Fort., *Carm.*, 6, 1, 3 : ... *frondosa cacumina montes.* Mais ce dernier exemple fait davantage penser à Sil., 3, 415 : ... *frondosa cacumina montis.*

3. Exceptées des clausules ou *iuncturae* fréquentes, Manitius mettait en rapport *Iust.*, 4, 121 : ... *depellens luce tenebras*, et Ald., *Aen.*, 58, 7, *M. G. H.*, *A. A.*, XV, 123 : *ut furvas lumen nocti depelleret umbras.* Mais ni les idées ni les expressions ne sont identiques. Quant à la clausule *luce tenebras*, nous avons vu (p. LXXIII, n. 2) qu'elle est fréquente.

4. Cette découverte a été faite par W. Meyer, *Die Berliner Centones der Laudes dei des Dracontius*, dans *S. P. A. W.*, 1890, 1. Halbband, p. 257-296, spécialement p. 262, n. 1. Les citations de l'*In laudem Iustini* dans l'*Ars grammatica* ont été également signalées par Ch. H. Beeson, *The ars grammatica of Julian of Toledo*, dans *Scritti di storia e paleografia pubblicati sotto gli auspici di S. S. Pio XI in occasione dell'ottantesimo natalizio dello Cardinale Francesco Ehrle* (= *Miscellanea Francesco Ehrle*), vol. 1 : *Per la storia della teologia e della filosofia*, Roma, 1924, p. 51, et, pour l'une d'entre elles, par Y.-F. Riou, *Quelques aspects de la tradition manuscrite des* carmina *d'Eugène de Tolède : du* Liber catonianus *aux* Auctores octo morales, dans *R. H. T.*, 2, 1972, p. 15, n. 2. Les vers cités sont *Iust.*, *préf.*, 25 (sous la forme *frena regendorum retinet firmissimum regnum*, corrigé en ... *firmissima regnum* par l'éditeur H. Hagen, *Anecdota Heluetica quae ad grammaticam latinam spectant ex bibliothecis Turicensi*, *Einsiedlensi*, *Bernensi*

Justinien II daté de 686 et donné comme étant du pseudo-Julien de Tolède[1].

L'hypothèse la plus vraisemblable, qui n'est pas forcément la bonne, est que le texte soit passé de Constan-

collecta edidit Hermannus Hagen, Lipsiae, 1870, p. CCIV-CCXXXIX : VII. *De Iuliano Toletano grammatico cum excerptis ex eius opere deperdito ineditis*, p. CCXVI, l. 16), *Iust.*, 2, 1 (Hagen, *op. cit.*, p. CCXXXI, l. 10, et *Sancti Iuliani episcopi Toletani ars grammatica, poetica, et rhetorica e membranis antiquis bibliothecae Vaticano palatinae nunc primum in lucem edita. Auctarium uoluminis II. Patrum Toletanorum.* Opera, auctoritate, et expensis eminentissimi domini Francisci Cardinalis De Lorenzana..., Romae, 1797, p. IX, lib. I, cap. 24), *Iust.*, 2, 254 (sous la forme *omnibus sufficiunt sacrata commoda ficu*, dans De Lorenzana, *op. cit.*, p. IX, lib. I, cap. 25, et dans le manuscrit utilisé par Hagen, qui (*op. cit.*, p. CCXXXI, l. 12) corrige en ... *sacrati... fisci*) et *Iust.*, 4, 243 (sous la forme *ipse autem consui sacro diamate fulgens* rétabli par Hagen, *op. cit.*, p. CCXXIX, l. 9, en *ipse autem consul sacro diademate fulgens*). W. Meyer, *op. cit.*, avait d'autre part formulé l'hypothèse que plusieurs vers cités par l'*Ars grammatica* et dont l'auteur est inconnu pouvaient provenir des quelques morceaux perdus de l'*In laudem Iustini*. A la vérité, après les avoir examinés, nous ne voyons pas dans quelle lacune les placer.

1. *P. L.*, 96, 813 A : *Caesare te celebres portet noua Roma triumphos* ne peut pas ne pas faire penser à *Iust.*, 4, 141 : ... *tuis celebret noua Roma triumphis.* L'expression *corpus uenerabile* qui se trouve dans une autre petite pièce (*P. L.*, 96, 813 C) est moins intéressante, car, si elle se trouve en *Iust.*, 3, 28, elle est attestée depuis l'*epiced. Drusi* 171. Par ailleurs, U. J. Stache, *Flavius Cresconius Corippus, In laudem Iustini minoris, Ein Kommentar*, Berlin, 1976, p. 238-239, sans connaître l'utilisation du texte de Corippe par Julien ou le Pseudo-Julien de Tolède, a remarqué que la *Vie d'Éligius* (*M. G. H., P. L. A. C.*, IV, 2, p. 804) paraphrase ou recopie littéralement douze vers de l'*In laudem Iustini* (*Iust.*, 2, 11-14 ; 20-23 ; 28-29 ; 32-33) de la façon suivante :

459 *cui flectitur soli omne genu priscorum*
463 *ille omnium caput idemque summi patris verbum*
lux aeterna, formator deus rerum et auctor.
cuius nempe stelliferum fecit sapientia polum
fundavit et terras, uestivit floribus agros,
formavit hominem, solum ratione replevit
vivificans siccum sacro spiramine lutum.
quas tibi persolvet tanto pro munere grates
humana, Christe, fragilitas... ?

Malheureusement comme ni l'auteur, ni le lieu de composition, ni le moment précis de la rédaction de cette version remaniée et en vers de la *Vie d'Éligius* ne sont connus, ce témoignage est inutilisable pour la connaissance de la transmission du texte.

tinople en Espagne sous le règne de Léovigild (568-586). Son règne marque en effet l'apogée de l'influence byzantine en Espagne[1] : alors que le Sud du pays est aux mains des Byzantins, ce roi reconnaît l'autorité de Justin II, imite le cérémonial byzantin, fait frapper des médailles à l'occasion de son couronnement et émet des monnaies d'or à son nom comme les empereurs byzantins. C'est sous son règne, en 574, que Jean de Biclar, parti en 558 faire des études à Constantinople, revient en Espagne où il écrit en 592 sa chronique continuant celle de Victor de Tunnuna et commençant avec le règne de Justin II[2]. C'est également sous son règne que Léandre, le frère aîné d'Isidore de Séville, fait un séjour à la Cour de Constantinople entre 579 et 582[3].

Nous retrouvons ensuite le texte de l'*In laudem Iustini* en 882, à Oviedo dans la bibliothèque de l'église du Saint-Sauveur[4]. Il y était peut-être depuis 812[5]. Sans

1. Cf. F. Lot, Chr. Pfister et Fr. L. Ganshof, *Histoire du Moyen Age*, t. I : *Les destinées de l'Empire en Occident de 395 à 888* (= *Histoire générale* publiée sous la direction de G. Glotz), Paris, 1928, p. 233.

2. Sur lui et, plus généralement, sur les relations entre Constantinople et l'Espagne aux VIe-VIIe siècles, cf. J. Fontaine, *Isidore de Séville et la culture classique dans l'Espagne wisigothique*, 2 vol., thèse Paris 1957, Paris, 1959, p. 846-848.

3. Cf. Schanz, *op. cit.*, p. 627-628.

4. Le catalogue de 882 de cette bibliothèque est conservé dans le manuscrit *Scorialensis R II, 8*, fol. 95. retrouvé en 1572 à Oviedo par Ambrosio de Morales. Il fut édité pour la première fois par H. Florez, *Viage de Ambrosio de Morales... a los reynos de Leon, y Galicia y principado de Asturias*, Madrid, 1765, p. 94-95, et pour la dernière fois (à notre connaissance) dans la *Bibliotheca patrum latinorum Hispaniensis*, 1. Band, *nach den Aufzeichnungen* Dr G. Löwes von W. von Hartel, Wien, 1887, p. 135-136. On y lit *In laude Iustini minoris lib.* suivi de *In laude Anastasii lib.*

5. L'établissement monastique d'Oviedo a commencé par être à partir de 761 un ermitage. C'est un peu plus tard que fut élevée la basilique du Saint-Sauveur, sur l'emplacement de laquelle est édifiée l'actuelle cathédrale. La charte de dotation royale de l'église (*testamentum regis Adefonsi*) est cosignée le 16 novembre 812, sous le règne d'Alphonse II le Chaste (J. Fontaine, *L'art préroman hispanique*, 1 (coll. « Zodiaque, La nuit des temps », 38), La Pierre-qui-Vire, 1973, p. 271-

que l'on puisse garantir que le manuscrit d'Oviedo (désigné par le sigle *X*) soit celui utilisé par Julien de Tolède (ou le pseudo-Julien de Tolède), le passage du texte de Tolède à Oviedo n'est pas étonnant : après la victoire arabe sur Rodrigue lors de la bataille du Guadalète le 23 juillet 711, les manuscrits remontèrent vers le Nord de l'Espagne et se réfugièrent dans les Asturies [1].

Le manuscrit principal. Le seul témoin à nous conserver le texte de l'éloge de Justin dans l'état où nous le connaissons est le manuscrit de la Bibliothèque nationale de Madrid 10029, anciennement *Toletanus 14, 22* [2], du xe ou du xie siècle [3], en parchemin de 159 folios irréguliers (de 230 × 161 mm en moyenne), comportant au début 2 folios de parchemin et 1 folio de papier. Les titres et les initiales sont rubriqués (les initiales jusqu'au folio 74) et des mots sont disposés en pointe dans la marge (essentiellement en face

272). Elle mentionne une bibliothèque, mais l'emplacement destiné à recevoir les titres des livres est resté en blanc (cf. J. Tailhan, *Appendice sur les bibliothèques espagnoles du haut Moyen Age*, dans *Nouveaux mélanges d'archéologie, d'histoire et de littérature sur le Moyen Age*, t. 4, *Bibliothèques*, Paris, 1877, p. 300).

1. Cf. J. Fontaine, *L'art préroman hispanique*..., p. 254-257.

2. Sur ce manuscrit, cf. P. Ewald, *Reise nach Spanien im Winter von 1878 auf 1879*, dans *Neues Archiv*, 6, 1881, p. 217-398, et plus spécialement p. 316-318 ; Id., *Zu Corippus in laudem Iustini*, dans *Neues Archiv*, 6, 1881, p. 581-589 ; L. Traube, *Poetae latini aevi Carolini*, t. III (*M. G. H.*), recensuit Ludovicus Traube, Berolini, 1896, p. 125-126 (*Prooemium ad Pauli Albari carmina*) ; J. Jiménez Delgado, *Iuvenco en el códice Matritense 10029*, dans *Helmantica*, 19, 1968, p. 277-332 ; Institut de Recherche et d'Histoire des textes, *Notice manuscrite relative au Matritensis 10029*.

3. Il est estimé du xe siècle par Ewald, *Reise nach Spanien*... La notice de l'I. R. H. T. le date du xie siècle. M. C. Diaz y Diaz, *Index scriptorum latinorum medii aevi Hispanorum*, Madrid, 1959, l'attribue par deux fois au ixe siècle (p. 10, no 29, et p. 58, no 198), mais les nombreuses autres fois où il le mentionne, il le donne du xe siècle (p. 59, no 202 ; p. 60, no 206 ; p. 69, no 237 et *passim*). La présence de plusieurs mains et les variations du nombre de lignes à la page suivant les quaternions indiquent que les différentes parties du manuscrit n'ont probablement pas la même origine : elles pourraient alors éventuellement recevoir une datation différente.

du texte de Corippe, de Verecundus et de Juvencus). L'écriture wisigothique comprend plusieurs mains et le nombre de lignes à la page est de 27 pour les folios 1-60 v°[1], de 22 pour les folios 61-68 v°, de 27 pour les folios 69-76 v° et de 26 pour les autres folios. Précédé d'œuvres de Dracontius et d'Eugène de Tolède, le texte de l'*In laudem Iustini*, accompagné de ses *periochae*[2], occupe les folios 17 v°-51 r°. Il est suivi (entre autres) d'œuvres de Sédulius, d'Eugène, de Verecundus, de Juvencus et de Fortunat.

Le manuscrit dérive très certainement de celui répertorié en 882 dans la bibliothèque du Saint-Sauveur d'Oviedo et P. Ewald[3] pense même qu'il a dû appartenir à l'origine à cette bibliothèque. Sa première localisation géographique attestée est Valladolid, où il est acheté par Michel Ruiz de Azagra, secrétaire de l'archiduc d'Autriche Rodolphe II pendant son séjour en Espagne et premier éditeur du poème de Corippe[4]. Juan Bautista

1. Sauf pour les folios 18 et 19 (24 lignes à la page ou 23 lorsqu'il y a un incipit en onciale), 21 (22 lignes) et 42-43 (23-25 lignes). La lacune d'un folio après *Iust.*, 1, 27, se trouve entre les folios 21 et 22, dont le premier comporte 22 lignes et le second 27, de sorte que ce sont 44 ou 54 vers qui ont pu disparaître, sans que l'on puisse trancher.

2. Qui ne sont, bien entendu, pas de Corippe, comme le montrent certaines particularités de leur vocabulaire (*imperator* est employé pour *princeps*, ce qui ne se trouve pas dans l'*In laudem Iustini* ; *Dominus* est appliqué à Dieu, alors que le terme *seul* ne l'est jamais dans le poème de Corippe et y désigne exclusivement l'empereur : en *Iust.*, 2, 58, Dieu est appelé *Dominus Deus*, et en 2, 161-162, *caeli... dominum*). Les *periochae* principales (fol. 17 v°-19 r°) sont reprises en marge dans une disposition en pointe. Certaines discordances (cf. n. compl. *ad periochas in margine* II, VII et VIII) montrent que les *periochae* disposées dans la marge sont d'un auteur différent de celui des *periochae* placées en tête du texte, qui utilisent littéralement un bon nombre d'expressions du poème (cf. *testimonia*). Comme autres particularités de leur langue signalons l'emploi de *uel* au sens de *et* (*passim*), de *quod* et le subjonctif après les *uerba dicendi* (*periochae* principales I, XVI et I, XVIII), du plus-que-parfait du subjonctif après *dum* (*periocha* principale I, V) et de l'indicatif dans l'interrogative indirecte (*periocha* en marge II, VI).

3. *Reise nach Spanien...*, p. 316.

4. *Corippi Africani grammatici de laudibus Iustini Augusti mi-*

Pérez (1537-1597), chanoine de la cathédrale de Tolède, l'achète en 1587 aux héritiers de Ruiz pour la bibliothèque de sa cathédrale[1]. Plus tard le manuscrit passera à la Biblioteca Nacional de Madrid.

Caractéristiques graphiques. Le texte de l'*In laudem Iustini* dans le *Matritensis 10029*, désigné par le sigle *M*, présente un certain nombre de particularités graphiques dont certaines ne sont pas originales, mais dont les autres sont propres aux *scriptoria* wisigothiques.

En ce qui concerne le vocalisme, la diphtongue *ae* est rendue par le *e* simple ou le *e* cédillé. L'usage de ce dernier est rare dans la première moitié du texte, cependant il s'intensifie à la fin de l'œuvre. De la même façon, la diphtongue *oe* est presque toujours transcrite *e*[2]. Le *y* est toujours remplacé par *i*. Le *h* initial ou interne est deux fois sur trois supprimé (sauf dans les formes du pronom *hic*), mais des *h* initiaux parasites sont couramment ajoutés aux mots *ore* (abl. de *os*), *orbis* et *urbis*, plus rarement à quelques autres[3]. Les autres traits du vocalisme mettent en cause des phénomènes phonétiques : la graphie *ag-* pour *aug-*[4], les confusions *i*/*e* (*i* à la place

noris heroico carmine libri IIII, nunc primum e tenebris in lucem asserti, scholiis etiam illustrati per Michaelem Ruizium Assagriorum Celtiberum, Antverpiae, 1581.

1. Cf. la notice qui termine le quatrième folio du manuscrit : *Hunc codicem gothicum quo superiora continentur pene lacerum Vallisoleti pretio redemit Michael Ruyzius Azagra imperatoris Rodolphi secundi secretarius quo mortuo ab eius haeredibus impetrauit et in hanc bibliothecam transtulit Ioannes Baptista Perezius canonicus et fabricae huius ecclesiae toletanae praefectus annus MDLXXXVII.*

2. Sauf en *Iust.*, 1, 105 : *moenibus* ; 3, 270 : *coepit* ; 3, 302 : *moenia* inversement en 1, 332, *metas* est orthographié *moetas*.

3. Ainsi lit-on *hubere*(*Iust.*, 1, 215) ; *hostro* (*Iust.*, 1, 326) ; *honerati* (*Iust.*, 2, 385, pour *oneratae*) ; *hordine* (*Iust.*, 4, 133 et 268) ; *habundans* (*Iust.*, 4, 158) ; *huna* (*Iust.*, 4, 294) ; *habiuit* (*Iust.*, 4, 318). Si *tot* et *totidem* sont le plus souvent correctement orthographiés (*Iust.*, 1, 319 ; 3, 145 ; 3, 386 ; 4, 162), on trouve cependant *thotque* (*Iust.*, 1, 255), *tohtidem* (*Iust.*, 2, 169) et *toth* (*Iust.*, 3, 140 *M*[1]).

4. Dans le mot *augustus* (20 fois sur 48, mais de moins en moins

de *e*) et *o*/*u* (*o* à la place de *u*). Certaines de ces confusions vocaliques peuvent s'expliquer par des erreurs sur l'identité du mot, sur la déclinaison ou plus simplement par des altérations graphiques [1], d'autres semblent traduire des faits de langue parlée [2], remarque suggérée aussi par l'apparition (rare) d'un *i*- prosthétique devant le groupe *sc*- ou *sp*- [3].

En ce qui concerne les consonnes, les géminées sont rarement simplifiées [4] et il existe, inversement, plusieurs cas de redoublement intempestif de consonnes [5]. Les préfixes *con*-, *in*- et *sub*- ne sont pas assimilés [6], les autres le sont parfois. *C* est plus d'une fois rendu par *qu*- [7],

au fur et à mesure que l'on avance dans le texte). On rencontre aussi *aspicium* pour *auspicium* en *Iust.*, 1, 78. Sur la graphie *ag*- pour *aug*-, cf. J. Fontaine, *Isidore de Séville, Traité de la Nature, suivi de l'Épître en vers du roi Sisebut à Isidore* (= *Bibliothèque de l'École des Hautes-Études hispaniques*, t. 28), thèse Paris 1957, Bordeaux, 1960, p. 94.

1. Erreurs sur l'identité du mot : *Iust.*, 1, 33, *dimissa* pour *demissa* ; *Iust.*, 2, 204, *subicit* M^1 pour *subegit* ; *Iust.*, 1, 247, *totum M* pour *tutum* restitué par les éditeurs ; même confusion en 3, 339 ; erreur (possible) sur le type de déclinaison : *Iust.*, 4, 67, *grados* M^1 ; altérations graphiques : *periocha* principale I, V, *subrogari* pour *subrogare* ; *Iust.*, 4, 29 : *muniri* M^1 pour *munire* M^2 ; *Iust.*, 4, 322, *amator M* pour *amatur* (nous ne donnons que quelques exemples de chaque cas).

2. *Periocha* en marge *ad* préf. III et *periocha* principale III, III : *discribit* ; *Anast.*, *incipit* et *explicit* : *panigiricum* ; *Iust.*, *préf.*, 12 : *gipidum* ; *Iust.*, 1, 292 : *rigale* ; 2, 255 et 3, 359 : *libamen* (pour *leuamen*) ; 4, 44 : *tiribintus* ; *Iust.*, *préf.*, 1, 17 : *ponita* ; *Iust.*, 1, 344 : *iocunda*.

3. *Iust.*, 3, 246 : *ispectacula* ; 4, 48 : *iscabredine*.

4. Si ce n'est en *Iust.*, 1, 89 : *iusis* M^1 ; 1, 315 et 317 : *quatuor* ; 4, 30 : *erant* M^1 ; 4, 72 : *misurus*. En *Anast.*, 20 *comunis*, *Iust.*, *préf.*, 20, *suma*, et *incipit* du livre 1, *gramatici*, la simplification de la géminée résulte de la perte d'un tilde.

5. *Iust.*, 2, 413 : *cessaris* ; 3, 16 : *cessar* ; 3, 95 : *troianni* ; 3, 204 : *tappetibus* ; 3, 304 : *summere* M^1 ; 4, 161 : *reppertus* M^1 ; 4, 227 : *diuallis* M^1.

6. Il y a toutefois quatre cas d'assimilation de *in*- préfixe (*Iust.*, 2, 85 : *implebant* ; 2, 209 : *imprimis* ; 2, 363 : *impleuit* ; 4, 104 : *implent*) et un cas pour *con*- (*Iust.*, 4, 358 : *commissum*). *Imperium* et *imperialis* sont tantôt écrits *inp*-, tantôt *imp*-.

7. *Periocha* principale II, VI : *adloquutus* ; *ibid.*, III, II : *quomitque* ;

mais il peut également être une graphie de *qu-*[1]. Il existe quelques graphies *h* pour *c*, mais aussi *c* pour *h*[2]. Il arrive que *-d* soit en finale assourdi en *-t*[3], alors que, dans *atque*, *-t-* est sonorisé en *-d-*[4]. *-p-* disparaît régulièrement dans le groupe *-lpt-* ou *-mpt-*[5] et est sonorisé en *b* devant *-t-*. *-ph-* est la plupart du temps transcrit par *-f-*[6]. Le nom des Vandales comporte un double *u* initial et l'on observe des variations dans les graphies de *x*[7]. Plus proprement wisigothique est le phénomène du bétacisme, qui fait très couramment apparaître dans notre manuscrit *b* là où l'on attend *u*, et *u* à la place de *b*[8].

Des trois mains que comporte le *Matritensis 10029*, les deux premières sont en écriture wisigothique, la troisième en écriture plus tardive et sans grand intérêt. La deuxième main est éprise de correction morphologique ou syntaxique (elle supprime les *h* parasites, elle corrige le bétacisme, elle rétablit une construction grammaticale courante[9]), mais lorsqu'elle complète des la-

Iust., 1, 33 ; 1, 124 ; 1, 209 ; 2, 92 ; 4, 100 ; 4, 149 ; 4, 265 (M^1) : *quum* ; 1, 120 ; *quur* ; en 1, 177, *uaquam* se rattache à cette graphie.

1. *Iust.*, 3, 246 : *cotiens* ; 3, 405 : *relinco* ; 4, 25 : *lincunt* ; 4, 203 et 235 : *secuntur*.

2. *Periocha* principale I, VI : *calinihi* (= *Calinici*) ; *Iust.*, 1, 119 et 1, 164 : *amihi* (= *amici*). On trouve inversement *mici* pour *mihi* en *Iust.*, *préf.*, 38.

3. *Iust.*, 2, 407, et 3, 244 (M^1) : *aliut* ; *Iust.*, 1, 28 : *aut* M^1 (*haut* M^2 = *haud*).

4. Sauf en *Iust.*, 2, 124 ; 2, 286 (M^2) ; 3, 78 ; 3, 361 ; 4, 75.

5. Sauf en *Iust.*, 1, 342 : *ademplo*, et 3, 2 : *consumpserat*.

6. Sauf en *Iust.*, 3, 91 : *Memphis* ; 2, 171, et 3, 71 : *Sophiamque* (curieusement dans deux vers pratiquement identiques qui rapportent des acclamations). *Triumphus* et *triumphalis* constituent la seule exception véritable, puisque ces deux mots conservent toujours le *-ph-*.

7. Si *x* est la plupart du temps correctement orthographié, il est parfois rendu par *s* (*periocha* principale et en marge II, IV : *iusta*), par *cs* (*periocha* principale I, XVIII : *iuncserit*), par *cx* (*periocha* en marge I, XVIII : *iuncxerit* ; *Iust.*, 1, 211 : *cincxerat* ; 1, 334 : *iuncxisse* ; 2, 115 : *praecincxit*). Il disparaît une fois (*Iust.*, *préf.*, 19 : *exellentem*).

8. Cf. J. Fontaine, *Isidore de Séville. Traité de la Nature...*, p. 97.

9. *Iust.*, 2, 402 : ... *seruis miseratus egenis* M^1 (bonne leçon, cf.

cunes, elle le fait parfois de façon si fantaisiste qu'elle semble ne pas disposer d'un exemplaire du texte pour faire ses corrections[1].

Les lacunes. Le texte de l'*In laudem Iustini* ne nous est pas parvenu dans son intégralité : sans compter les petites lacunes qui n'affectent qu'un mot ou qu'une partie de phrase ou de vers, le manuscrit *M* présente des lacunes plus importantes qui ont fait disparaître :

— les deux premières *periochae* principales du premier livre ;

— les *periochae* principales VIII à XV du même livre ;

— les dernières *periochae* principales du livre 3, celles du livre 4 et quelques vers initiaux de la préface[2].

— 44 ou 54 vers relatant la mort de Justinien, pour lesquels la *periocha* principale correspondante est malheureusement partiellement mutilée[3].

p. LXV, n. 6) ; ... *seruos miseratus egenos* M^2 (construction normale).

1. En *Iust.*, 2, 160, elle complète *uenustus* au lieu de *Iohannes* omis par la première main, mais attesté par le *periocha* principale II, V, correspondant au passage. En 2, 200, elle ajoute, au *sedens una* de la première main, *comes*, alors qu'il faut rétablir d'après Virgile (*Én.*, 7, 193) et en accord avec les règles de la critique textuelle *sede sedens una*. En 3, 11, elle corrige le texte *commota* de M^1 en *cuncta* au lieu de *compta* que Partsch a facilement reconnu sous la leçon de la première main. En 3, 280, elle donne une leçon pour le moins amusante (... *dominos humeris nunc ferre parata*, à propos de Babylone !). C'est pourquoi en 2, 321, bien que la leçon de M^2 *exaltata* soit possible pour celle de M^1 *exatata*, elle n'est pas forcément la bonne et Petschenig peut légitimement proposer *exagitata* que nous reprenons : la leçon de la deuxième main peut être une fausse restitution comme en *Iust.*, 3, 196, où M^1 donne *lido*, qu'il faut avec Shackleton-Bailey corriger en *solido* et non en *liquido*, comme le veut M^2 de façon bien inadéquate. En *Iust.*, 4, 306, M^1 offre un exemple de chute de syllabe interne, restituée (cette fois justement) par M^2 : *polum* M^1 et *populum* M^2.

2. Très peu. Telle qu'elle est conservée la préface comporte 48 vers. Celle de la *Iohannis* en contient 40 et le *Panégyrique d'Anastase* fait 51 vers. De plus, à Byzance tout commence par Dieu et l'affirmation de la toute-puissance de Dieu sur le pouvoir de l'empereur convient tout à fait pour un début de préface.

3. Cf. *supra*, p. LXXXIX, n. 1. La *periocha* principale correspondante est I, IV.

— plusieurs vers du livre IV relatifs aux fonctionnaires palatins dont Corippe faisait partie[1] et à leurs rapports avec le prince[2];

— la fin du poème *In laudem Iustini.* On ne peut pas cependant en déduire que l'œuvre est restée inachevée comme on l'a fait parfois[3].

La disparition des derniers vers apparaît bien comme un accident de la tradition manuscrite, dans la mesure où le texte s'arrête au milieu d'un mot[4] et où l'*explicit* est absent. Étant donné que les livres 2 et 3 conservés dans leur intégralité comportent respectivement 430 et 407 vers, que le livre 1 en comporte 367, mais qu'il est affecté d'une lacune d'une cinquantaine de vers, que le livre 4 tel qu'il est transmis fait 377 vers, sans compter quelques vers d'une autre lacune, la perte finale peut être estimée au maximum à une cinquantaine de vers relatant la fin de la procession consulaire et le retour au palais[5].

1. Il n'est pas sûr que l'auteur y indiquait précisément le corps de fonctionnaires dont il faisait partie, comme on l'a pensé (ainsi Partsch, p. XLIV-XLV de son édition).

2. Cette lacune se situe entre *Iust.*, 4, 172, et *Iust.*, 4, 173.

3. Cf. Groh, *Geschichte des oströmischen Kaisers Justin II...*, p. 7 ; Partsch., p. XLVI de son édition.

4. Le dernier mot transmis est *al* restitué avec vraisemblance par Bekker en *alumnos.*

5. La dernière *periocha* conservée (*periocha* en marge IV, V) donne comme texte *De Iustini in arcem conscensibus* (*consensibus M*, corrigé en *conscensu* par les éditeurs qui ne comprenaient pas ce pluriel). Au premier abord, elle reprend *Iust.*, 4, 327-328 :

... in ingentem spectandus consulis arcem
conscendit gaudens.

Mais dans ce passage *arx* désigne le siège curule et, pour n'avoir pas repris le mot *consulis*, la *periocha* n'est pas claire. Une explication a l'avantage de montrer pourquoi le rédacteur de la *periocha* n'a pas repris *consulis*, au détriment de la clarté, et pourquoi il utilise le pluriel *conscensibus* : le retour au palais est souvent présenté comme une montée (*Iust.*, 2, 71 ; 2, 430) et Corippe, évoquant dans la préface l'arrivée au pouvoir de Justin, utilise l'expression ... *excellentem conscendere in arcem* (*Iust.*, *préf.*, 19). L'auteur anonyme de la *periocha* aura voulu désigner maladroitement à la fois l'installation de Justin sur le siège consulaire et son retour au palais, ce qui lui interdisait de reprendre le mot *consulis* et explique le pluriel.

Ainsi le texte originel de l'éloge de Justin devait être de 100 à 150 vers plus long que dans son état actuel[1].

Les autres manuscrits espagnols.

Si le premier éditeur de Corippe ne pouvait, pour l'essentiel, qu'utiliser le texte du *Matritensis 10029*, il a cependant noté en marge de son édition, entre les vers 276 et 393 du livre 3, des leçons recueillies dans « un très antique volume de l'église d'Oviedo »[2], sur lequel aucun autre renseignement externe n'est disponible. Ce manuscrit est appelé *O* par les éditeurs modernes[3].

C'est également un manuscrit d'Oviedo, exécuté par l'évêque Pélage (1101-1129) pour Alphonse VI de Castille mort en 1109, donc des toutes premières années du XIIe siècle, qui, bien qu'étant aujourd'hui perdu, est en grande partie indirectement conservé dans deux copies tardives des XVIe et XVIIe siècles. Nous l'appelons *Z* car, quoiqu'il transmît les mêmes fragments du texte de l'*In laudem Iustini* que *O* (*Iust.* 3, 271-307 et 3, 317-398, c'est-à-dire le discours de l'ambassadeur avare et la plus grande partie de la réponse de l'empereur), l'examen de ses leçons, que l'on peut facilement restituer

1. L'hypothèse de Partsch qui voit une lacune entre les vers 329 et 330 du premier livre, dans laquelle aurait été évoquée l'association du bleu et du rouge, ne nous semble pas s'imposer, bien que le passage ait inquiété Foggini au point de l'amener à faire passer les vers 320 et 321 après le vers 329, ce qui n'arrange rien. La mention de l'association du bleu et du rouge était inutile, puisqu'elle allait de soi à partir du moment où le vert et le blanc étaient associés. Il n'est pas non plus nécessaire de supposer, comme le fait Petschenig, une lacune autre que celle du début du vers 334 après le vers 333.

2. Ruiz, *op. cit.*, p. 89 : « Ceterum pleraeque variae lectiones ad marginem ipsius Corippi poematis a nobis appositae ad finem usque huius tertii libri conspiciuntur, ex antiquissimo quodam volumine Ovetensis Ecclesiae collectae sunt, ubi duae hae orationes legati regis Avarum et Iustini imperatoris cum aliis variis operibus continentur. »

3. Sur lui, cf. P. Ewald, *Zu Corippus in laudem Iustini..., b. Das Fragmentum Ovetense*, p. 585-589, et Partsch, p. LVI-LIX de son édition.

par l'accord de deux manuscrits qui en dérivent, montre qu'il était différent de *O*. Comme, d'autre part, *O* et *Z* ne dépendent pas l'un de l'autre[1], il faut supposer l'existence à Oviedo d'un manuscrit *Y* qui le premier a extrait du texte de l'éloge de Justin les deux fragments du livre 3.

Une première copie de *Z* a été faite au XVIe siècle par le chroniqueur de Philippe II, Ambrosio de Morales (1515-1591)[2]. C'est l'actuel *Matritensis 1346*, anciennement *F 58*, appelé pour cette raison *F* par Ewald et qui provient de la bibliothèque de Philippe V[3]. Il comprend

1. Ces deux manuscrits d'Oviedo ne dérivent pas l'un de l'autre : certes, certaines différences ne permettent pas d'invalider l'hypothèse d'une filiation (par exemple en *Iust.*, 3, 276, la leçon *potu* de *O* est une création de l'imagination d'un copiste qui trouvait la leçon *plene* — conservée dans *M* et dans *Z* et qui est la bonne leçon — trop plate ; en *Iust.*, 3, 294, *imbrum* ou *ebrum*, leçon fautive de *O*, est dû à une mélecture propre au copiste de ce manuscrit, alors que *Z* donnait justement *imbrem*, par ailleurs facilement reconnaissable dans la leçon de *M*, *imorem* ; ces deux « innovations » pouvaient se produire même dans le cas d'une filiation directe de *Z* à *O*). Mais certaines leçons de *O* sont plus proches des leçons originelles et de celles, correspondantes, de *M*, que les leçons de *Z* : en *Iust.*, 3, 300, la leçon originelle restituée avec certitude par les éditeurs est *Istri*, dont les leçons de *O* (*astri*) et de *M* (*atri*) sont relativement proches, alors que *Z* d'après ses deux copies se lisait à cet endroit *strari*. Il est impossible de supposer que le copiste de *O*, rencontrant dans *Z* la leçon *strari* et ne la comprenant pas, l'ait remplacé de son propre chef par *astri*, qui est également incompréhensible. En *Iust.*, 3, 393, *M* et *O* ont une leçon fautive *optamus* pour *obstamus* qui était celle de *Z* puisque ses deux copies ont *obstamus* et *ostamus* : on peut donc en conclure que le manuscrit dont dérivent *M* et *O* (ce dernier par l'intermédiaire de *Y*) portait déjà *optamus*, corrigé (avec bonheur) par *Z* en *obstamus*.

2. En tête du volume (*Matritensis 1346*) on lit : *Quae in hoc uolumine continentur ex uetustissimo Ouetense*, repris au folio 23 v° par une main du XVIe siècle (celle d'Ambrosio de Morales?) : *ex uetustissimo Ouetensi*. Que cet antique *Ouetensis* a été confectionné par Pélage est attesté par la phrase *Pelagius etsi indignus episcopus propria manu scripsit haec genealogia*, disposée en tête de la généalogie des rois wisigoths placée peu après le début du manuscrit. Au folio 1 v°, ce dernier comporte une croix et un labyrinthe formé par les lettres des mots *Adefonsi principis sum*. En 1765, quand Fr. H. Florez publie son *Viage de Ambrosio de Morales a. 1572* à Madrid, le vieil *Ouetensis* était encore conservé dans sa bibliothèque d'origine (p. 97), mais la trace en a été perdue depuis.

3. Sur le *Matritensis 1346*, cf. Fr. H. Florez, *España Sagrada*,

essentiellement des textes wisigothiques et notamment des lettres, qui précèdent les deux fragments de Coripe, présentés comme une *epistola regia Abarorum ad imperatorem Romanorum directa* (fol. 65 v°) et comme le *rescriptum imperatoris ad regem Abarorum* (fol. 66 r°)[1].

La deuxième copie du manuscrit exécuté par Pélage est l'actuel manuscrit *Scorialensis B III, 14*, désigné par le sigle *E* (pour *Escorial*) et de la fin du XVIe siècle[2]. Il est en papier et est constitué d'une série de copies de plus vieux manuscrits, dont un grand nombre étaient des *Ouetenses*[3]. Il présente une partie du contenu du

theatro geographico-historico de la Iglesia de España, t. 4, Madrid, 1749, capitulo 5 : *De la division de Obispados atribuida al tiempo del Rey Vamba*, p. 195-211 ; Id., *Viage de Ambrosio de Morales*, Madrid, 1765, p. 96 ; Fr. M. Risco, *España Sagrada...*, t. 38 : *Memorias de la santa Iglesia exenta de Oviedo*, Madrid, 1793, p. 111 et 366 (*Append.* 40) ; H. Knust, *Handschriftenverzeichnisse der Handschriften der königlichen Bibliothek zu Madrid*, dans *Archiv der Gesellschaft für altere deutsche Geschichtskunde*, 8, 1843, p. 768-808, et plus spécialement p. 784-785 ; P. Ewald, *Reise nach Spanien im Winter von 1878 auf 1879*, dans *Neues Archiv*, 6, 1881, p. 217-398, particulièrement p. 303-306 ; Id., *Zu Corippus in laudem Iustini*, *ibid.*, p. 581-589, notamment p. 585 ; *Inventario general de manuscritos de la Biblioteca nacional*, 4, Madrid, 1958, p. 198-205.

1. On relève notamment (à la suite) : *S. Isidorus epistola ; Sisebutus rex Gothotum epistola ; Caesarius patricius epistola ad Sisebutum regem ; Sisebutus epistola ; Caesarius patricius epistolae ; Sisebutus epistolae ; Tabra monachus epistola ; Bulgaranus comes epistolae ; Mauricius monachus epistolae ; Venantius Honorius Clementianus Fortunatus episcopis pictauensis ad Hilpericum regem.* Suivent les deux fragments de Coripe présentés comme des lettres et, un peu plus loin, des lettres de Grégoire le Grand.

2. Sur le *Scorialensis B III, 14*, cf. Ewald, *Reise nach Spanien...*, p. 233-234 ; *Zu Corippus in laudem Iustini...*, p. 586 ; W. Gundlach, *Der Anhang des III. Epistolae-Bandes der Monumenta Germaniae historica : Epistolae ad res Wisigothorum pertinentes*, dans *Neues Archiv*, 16, 1891, p. 9-48, et spécialement p. 15 et 25 ; G. Antolín, *Catalogo de los codices latinos de la Real Biblioteca del Escorial*, t. 1, Madrid, 1910, p. 184-190. C'est ce dernier ouvrage qui le date de la fin du XVIe siècle.

3. C'est ce qu'indiquent les notices dues à une deuxième main et qui mentionnent pour la plupart des œuvres la provenance du manuscrit original. Par exemple au premier folio on lit : *Extractum fuit ex libro literis* (sic) *gothicis conscripto in membranis qui nuncupatur*

Matritensis 1346 (*F*)[1] et l'examen de ses leçons dans les deux fragments de Corippe, présentés également comme des lettres (fol. 146 v° : *Incipit epistola regia Abarorum ad imperatorem Romanorum directa*; fol. 147 r° : *Incipit rescriptum imperatoris ad regem Abarorum*), montre qu'il dérive du même manuscrit[2].

Les manuscrits français. Bien qu'il ne le dise pas, Ruiz a aussi noté en marge de son édition princeps quelques autres rares leçons[3] qui de toute évidence sont tirées d'un manuscrit de Saintes (appelé *S*) non datable et aujourd'hui perdu, mais qui, contenant les œuvres de Sidoine Apollinaire, a servi de base à l'édition de cet auteur par l'humaniste bordelais Élie Vinet à Lyon en 1552[4]. Il contenait ensuite trois poèmes de Fortunat[5], une *Epistola regis Auarum ad imperatorem romanorum* (c'est-à-dire les vers 3, 271-288 du livre 3 de l'*In laudem Iustini*), des vers *De septem sapientibus*, tous textes que Vinet a édités à la suite des œuvres de Sidoine Apollinaire, et d'autres textes non publiés par Vinet. Il ne fait aucun doute que

decreta canonum presulum romanorum et asseruatur in eclesia (sic *Ouetensi*.

1. Ainsi après la *passio S. Desiderii* de Sisebut au folio 104 on trouve *Sancti Isidori*, *Sisebuti*, *Caesarii epistolae. Tarrae epistola*; au folio 131 v°, *Bulgarani epistolae* (29 lettres dans l'ordre où elles sont disposées dans *F*) puis *Venantii Fortunati carminum liber IX* avant la « lettre » extraite de Corippe.

2. Les quelques différences entre *E* et *F* sont peu importantes et non significatives. Cf. apparat critique ad *Iust.*, 3, 271-307, et 3, 317-398.

3. Ce sont en *Iust.*, 3, 280 : *didicit dominos patientia ferre*, que Ruiz donne avec la leçon de *O* : *dominosque auares nunc patria ferret*; en 3, 282 : *hybernos cursus quando refraenat*; en 3, 284 : *et tectos* (pour *extensos*) ; en 3, 285 : *pontes* (pour *fontesque*).

4. E. Venetus, *Caii Sollii Apollinaris Sidonii Aruernorum episcopi opera castigata et restituta*, Lugduni, 1552. Il présente le manuscrit ainsi (p. 355) : « Antiquus Santonensis liber carmina aliorum poëtarum aliquot, tamquam si essent Sidonii, hic adiiciebat. » Sur *S*, cf. aussi Ewald, *Zu Corippus in laudem Iustini*..., p. 585-589.

5. *Carm.*, 1, 21 ; 11, 23 ; 11, 26.

c'est à Vinet que Ruiz doit la connaissance des leçons du *Santonensis*[1].

Le même fragment du livre 3 de l'éloge de Justin se retrouve dans le manuscrit *Vaticanus Ottobonianus 2013* de la fin du XIIe siècle[2], que nous désignons par le sigle *V*. Son contenu n'est pas sans rappeler celui du *Santonensis* : après les œuvres de Sidoine Apollinaire (fol. 1-83 v°), il comporte les vers 1 à 41 des *XII Caesares* d'Ausone et, au folio 84, outre le fragment de Corippe, les vers *De septem sapientibus* et les trois poèmes de Fortunat qui vont jusqu'au folio 85. Ses leçons l'apparentent de très près au *Santonensis*. Comme l'atteste la reliure originale d'Alexandre Petau ainsi que la signature et la souscription de Paul Petau, il appartenait au fonds Petau[3] avant de passer dans le fonds Ottoboni de la Bibliothèque Vaticane par l'intermédiaire de la bibliothèque de la reine Christine de Suède, achetée par le pape Alexandre VIII. Plus anciennement, l'origine du manuscrit est française et il a très certainement fait partie d'un manuscrit de Saint-Victor (*H H H 29* dans le catalogue de Claude de Grandrue[4]), dont les folios 67 à 161 manquent et dont les folios 1 à 66 et 162-216 forment aujourd'hui le manuscrit *Paris*, *Arsenal 821*.

1. Cf. Partsch, p. LVI-LVII de son édition.
2. Sur le *Vaticanus Ottobonianus 2013*, cf. L. Bethmann, *Nachrichten über die von ihm für die Mon. Germ. Hist. benutzten Sammlungen von Handschriften und Urkunden Italiens, aus dem Jahre 1854*, dans *Archiv...*, 12, 1874, p. 201-421, et particulièrement I, 3. *Die eigentliche Vaticana, Ottoboniana*, p. 368 ; *Gai Sollii Apollinaris Sidonii epistulae et carmina* recensuit et emendavit Chr. Lütjohann (= *M. G. H.*, *A. A.*, VIII), Berolini, 1887, p. XI ; *Vatican*, *Catalogue du fonds Ottoboni latin*, Paris, Institut de recherche et d'histoire des textes, s. d., 2e partie, t. 5, mss. 1858 à 2293, n° 2013 ; J. Fohlen, C. Jeudy, A. Marucchi, E. Pellegrin et Y.-F. Riou, *Notes sur quelques manuscrits de textes classiques latins conservés à la bibliothèque Vaticane*, dans *R. H. T.*, 1, 1971, p. 183-225, et plus spécialement p. 205-207, la notice de E. Pellegrin sur le ms. *Ottoboni lat. 2013*.
3. Cf. au folio 1 la signature *V* 25 et la souscription : οἷς ἀτυχῶ, λιᾶν εὐτυχῶ *P. Poet*(*auius*) *Genabens*(*is*).
4. Ms. Paris, *Bibl. nat.*, *lat. 14767*, fol. 215 v°.

Un troisième manuscrit a le même contenu que le *Vaticanus Ottobonianus 2013*[1] : il s'agit du *Laurentianus pluteus 45, 26* (*L*)[2], du XIIe siècle, peut-être originaire de la France du Sud[3], qui offre au folio 115 r°, une fois de plus, l'*epistola regis Auarorum directa ad imperatorem Romanorum*, éditée séparément par B. Kopitar en 1839 et dont les leçons furent collationnées par E. Bährens en 1876[4].

Tous ces manuscrits dérivent visiblement directement de *O* et leurs leçons sont pratiquement identiques. Seuls d'insignifiants détails de graphie les différencient et, pour cela, il n'est pas possible de les situer les uns par rapport aux autres.

Filiation des manuscrits. Ainsi la filiation des manuscrits de la tradition du texte de l'*In laudem Iustini* peut être représentée par le stemma donné en dépliant p. CXII.

1. Même pour des détails comme l'interversion des *epistulae* 5, 2 et 5, 3 de Sidoine Apollinaire et la fausse souscription qui annonce après l'*epistula* 8, 8 le début du neuvième livre (Lütjohann, *op. cit.*, p. XI).

2. Sur le *Laurentianus pluteus* 45, 26, cf. A. M. Bandinio, *Catalogus codicum latinorum bibliothecae Mediceae Laurentianae sub auspiciis Petri Leopoldi*, Ang. Mar. Bandinius I. V. D. recensuit. illustravit, edidit, t. II, Florentiae, 1775, col. 363-364 ; M. Haupt, *Analecta*, dans *H.*, 2, 1867, p. 12 (= *Opuscula*, t. 3, 2, Lipsiae, 1876, p. 370-371) ; Bethmann, *op. cit.*, et plus spécialement *Toscana, Florenz*, p. 720 ; Ewald, *Zu Corippus in laudem Iustini*, p. 585-589 ; Lütjohann, *op. cit.*, p. VIII-IX.

3. Tel est l'avis d'Ewald, *op. cit.*, p. 586, n. 1, qui voit en lui le père du *Santonensis*, ce qui est parfaitement indémontrable, d'autant plus qu'on ne connaît pas l'âge du manuscrit de Saintes.

4. Cf. *Hesychii glossographi discipulus et* ἐπιγλωσσιστὴς *russus in ipsa Constantinopoli sec. XII-XIII, e codice Vindobonensi Graeco-russica omnia...* nunc primum edidit... Bartholomaeus Kopitar, Vindobonae, 1839, p. 65. C'est Francesco del Furia, alors bibliothécaire de la Laurentienne, qui lui avait communiqué le fragment de Corippe dans le *Laurentianus*. Les leçons en furent collationnées par E. Bährens, *Zu Corippus*, dans *Rh. M.*, 31, 1876, p. 630-631.

Notre édition et les éditions antérieures.

Le nombre d'éditions depuis 1581 de l'*In laudem Iustini* — une douzaine excepté la nôtre et les réimpressions[1] — ne doit pas faire illusion : seules trois d'entre elles reposent sur une collation plus ou moins complète des différents témoins de la tradition manuscrite. Pour son édition princeps, Ruiz a utilisé les manuscrits *M*, *O* et *S*, et tous les *ueteres* se sont contentés de reprendre son texte en lui apportant des corrections et en lui adjoignant leurs annotations successives. Ce processus trouve son aboutissement dans l'édition de la Collection byzantine de Bonn en 1836, qui réimprime tous les commentaires des éditeurs antérieurs. En 1879, pour la collection des *Monumenta Germaniae Historica*, Partsch établit son texte d'après *M*, *O*, *S* et *L*. C'est ce texte qui sert de base au travail de correction de Petschenig en 1886 et à l'édition de D. Romano en 1970, dont la seule originalité est de donner la toute première traduction du texte (en italien). Enfin, tout récemment, en 1976, Mme Av. Cameron, qui connaît l'existence de *F*, mais non pas de *V*, se sert de *M*, *O*, *E*, *S* et *L*, pour établir un texte dont elle donne une traduction anglaise, la troisième traduction — et la première en français — de l'*In laudem Iustini* étant la nôtre.

Jusqu'à présent tous les éditeurs sans exception, se fiant au *Matritensis 10029*, placent le *Panégyrique d'Anastase* entre la préface et le livre premier, de façon bien inadéquate[2] : nous avons vu[3] en effet que cette pièce fut composée de façon indépendante du poème *In laudem Iustini*, avant les trois premiers livres et la préface. D'autre part, dans le manuscrit conservé en 882 à Oviedo, elle se

1. Cf. bibliographie, p. CVII-CIX.
2. Comme le remarquait déjà Skutsch, article *Corippus*, dans *R. E.*, 1. Reihe, 4. Band, Stuttgart, 1900, col. 1237, l. 48-50.
3. Cf. *supra*, p. XVII-XX.

trouvait placée après l'éloge de Justin[1] : ce n'était certes pas la bonne disposition, mais le témoignage du catalogue d'Oviedo montre l'autonomie de la pièce par rapport au poème. C'est pourquoi nous avons cru bon d'éditer d'abord le *Panégyrique d'Anastase*, puis la préface et les quatre livres de l'*In laudem Iustini*.

En ce qui concerne les graphies, étant donné les variations de *M* sur ce point, nous avons décidé de pratiquer systématiquement l'assimilation des préfixes, en pensant que cela pouvait fort bien être l'usage au VIe siècle à l'époque de Corippe. Les seules exceptions résident dans les verbes *admittere* et *admouere*, pour éviter des confusions avec *amittere* et *amouere*[2]. Nous avons conservé la graphie *urguere*[3], courante dans les manuscrits et régulièrement pratiquée dans *M*, mais attestée pour la première fois sur une inscription de 148 après J.-C.[4]. Entre cette date et le xe siècle (époque de *M*), elle pouvait être la graphie de Corippe. Nous avons également conservé la graphie *Calinicus.*[5]

Les corrections ou additions du texte que nous proposons sont peu nombreuses (cinq, dont quatre portent sur les *periochae*) :

— *Periocha* principale *ad* préf. III : *regat* ne donne pas de sens satisfaisant, si l'on se reporte au passage correspondant de la préface. C'est pourquoi nous pensons qu'il faut corriger *regat* avec Petschenig en *erigat.* Nous ne suivons toutefois pas cet éditeur, quand il corrige *praestanti* en *praesentis*, alors que l'on peut corriger plus simplement en *praestantis*.

1. Cf. *supra*, p. LXXXVII, n. 1.

2. *Iust.*, 3, 237, et 3, 278. Dans les manuscrits eux-mêmes, les cas d'assimilation du préfixe dans ces deux verbes sont rares : cf. *T. L. L.*, vol. 1, col. 748, l. 65-66 ; col. 769, l. 81-84.

3. *Iust.*, 1, 15 ; 1, 309 ; 4, 2 et 95.

4. *C. I. L.*, VIII, 2728, 74, cité par Fr. Stolz et J. H. Schmalz, *Lateinische Grammatik*, 5. Auflage völlig neubearbeitet von M. Leumann et J. B. Hofmann, München, 1928, p. 126.

5. Cf. p. LXIX, n. 7.

— *Periocha* principale III, V : *urbis* est incompréhensible. Il faut lire *disponitur turbis*, qui reprend les deux *turba* de *Iust.* 3, 160-161.

— *Periocha* en marge ad *Anast.* : alors que Foggini propose *tropicis* (*uersibus*) pour *trepicis* qui ne signifie rien, nous adoptons, comme Av. Cameron l'a fait de son côté, *tropica*[1].

— *Periocha* en marge II, I : au lieu de *quam*, adopté par les *ueteres*, et du *ni* des éditeurs modernes, il faut lire *nisi* attesté par la *periocha* principale correspondante et plus proche paléographiquement (avec un *-a-* ouvert) de la leçon *iam* de *M*.

— *Iust.* 1, 334 : nous proposons de compléter la lacune par ⟨Quid Trochilum⟩[2].

Au contraire, une grande part de notre travail d'établissement du texte a consisté à « retrouver » le texte de *M*, bien souvent indûment rejeté, notamment par Foggini ou les éditeurs allemands de la fin du siècle dernier, quand ce rejet ne résulte pas d'une simple mélecture.

— *Periocha* principale I, IV : la graphie *consultu* de *M*, abandonnée depuis Foggini.

— *Periocha* en marge IV, V : *conscensibus* (*consens-M*)[3].

— *Anast.* 23 : *praebens* (*preuens M* ; *pabula praebens* est une clausule lucrétienne : Lucr., 1, 229 ; cf. 2, 996).

— *Anast.* 30 : *quia*.

— *Iust.* 1, 18 : *Libycae* (*libice M*).

1. L'expression *tropica locutio* n'est pas rare (Aug., *C. mend.*, 24, p. 499, l. 13-14 ; p. 500, l. 3 *C. S. E. L.* ; Iul. Tol., *De uitiis et figuris*, éd. Lindsay, p. 26, § 10 ; Beda, *De schematibus et tropis*, dans *Rhetores latini minores* emendabat C. Halm, Lipsiae, 1863, réimpr. Frankfurt am Main, 1964, p. 607, l. 6) et les grammairiens emploient souvent l'expression *figurata elocutio* (Serv. auct., *Én.*, 12, 25 ; Pomp., *Gramm.*, 5, 301, 34 ; 5, 278, 7, éd. Keil ; Porph., *Hor.*, *Carm.*, 1, 6, 3, p. 11, 27 ; 1, 27, 3, p. 36, 4 ; 3, 30, 11, p. 136, 7 ; *Epod.*, 16, 35, p. 215, 4 ; 17, 25, p. 218, 28 ; *Serm.*, 1, 5, 54, p. 258, 18, éd. Holder).

2. Cf. n. compl. ad *Iust.*, 1, 334.

3. Cf. *supra*, p. XCIV, n. 5.

— *Iust.* 1, 25 et 350 : *recidiua.*

— *Iust.* 1, 75 : *manet*[1].

— *Iust.* 1, 89 : *dei.*

— *Iust.* 2, 149 : *specimen* (cf. Verg., *Én.* 12, 164 : *solis aui specimen*).

— *Iust.* 3, 390 : *scultor*[2].

— *Iust.* 4, 250 : *talisque.*

— *Iust.* 4, 262 : *circum inspicit.*

— *Iust.* 4, 266 : *dicaret.*

— *Iust.* 4, 268 : *ducit*[3].

— *Iust.* 4, 269 : *quae.*

— *Iust.* 4, 329 : *faciant.*

— *Iust.* 4, 348 : *nocebit* (*noceuit M*).

1. La *iunctura cura manet* est plusieurs fois attestée, précisément avec le sens qu'elle a chez Corippe (cf. *T. L. L.*, vol. 8, 1, col. 292, l. 14-18) et est, à l'origine, un virgilianisme (Verg., *Én.*, 3, 505).

2. La correction *Sultan*, unanimement adoptée depuis Foggini jusqu'à D. Romano, vient de ce que l'on a pensé qu'il y avait une allusion aux vainqueurs des Avares, c'est-à-dire au peuple que l'on appellera plus tard les Turcs, autrement dit les Tou-Kive occidentaux. C'est ce que pensait encore Gibbon en 1828, tout en remarquant que les raisons de Du Cange pour prouver l'ancienneté du mot étaient faibles (E. Gibbon, *Histoire de la décadence et de la chute de l'Empire romain*, traduit par F. Guizot, nouv. éd., Paris, 1828, t. 8, p. 318, n. 1). En effet en grec le mot Σολδανός apparaît pour la première fois chez Constantin Porphyrogénète, *De thematibus*, 2, 11, à propos d'un dignitaire africain. En latin, le mot *Suldanus* est attesté, d'après le fichier du comité français du *Novum Glossarium Mediae Latinitatis ab anno DCCC usque ad annum MCC*, en 870 dans l'*Itinéraire* du moine Franc Bernard chez les Sarracènes (*Bernardi Monachi Franci Itinerarium*, *P. L.*, 121, 569 B) : *petentes principem ciuitatis illius, nomine Suldanum.* En ce qui concerne les Turcs, les spécialistes utilisent pour le VIe siècle et pour longtemps encore le même terme que pour les Avares, *Cagan* (cf. J. Marquart, *Historische Glossen zu den alttürkischen Inschriften*, dans *W. Z. K. M.*, 12, 1898, p. 157-200 ; E. Chavannes, *Documents sur les Tou-Kive (Turcs) occidentaux* (= *Sbornik trudov orchenskoy ekspedizii*), Saint-Pétersbourg, 1930). Il faut donc rejeter *Sultan* et en revenir au texte de *M*, *Scultor*, confirmé par celui de *OEF*, *Scaldor*, mais qui n'est certes pas entièrement satisfaisant. Cf. n. compl. *ad Iust.*, 3, 390.

3. Il s'agit d'une réflexion générale comme il y en a en *Iust.*, *préf.*, 42 ; *Iust.*, 2, 45-46 ; 2, 112-113 ; 2, 156-158 ; 2, 409-410 ; 2, 422-428 ; 3, 108-110 ; 3, 119-120 ; 4, 86-87 ; 4, 321-323.

De ce point de vue, notre édition se caractérise comme un retour à la source du texte. Les raisons qui nous ont fait choisir telle ou telle correction dans les autres passages délicats sont données dans les notes complémentaires.

Notre apparat critique ne mentionne pas les particularités graphiques que nous avons eu l'occasion d'étudier, sauf quand elles expliquent une leçon fautive ou qu'elles ont provoqué des conjectures d'éditeurs. Enfin l'alternance *tu/vous*, plusieurs fois pratiquée par Corippe, a été, chaque fois que cela était possible, conservée dans la traduction[1].

1. Le tutoiement est la règle sauf en *Anast.*, 25 ; 39 ; 46 ; *Iust.*, *préf.*, 21 ; *Iust.*, 1, 131 ; 1, 185 ; 2, 69 ; 3, 303 ; 3, 305 ; 3, 307 (si l'on adopte la leçon *transmittite* comme nous le faisons à la suite des *ueteres*) ; 4, 140. En *Iust.*, 2, 370-372, il s'agit d'un vrai pluriel, qui désigne les souverains successifs. Pour cet usage de *uester* à la place de *tuus*, cf. déjà, par exemple, Drac., *Orest.*, 77 ; *Satisf.*, 299 ; *Romul.*, 1, 16 ; 3, 16 ; 4, 9 ; 8, 374-375 ; 8, 631 ; 9, 135 ; 9, 147 ; 10, 95 ; 10, 596. Chez Corippe des considérations métriques ne sont peut-être pas étrangères à l'existence de cette alternance *uester-tuus/uos-tu*, qui peut se produire à l'intérieur d'une même phrase, comme en *Anast.*, 25-30 ; *Iust.*, *préf.*, 21-22 ; *Iust.*, 4, 139-140. Ce fait autorise en 3, 307, l'adoption de la conjecture des *ueteres*, *transmittite*, pour la leçon fautive de *M*, *transmitte*, rejetée par les éditeurs modernes au profit de la correction *transmittes*, moins convaincante paléographiquement, car le mot suivant ne commence pas par *s*-. Toutefois nous n'avons pas conservé l'alternance, dans ce cas précis, lorsque nous avons traduit le texte, car elle est trop choquante en français.

ÉDITIONS ET COMMENTAIRES DE CORIPPE

Le poème *In laudem Iustini* fut édité pour la première fois en 1581 par Michel Ruiz de Azagra, *Corippi Africani grammatici de laudibus Iustini Augusti minoris heroico carmine libri IIII, nunc primum e tenebris in lucem asserti, scholiis etiam illustrati per* Michaelem Ruizium Assagriorum Celtiberum, Antverpiae, 1581. La Réserve de la Bibliothèque Nationale possède deux exemplaires de cette édition annotés par Saumaise et Scaliger. Les éditions suivantes sont, dans l'ordre chronologique, celles de :

Dempster Thomas, *Corippi de laudibus Iustini minoris Augusti libri quatuor.* Thomas Dempsterus a Muresk... *recensuit... commentarium adiecit...* Parisiis, 1610.

Rivinus Andreas (Andreas Bachmann), *Fl. Cresconii Corippi Africani grammatici de laudibus Iustini Augusti minoris... libri IV... propositi a D.* An. Rivino..., Lipsiae, 1663 (nous ne connaissons de cette édition que les très rares leçons mentionnées dans l'apparat critique de l'édition de J. Partsch, cf. *infra*).

Rittershausen Nicolaus, *Fl. Cresconii Corippi Africani de laudibus Iustini Augusti minoris libri IIII multis in locis emendatiores opera et studio* Nicolai Rittershusii..., Altorfii, 1664.

Götz Andreas, *Fl. Cresconii Corippi Africani de laudibus Iustini Augusti minoris libri IIII multis in locis emendatiores opera et studio* Nicolai Rittershusii... Andreas Goetzzius *recensuit atque omnium vocabulorum indicem addidit*, Altorfii, 1743. Cette édition, presque identique à celle de Rittershausen, est réimprimée dans la *Collectio Pisaurensis omnium poematum, carminum, fragmentorum Latinorum... a prima Latinae linguae aetate ad sextum usque christianum seculum*, 6 vol., Pisauri, 1766, t. 6, p. 157-170 (la préface et le *Panégyrique d'Anastase* sont placés après le poème).

Foggini Pietro Francesco, *Fl. Cresconius Corippus, de lau-*

dibus Iustini Augusti minoris, ex recensione P. F. F. ..., Romae, 1777.

Jäger Wolfgang, *Panegyrici ueteres... recensuit...* Christiani Gottlibii Schwarzii *et excerptis aliorum addidit etiam suis instruxit et illustrauit* Wolfgangus Jaegerus, 2 vol., Norimbergae, 1779, t. 2, p. 459-592 : *Fl. Cresconii Corippi Africani de Laudibus Iustini Augusti minoris libri IV*. Jäger n'a pas connu l'édition de Foggini parue deux ans plus tôt.

Bekker Immanuel, *Merobaudes et Corippus. Recognovit et priorum editorum notas addidit* Immanuel Bekkerus (= *Corpus Scriptorum Historiae Byzantinae*), Bonnae, 1836. Cette édition, qui contient des conjectures de Lachmann, peut être considérée comme la dernière des *ueteres*.

Partsch Joseph, *Corippi Africani grammatici libri qui supersunt, recensuit* Josephus Partsch... (= *Monumenta Germaniae Historica*, ser. *Auctores Antiquissimi*, t, 3, 2), Berolini, 1879, réimpr. 1961. L'apparat critique contient des conjectures de Mommsen.

Petschenig Michael, *Flavii Cresconii Corippi Africani grammatici quae supersunt recensuit* Michael Petschenig (= *Berliner Studien für classische Philologie und Archäologie*, Band 4, 2), Berlin, 1896, réimprimé dans *Patrologiae cursus completus a* J.-P. Migne *editus..., series Latina, Supplementum accurante* Adalberto Hamman, vol. 4, Paris, 1967, col. 1129-1180.

Romano Domenico, *Corippo, In laudem Iustini, a cura di* Domenico Romano (= *Hermes, Collana di testi antichi*, 6), Palermo, 1970. Cette édition, qui reprend celle de Partsch et ignore celle de Petschenig, est accompagnée d'une traduction italienne.

Cameron Averil, *Flavius Cresconius Corippus, In laudem Iustini Augusti minoris libri IV*, edited with translation and commentary, London, 1976.

L'édition princeps de la *Iohannis* a été donnée par Pietro Mazzucchelli, *Flauii Cresconii Corippi Iohannidos seu de bellis Libycis libri VII, editi ex codice Mediolanensi musei Triuultii, opera et studio* Petri Mazzucchelli, Mediolani, 1820. Puis la *Iohannis* fut éditée avec l'*In laudem Iustini* par Immanuel Bekker, Joseph Partsch et Michael Petschenig. La dernière édition en date est celle de J. Diggle et F. R. D.

Goodyear, *Flauii Cresconii Corippi Iohannidos seu de bellis Libycis libri VIII*, Cambridge, 1970. La seule traduction de cette œuvre est celle de G. W. Shea, *The Iohannis of Flavius Cresconius Corippus, Prolegomena and translation*, diss. Columbia Univ., New York, 1966 (microfilm).

A en croire Adrianus a Cattenburgh, *Bibliotheca scriptorum remonstrantium...*, Amstelaedami, 1778, p. 6, Cornelius Arckelius avait composé à Rotterdam un important commentaire de l'*Éloge de Justin*, dont malheureusement la mort de son auteur a empêché la publication. Si l'on excepte la collection disparate des notes des éditions antérieures rassemblées par Immanuel Bekker à la fin de son édition de 1836 à Bonn, le seul véritable commentaire de l'*In laudem Iustini* est, avec celui qui suit l'édition d'Av. Cameron, l'important travail d'U. J. Stache, *Flavius Cresconius Corippus, In laudem Iustini Augusti Minoris, Ein Kommentar*, Berlin, 1976.

SIGLA

M *Matritensis 10029* (olim *Toletanus 14, 22*), s. x.
O *Ouetensis*, s. XII (?) : *Iust.*, 3, 271-307 ; 3, 317-398 (?), cuius lectiones descripsit *Rui*.
E *(E)scorialensis B III, 14*, s. XVI ex. : *Iust.*, 3, 271-307 ; 3, 317-398.
F *Matritensis 1346* (olim *F 58*), s. XVI : *Iust.*, 3, 271-307 ; 3, 317-398.
L *Laurentianus pluteus 45, 26*, s. XII : *Iust.*, 3, 271-288.
S *Santonensis*, s. XII (?) : *Iust.*, 3, 271-288, quem edidit E. Venetus, *Caii Solli Apollinaris Sidonii... opera castigata et restituta*, Lugduni, 1552.
V *Vaticanus Ottobonianus 2013*, s. XII ex. : *Iust.*, 3, 271-288.

ADNOTATIONES CRITICAE

Bar. C. Barthius, *Adversariorum commentariorum libri sexaginta...*, Francofurti, 1624 (notantur deinde liber, caput paginaque).
Bek. Im. Bekkerus, *Merobaudes et Corippus...*, *C. S. H. B.*, Bonnae, 1836.
Cam. Av. Cameron, *Flavius Cresconius Corippus...*, London, 1976.
Dem. Th. Dempsterus, *Corippus de laudibus Iustini...*, Parisiis, 1610.
Fog. P. Fr. Foggini, *Fl. Cresconius Corippus de laudibus Iustini*, Romae, 1777.
Goe. A. Goetzius, *Fl. Cresconii Corippi Africani de laudibus Iustini*, Altorfii, 1743.
Mom. in Par. Emendationes a Mommsen propositae, quas collegit J. Partsch in apparatu suo.
Par. J. Partsch, *Corippi Africani grammatici libri qui supersunt...*, Berolini, 1879.

Pet.	M. Petschenig, *Flavii Cresconii Corippi Africani grammatici quae supersunt...*, Berlin, 1896.
Rit.	N. Rittershusius, *Fl. Cresconii Corippi Africani de laudibus Iustini...*, Altorfii, 1664.
Riv.	A. Rivinus, *Corippi de laudibus Iustini...*, Lipsiae, 1653.
Rui.	M. Ruiz de Azagra, *Corippi Africani grammatici de laudibus Iustini...*, Antverpiae, 1581 (editio princeps).
Sal./Sca.	Adnotationes quas adscripserunt Salmasius et Scaliger in duobus Ruizii editionis exemplis, quae Parisiis in Bibl. Nat. adseruantur.
Von. Lect.	C. V. Vonck, *Lectionum latinarum libri duo...*, Traiecti Viltorum, 1745 (numeri paginam indicant).
Von. Spec.	C. V. Vonck, *Specimen criticum in varios auctores...*, Traiecti ad Rhenum, 1744 (numeri paginam indicant).

PLAN DU POÈME

PANÉGYRIQUE D'ANASTASE

1-14 Longue métaphore où le poète se dit incapable de saisir les fruits d'un arbre merveilleux dont les racines boivent à une source.

15-22 Explication de la métaphore : le poète, par l'intermédiaire d'Anastase (l'arbre), voudrait bénéficier des bienfaits du prince (la source).

23-40 Éloge d'Anastase pour sa justice, son intégrité et plus particulièrement pour sa sollicitude envers l'Afrique.

41-51 Requête du poète, qui prie Anastase de le secourir, pour qu'il puisse composer un panégyrique en l'honneur du prince.

PRÉFACE

1-3 Affirmation préliminaire : c'est de Dieu que Justin tient son pouvoir sur les rois et sur ses ennemis.

4-18 Énumération des barbares soumis ou s'exterminant entre eux grâce à la fortune du prince et victimes de leur perfidie.

19-34 Évocation des vertus de Justin (vigilance, sagesse, justice, piété) et de leurs effets sur les peuples.

35-48 Appel du poète, qui, trouvant une inspiration nouvelle dans la personne du prince, prie ce dernier de remédier à ses malheurs.

LIVRE I

(Nuit du 14 au 15 novembre 565)

1-27 Préambule

- 1-3 Sujet du poème : un pouvoir légitime.
- 3-7 Les difficultés du sujet.
- 7-14 Invocation aux « Muses ».
- 15-27 Énumération de ceux qui poussent le poète à commencer son chant.

28-65 Vision prophétique de Justin

- 28-31 Un sommeil surnaturel le gagne.
- 32-65 La Vierge, descendue du ciel, le couronne, le revêt de l'habit impérial, puis lui annonce la mort de Justinien, l'invite à prendre le pouvoir en lui rappelant ses vertus et lui promet un règne prospère.

66-186 Entrevue entre Justin et le Sénat

- 66-96 Un vacarme réveille Justin et provoque l'indignation du garde qui protège l'entrée de sa demeure : c'est Calinicus qui, à la tête du Sénat, demande à le voir. Les sénateurs pénètrent à l'intérieur de la maison sous la conduite d'un serviteur.
- 97-114 Digression : description de la demeure.
- 115-153 Le Sénat se présente en pleurs devant Justin. Calinicus, prenant la parole, rappelle à ce dernier ses antécédents politiques et le prie de prendre le pouvoir.
- 154-172 Malgré les supplications, Justin refuse.
- 173-186 De nouvelles supplications ont raison de sa résistance.

187-293 VISITE DE JUSTIN AU PALAIS IMPÉRIAL

187-196 Justin, accompagné des sénateurs et suivi de son épouse Sophie, se rend au palais.

197-201 Il y est accueilli par l'heureux présage du chant des coqs.

202-225 Les abords du palais sont soigneusement défendus par les gardes de Tibère, qui sont au service de Justin.

226-247 A l'intérieur, au milieu des serviteurs en pleurs, Justinien repose, heureux d'avoir trouvé Justin comme successeur.

248-271 Ce dernier exprime ses inquiétudes politiques et manifeste sa douleur.

272-293 DIGRESSION : DESCRIPTION DU VÊTEMENT FUNÈBRE PRÉPARÉ PAR SOPHIE.

294-367 RÉACTION DE LA POPULATION

294-313 La Renommée, prenant son vol, répand la nouvelle de la mort de Justinien.

314-344 DIGRESSION : SIGNIFICATION DU CIRQUE ET HISTOIRE DE SES COURSES.

345-367 La population se rassemble au cirque pour acclamer Justin que Dieu a lui-même couronné.

LIVRE II

(Matinée du 15 novembre 565)

1-83 PRIÈRES DE JUSTIN ET DE SOPHIE

1-46 A l'aurore, Justin se rend à l'église Saint-Michel. Dans une prière pleine d'humilité, il demande à Dieu de l'aider. Sa prière est exaucée et le Saint-Esprit lui ordonne de régner.

47-83 De son côté, Sophie se rend à l'église de la Vierge. Dans sa prière, elle implore pour

Justin aide et protection de la Mère de Dieu. Puis, accompagnée de sa fille, elle revient à la Cour.

84-174 Couronnement de Justin

84-129 Justin revêt la tenue d'apparat de la cérémonie du couronnement.

130-136 Il se voit placer un collier d'or autour du cou.

137-158 Quatre officiers le hissent sur un bouclier.

159-174 Le patriarche le couronne et de longues acclamations s'élèvent en l'honneur du couple impérial.

175-277 Allocution du nouvel empereur aux sénateurs

175-178 Après être monté sur le trône et avoir fait le signe de la croix, le nouvel empereur s'adresse aux sénateurs.

178-200 Il remercie Dieu de lui avoir donné le pouvoir, ainsi qu'à son épouse.

200-235 Mais comme une partie de ce pouvoir est déléguée aux sénateurs, ceux-ci doivent être pieux, justes, particulièrement envers les petites gens, fermes et intègres.

236-274 La prospérité suppose le respect de l'État et en particulier des finances publiques, ruinées dans les derniers temps du règne de Justinien, mais qui seront bientôt restaurées sans que personne ne doive en souffrir.

275-277 Le Sénat loue les paroles de Justin.

278-430 Visite de Justin à la population

278-330 Accompagné d'un cortège de dignitaires, Justin se rend au cirque. Là, la population l'acclame et manifeste en l'honneur du couple impérial.

331-360 Le prince invite le peuple à se réjouir, lui promet la sécurité, l'exhorte à être juste et, à la surprise générale, annonce la célébration de son consulat.

361-406 Ému par les supplications des créanciers de Justinien, Justin rembourse avec sa fortune personnelle les dettes de son prédécesseur.

407-430 Il accorde enfin une amnistie générale, avant de retourner au palais.

LIVRE III

(Après-midi du 15 et matinée du 21 novembre 565)

1-84 Funérailles de Justinien

1-27 Dans le palais une pompe funèbre se déploie avec magnificence.

28-61 Après quelques mots d'adieu de Justin à son père, le cortège funèbre se rend à travers la ville en deuil à l'église des Saints-Apôtres.

62-84 Une fois Justinien mis au tombeau, la population manifeste sa joie de voir une période se terminer et arriver une ère de renouveau.

85-150 Repas du couple impérial

85-133 Pendant ce temps, le prince et son épouse commencent leur repas, dont les vins proviennent de toutes les provinces de l'Empire. Malgré cette luxueuse abondance, Justin se montre sobre et Justinien occupe toute la conversation.

134-150 Le repas terminé, le couple impérial se retire, sans cesser cependant de veiller sur le monde.

151-401 Réception d'une ambassade avare

151-190 Six jours plus tard, les offices palatins se rangent dans l'ordre voulu par le cérémonial de la Cour.

191-209 Digression : description de la salle d'audience.

210-230 Justin, entouré de grands dignitaires, entre dans la salle d'audience.

231-307 Quand il est installé sur le trône, il fait entrer les ambassadeurs des Avares. Dans un discours orgueilleux, leur chef réclame d'un ton menaçant les subsides que Justinien versait annuellement à son peuple.

308-401 En réponse, Justin l'invite à plus de modération, réfute ses arguments et le met en garde en lui rappelant la grandeur du pouvoir de Dieu et de la puissance romaine.

402-407 Fin provisoire de l'œuvre

LIVRE IV

(Fin décembre 565 et 1er janvier 566)

1-89 Préparatifs pour les cérémonies consulaires

1-34 Tandis que dans Constantinople ont lieu des achats massifs de bois, dans les villes voisines d'importantes quantités d'arbres sont abattues.

35-73 Tout ce matériau est utilisé à la construction d'une tribune et d'une esplanade garnie de gradins pour les cérémonies consulaires.

74-89 Après leur achèvement, ces édifices sont nettoyés et décorés.

90-205 Cérémonies a l'intérieur du palais

90-113 Au matin du 1er janvier, à l'intérieur du palais, des officiers préparent les cadeaux que distribuera le prince pour son consulat.

114-185 Justin s'installe sur le luxueux siège curule et, en réponse aux vœux et aux louanges des sénateurs, il leur distribue des cadeaux.

186-205 Puis c'est au tour des membres des offices palatins de recevoir des récompenses.

206-377 Cérémonies à l'extérieur du palais

206-223 Au-dehors la population s'impatiente.

224-263 Quand Justin arrive entouré des dignitaires et des troupes d'apparat, la foule l'acclame.

264-325 Se rendant à Sainte-Sophie, dont la fondation par Justinien annonçait le règne futur de Justin et de Sophie, le consul y prie et fait à l'église un riche présent.

326-377 A sa sortie, il est porté en procession sur le siège consulaire avec, près de lui, les principaux dignitaires.

TESTIMONIA

Pour les *periochae* le lecteur trouvera l'indication des passages du poème *In laudem Iustini* utilisés par leurs rédacteurs.

Dans le cours même du poème, il sera d'abord renvoyé, pour certaines expressions, aux autres passages des œuvres de Corippe où elles apparaissent. Ce relevé est suivi de la liste des emprunts littéraires contenus dans l'œuvre que nous éditons, à l'exclusion des débuts de vers, clausules ou expressions fréquentes dans la poésie hexamétrique latine, qui font l'objet des notes 1 et 2 p. LXXIII et 1 p. LXXIV. Enfin, éventuellement, une troisième partie des *testimonia* est constituée par la mention des vers de l'*In laudem Iustini* utilisés par Julien de Tolède ou le Pseudo-Julien de Tolède, ainsi que par l'auteur anonyme de la *Vie d'Éligius*.

CORRIGENDVM

Alors que le volume est déjà composé, nous prenons connaissance d'un article, venant de paraître, d'A. R. de Verger, *Notas textuales al Panegirico de Justino de Coripo*, in *Emerita*, 48, 2, 1980, p. 255-269.

Après un examen minutieux, sur l'original, du *Matritensis 10029*, l'auteur présente des remarques critiques sur vingt-sept passages de l'*Éloge de Justin II* : pour quatorze d'entre eux, il propose un texte identique au nôtre ou des possibilités de correction auxquelles nous avions pensé (par exemple en 2, 122). A quatre reprises A. R. de Verger adopte des corrections déjà connues ou en avance de nouvelles (3, 245 : *uidentur* ; 4, 29 : *aëre carpto* par référence à Verg., *Géorg.*, 4, 311 : *aëra carpunt*), que nous ne croyons pas devoir retenir. Ailleurs, contrairement à nous, il défend le texte du manuscrit, souvent en justifiant ses irrégularités métriques (cinq fois sur sept, en 2, 124 ; 3, 158 ; 3, 176 ; 3, 238 ; 4, 188) : les explications données, quoique possibles, n'excluent pas l'hypothèse, que nous avions retenue et qui reste plausible, d'une altération graphique simple du texte.

En deux passages cependant, il s'avère que la leçon, donnée jusqu'à présent par toutes les éditions, y compris la nôtre, du *Matritensis 10029* est fautive : en 2, 132, il faut lire *quod faciens*] *ter et* M^1 *terret* M^2 et corriger avec A. R. de Verger en *et ter* (la traduction devenant : « Il fit ce geste et par trois fois...) ; en 3, 106, A. R. de Verger lit avec raison *parcus* (et non pas *paruus*) *cibus* (cette *iunctura*, déjà présente chez Varr., *Rust.*, 3, 14, 3, est, en poésie ovidienne, cf. Ov., *Met.*, 8, 856 ; *Fast.*, 6, 240 ; ailleurs (*Rem.*, 210) elle résulte d'une correction).

⟨SOMMAIRE⟩

Pour l'éloge de Justin le jeune Auguste se trouve contenue

I Une préface dans laquelle le poète expose les titres de gloire de l'empereur.

II En rappelant la soumission à Justin des Avares, on rapporte à son mérite sa victoire sur la férocité des barbares.

III Il dit que Justin et Sophie, auxquels les peuples soumis réclament un traité de paix, sont dignes du pouvoir impérial.

IIII Le poète implore la bienveillance[1] du prince, afin que, eu égard à son éminente piété, il restaure sa situation, alors qu'il est fatigué de vieillesse et accablé de malheurs.

⟨Voici le contenu du livre I :⟩

⟨...⟩

III L'auteur rappelle ceux qui l'ont exhorté à composer ce poème à la gloire de Justin.

1. L'emploi de *propitior* comme déponent construit avec le datif au sens de « être favorable » est relevé par A. Souter, *A glossary of later latin to 600 A. D.*, Oxford, 1949, dans Itala, *Deut.*, 29, 20 (*cod. lugd.*) ; Iren., 4, 17, 2 ; Char., 442, 19 ; Lucif., *Reg. apost.*, 12, *C. S. E. L.*, p. 63, l. 24. Quant à la construction de *deprecor* avec une infinitive, elle est attestée par Lucif., *Non parc.*, 22, *C. S. E. L.*, t. 14, p. 256, l. 19 ; Vulg., *Hebr.*, 13, 19 ; Rufin, *Orig. in exod.*, 4, 9 ; Cassiod., *Inst. div.*, 8, *P. L.*, 70, 1121 C.

⟨PERIOCHAE⟩

In laudem Iustini A*u*gusti minoris continetur

I Pr*a*efatio in qua po*e*ta Iustini imperatoris laudes exequitur.

II [*praef.* 4] Dum Au*a*res uel gentes alias subdita*s* Iustino commemorat, ad eius laudem refertur edomita ferocitas bar*b*arorum.

III [*praef.* 19] Iustinum So*ph*iamque dicit dignos imperio, a quibus subiectae gentes f*o*edus pacis expostulant.

IIII [*praef.* 35] Propitiari sibi *u*ates principem deprecatur, ut fessum senio et calamitatibus implicatum praestanti*s* *eri*gat pietatis intuitu.

⟨In libro primo continentur haec :⟩

⟨...⟩

III [1, 15] Commemora*t* *auct*or eos quorum ex*h*ortatione carmen hoc in laudem Iustini conscripserit.

IIII *Iust. praef.* 37.

Inc. Augusti : ag- *M ut plerumque* || **I** Praefatio : pre- *M ut plerumque* || poeta : pota *M* || **II** Auares *Rui.* : aures *M* || subditas *Rui.* : -ta *M* || edomita *Rui.* : et domi- *M* || barbarorum : barua- *M ut plerumque* || **III** Sophiamque : sofi- *M ut plerumque* || foedus : fe- *M ut semper* || **IIII** uates : ba- *M* || praestantis erigat *ego* : -stanti regat *M* -sentis erigat *Pet.* -senti regat *Bar. 25, 3, 1216*; *an* -stanter erigat? || *post* intuitu *usque ad* III Commemorat auctor *def. M.*

Inc. In libro primo continentur haec *add. Par. ex inc. periocharum libri secundi et tertii* || **III** Commemorat auctor *Rui.* : commemoraretur *M* || exhortatione : exor- *M ut plerumque.*

IIII Le poète introduit avec art le décès de Justinien quand, à la suite d'un sénatus-consulte, Justin avec des titres de gloire dignes de son oncle ⟨...⟩.

V Où Justin en pleurs, troublé par la mort de son oncle, vit dans son repos, en attendant que le sommeil se fût glissé dans ses yeux, la Sainte Vierge Marie lui remettre[1] le pouvoir impérial à la place de son oncle mourant.

VI Le branle-bas dans la demeure de Justin à l'instigation de Calinicus, pour que le Sénat ait la possibilité d'élire Justin empereur, et, dans le vacarme, les réponses indignées du garde.

VII Description de la demeure de Justin, son riche aspect et le travail pénible demandé par sa construction.

⟨...⟩

⟨XVI⟩ Il rapporte que la Renommée a mis en mouvement tout le peuple⟩, afin que l'on se rassemble le plus vite possible pour honorer Justin.

XVII Le poète embrasse ici dans une explication admirable la signification du cirque et de son faste.

1. Pour ce sens tardif et médiéval de *surrogare* (« fournir, mettre à la disposition de »), cf. Souter, *op. cit.*, qui cite Arn., *Nat.*, 7, 9, 45, et les trois exemples de Fulgence cités dans l'index de l'édition de cet auteur par R. Helm, et J. F. Niermeyer, *Mediae latinitatis lexicon minus...*, Leiden, 1976, s. u. *Surrogare.*

IIII Iustiniani obitum artificiose poeta introducit, ut, ex consultu senatus, Iustinum auunculo condignis laudibus ⟨...⟩.

V [1, 28] Vbi collacrima*n*s Iustinus et de morte Iustiniani sollicitus, dum sopor oculis irrep*s*isset, per quietem uidit Sanctam Mariam Virginem imperium sibi decedentis auunculi surrogar*e*.

VI [1, 68] De Iustini aedibus Calini*c*i concitatis impulsu, ut aditus daretur senatui imperatorem Iustinum eligere, et custodis ad strepitum cum indignatione responsis.

VI*I* [1, 97] Descriptio domus Iustini, quam pretiosa uisu et operoso fuerit la*b*ore constructa.

⟨...⟩

⟨XVI⟩ [1, 294] ⟨Refert quod uniuersum uulgus Fama commoue⟩rit, ut ad *h*onorem Iustini quam propere conuenirent.

*X*VII [1, 314] Quid circus uel eius apparatus significent hic poeta admira*b*ili ratione com*p*lectitur.

I, VI *Iust.* 1, 70-71.

IIII consultu *M* : -to *edd. plerique a Fog.* || *post* laudibus *lacunam praebet M* : commendatum successisse doceat *suppl. Bar. 25, 3, 1216* || **V** collacri(conlachry-)mans *Rui.* : -mas *M* || ir(in-)repsisset *edd. plerique* : inrepisset *M Pet.* || sur(sub-)rogare *Rui.* : -ri *M* || **VI** Calinici *Rui.* : cali nihi *M* || **VII** VII *Jäger e periocha in margine ad 1, 97* : VI *M* || labore : lauore *M* || *post* constructa *usque ad* commoue]rit *def. M* || **XVI** XVI Refert quod uniuersum uulgus Fama commoue[rit *add. Mom. e periocha in margine ad 1, 294* || honorem : ono- *M ut plerumque* || **XVII** XVII *Bek. e periocha in margine ad 1, 314* : VII *M* || admirabili : -auili *M ut plerumque* || com(con-)plectitur *Rui.* : confl- *M.*

XVIII Il dit ici qui a attelé pour la première fois un quadrige et qu'une vaine superstition des païens a considéré le soleil comme un dieu. Cet honneur rendu au soleil fut toutefois transmis ensuite aux ⟨princes⟩ romains.

XVIIII Poussé par l'amour qu'il portait à Justinien, le peuple fait bénéficier Justin, héritier du pouvoir royal, de la faveur d'un éloge.

Voici le contenu du livre II :

I Le rassemblement et les efforts du peuple qui désire voir le prince Justin[1].

II Justin et Sophie ne prirent pas les insignes impériaux avant d'avoir imploré le Seigneur par d'humbles prières, tandis qu'ils offraient le pieux encens sur les saints autels.

III Le faste des vêtements des Augustes et les autres parures avec lesquelles Justin apparut avec éclat pour recevoir le pouvoir souverain.

IIII Pour être roi, Justin est soulevé sur un bouclier par les bras de quatre jeunes hommes conformément au rite en vigueur pour les empereurs précédents.

V Une fois couronné du diadème sacré par le patriarche Jean, Justin est fait empereur et les

1. La première phrase ne se rapporte pas au début du livre 2. Il n'y a aucune raison de supposer qu'elle résumerait un passage qui aurait disparu, à cet endroit : le thème de l'Aurore mouillée de rosée est le bienvenu en tête du livre, dont le début correspond à ce que fait attendre la fin du premier livre. En *Iust.*, 1, 363, les dignitaires se rassemblent au palais et en *Iust.*, 2, 4, nous les retrouvons en train d'exhorter Justin à faire une prière ; dans les derniers vers du livre 1, Dieu montre clairement qu'il donne le pouvoir à Justin, tandis que dans les vers 2 et 3 du livre 2, Dieu, par l'intermédiaire de l'Aurore, ordonne à Justin de prendre le pouvoir qui est un présent du ciel. Même si, formellement, la phrase fait penser à *Iust.*, 2,

*X*VIII [1, 334] Dicit hic qui*s* primum quadrigas iunxerit et quod u*a*na sup*er*stitio paganorum deum solem putauerit. Qui tamen honor solis postea ⟨principibus⟩ Romanis delatus est.

*X*VIIII [1, 345] Amore Iustiniani populus incitatus Iustinum, *h*er*e*dem regni, fauore laudis exequitur.

In libro secundo continentur h*a*ec :

I [2, 12] De conuentu et intentione populi cernere Iustinum principem cupientis.

II Non prius Iustinus Sophiaque regalia signa sum*p*serunt, nisi pia tura sanctis offerent*e*s altaribus summissis precibus Dominum exorarent.

III [2, 84] De apparatu uestium augustarum uel reliquis ornamentis quibus ad percipiendum regnum Iustinus emicuit.

IIII [2, 137] Iu*x*ta priorum ritu*m* quattuor iuuenum manibus in clipeum Iustinus ad regnandum attollitur.

V [2, 159] A Io*h*anne pontifice Iustinus sacro diademate coronatus imperator efficitur

I, XVIII *Iust.* 1, 334 || *Iust.* 1, 343.
II, I *Iust.* 2, 297-298 || **II, II** *Iust.* 2, 5-6 || **II, IIII** *Iust.* 2, 159 || **II, V** *Iust.* 2, 162.

XVIII XVIII *Bek. e periocha in margine ad 1, 334* : VIII *M* || quis *Par.*, cf. *periocha in margine* : qui *M* || uana *Rui.* : una *M* || superstitio : supprest- *M* || principibus *add. Pet. ex 1, 343* || **XVIIII** XVIIII *Bek. e periocha in margine ad 1, 345* : *VIIII M* || heredem : erodem *M*.

Inc. haec : hec *M ut semper* || **II** sumpserunt : sums- *M ut plerumque* || offerentes *Rui.* : -tis *M* || **IIII** iuxta : iusta *M ut plerumque* || priorum *Bar. 25, 3, 1217 e periocha in margine ad 2, 137 et ex 2, 159* : primorum *M* || ritum *Rui.* : -tu *M* || **V** Iohanne : ioa- *M*.

cris des sénateurs ainsi que du peuple tout entier le célèbrent en même temps que Sophie par des éloges.

VI Les termes de l'allocution de Justin au Sénat, après qu'il fut monté sur le trône impérial.

VII Justin, qui s'est avancé en public escorté d'un sénat nombreux, adresse une allocution au peuple sur l'amélioration de son action et sur ses dons futurs.

VIII Le visage en larmes, les créanciers de Justin lui présentent les contrats de l'empereur Justinien. Prenant pitié d'eux, il acquitte intégralement les dettes de son oncle et ordonne la levée d'écrou[1] pour de nombreuses personnes impliquées dans des accusations.

Voici le contenu du livre III :

I Pour décorer les funérailles de son oncle décédé, Justin se sert de richesses royales selon la coutume de ses pères, et il confia son corps à un tombeau d'or en lui rendant les honneurs suprêmes avec le concours d'un chœur.

II Après le deuil le peuple est heureux de sa joie ancienne, il orne les portes des maisons et pare les seuils de feuillages décoratifs, et il exulte en multipliant les acclamations à la gloire de Justin et de Sophie.

297-298, elle se rapporte à la fin du livre premier (*Iust.*, 1, 345-360) et reprend la *periocha* principale I, XVIIII. C'est sans doute pour l'auteur des *periochae* une façon de résumer, au début du livre 2, le dernier épisode du livre précédent, procédé qu'il ne conserve toutefois pas au début des autres livres.

1. L'expression *carceralis custodia* avec sa variante *carceris custodia* désigne l'emprisonnement et s'oppose à la *custodia libera* ou *officialis* en vigueur pour certains accusés de condition élevée et consistant en une assignation à résidence chez un magistrat ou un sénateur.

et senatorum uel totius populi uocibus cum Sophia pariter laudibus efferuntur.

VI [2, 175] Quibus uer*b*is Iustinus senatum est allocutus, postquam solium conscendit imperii.

VII [2, 278] Iustinus, magno stipante senatu, in publicum *pro*gres*sus*, populum de emendatione *op*erum ac futuris donis alloquitur.

VIII [2, 331] Iustiniani imperatoris s*y*ngra*ph*a creditores Iustini uultibus cum lacrimis repraesentant. Quibus ille miseratus de*b*itum persoluit auunculi atque multos criminibus implicatos a carcerali iubet custodia relaxari.

In libro tertio continentur haec :

I [3, 1] More patrum Iustinus funus decedentis auunculi regi*i*s opibus exornat *ch*orique ministerio supremum honorem concelebrans corpus eius aureae tradidit sepulturae.

II [3, 62] Post luctum populus pr*i*stina laetitia iucundatur, honoris frondibus aedium postes exornat *c*omitque limina, et in laudem Iustini Sophiaeque multiplici clamore persultat.

II, VI *Iust.* 2, 175 || **II, VIII** *Iust.* 2, 389 || *Iust.* 2, 402.
III, I *Iust.* 3, 11 || *Iust.* 3, 26 || **III, II** *Iust.* 3, 66.

VI uerbis : ueruis *M ut plerumque* || allocutus : adloquutus *M ut plerumque* || **VII** progressus *Pet.* : res *M* uersus *Mom. et alii alia* || operum *Rui. e periocha in margine ad 2, 278* : eorum *M* || **VIII** syngrapha : singraua *M* || debitum : deui- *M ut plerumque.*

I regiis *Rui.* : -gis *M* || chorique *Rui.* : coris quem *M* || **II** pristina : pres- *M* || comitque : quom- *M.*

III Le poète décrit les fastes remarquables du banquet impérial ainsi que la sobriété et la modération de Justin au milieu d'une grande profusion de délices et il couvre d'éloges la mémoire de son oncle que son affection habituelle ne lui permet pas d'oublier pendant le repas.

IIII L'achèvement du banquet, les soins apportés à l'État par la sollicitude royale et les prières du poète qui implore Sapientia pour mener à bien son poème.

V On décore la maison auguste sur l'ordre du souverain et, après la convocation des dignitaires, tout le personnel du palais est rangé en groupes selon sa fonction et son costume et on affirme que la puissance romaine l'emporte sur celle de toutes les autres nations.

⟨…⟩

⟨Voici le contenu du livre IV :⟩

⟨…⟩

III [3, 85] Egregi*o*s appar*a*tus imperialis conu*iu*ii p*o*eta d*e*scribit et in magno deliciarum luxu sobrietatem et temperiem Iustini collaudatque auunculi recordationem nec inter epulas dilectione solita patitur obli*u*isci.

IIII [3, 134] De consummatione conuiui*i* et pro re publica cur*i*s regiae sollicitudinis a*t*que poetae precibus pro sui carminis perfectione Sapientiam implorantis.

V [3, 151] Exornatur augusta domus regentis imperio et ac*ci*tis proceribus omnis ordo palatinus per officium cultumque disponit*ur* *t*urbis Romanaque potentia cunctis praeminer*e* gentibus praedicatur.

⟨...⟩

⟨In libro quarto continentur haec :⟩

⟨...⟩

III, V *Iust.* 3, 157-158 || *Iust.* 3, 188.

III egregios *Rui.* : -gius *M* || apparatus : -ritus *M* || conuiuii *Rui.* : conubii *M* || poeta *Rui.* : pe-*M* || describit : discr- *M* || obliuisci : -bisci *M* || **IIII** conuiuii *Rui.* : conuiui *M* || curis *edd. a Bar. 25, 3, 1217* : -ras *M* || atque : adque *M ut plerumque* || perfectione *Rui.* : -nem *M* || **V** accitis *Par. ex 3, 158* : actis *M* coactis *uett.* || disponitur turbis *ego ex 3, 160-161* : disponit urbis *M* -nitur urbis *edd.* || praeminere *Rui.* : -ri *M* || *post* praedicatur *usque ad praef. 1* deus omnia regna *def. M.*

Inc. In libro quarto continentur haec *add. Par. ex inc. periocharum libri secundi et tertii.*

⟨SOMMAIRE⟩

II Il dit que les Avares et d'autres races sont soumis à Justin.

III Il raconte que Justin et Sophie sont dignes du pouvoir impérial.

IIII Le poète implore la bienveillance du prince.

Discours figuré à la gloire du questeur Anastase

⟨I⟩ Préambule du poète sur son œuvre en vers.

II Invocation du poète qui implore Sapientia.

III Rappel de ceux qui l'ont exhorté à faire ce poème.

⟨...⟩

VI Le branle-bas dans la demeure de Justin à l'instigation de Calinicus et, dans le vacarme, les réponses indignées du garde.

VII Description de la demeure de Justin.

VIII Le rassemblement et l'exhortation des sénateurs en faveur du gouvernement de Justin.

VIIII La renonciation de Justin refusant le pouvoir suprême.

⟨PERIOCHAE⟩

II [*praef.* 4] Auares uel gentes alias Iustino subditas dicit.

III [*praef.* 19] Iustinum Sophiamque dignos esse describit imperio.

IIII [*praef.* 35] Propitiari sibi poeta principem deprecatur.

In laudem Anastasii quaestoris elocutio tr*o*pic*a*.

⟨I⟩ [1, 1] Praelocutio poetae de sui carminis opere.

II [1, 8] Inuocatio poetae Sapientiam deprecantis.

III [1, 15] Commemora*n*tur exhortatores huius carminis.

⟨...⟩

VI [1, 68] De Iustini aedibus Calinici concitatis impulsu et custodis ad strepitum ⟨cum⟩ indignatione responsis.

VII [1, 97] Descriptio domus Iustini.

VIII [1, 115] De conuentu et persuasione patrum pro Iustini regimine.

VIIII [1, 154] De renuntiatione Iustini summam imperii renuentis.

III III *Rui.* : II *M.*

tropica *ego* : trepicis *M* trop- (*i. e.* uersibus) *Fog.*

I I *add. Rui.* || **II** II *ad uers. 33 transp. M* || **III** Commemorantur *Rui.* : -ratur *M* || **VI** cum *add. Par. e periocha I, VI.*

X Les nouvelles prières présentées par le Sénat pour que Justin prenne le pouvoir.

XI Un heureux présage pour Justin et Sophie est tiré du chant des coqs.

XII La garde et la sollicitude pour la demeure royale.

XIII Les obsèques qui honorèrent Justinien après sa mort.

XIIII L'affection de Justin pour le corps de son oncle.

XV Sophie accompagne le deuil de son époux en pleurs.

XVI Il rapporte que la Renommée a mis en branle tout le peuple pour honorer Justin.

XVII Il expose admirablement la signification du cirque et de son apparat.

XVIII Il dit ici qui a attelé pour la première fois un quadrige.

XVIIII L'amour qu'il porte à Justinien pousse le peuple à honorer Justin.

I Le rassemblement et les efforts du peuple pour que Justin prenne le pouvoir.
Justin et Sophie ne prirent pas le pouvoir avant d'avoir prié avec dévotion le Seigneur.
Prière de Justin pour recevoir les honneurs.

⟨II⟩ Prière de l'épouse du même Justin prononcée devant la mère du Christ, comme le rapporte élégamment le poète.

III L'apparat des vêtements des Augustes.

X [1, 173] De precibus a senatu pro imperio Iustini rursum oblatis.

XI [1, 197] Felix auspicium ex gallorum cantu Iustin*o* Sophiaeque conicitur.

XII [1, 202] De excubiis et sollicitudine domus. regiae.

XIII [1, 226] Quibus exequiis Iustinianus post mortem fuerit honoratus.

XIIII [1, 248] De affectu Iustini erga corpus auunculi.

XV [1, 272] Sophia luctum flentis uiri congeminat.

XVI [1, 294] Refert quod uniuersum uulgus pro Iustini honore Fama commouerit.

XVII [1, 314] Quid circus uel eius apparatus significet mirabiliter di*ss*erit.

XVIII [1, 334] Dicit hic quis primum quadrigas iunxerit.

XVIIII [1, 345] Amore Iustiniani pro honore Iustini populus incitatur.

I [2, 1] ⟨De⟩ conuentu et intentione populi pro regno Iustini.
*No*n prius Iustinus Sophiaque sumpserunt imperium, *nis*i Dominum *de*uo*tis* precibus exorarent.
Oratio Iustini pro assumptis honoribus.

⟨II⟩ [2, 47] Deprecatio eiusdem Iustini coniugis, quam coram Christi genetrice effundere poeta decenter enarrat.

III [2, 84] De apparatu uestium augustarum.

XI Iustino *Rui.* : -ni *M* || **XVII** disserit *Rui.* : dixe- *M.*

I De *add. Rui.* || Non *Rui. e periocha II, II* : en *M* || nisi *ego e periocha II, II* : iam *M* ni *Par. ex 2, 6* quam *uett.* || deuotis *Par.* : uob *M* uotis *uett.* || precibus *M* : -busque *uett.* || **II** II *add.Rui.*

IIII Justin est soulevé pour prendre le trône conformément au rite en vigueur pour les empereurs précédents.

V Justin est consacré au pouvoir par le patriarche Jean.

VI Les termes de l'allocution de Justin au Sénat, après qu'il eut pris le pouvoir.

VII Justin fait une allocution au peuple sur l'amélioration de son action.

⟨VIII⟩ Discours de Justin en faveur du peuple[1].

VIIII ⟨...⟩

I Justin règle la décoration des funérailles de son oncle décédé selon la coutume de ses pères.

⟨II⟩ Après son deuil, le peuple est heureux de sa joie ancienne.

III Les fastes remarquables du banquet impérial sont rapportés.

IIII L'achèvement du banquet.

V On orne la maison auguste sur l'ordre du souverain.

VI La beauté du palais de Constantinople est célébrée.

VII Justin commande qu'on lui présente les ambassadeurs avares.

I L'attente et les travaux, quand la population se prépare pour les présents de Justin.

II Le consulat de Justin, sous lequel les sénateurs reçurent en premier de riches cadeaux.

1. La *periocha* principale II, VII, résumant *Iust.*, 2, 278-360, comprend deux parties, dont la première, exprimée par des participes, est relative à la venue de Justin au cirque et la seconde, constituée par la proposition principale, au discours qu'il y tient. Le rédacteur des *periochae* en marge s'est contenté de reprendre la proposition principale concernant les vers 2, 331-360, qu'il place cependant à tort en face du vers 278 (*periocha* en marge II, VII), ce qui l'oblige à introduire une nouvelle *periocha* pour les vers 331-360, qui n'est qu'un doublet de la *periocha* précédente (*periocha* en marge II, VIII).

IIII [2, 137] Iuxta priorum ritum Iustinus in regnum attollitur.

V [2, 159] A Iohanne pontifice Iustinus imperio consecratur.

VI [2, 175] Quibus uerbis post acceptum imperium senatu*m* Iustinus est allocutus.

VII [2, 278] Iustinus populum de emendatione operum alloquitur.

⟨VIII⟩ [2, 331] Enarratio Iustini in fa*u*ore*m* populi.

VIIII [2, 361] ⟨...⟩.

I [3, 1] More patrum Iustinus exornat funus decedentis auunculi.

⟨II⟩ [3, 62] Post luctum populus pristina laetitia iucundatur.

III [3, 85] Egregii apparatus imperialis conu*i*uii referuntur.

IIII [3, 134] De consummatione conu*i*uii.

V [3, 151] Exornatur augusta domus regentis imperi*o*.

VI [3, 191] Pulchritudo palatii Constantinopolitani laudatur.

VII [3, 234] Legatos Au*a*rum sibi Iustinus imperat praesentari.

I [4, 1] De expectatione et opere ubi Iustini muner*i* populi praepara*n*tur.

II [4, 90] De consulatu Iustini, in quo primum senatores ditati sunt.

VI senatum *Rui.* : -tus *M* || **VIII** VIII *add. Rui.* || fauorem *Rui.* : fabore *M.*

II II *add. Rui.* || **III** conuiuii *Rui.* : conuii *M* || **IIII** conuiuii *Rui.* : conubii *M* || **V** Exornatur *Rui* : exornantur *M* || imperio *Par e periocha III, V* : -rium *M* || **VII** Auarum *Rui.* : aurum *M.*

I muneri *Jäg.* : -re *M* || praeparantur *Rui.* : -ratur *M* || **II** quo *Rui.* : quorum *M* || ditati *Rui.* : dict- *M.*

III [4, 206] De multitudine populi aduentum principis expectantis.

IIII [4, 264] Sanctae Sophiae basilicam opere mirifico praedicat instaurat*am*.

V [4, 326] De Iustini in arce*m* con*s*censibus.

IV, **V** *Iust.* 4, 327-328.

IIII instauratam *Rui.* : -aurat *M* || **V** arcem *Rui.* : arce *M* || conscensibus *ego*, *cf. p. XCIV n. 5* : consensibus *M* conscensu *edd.*

PANÉGYRIQUE À LA GLOIRE DU QUESTEUR ET MAÎTRE ANASTASE[1]

Lorsque je regarde l'immense forêt de tes titres de gloire, homme juste, je m'efforce d'atteindre les branches élevées et de cueillir de gros fruits aux plus hautes grappes. Mais je vise des fruits trop grands pour ma petitesse et je ne peux les prendre, quand ils dépassent ma taille ; tandis qu'ils sont écartés loin de moi, j'élève mes regards vers eux, je les vois avec admiration et je tends les bras de mon talent et de mon ardeur. Un arbre fertile se dresse au milieu des bois sacrés, son aspect est splendide, il étend ses branches ombreuses sur l'étendue du monde, couvert de fruits de toutes sortes même hors saison, mêlant à ses fruits mûrs de nouvelles semences. Sa cime atteint les étoiles au plus haut du ciel, sa racine boit à une source et rassasié des flots sacrés, il déploie sa chevelure et domine les nues.

Si l'on est autorisé à comparer les petites choses aux grandes, je crois avoir disposé avec justesse les images de l'arbre et de la source. Mais si je donne une autre impression, mon ingénuité innocente te demande, excellent questeur, le pardon. C'est toi l'arbre fertile qui boit

1. Sur la charge de *quaestor sacri palatii* occupée par Anastase, voir *Constantin VII Porphyrogénète. Le Livre des Cérémonies*, texte établi et traduit par A. Vogt, commentaire par A. Vogt, 4 vol., Paris, 1935-1940, *Commentaire*, t. 2, p. 93 ; E. Stein, *Histoire du Bas-Empire*, t. 1, Paris, 1959, p. 111-112 ; G. Wesener, article *Quaestor*, dans *R. E.*, XXIV, 1963, col. 820-823 ; L. Bréhier, *Les institutions de l'Empire byzantin*, Paris, 1970, p. 83. Le *Quaestor sacri palatii* (appelé parfois *quaestor intra palatium*, H. Dessau, *Inscriptiones latinae selectae*, Berolini, 1892-1906, réimpr., 1954-1955, n° 2947, ou *quaestor aulae ibid.*, n° 2948) était le ministre de la justice de l'Empire byzantin. Il rédigeait et expédiait les ordonnances impériales et les rescrits qui répondaient aux pétitions et aux suppliques (cf. Symm., *Epist.*,

PANEGYRICVM IN LAVDEM ANASTASII QVAESTORIS ET MAGISTRI

Immensam siluam laudum, uir iuste, tuarum
aspiciens celsos nitor contingere ramos
grandiaque a summis decerpere poma racemis.
Sed paruus maiora peto nec prendere possum
mensuram transfusa meam longeque remota
suspicio mirorque uidens et bra*ch*ia tendo
ingenii studiique mei. Stat fertilis arbor
sacrorum in medio nemorum, pulc*h*errima uisu,
per mundi spatium ramos quae tendit opacos,
fructibus omnigenis etiam sine tempore plena
et noua maturis ammiscens germina pomis,
cuius apex summi conti*n*git sidera caeli
et radix de fonte bibit, sacrisque fluentis
expandit satiata comas et nubila supra est.
Arboris et fontis, si fas componere magnis
parua datur, iustas uideor posuisse figuras.
Sin aliter uidear, ueniam petit, o*p*time quaestor,
simplicitas ignara mali. Tu fertilis arbor

5 *Iust.* 2, 152 || 7 *Iust. praef.* 39 || 8 *Ioh.* 3, 211 || 12 *Ioh.* 2, 71 ; 6, 205.

1-2 Sedvl., *Carm. pasch.* 1, 97-98 || **4** Prvd., *Apoth.* 36 || **6** Ov., *Met.* 14, 656-657 || **7-12** Vvlg., *Dan.* 4, 7-9 || **7** Mart. 5, 27, 1 || Verg., *Georg.* 4, 142 || **8** Verg., *Georg.* 2, 21 || **12** Ov., *Fast.* 3, 34.

16 Pers. 1, 86 || **18** Alc. Avit., *Carm.*, 2, 99 || Verg., *Aen.* 1, 630.

Inc. item panigiricum eiusdem in laudem anastasii questoris et magistri *M* || **6** brachia : -cia *M ut plerumque* || **8** pulcherrima : pulcerr- *M ut plerumque* || **12** contingit *Rui.* : -tigit *M.*

17 optime : obt- *M ut plerumque.*

à la source auguste. La source, à la Cour, est le maître, très grand bienfaiteur universel, source qui enrichit tout, qui fait s'étendre tes bras à travers les vastes terres et se reposer les peuples à votre ombre. Permets-moi de boire à cette source, toi qui m'offres la pâture, ô source douce pour moi, qui m'offre, tes eaux. Au milieu de ces lieux charmants je me nourrirai volontiers et, rassasié, j'aurai la protection de votre ombre, maître éminent entre tous, gloire des dignitaires, arbitre du monde, qui, sous les auspices du prince, règles les lois et le droit, défenseur de la justice, père des indigents, soucieux de tout alléger par la piété de tes jugements, dans ton dédain des présents, dans ton rejet de l'avarice, dans ton mépris de l'or fauve, questeur Anastase, dont la fidélité est connue du prince par un présent du Christ et qu'il para d'un double honneur.

Heureux le monde entier sous le principat de Justin, heureux cet âge sous le règne de Sagesse, heureux les peuples sous ta juridiction ; ces peuples à qui tu donnes la joie de vivre sous des maîtres pieux. Bien que tu portes ton attention sur le monde en général, ce sont spécialement les pauvres Africains qui tournent vers toi leurs yeux et leurs visages. L'Afrique rend grâce, elle sent déjà les effets de votre aide et se réjouit de voir ses citoyens ne cesser de remporter les larges secours accordés par Anastase. A moi aussi, questeur le plus grand de tous, redonne-moi de quoi me réjouir. Ce que le travail a permis, ce que la veille féconde, pourvoyant à la fatigue des Muses, a mérité au long de nuits sans sommeil,

1, 23, 3 : *precum arbiter*), il avait la direction de la police de la ville et tenait à jour le *laterculum minus*, tableau de certains postes attribués sur sa proposition à des officiers. Ses services étaient constitués de fonctionnaires qui ne lui appartenaient pas en propre, mais qui, faisant partie des bureaux impériaux, étaient en quelque sorte détachés auprès de lui. Sur la charge de maître des offices, également

Augusto de fonte bibens. Fons maximus aulae est
communis benefactor herus, fons omnia ditans,
qui tua per latas eduxit brachia terras
et populos uestra requiescere fecit in umbra.
Hoc, mihi da, de fonte bibam, tu pabula pr*ae*b*e*ns,
fons mihi dulcis, aquas. Haec inter amoena libenter
nutriar et uestra satiatus protegar umbra,
summe magistrorum, procerum decus, arbiter orbis,
principis auspicio leges et iura gubernans,
iustitiae uindex, inopum pater, omnia curans
iudiciis releuare piis, quia munera temnis,
spernis auaritiam, fuluum quia respuis aurum,
quaestor Anastasi, quem Christi munere fidum
cognouit princeps geminoque orna*u*it honore.
  Felix est totus Iustino principe mundus,
felix haec aetas in qua Sapientia regnat,
felices populi te iudice, quos facis ipse
sub dominis gaudere piis. Generaliter orbi
quamquam prouideas, miseri specialiter Afri
in te oculos atque ora ferunt. Agit Africa grates
et uestram iam sentit opem gaudetque quod ampla
semper Anastasii referunt solacia ciues.
Me quoque gaudentem, quaestorum maxime, redde.
Quod labor indulsit, quod fessis prouida Musis
alma per insomnes meruit uigilantia noctes,

19-20 *Iust.* 1, 214-215 ; 2, 145-146 || **21** *Iust.* 1, 232 || **28** *Iust.* 4, 5 || **30** *Iust.* 1, 282 ; 2, 394 ; 4, 370 || **32** *Iust.* 1, 47.
43 *Ioh.* 2, 435-436 ; 7, 20 ; 8, 286-287 || **42-43** *Iust.* 4, 182-183.

23 LVCR. 1, 229-230 ; *cf.* 2, 996-997.
38 VERG., *Aen.* 12, 656-657.

23 praebens *uett., cf. p. CIII* : preuens *M* praebes *Par. et alii alia* || **29** quia *M* : qui *Pet.* || **30** quia *M* : quod *Par.* quoque *Pet.* qui *Cameron in Latomus, 35, 1976, p. 405* || **31** Anastasi *Rui.* anastasii *M* || **32** ornauit *Rui.* : -bit *M.*

ces lettres sacrées le montrent. Lis, souverain maître, et défends ma cause : le décret te recommande votre serviteur. Vous êtes la source d'où sort ce ruisselet qui est le mien, sous le nom de qui j'accomplis le service du prince. Prends pitié de ma vieillesse fatiguée, traite mes blessures avec ta piété habituelle, afin que je te rende grâce dans la liesse et que je dise en un chant plein de félicité les triomphes sacrés d'un prince invincible.

occupée momentanément par Anastase, cf. Stein, *Histoire du Bas-Empire...*, t. 1, p. 113-114 ; Bréhier, *Les institutions de l'Empire byzantin...*, p. 83. Le maître des offices (cf. aussi *Iust.*, 1, 26), qui apparaît depuis 320, est le chef de la chancellerie impériale. Il a sous ses ordres les bureaux impériaux et les corps de troupes palatines (cf. *Iust.*, 3, 162). A la fois maître des cérémonies (cf. *Iust.*, 3, 233 et 265), ministre de l'Intérieur et ministre des Affaires étrangères, il est le premier personnage de la hiérarchie civile et contrôle même depuis 443, du point de vue administratif, les armées des frontières, tandis qu'il a également sous son autorité les arsenaux. Sur Anastase, cf. la longue note de E. Stein, *Studien zur Geschichte des byzantinischen Reiches vornehmlich unter den Kaisern Justinus II und Tiberius Constantinus*, Stuttgart, 1919, p. 26-28 (= n. 2) et *supra* n. 1 p. XVIII. Il était samaritain (J. B. Bury, H. M. Gwatkin et J. P. Whitney, *The Cambridge Medieval History*, t. 2 : *The rise of the Saracens and the foundation of the Western Empire*, Cambridge, 1913, p. 267, et Ch.-A. Julien, *Histoire de l'Afrique du Nord...*, 2e éd. revue et mise à jour par Chr. Courtois, Paris, 1951, p. 272, le donnent à tort comme africain), mais devait avoir servi en Afrique, pour que Corippe, venu de cette province, songeât à s'adresser à lui. L'image qu'il donne de l'intégrité de l'homme (*Anast.*, 29-32) contraste fortement avec les accusations de vénalité et de trahison formulées à son égard par Jean d'Éphèse (Ioh. Eph., 2, 29, éd. E. W. Brooks, p. 69-70). Mais il est vrai que ni Corippe, ni Jean d'Éphèse ne sont impartiaux : tandis que l'un se doit, pour les besoins de sa cause, de le flatter, l'autre, qui est monophysite, le hait pour son attitude antihérétique, au point de l'accuser même d'être l'élève (*magister eius maledictus Aetherius*) du conspirateur Aetherius (cf. p. XIX n. 3).

hi sacri monstrant apices. Lege, summe magister,
et causam defende meam. Tibi sanctio uestrum
commendat famulum. Vestro de fonte creatur
riu*u*lus *i*ste meus, sub cuius nomine gesto
principis officium. Fessae miserere senectae
uulneribusque meis solita pietate medere,
ut grates tibi laetus agam sacrosque triumphos
principis inuicti felici carmine dicam.

44 *Ioh.* 6, 319 ; 7, 52 || **49** *Iust., praef.* 43 || *Ioh.* 6, 25.

46 Drac., *Romul.*, 3, 16 || **48** Verg., *Aen.* 12, 934.

44 hi *Rui. metri causa* : hii *M* || **47** riuulus iste meus *Rui.* : riuolus stemeus *M* || **51** explicit panigiricum in laudem anastasii *M*.

⟨PRÉFACE⟩[1]

⟨...⟩ Dieu t'a donné d'avoir sous tes pieds tous les royaumes, a soumis les rois orgueilleux et a provoqué le déclin des troupes ennemies. La rude race des Avares aux cheveux en forme de serpents, terrible à voir et si dure par ses cruautés à la guerre, assujettie à ton pouvoir, prête à la servitude, suppliante, la chevelure éparse, au milieu de la Cour, implore la paix et n'ose, malgré son grand nombre, se fier à ses multitudes et défier les enseignes romaines. Qui pourrait énumérer les si nombreuses fois où les Francs furent défaits au combat, où les Goths furent domptés, les tyrans capturés et terrassés, où les farouches peuples des Lombards et des Gépides échangeaient dans leur sauvagerie des coups mutuels à travers l'étendue des campagnes, tandis que le maître voyait sa fortune faire périr sans danger pour ses soldats les deux races alternativement ? Quelle grande partie de vos ennemis tomba punie par sa propre perfidie !

1. Aux vertus traditionnelles du prince (cf. p. XLIX, n. 1 sont opposés les défauts tout aussi traditionnels des barbares, défauts souvent mentionnés par les historiens et les poètes épiques à propos de diverses peuplades barbares (leur laideur : Claud., 3, 325-326 ; leur âpreté : Lucan., 3, 269 ; leur férocité : Virg., *Én.*, 1, 263 ; 7, 384 et 724 ; Plin., *Traj.*, 12, 3 ; Ov., *Mét.*, 13, 612 ; Liv., 1, 19, 2 *et alibi* ; Sil., 2, 532 ; Lucan., 1, 308-309 ; Claud., 3, 439 ; leur sauvagerie : Liv., 34, 20, 2 ; Just., 43, 3, 4 ; Curt., 3, 8, 15 ; Val. Max., 9, 2, *ext.* 1 ; Apul., *Mét.*, 10, 6, 4 ; *Cod. Théod.*, 5, 7, 2 ; 7, 16, 2 ; *Schol. Hor. carm.*, 3, 27, 66, etc. ; leur perfidie : Caes., *Gall.*, 7, 5, 5 ; 7, 17, 7 ; Liv., 25, 33, 2). Le seul détail original concerne la façon dont les Avares, à l'instar d'autres peuplades originaires d'Asie centrale, arrangeaient leur chevelure en une longue natte pendant au milieu du dos (*Iust.*, *préf.*, 4 : ... *colubrimodis... capillis* ; cf. *Iust.*, 3, 262 : ... *longis... capillis*...). Cette caractéristique de leur mise est également relevée par Agath., 1, 3, p. 20, l. 2-4, *C. S. H. B.*, et Théophan., *Chronog.*, p. 232, l. 8-10, éd. De Boor.

⟨PRAEFATIO⟩

⟨...⟩ Deus omnia regna
sub *p*edibus dedit esse tuis regesque super*b*os
subdidit hostilesque manus decrescere fecit.
Illa colubrimodis Auarum gens dura capillis,
horribilis uisu crudisque asperrima belli,
imperio subiecta tuo, seruire parata,
in media supplex di*ff*usis crinibus aula
exorat pacem nec fidere milibus audet
to*t* numerosa suis Romana laces*s*ere signa.
Qui*s* totiens uictos numeret per proelia Francos
edomit*o*sque Getas, captos stratosque tyrannos,
Langobardorum populos G*e*pidumque feroces
mut*u*a per latos inter se uulnera campos
miscentes feritate sua, *c*um milite tuto
alternas gentes domini fortuna necaret?
P*ar*s inimicorum cedidit quam magna tuorum

2 *Iust.* 3, 343 || **5** *Ioh.* 6, 392 || **6** *Iust.* 3, 390 || **7** *Iust.* 1, 285 || **9** *Ioh.* 2, 379 ; *Iust.* 3, 341 ; 3, 396 || **11** *Iust.* 3, 385 || *Iust.* 3, 272 || **13** *Ioh.* 2, 107 ; 4, 471 ; 4, 533 ; 4, 558 ; 5, 82 ; 5, 453 ; 5, 472 ; 5, 503 ; 6, 606 ; 6, 651 ; 6, 693 ; 7, 238 ; 7, 265 ; 8, 42 ; 8, 128.

2 Vvlg., *Psalm.* 8, 8 || **5** Verg., *Aen.* 1, 14 || **8** Verg., *Aen.* 3, 370 || **13-14** Verg., *Aen.* 12, 720.

Inc. Praefatio *add. edd.* || **2** pedibus *Rui.* : sed- *M* || superbos : -uos *M ut plerumque* || **5** belli *M* : -lis *edd. plerique* || **7** diffusis *Pet.*, *uide adn.* : defu- *M* || **9** tot *Rui.* : to o *M* || lacessere : lacesc- *M ut semper* || **10** quis *edd. plerique a Bar. 16, 33, 856, cf. Ioh. 1, 44-46* : qui *M* || **11** edomitosque *Rui.*, *cf. 3, 385* : -tusque *M* || **12** Gepidumque : gip- *M ut semper* || **13** mutua *Rui.* : muta *M* || **16** pars : pras *M* || quam *M* : quum *falso legunt edd.* || magna M^2 : agna M^1.

Maintenant que la guerre est achevée, vainqueurs et vaincus servent dans ⟨ta⟩[1] Cour.

Le Père Tout-Puissant t'a fait gravir seul les hauteurs de la citadelle et t'a installé sur le siège suprême. La mère de votre sereine réflexion, Vigilantia, ne cesse d'être présente à vos yeux, ainsi que celle qui occupe tout ton cœur, la douce Augusta qui partage ton règne, Sapientia. Toi aussi, tu tires ton nom du nom de la justice et tu tiens très fermement la bride aux rois qui doivent être gouvernés : ce sont là les trois noms[2] qui gouvernent tout ce qui se meut. Les peuples luttent de vitesse pour conclure des traités avec les Romains : la justice du prince rend aimable le nom romain et la piété du maître est recherchée par tous pour une existence heureuse. Même celui qui se vante d'être l'ami du Soleil, qui soulève ses regards vers les cornes de la lune quand elle décroît et rend un culte aux feux nocturnes des astres errants pour les consulter, même celui-là est écrasé par la terreur que tu lui inspires et se hâte d'abaisser son chef orgueilleux et de placer à tes pieds son cou en signe de sujétion.

Pourquoi dirais-je les races d'Afrique, pourquoi dirais-je les combats des Syrtes, sujets désormais épuisés par mes livres? Le temps est venu de chanter des sujets

1. Les éditeurs modernes adoptent à la suite de E. Bährens et conformément aux lois de la critique textuelle : ... ⟨*simul*⟩ *famulantur in aula*. Mais, comme en *Ioh.*, 2, 385, on lit *nostris famulantur in aulis* et qu'à plusieurs reprises *M* omet des mots sans que l'on puisse expliquer cette omission par leur ressemblance avec les mots qui les précèdent ou qui les suivent (*Iust.*, 1, 219 : *quod*; 1, 237 : peut être *erat*; 2, 359 : peut être *populos*; 3, 259 : *-que*), nous nous sentons autorisé à reprendre la vieille conjecture de Rittershusius : ... ⟨*tua*⟩ *famulantur in aula*.

2. *Nominibus tribus*, c'est-à-dire *Vigilantia*, *Sapientia* et *Iustitia*.

perfidia p*u*nita sua! Nunc Marte peracto
uictores uictique ⟨tua⟩ famulantur in aula.
  Solum excellentem conscendere iussit in arcem
te Pater Omnipotens summaque *in* sed*e* locauit.
Mater consilii placidi Vigilantia uestris
semper inest oculis quamque omni pectore gestas,
alma August*a* tui consors *S*apientia regni.
Tu quoque, Iustitiae nomen de nomine sumens,
frena regendorum retines firmissima regum.
Nominibus tribus his regitur quodcumque mouetur.
Certatim gentes Romana ad foedera currunt :
principe pro iusto R*o*manum nomen amatur
subque pio domino cuncti bene uiuere quaerunt.
Ille etiam solis qui se subiactat amicum,
ardua sus*pi*ciens minuentis cornua lunae
noctiuagosque colens astrorum consulit ignes,
urguetur terr*or*e tuo properatque superbum
inclinare caput subiectaque ponere colla.
  Quid Libycas gentes, quid Syrtica proelia dicam,
iam libris completa meis? Maiora canendi

18 *Ioh.* 2, 385.
20 *Iust.* 1, 47 || **23** *Iust.* 2, 47 ; 2, 198 || **31** *Iust.* 2, 18-19.

17 Val. Flac. 6, 436 ; Lvcan. 7, 299.
20 Verg., *Aen.* 2, 525 || **24** Verg., *Aen.* 3, 18 || **26** Lvcan. 9, 580 || **29** Commod., *Instr.* 2, 23, 15 ; cf. *Instr.* 2, 15, 7 || **32** Verg., *Aen.* 3, 585 || **34** Verg., *Aen.* 2, 721 || **36** Verg., *Ecl.* 4, 1.

25 Ivlian. Tolet., *Gramm., ed. Hagen, Anecdota Heluetica..., p. CCXVI, l.* 16.

17 punita *Rui.* : ponita M^2 ponia M^1 || **18** tua *prop. Rit., uide adn.* : simul *add. Bäh. in Rh. M., 27, 1872, p. 224 et alii alia* || **19** excellentem : exell- *M* || **20** in *Rui.* : iste *M* || sede *Rui.* : sed *M* || **21** placidi *Pet.* : -dis *M* || **23** Augusta *Rui. metri causa* : -ti *M* || consors Sapientia *Rui.* : consorsap -*M* || **25** retines *Rui.* : -nens *M* || **28** iusto Romanum *Rui.* : iustorum manum *M* || **30** se subiactat *M* : sibi iactat *dubit. coni. Pet.* sese iactat *coni. Amann* || **31** suspiciens *Rui.* : suscip- *M* || **33** terrore *Rui.* : terre *M.*

plus grands. Tends ta main pieuse à un vieillard fatigué[1] : c'est toi qui vas me fournir une matière convenable pour un poème ainsi que le talent et l'ardeur. Toi qui peux vaincre des races indomptables et soumettre des royaumes barbares, sois vainqueur, je t'en supplie, de la cruelle colère de la fortune à mon égard[2]. Vaincre la fortune vaut mieux que vaincre à la guerre. Dépouillé de mes propriétés et atteint de blessures sans nombre, je suis venu chez le médecin en pressant de prières son cœur pieux, chez le médecin à qui il suffit d'un mot pour supprimer le mal et qui n'a pas besoin de préparer un remède pour soigner les blessures. Moi, à celui qui me guérit, dans la mesure où des esclaves ont du crédit, je ne cesse de rendre grâce et j'apporte mes chants en présent.

1. *Fessus senio* est une expression traditionnelle pour évoquer l'état du vieillard (Stat., *Théb.*, 4, 358 ; *Silu.*, 2, 4, 36 ; Tac., *Ann.*, 2, 42, 3 ; en 3, 59, 14, on lit : *senex imperator fessamque aetatem et actos labores praetenderet*).

2. *Vincere fortunam* est une expression stoïcienne (Cic., *Epist.*, 6, 12, 1 ; Sén., *Dial.*, 1, 3, 3 ; 2, 15, 3 : *uincit nos fortuna nisi tota uincitur* ; *Herc. fur.*, 1271-1272). Ce thème est devenu un motif d'éloge (Plin., *Nat.*, 7, 106 ; *Panég.*, 12, 27, 4).

tempus adest. Senio dextram, pie, porrige fesso.
Tu mi*h*i materiam dicendi carminis aptam,
ingenium studiumque dabis. Cui uincere fas est
indomitas gentes et barbara subdere regna,
uince meae saeuam fortunae, deprecor, iram.
Vincere fortunam plus est qua*m* uincere bella.
Nudatus propriis et plurima uulnera passus
ad medicum ueni, precibus pia pectora pulsans,
ad medicum uerbo pe*s*te*m* qui summouet uno
et sine composito medicamine uulnera curat.
Huic ego sananti, si qua est fiducia seruis,
grates semper ago et pro munere carmina porto.

37 *Ioh.* 7, 414 || *Anast.* 48 || *Iust.* 1, 12 || **39** *Anast.* 7 || **40** *Ioh.* 6, 108 ; 6, 554 || **45** *Iust.* 2, 422-423.

37 Ov., *Trist.* 3, 1, 2 || **38** Ov., *Am.* 1, 1, 19 || **39** Mart. 5, 27, 1 || **39-41** Ov., *Epist.* 3, 85 || **43** Ov., *Met.* 6, 297 ; 13, 391 || Ov., *Met.* 3, 251 || **47** Verg., *Aen.* 11, 502.

37 pie porrige *Rui.* : pie piorr- *M* || **38** mihi *Rui.* : mici *M* || **42** quam *Rui.* : qua *M* || **43** plurima uulnera *M* : u. p. *uett.* || **45** pestem qui *Rui.* : petens quis *M* || **47** sananti *Rui.* : -tis *M* || **48** explicit feliciter *M*.

LIVRE I

Je chante sous de meilleurs auspices le faîte du pouvoir enlevé sans aucun bouleversement, sans combat, atteint sans brigue. Bien que nul ne soit à même d'énumérer dans leur ordre les témoignages illustres de leur pieuse activité, je crois cependant utile à des esclaves de mettre leur fidélité à la disposition des maîtres, quelle que soit la fonction qui lui est confiée. Je prête ma langue : vous, Divines[1], donnez les mots, vous maternelle Vigilantia, et vous Sapientia, dont la souveraine direction assure la protection du monde. Pour mes chants vous suppléez suffisamment toutes les Muses, vous me révélez tous les secrets qui se cachent. Et toi, Mère de Dieu, tends-moi ta sainte main et porte-moi assistance, je t'en prie. Un motif de grand travail se dresse devant moi et je tends des bras trop faibles pour le fardeau. Parce qu'il aime ses maîtres, le questeur Anastase insiste et me pousse à commencer mon chant, lui qui est un personnage important dans la sainte assemblée du sénat, qui ordonne les mœurs, qui est le prêtre du droit et des lois, ainsi que Thomas, soutien de la terre d'Afrique, quand elle chancelait, qui la releva de sa chute, qui redonna un espoir de vie aux Africains, qui organisa la paix, qui n'eut pas

1. *Diuae* est l'épithète courante des Muses (cf. *T. L. L.*, vol. 5, col. 1650, l. 60-63), dont le rôle est d'apporter une révélation au poète (*Iust.*, 1, 11 : *monere*, cf. *T. L. L.*, vol. 8, col. 1409, l. 63-70). Les Muses de Corippe sont la mère et l'épouse du prince, Vigilantia et Sophia, et la Vierge, que Corippe évoque non en raison « d'un sentiment religieux » ni pour faire plaisir à l'impératrice dévote de la Vierge, comme le veut D. Romano, p. 153 de son édition, mais parce que la Vierge est à sa place dans un contexte chrétien, où elle se substitue aux Muses païennes avec Vigilantia et Sophia.

LIBER PRIMVS

Imperii culmen rerum non motibus ullis,
non armis sumptum, non ambitione potitum
auspicio meliore cano. Licet omnia nullus
inclita gestorum ualeat monumenta piorum
ordinibus numerare suis, tamen utile seruis
esse reor mentem dominis a*p*tare fidelem,
officio quocumque datur. Praecommodo linguam :
uos, Diuae, date uerba, *e*t qu*a*e Vigilantia mater
et quae summa regens Sapientia protegis orbem.
Vos mihi pro cunctis dicenda ad carmina Musis
sufficitis, uos quaeque latent arcana monetis.
Tuque, Dei Genetrix, sanctam mihi porrige dextram
et fer opem, quaeso. Magni mihi causa laboris
surgit et inualidos ad pondera tendo lacertos.
Vrguet amans domin*o*s carmenque impellit adire
quaestor Anastasius, sancti pars magna senatus,
compositor morum, iuris legumque sacerdos,
et Thomas, Lib*yca*e nutantis destina terrae,
qui lapsam statuit, uitae spem reddidit Afris,
pacem composuit, bellum sine milite pressit,

5 *Iust.* 4, 166 || **9** *Iust.* 1, 139 || **12** *Iust. praef.* 37 || **18** *Ioh.* 3, 43 || **20** *Ioh.* 6, 436 ; 7, 249.

2 Clavd. 8, 46 || **3** Verg., *Aen.* 1, 1 || **13-14** Verg., *Aen.* 6, 103-104 || **16** Lvcan. 2, 277 ; 5, 40.

Inc. incipit liber primus corippi africani gramatici editus in laudem iustini agusti minoris *M* || **6** aptare : abt- *M ut plerumque* || **8** et quae *Rui.* : atque *M* || **15** dominos *Bar. 21, 2, 1017* : -nus *M* || **16** pars M^2 : pras M^1 || **18** Libycae *uett.* : libice *M* Libyae *edd. a Par.*

besoin de soldats pour mettre fin à la guerre, qui vainquit par la sagesse de ses conseils ceux que nul n'avait vaincus par les armes. Je n'oublie pas la grande âme de Magnus, grand par ses mérites et par son nom, cher à ses maîtres par ses facultés intellectuelles, préposé aux comptes sacrés, contrôleur attentif des gouverneurs du monde latin[1]. Ici est présent Théodore, tout à la fois successeur et réincarnation glorieuse de la bonté de Pierre, maître aussi grave que son père ; là est présent Démétrius, qui traite les secrets de la Cour sacrée ⟨…⟩.

⟨…⟩ Le sommeil pressa ses yeux humides. Ce n'est pas, me semble-t-il, sans les auspices de la Souveraine Divinité que ce repos s'est présenté : c'était pour lui montrer les signes des biens à venir et l'instruire des secrets des événements que ce sommeil s'était présenté à notre héros. Le repos n'avait pas encore détendu complètement ses membres vaincus qu'une vierge descendue par les airs des régions supérieures du ciel, à l'aspect clément, à la démarche discrètement joyeuse, aux cheveux étincelants couverts d'un voile, au regard bienveillant, pour autant que le laissaient voir les apparences, image de la sainte Piété, se dressa devant ses pieds divins, le couronna de sa main droite, ceignit son chef du saint diadème et, tout en l'enveloppant avec douceur dans le vêtement impérial, lui dit : « Voici la tenue qui te convient, souverain le plus grand de tous,

1. Ces mots désignent la fonction de comte des largesses sacrées qu'exerçait alors Magnus, sur laquelle on consultera Bréhier, *Les institutions de l'Empire byzantin*..., p. 83-84. Préposé aux *sacrae largitiones*, c'est-à-dire aux « dons par lesquels l'empereur manifestait, comme une Providence visible, sa générosité envers ses sujets » (Bréhier), il administrait, avec sous ses ordres un comte des largesses dans chaque diocèse, la caisse alimentée par des impôts somptuaires et surveillait les travaux publics. La fonction disparaît au VIIe siècle pour être remplacée par celle de logothète du bureau général de contrôle (λογοθέτης τοῦ γενικοῦ λογιστηρίου).

uicit consiliis quos nullus uicerat armis,
nec non magnanimus meritis et nomine Magnus,
mente placens dominis, sacris rationibus aptus,
rectorum Latii discussor prouidus orbis.
Successorque boni recidiuaque gloria Petri
hinc T*h*eodo*r*us adest, patria grauitate magister,
hinc secreta sacrae tractans Demetrius aulae

[Desunt uersus quadraginta quattuor aut quinquaginta quattuor.]

humentes oculos pressit sopor. Haud sine Summi
Numinis auspicio reor hanc uenisse quietem :
signa futurorum sopor ostentare bonorum
uenerat ille uiro rerumque arcana docere.
Nondum plena quies uictos laxauerat artus,
cum uirgo superas caeli d*e*missa per auras,
aspectu clemens et gressu laeta pudico,
purpureas uelata comas oculisque benigna,
quantum signa dabant, sacrae Pietatis imago,
diuinos stetit ante pedes dextraque coronam
imposuit sanct*o*que caput diademate cinxit
Augustoque uirum circumdans mitis amictu :
« Te decet hic habitus, regnantum maxime », dixit,

30 *Iust.* 4, 273 || **38** *Iust.* 2, 162-163.

22 Lvcan. 8, 549 || **25** Rvt. Nam. **1**, 168.

28 Ov., *Met.* 11, 464 ; 14, 734 || Verg., *Aen.* 12, 908 || **28-29** Verg., *Aen.* 5, 56 || **32** Verg., *Aen.* 5, 857 || **33** Verg., *Aen.* 7, 768 ; **11**, 595 || **35** Verg., *Aen.* 3, 405 || **36** Verg., *Aen.* 6, 405.

25 recidiuaque *M* : rediuiua *edd. plerique a Fog.* || **26** Theodorus *Dem.* : teodolus *M* || **27** *post* aulae *lacunam 44 aut 54 uersuum praebet M, cf. p. LXXXIX, n. 1.*

28 haud : haut M^{2} aut M^{1} || **31** ille M^{2} : illo M^{1} || **33** demissa *Rui.* : dim- *M* || **36** sacrae M^{2} *metri causa* : -cra M^{1} || **38** sanctoque *Fog.* : sancti- *M* sanctum- *dubit. prop. Fog.*

prince que tous doivent à la fois craindre et aimer, élu de la grandeur de Dieu, souche divine. Me voici qui accours la première dans la liesse au devant de ta bonne fortune et je suis venue là afin d'avoir le bonheur de t'annoncer prophétiquement ce qui s'est passé : cette douce nuit a emporté ton père. Prince si courageux, debout ! C'est toi que le jour attend, Justin. C'est toi l'héritier le plus direct. C'est toi que le Père Tout Puissant a paré de l'honneur divin, c'est toi que ton oncle a solidement placé à la tête de la Cour sacrée. Pourquoi verses-tu des larmes ? Pourquoi pleures-tu sur des événements réjouissants ? Loin de toi la tristesse ! Ton père vit, il vit dans l'éther et jouit d'un jour meilleur[1]. Succède-lui dans sa tâche, assume les fatigues du gouvernement de l'univers. Tu as le courage et la vigueur, l'âge plus prestigieux, la clairvoyance de ta réflexion, la constance de l'esprit, la sainteté de la volonté, la vigilance pour monter la garde[2] et une sagesse digne du ciel pour gouverner le vaste monde. Ne vas pas croire que ce sont là de vains propos ou penser que ce sont des chimères imaginaires ! Dépêche-toi ! Je parle clairement : le monde te sera soumis, plein d'admiration pour les hauts faits de tes vertus. Celui qui jalousera votre Cour tombera de lui-même et la pieuse épée des lois frappera les êtres injustes. Les guerres contre les barbares accroîtront les triomphes romains et de très puissants royaumes tom-

1. *Dies melior* (cf. aussi *Iust.*, 3, 34) est typiquement chrétien (cf. *Inscr. christ. Le Blant*, I, 31, 24 : *melior... sine fine dies*).

2. *Custos* est un titre fréquent de divinités (cf. *T. L. L.*, vol. 4, col. 1576, l. 72-col. 1577, l. 48), mais on le trouve aussi appliqué au prince (Hor., *Carm.*, 4, 15, 17 : *custode rerum Caesare* ; Plin., *Traj.*, 94 : *imperii custos*). Ici Corippe applique le mot à une vertu à la façon de Claud., 22, 6 : *magni custos Clementia mundi.*

« terribilis princeps et amabilis omnibus idem,
a magno dilecte Deo, diualis origo.
En ego laeta tuis occurro prima secundis
gestorumque tibi felix praenuntia ueni :
sustulit haec nox alma patrem. Fortissime, surge !
Te expectat, Iustine, dies, tu proximus heres,
te Pater Omnipotens diu*i*no ornauit honore,
te dominum sacrae firmauit auunculus aulae.
Quid fundis lacrimas? Rerum quid gaudia defles?
Proice tristitiam ! Viuit pater, aethere uiuit
et fruitur meliore die. Succede labori
atque regendarum sudores suscipe rerum.
Est uirtus roburque tibi, praestantior aetas,
prudens consilium, stabilis mens, sancta uolu*n*tas
et rerum custos uigilantia dignaque caelo
uestra gubernatrix lati sapientia mundi.
Haec ne uana putas aut credas *s*omnia fingi !
Accelera ! Manifesta loquor : tibi seruiet orbis,
fortia uirtutum miratu*s* facta tuarum.
Quisquis erit uestrae, per se cadet, inuidus aulae
afficietque uiros legum pius ensis iniquos.
Barbara Romanos augebunt bella triumphos
regnaque sub uestris uenient fortissima plantis.

44 *Iust.* 1, 301 || **47** *Iust.*, *praef.* 20 || *Anast.* 32 || **51** *Iust.* 3, 34 || **57** *Iust.* 3, 324 || **62** *Iust.* 3, 366 || **63** *Iust.* 3, 273 ; 3, 320.

42 Clavd. 7, 96 || **54** Prvd., *Ham.* 342 || Prvd., *Ham.* 644 || **56** Sedvl., *Carm. pasch.* 1, 330 || **57** Verg., *Aen.* 8, 42 || **58** Sedvl., *Carm. pasch.* 1, 27.

42 a *M* : o *Cameron in Latomus, 35, 1976, p. 405* || **47** diuino *Rui.* : diuno *M* || **50** proice *Rui.* : proicere *M* || **52** sudores suscipe *edd. a Par.* : s. nunc suscipe *M* curas nunc suscipe *uett.* || **53** est *M* : et *falso legunt edd.* || **54** uoluntas : -umtas *M ut semper* || **55** uigilantia *M* : Vig- *Fog.* || **56** sapientia *M* : Sap- *Fog.* || **57** somnia *Sca.* : omnia *M* || **58** orbis M^2 : hor- M^1 *ut plerumque* || **59** miratus *Rit.* : -atur *M* || **62** romanos M^2 : -nus M^1.

beront sous vos pieds[1]. Voici les dignitaires qui ébranlent le seuil de la porte et qui requièrent Justin et Sophie pour succéder à leur père ! »

Ainsi avait parlé la vierge, quand le sommeil paisible abandonna ses yeux et s'envola pour se fondre dans la pureté des airs. Et déjà une troupe serrée, agitée d'un rapide élan, frappait le seuil protégé par des chaînes que l'on y avait tendues. Devant le vacarme, le garde à qui est confié le soin de défendre les verrous s'écrie avec indignation en ces termes : « Quel est ce téméraire qui ose interrompre le sommeil paisible des maîtres, quand une nuit avancée[2] apporte le doux repos et que le sommeil est le plus agréable à tous les membres ? ». « S'il te revient de veiller fidèlement sur tes maîtres, lève-toi ⟨vite⟩ ! » s'écrie Calinicus. La voix est tôt reconnue : elle annonce aux maîtres la présence de Calinicus devant leurs portes. Ce dernier tire de ce nom un présage de félicité. Ce furent les prémices de la prospérité et de la fortune renouvelant des périodes de félicité pour le monde épuisé, que la première à venir sur le seuil fût « La Bonne Victoire », chargée de conduire les maîtres du monde à la Cour impériale. Ce nom t'a été dédié, Calinicus, par un heureux sort en raison de tes mérites, homme illustre. Devenu l'agent d'une si importante décision, même si c'est Dieu qui est à l'origine de tout cela, toi aussi en compagnie de tes maîtres, puisque tu as vécu et que tu vivras avec cette fidélité, tu auras en récompense de tes peines

1. Pour ce geste, cf. *Iust.*, 2, 107-108 et la note complémentaire.

2. *Intempesta nox* désigne la partie de la nuit qui va de minuit à trois heures du matin (cf. Serv., *Én.*, 2, 268, qui, après Varron, divise la nuit en *uespera*, *conticinium*, *intempesta nox*, *gallicinium* et *lucifer*). C'est, pour employer les termes de P. Courcelle, *Intempesta nocte*, dans *Mélanges d'histoire ancienne offerts à William Seston* (= *Publications de la Sorbonne*, série *Études*, t. 9), Paris, 1974, p. 127-134, précisément p. 132, l' « heure des surprises stratégiques et des complots ou forfaits criminels ».

Ecce tuae proceres pulsantes limina portae
Iustinum Sophiamque rogant succedere patri. »
Dixerat haec uirgo, placidus cum lumina somnus
deseruit purisque uolans se miscuit auris.
Et iam crebra manus ueloci concita pulsu
limina quassabat ductis munita ca*tenis*.
Ad strepitu*m* custos cura est cui claustra tueri
sic ait indignans : « Quisnam temerarius hic est
qui placidos audet dominorum rumpere somnos,
tempore quo dulcem nox intempesta quietem
ingerit et membro sopor est gratissimus omni? »
« Si te fida manet dominorum cura tuorum,
surge ⟨citus⟩ ! » Calinicus ait. Mox agnita uox est :
ante fores domini*s* Calinicum nuntiat esse.
A*u*spicium felix illo de nomine cepit.
Prosperitas ea prima fuit fortunaque rerum
tempora defesso renouans felicia mundo,
quod primum ad limen Bona tunc Victoria uenit,
orbis in augustam dominos ut duceret aulam.
Hoc nomen sors laeta tibi, Calinice, dicauit
pro meritis, uir clare, tuis. Factusque minister
tanti consilii, licet haec Deus omnia fecit,
tu quoque cum dominis, quoniam sic mente fideli
uixisti uiuesque, tuis mercede laborum

77 *Iust.* 3, 234 || 82 *Iust.* 1, 197 ; 1, 205 ; 1, 359 || 85 *Iust.* 1, 182 || 87 *Ioh.* 5, 412.

67 IVVENC. 1, 42 || 68 VERG., *Aen.* 5, 436 || 70 LVCAN. 1, 253 || 85 VERG., *Ecl.* 1, 6.

67 purisque M^2 : purius- M^1 || 68 pulsu *M* : passu *Von. Spec. 15* cursu *Stache* || 69 cat(-th-)enis *Rui.* : ca e *M* || 70 strepitum *Rui.* : -tu *M* || 75 manet *M*, *cf. p. CIV n. 1* : mouet *edd. a Par.* || 76 citus *add. Par. ex 1, 118 et alii alia* || 77 dominis *edd. plerique a Fog.* : -ni *M* || 78 auspicium : asp- *M* || 82 duceret M^2 : dic- M^1 || 83 tibi *add.* M^2 || C(c-)alinice M^2 : calice M^1 || 85 consilii M^2 : -solii M^1.

une renommée, une gloire et un nom éternels. On n'apporte aucun retard aux ordres de Dieu : le portier eut tôt fait de retirer les verrous pour ouvrir sur l'ordre du maître la porte élevée au gond grinçant. Cette vision avait déjà fait de Justin un homme sûr, elle avait chassé de sa poitrine le doux sommeil et de profonds soucis agitaient son cœur pieux. Quand les portes furent largement ouvertes, le sénat pénétra dans les vastes salles et sous la conduite d'un serviteur se mit en marche rapidement sous le faîte doré du plafond.

Il est une demeure, au fond du palais[1], qui, à la partie supérieure du plafond, brille de sa lumière propre, comme si elle était librement ouverte sur le ciel, resplendissant d'un remarquable éclat métallique. Si ce titre est permis, qu'on l'appelle même, elle qui n'est pas épargnée du soleil rutilant, la demeure du soleil. Son aspect est des plus agréables et la physionomie des lieux est admirable : un côté regarde au loin l'immensité de la mer, l'autre côté regarde le port, le port enserré dans les bras d'une double rive par une installation de môles qui lui font mépriser la violence des vents, qui offrent une rade aux eaux calmes, qui brisent les vagues de la mer sur l'obstacle de leur roche marmoréenne et qui par un étroit chenal empêchent le ressac. Ce lieu avait pour les maîtres un attrait particulier : de là, ils aimaient contempler le mouvement des flots dans le détroit et

1. Sur ce palais des Sophiae, situé près de l'ancien port de Julien et différent du palais des Sophianae que Coripe évoque en *Iust.*, 4, 287 (cf. n. compl. *ad loc.*), consulter Av. Cameron, *Notes on the Sophiae, the Sophianae and the harbour of Sophia*, dans *Byzantion*, 37, 1967, p. 11-20, qui corrige l'article de A. Guilland, *Les ports de Byzance sur la Propontide*, dans *Byzantion*, 23, 1953, p. 181-238, où l'auteur confondait le palais de Sophie et celui des *Sophianae*. Av. Cameron a justement remarqué que, si Coripe décrit le port, c'est pour féliciter Justin d'avoir fait restaurer le port de Julien, désormais désigné par le nom de Sophie. L'*immensum pelagus* (*Iust.*, 1, 103) est la Propontide sur laquelle donnait le palais situé à l'est du port.

aeternam famam laudemque et nomen habebis.
Fit iussis mora nulla Dei : mox claustra resoluens
ianitor excelsam stridenti cardine portam
imperio reserauit heri. Iam uisio certum
fecerat illa uirum dulcesque a pectore somnos
expulerat curaeque altae pia corda mouebant.
*V*t latae patuere fores, subit ampla sen*a*tus
atria et aurati subter fastigia tecti
corripuit festinus iter monstrante ministro.
  Est domus interior, tectorum in parte superna,
luce sua radians, *u*t aperto libera caelo,
conspicuo uitrei splendens fulgore metalli.
Dicere si fas est, rutili non indiga solis
uel solis dicenda domus. Gratissima uisu
et facie mira*nda* loci : pars prospicit una
immensum pelagus, pars respicit altera portum,
portum quem geminae complexant brachia ripae,
moenibus appositis, rapidos contemnere uentos
et faciunt praebentque salum statione quietum.
Aequoreos frangunt obiecto marmore fluctus
et prohibent refluas angustis faucibus undas.
Gratior ille fuit dominis locus, unde solebant
undiuagum spectare fretum curuasque carinas

92-93 *Ioh.* 1, 513.
100 *Iust.* 2, 196 || **101-102** *Iust.* 3, 192-193.

88 Verg., *Ecl.* 5, 78 || **89** Lvcr. 1, 415 || **90** Verg., *Aen.* 6, 573-574 || **95** Verg., *Aen.* 8, 366.
97 Verg., *Aen.* 1, 637 ; 2, 486 || **100** Ov., *Pont.* 4, 16, 45 || **102-104** Rvt. Nam. 1, 533 ; 1, 535 || **105** Verg., *Aen.* 3, 77.

89 dei *M* : dein *Haupt in Hermes, t. 8, 1874, p. 242, et alii alia* || **94** Vt *Rui.* : et *M* || senatus *Rui.* : senectus *M* || **98** ut *Bar. 34, 3, 1548* : et *M.*
102 facie miranda *Rui.* : faciem ira M^1 f. iraque M^2 facie plus mira *Shackleton Bailey ex 3, 193 in C. Ph., t. 50, 1955, p. 119* || **105** ap(ad-)positis M^2 : -tus M^1 || **106** praebent]que *add.* M^2.

les carènes recourbées des navires transportant toutes les marchandises des deux mondes. C'est là qu'après s'être dressé vivement de sa couche élevée, le prince désigné était assis en un endroit retiré et rapportait sa vision à sa chère et affectueuse épouse.

Tandis qu'il parle et qu'il fait partager ses soucis à sa pieuse épouse, les sénateurs, le visage baissé, franchissent le seuil sacré. Cette attitude indiquait en signes clairs un malheur. Ils se mirent vite debout et, sans plus dire un mot là où ils étaient assis, vinrent au milieu de la salle. « Quelle nouvelle m'apportez-vous, mes amis? Pourquoi cette tristesse? » s'écrie Justin. «L'illustre père du monde est-il mort ou vivant ? » Le palais se mit alors à gémir en pleurant abondamment. Calinicus mit fin aux gémissements en pressant d'un doigt sa bouche et fit le silence d'un geste de la main : c'est ainsi qu'un fleuve vainqueur de ses digues inonde en s'élançant l'étendue des champs ; si alors le paysan assez avisé peut dresser des remblais pour draîner les eaux éparses, la rivière en reflux sera ramenée à son cours, la poussée des eaux est freinée, tout leur élan retombe et les ruisseaux enfermés par le sable perméable décroissent. « L'empire romain, du vivant de votre père, fut agrandi par vos conseils et par vos

omnia uectantes gemini commercia mundi.
Illic e stratis consurgens impiger altis
electus princeps secreta in parte sedebat
atque ostensa sibi carae referebat amanti.
Dum loquitur pensatque pia cum coniuge curas,
limina sacra patres deiectis uultibus intrant.
Ille habitus casum signis monstrauit apertis.
Surrexere citi uerbisque in sede relictis
ad medios uenere loc*o*s. « Quid fertis, amici?
Cur tristes? » Iustinus ait. « Pa*te*r inclitus orbis
occidit an uiuit? » Magno tunc regia fletu
ingemuit. Gemitus uno Calinicus ademit
ora premens digito dextraque silentia fecit,
aggere non aliter qu*a*m uicto flumen inundans
in latos erumpit agros; si cautior illic
marginibus sparsas erectis colligat undas
agricola, in sese refluus reuocabitur a*m*nis,
praecipites frenantur aquas, redit impetus omnis
et clausi bibula riui minuuntur harena.
« Romanum imperium, patris dum uita manebat,
uestris consiliis uestrisque laboribus auctum

115 *Ioh.* 1, 48-49 || **116** *Iust.* 2, 49 || **117** *Iust.* 1, 239 || **120** *Iust.* 3, 35 || **123** *Ioh.* 8, 209 || **125** *Ioh.* 2, 50 ; 4, 149 ; 5, 438 ; 8, 602 ; 8, 639 || **128** *Iust.* 3, 282 || **129** *Iust.* 4, 169 || **131** *Iust.* 2, 203.

111 Clavd., *Rapt. Pros.* 1, 91 || **113** Stat., *Theb.* 11, 458.

120 Stat., *Silu.* 3, 4, 48 || **123** Lvcan. 1, 298 || **126 et 129** Verg., *Georg.* 1, 114 || **128** Verg., *Georg.* 4, 136 || **129** Verg., *Ecl.* 3, 111 || **130** Verg., *Aen.* 5, 724 ; 6, 608 ; 6, 661.

114 ostensa sibi M^2 : ostensibi M^1.

118 uerbisque in *M* : u. et *Al. Cameron in Cam.* trabeisque in *Pet.* || **119** locos *Rui.* : -cus *M* || amici *Rui.* : amihi *M* || **120** pater *Rui.* : par *M* || **124** aggere M^2 : agere M^1 || quam *Rui.*, *cf. Ioh. 4, 297 et 8, 94* : quum *M* cum *Bek.* || **126** undas M^2 : -dis M^1 || **127** amnis *Rui.* : annis *M* || **130** patris *M* : -tri *Bar. 34, 21, 1158.*

travaux, comme le peuple le sait et comme nous le reconnaissons avec le peuple. Sang impérial de Justin, qui ne t'aurait proclamé digne du principat, qui ne t'aurait proclamé[1] maître de la Cour sacrée, alors que tu administrais les divins palais de la grandeur de ton père, en l'égalant par tes occupations et ne différant de lui que par le seul diadème? Si en effet dans la hiérarchie du avais le titre de curopalate, une disposition t'avait bien fait César. Lorsque le vieillard avait encore la force de tenir le sceptre, c'est toi qui assurais la direction souveraine du royaume sous la grave conduite de ta réflexion. Il n'a rien accompli sans toi, soit que sa grande âme lançât de puissantes guerres, soit que victorieux il s'engageât dans des traités de paix avec les vaincus. Maintenant celui qui est encore ton père s'en est allé, dans la liesse et comblé de jours, aux royaumes célestes par un trépas plein de félicité, en t'instituant son successeur. Assume tes responsabilités avec joie : ton oncle a fait passer sous ta juridiction le monde qui était sa propriété. Ce personnage très saint ne t'a pas traité en parent, mais en fils. C'est toi que les règles du droit appellent, c'est toi que la Cour attend, c'est toi la gloire, la lumière et la force de l'empire latin. C'est en toi que renaît tout notre salut, en toi tout notre espoir. Nous t'en prions, fais cette concession aux tiens, prends la succession de ton père. Ne tarde pas, prends les dons de Dieu, jouis du sceptre paternel et reçois le nom d'Auguste qui te manquait. »

Telles étaient les prières qu'adressait cet homme digne de confiance aux oreilles sacrées, quand il exhortait avec insistance les maîtres hésitants de l'univers. Et le

1. Pour ce potentiel du passé au parfait du subjonctif (*pracdixerit*), consulter Leumann..., *Lateinische Grammatik*, 2. Band, p. 334. Il apparaît peut-être pour la première fois dans Catul., 67, 20 (*non illam uir prior attigerit*), puis ensuite sûrement dans Cic., Ov., Liv., Val. Max. et Pétr.

et plebi notum est et nos cum plebe fatemur.
Augustum, Iustine, genus te principe dignum,
te dominum sacrae quis non praedixerit aulae,
cum magni regeres diuina palatia patris,
par extans curis, solo diademate dispar?
Ordine pro rerum uocitatus curapalati,
dispositu nam Caesar eras. Cum sceptra teneret
fortis adhuc senior, regni tu summa regebas
consilio moderata graui. Nil ille peregit
te sine, magnanimus seu fortia bella moueret,
foedera seu pacis cum uictis uictor iniret.
Nunc idem genitor laetus plenusque dierum
funere felici caelestia regna petiuit
te successorem statuens sibi. Suscipe gaudens :
in tua iura suum transmisit auunculus orbem.
Non te cognatum sanctissimus ille putauit,
sed genitum. Te iura uocant, te sustinet aula,
tu decus imperii lumen uirtusque Latini.
In te nostra salus, in te spes tota resurgit.
Oramus, concede tuis, succede parenti.
Rumpe moras, cape dona Dei sceptrisque paternis
utere et Augustum, quod defuit, accipe nomen. »
Talibus orabat sacras uir fidus in aures
hortans et rerum dominis cunctantibus instans

135 *Iust.* 3, 165 || **138** *Ioh.* 7, 531 ; *Iust.* 1, 271 ; 2, 36 || **139** *Iust.* 1, 9 || **140** *Iust.* 1, 261 || **141** *Ioh.* 6, 238 ; *Iust.* 1, 256 || **149** *Iust.* 1, 353.
155 *Ioh.* 4, 209 ; *Iust.* 1, 220 ; 3, 227.

143 Vvlg., *Gen.* 25, 8 ; 35, 29 ; *I Par.* 23, 1 ; 29, 28 ; *II Par.* 24, 15 ; *Iob* 42, 16 || **144** Verg., *Aen.* 7, 599 || **152** Verg., *Georg.* 3, 43 || Verg., *Aen.* 10, 852.

137 curapalati *Fog.* : cura palatii *M* || **138** dispositu M^2 : dispotu M^1 || **145** statuens sibi M^2 : -tuensibi M^1 || suscipe M^3 : suspice M^1.
154 orabat *Rui.* : orna- *M.*

sénat, exprimant ses vœux unanimes, multipliait ses adorations aux maîtres, donnait, à genoux et suppliant, des baisers sans nombre aux pieds divins et, tout en se taisant, confirmait les mots de son amical porte-parole. Mais lui, ébranlé par le sort de son bienheureux père, refusait le sceptre en versant des larmes, arrosait ses joues d'une pluie abondante et ses pleurs mouillaient même les sénateurs et leurs vêtements, tant il aimait le vieillard... « Renoncez » dit-il, « c'est une chose cruelle que vous me demandez et c'est en vain que vous insistez, mes amis. J'ornerai donc mon chef en y plaçant la couronne, quand c'est la tristesse qui sied à Justin? De par le monde l'on peut pleurer : c'est un père que l'État et le monde perdent, non pas un maître. Quel homme n'a pas été retenu, choyé, averti, nourri, aimé par sa bonté bienveillante? Et cependant plusieurs ont voulu nuire à son innocence. La jalousie n'épargne pas la fonction royale. J'irai dans la tristesse aux obsèques de mon père : je refuse les emblèmes royaux. »

Tandis qu'il prononce ces mots, prosternée et gisante à ses pieds, toute la foule l'implore en chœur : « Dans ta bonté aie pitié de ceux qui te supplient, saint homme, remédie aux dangers. Avec l'arrivée prochaine du jour, tu verras tout perdu, si la foule se rend compte que la Cour est vide sans prince. Quelle que soit l'affection qui t'anime pour la bonté de ton père, ne va pas donner moins d'amour à la patrie qu'à ton père[1]. C'est de sa

1. La prééminence de la patrie sur la famille est une vieille idée politique romaine (Cic., *Rep.*, 1, frg. 1 : *plurima beneficia continet patria, parens quam is qui creauit, maior ei profecto quam parenti debetur gratia* ; *Phil.*, 5, 6 : *an potest cognatio propior ulla esse quam patriae in qua parentes etiam continentur*), car c'était avec la patrie que les liens de parenté sont les plus étroits (Varr., *Mén.*, 235 : *patriam maiorem parentem* ; Cic., *Att.*, 9, 9, 2 : (patriam) *antiquissimam et sanctissimam parentem.* L'idée est déjà dans Plat., *Crit.*, 51 a, p. 228, éd. Croiset.

consensusque sui manifestans uota senatus
creber a*d*orabat dominos et poplite flexo
plurima diuinis supplex dabat oscula plantis
uerbaque narrantis tacite firmabat amici.
Ipse autem, patris concussus sorte beati,
sceptra recusabat lacrimans largoque rigabat
imbre genas fletuque uiri uestesque madebant.
Tantus amor senioris erat... « Desistite » dixit,
« duram rem petitis frustraque instatis, amici.
Ergo superposita caput hoc ornabo corona,
quando Iustinum tristem decet esse? Per orbem
flere libet : patrem res publica perdit et orbis,
non dominum. Quem non hominem pietate benigna
continuit, fouit, monuit, nutriuit, amauit?
Et tamen innocuo plures uoluere nocere.
Non caret inuidia regni locus. Ibo paternas
tristis in exequias : regalia signa recuso. »
  Tali*a* dicentis pedibus prostrata iacensque
omnis turba simul « pius es, miserere » perorat
« supplicibus, uir sancte, tuis, succurre periclis.
Omnia mox ueniente die peri*is*se uidebis,
si ua*c*uam uulgus sine principe senserit aulam.
Quantumcumque boni moueat dilectio patris,
non sit amor patriae patrio minor. Ipse tener*e*

157 *Ioh.* 4, 267 ; 5, 138 ; 8, 194 ; *Iust.* 3, 258-259 || **158** *Ioh.* 1, 155 || **161-162** *Ioh.* 1, 342-343 || *Iust.* 3, 44-45 || **169** *Iust.* 1, 217 || **171-172** *Iust.* 1, 274.

158 Val. Flac., 8, 44 || **161-162** Ov., *Ars* 1, 530.
175 Drac., *Romul.* 4, 39.

157 creber adorabat *Sca.* : creberat orabat *M* || flexo M^2 : -xa M^1 || **162** fletuque M^1 : -tusque M^2 uultusque *Rui. et alii alia* || **167** perdit et orbis *M* : perdidit orba *Stache et alii alia* || **168** non *add.* M^2.

173 talia *Rui.* : tali *M* || **176** periisse *Rui. metri causa* : perisse *M* || **177** uacuam : uaquam *M* || **179** tenere *Rui.* : -ri *M*.

propre bouche qu'à sa mort ton oncle t'a ordonné de prendre le sceptre. Considère le soin attentif que le vieillard portait tout à la fois à la Ville et au monde. C'est pour toi que Dieu a fait tout ce qu'il voulait voir se faire. Monte sur le trône de ton père et dirige le monde assujetti, puissant prince. Un âge d'or naîtra sous votre règne et la Cour romaine ne paraîtra pas avoir changé de maîtres. »

Fléchi par ces paroles, il finit par céder : on va à la citadelle[1] en compagnie du cortège des sénateurs. Sa très chère épouse le suit de près, sans cette fois son habituelle escorte tumultueuse. Ils marchent en pleine nuit à travers la ville tranquille, sans trop de liesse sur le front, même si pour la joie du Sénat ils allaient pour prendre le pouvoir et même s'ils voyaient partout la sécurité. Le deuil de leur père était dans leurs âmes divines, ils ont sa douce image devant leurs yeux, qui encourage leur cœur et, demeurant toute entière profondément dans le cœur de l'un et de l'autre, elle remplit de sa majesté leurs pieuses majestés.

Quand il toucha de son pied sacré le seuil de la cour impériale[2], tous les sommets retentirent du chant des coqs. Les oiseaux furent les premiers à se rendre compte de la fin de la nuit, ils chantèrent ce jour de liesse et

1. Le chemin pour aller au palais était très court, puisque la demeure de Justin, dite « palais des Sophiae » et située près du port qui porte encore pour peu de temps le nom de Julien (cf. *supra* n. *ad* 1, 97-111), était à 500 mètres à vol d'oiseau du Grand Palais. On pourra consulter à ce sujet le plan donné par R. Janin, *Constantinople byzantine. Développement urbain et répertoire topographique* (= *Archives de l'Orient chrétien*, 4), Paris, 1950, à la fin du volume (plan nº 1).

2. La petite troupe arrive devant les portes de la Chalcè (cf. n. *ad* 3, 191-209).

sceptra tuus moriens te iussit auunculus ore.
Aspice quanta fuit nostrae simul urbis et orbis
prouida cura seni. Pro te deus omnia fecit
quae fieri uoluit. Solium conscende paternum
et rege subiectum, princeps fortissime, mundum.
Aurea nascetur uobis regnantibus aetas
nec mutans dominos Romana uide*bi*tur aula. »
Vocibus his flexus cessit tandem : itur in arcem
obsequio comitante patrum. Gratissima coniux
subsequitur, non tunc solito stipata tumultu.
Incedunt media securam nocte per urbem,
fronte parum laeti, quamuis gaudente senatu
imperium peterent, quamquam omnia tuta uiderent.
Diuinis animis inerat dolor ille parentis,
ante pios oculos mitis uersatur imago,
illa monet mentem penitusque in pectore utroque
indiuisa manens pia numina numine complet.
Limen ut augustae sacro pede contigit aulae,
omnia gallorum strepuerunt culmin*a* cantu.
Exactam noctem primi sensere uolucres
et laetum cecinere diem alarumque dedere

181 *Iust.* 1, 250 ; 3, 79 || 182 *Iust.* 1, 85 || 183 *Iust.* 2, 37 ; 2, 175 || 184 *Iust.* 2, 206 || *Iust.* 2, 148.
193 *Iust.* 1, 265 || 196 *Iust.* 4, 293.
197 *Iust.* 1, 82 ; 1, 205 ; 1, 359.

182 Ov., *Fast.* 2, 60 || Verg., *Ecl.* 1, 6.
187 Ov., *Fast.* 1, 79 || 188 Ov., *Fast.* 4, 669 ; cf. Verg., *Aen.* 10, 607 || 191 Verg., *Aen.* 6, 862.
198 Verg., *Aen.* 8, 2 || 199 Sil. 14, 594.

182 seni *M*[2] : -nis *M*[1] || 183 fieri *M*[2] : -re *M*[1] || 186 uidebitur *Rui.* : uidetur *M*.
189 solito stipata *M*[2] : -ta stipato *M*[1] || 195 monet *M* : mouet *edd. plerique*.
198 culmina *Rui.* : -ne *M*.

acquiescèrent par d'incessants battements d'ailes et par des cris aigus.

Les sentinelles qui surveillent le palais souverain sont les premières à souhaiter aux maîtres qui entrent un heureux règne et elles bloquent tous les accès par des soldats armés, de peur que quelque opposant n'ose porter ses pas hostiles dans la Cour impériale, tant était grande la dévotion et la prudence de ces hommes, tant était avisée la sollicitude des excellents sénateurs : en effet qui aurait essayé de faire opposition, alors que Dieu par sa sainte bouche avait déjà indiqué que le pouvoir impérial était donné à Justin et Sophie et avait entouré toute la Cour d'un rempart puissant et même d'armes célestes? Dans sa prévoyance Tibère[1] prit toutes dispositions pour mettre en état de défense la citadelle, lui qui avait toujours le plus grand soin de l'intérêt du maître. En effet le très grand bienfaiteur commun à l'univers jeta son dévolu sur lui dès les premières années de son enfance en l'élevant et en l'accueillant dès le sein de sa mère, le nourrit, le choya, l'aima comme un père le fait pour son fils et le conduisit peu à peu jusqu'aux plus hauts sommets. C'est pourquoi, adulte, il travaille de toutes ses forces pour les maîtres du monde en n'hésitant pas à exposer aux dangers sa vie et son existence, il veille, il fait preuve de loyauté et il a mérité la plus profonde affection du maître. C'est lui qui, appelant les fidèles serviteurs à hâter les heureux débuts d'un règne favorisé

1. Sur la recommandation du patriarche Eutychius, Justin avait fait de Tibère son secrétaire (*notarius*) avant de le faire nommer comte des excubiteurs à la suite de Marinus, qui occupait encore ce poste à la mi-décembre de 562 (Stein, *Studien...*, p. 53, n. 12, et *Histoire du Bas-Empire...*, t. 2, p. 746, n. 4). En tout cas Corippe (*Iust.*, 1, 212-225 et 4, 374-375) laisse clairement entendre que Tibère était une créature de Justin. Le témoignage du poète sur son tempérament paisible (*Iust.*, 4, 377 : ... *tranquillus...*) est confirmé par le portrait qu'en fait Evagrius (5, 13, p. 209, l. 12-14, éd. Bidez-Parmentier : Τὴν δὲ ψυχὴν ἤπιός τε καὶ φιλάνθρωπος, εὐθὺς ἀπὸ τοῦ βλέμματος ἅπαντας δεξιούμενος).

plausibus adsiduis et acuta uoce fauorem.
Excubiae primum quae summa palatia seruant
imperium felix dominis intrantibus optant
et cunctos aditus armato milite uallant,
ne quis in augustam contrarius audeat aulam
infensum conferre pedem. Deuotio tanta
atque hominum cautela fuit sollersque bonorum
sollicitudo patrum. Nam quis tem*p*taret obesse,
cum Deus imperium sancto iam dixerat ore
Iustino Sophiaeque dar*i* muroque potenti
cinxerat *atque* armis totam caelestibus aulam?
Omnia disponens muniuit prouidus arcem
Tiberius, domini semper cui maxima cura
utilitatis erat. Namque illum maximus orbis
communis benefactor alens et ab ubere matris
suscipiens primis puerum praelegit ab annis
utque pater genitum nutriuit, fouit, amauit,
paulatimque uirum summa in fastigia duxit.
Hinc est ⟨quod⟩ iuuenis tota uirtute laborans
pro rerum dominis animam uitamque periclis
non dubitat praebere suam uigilatque fidemque
exhibet et summum *m*eruit dominantis amorem.
Hic bene suscepti primordia prospera regni
discreta ratione uocans properare fideles

202 *Iust.* 3, 165 || **205** *Iust.* 1, 82 ; 1, 197 ; 1, 359 || **214-215** *Ioh.* 7, 269 || *Anast.* 19-20 ; *Iust.* 2, 145-146 || **217** *Iust.* 1, 169 || **220** *Ioh.* 4, 209 ; *Iust.* 1, 155 ; 3, 227.

202 Verg., *Georg.* 1, 499 || **203-204** Clavd., *Rapt. Pros.* 2, 314, **204** Verg., *Aen.* 2, 20 || **211** Verg., *Aen.* 12, 167 || **215** Verg., *Georg.* 3, 187.

204 aditus M^2 : -tos M^1 || **208** nam *M* : neu *Von. Lect. 67-68* || temptaret : temt- *M ut plerumque* || **210** dari *Dem. metri causa* : -re *M* || **211** atque armis *Dem. metri causa* : et armis *M* et turmis *Pet.* || **215** ubere *Rui.* : hubere M^2 hu be M^1 || **219** quod *add. Rui.*, *cf. Ioh. 1, 364 et* 3, 380 || **222** summum meruit *Rui.* : summume- *M* || **224** uocans *M* : notans *uel* uolens *uel* uidens *Rui.* iuuans *Pet.* colens *Shackleton Bailey in C. Ph., 50, 1955, p. 119* fouens *Cameron in Latomus, 35, 1976, p. 406.*

par son discernement, les pressait et leur faisait faire tous les préparatifs.

Pendant ce temps, le corps placé en haut d'une civière dorée, gisait devant la foule des serviteurs en pleurs et une juste douleur arrosait de larmes le visage de ceux qui pleuraient. Ainsi quand tombe vaincu par les ans au milieu des champs un arbre très aimé des oiseaux, il conserve l'antique vigueur de son feuillage ombreux et, depuis son tronc renversé, il déploie à travers l'étendue des terres ses bras languissants ; alentour les oiseaux plaintifs ne cessent de voler et se posent, affligés, ils souffrent de la chute de leur précédente demeure et décident de chercher un autre arbre pour de nouveaux nids ; ainsi Justinien conservait les derniers signes de la vie qui l'animait, il n'avait pas changé de couleur dans la mort, mais brillait de son éclat habituel. Sa mort vénérable indiqua par des signes clairs qu'il avait vaincu le monde[1] : alors que tous se lamentaient, il semblait être le seul à manifester de la joie sur sa sainte figure, paré du diadème et couché dans un drap de pourpre, au point de croire que c'était le sommeil et non le cruel trépas qui faisait reposer son corps. Il n'aurait pas mérité d'avoir tant de liesse et de bonté sur son visage en mourant, si son esprit, conscient d'avoir bien agi, ne s'était hâté vers le ciel en laissant ses membres en paix et n'avait donné la sécurité à l'empire par l'assurance d'un héritier.

1. La leçon de *M* est sans aucun doute possible *quia* (la construction *monstrare quia...* est attestée par Ennod., *Dict.*, 1, 5, p. 424, l. 15 *M. G. H.* ; Bened., *Reg.*, 7, 56 ; Rustic., *C. aceph.*, *P. L.* 67, 1205 A. Dans les trois passages *quia* est suivi de l'indicatif, mais le subjonctif après *quod* et *quia* n'est pas rare dans ce genre de construction apparaissant à l'époque tardive. La correction de Rittershausen *uicerat* est donc inutile). C'est Foggini qui le premier donne *quod*, sans signaler expressément qu'il s'agit d'une correction. Jäger, qui édite le poème deux ans après Foggini, mais sans connaître son édition, imprime encore *quia*. A partir de Partsch tous les éditeurs donnent à tort *quod* comme la leçon de *M*.

urguebat famulos et cuncta parare iubebat.
Aurato interea corpus sublime feretro
impositum turba famulorum flente iacebat
et flentum lacrimis iustus dolor ora rigabat.
Arbor uti mediis auibus gratissima campis
annis uicta cadens antiquum robur opacis
seruat adhuc foliis et corpore fusa supino
languida per latas expandit brachia terras;
at circum querulae uolitantque sedentque uolucres
maerentesque dolent sedem cecidisse priorem
et quaerenda nouis arbor placet altera nidis :
sic suprema suae seruans insignia uitae
Iustinianus ⟨erat⟩, non mutans morte colorem,
sed solito candore nitens. Quia vicerit orbem
mors ueneranda uiri signis monstrauit apertis :
ipse uidebatur, cunctis plangentibus, unus
effigie gaudere pia, diademate comptus
purpureaque in ueste iacens, requiescere somno
credere quod poss*es*, non duro funere, corpus.
At, reor, immerito sic laetus et ore benignus
ille foret moriens, nisi mens sibi conscia recti
in caelum properans securos linqueret artus
et t*u*tum imperium firmato herede locaret.

224-225 *Ioh.* 1, 101.

226 *Iust.* 3, 37 || **227** *Iust.* 3, 8 || **228** *Iust.* 1, 264 || **232** *Anast.* 21 || **239** *Iust.* 1, 117.

228 VERG., *Aen.* 9, 251 || **230** et **232-233** VERG., *Aen.* 6, 282-283 et 293 || **238** VVLG., *Ioh.* 16, 33 ; *I Ioh.* 5, 4 ; 5, 5 || **245** VERG., *Aen.* 1, 604 || **246** OV., *Met.* 9, 240.

227 impositum M^2 : -to M^1 || **235** nouis M^2 : -bis M^1 || **237** erat *add. Rui.* : apex *add. Pet. ex 1, 356, uide adn.* || **238** quia *M* : quod *falso legunt edd., uide adn.* || **243** posses *Rit., uide adn.* : -sis *M* || **244** at *Pet.* : aut M^1 haut M^2 || **247** tutum *Rit.* : to- *M*.

Quand la grande âme de Justin arriva en cet endroit avec son épouse sacrée, il entoura de ses chers bras le corps inanimé et dit en larmes : « Lumière de la Ville et du monde, Justinien mon père, tu abandonnes la cour que tu aimes? Tu laisses de si nombreux parents, serviteurs et protégés? Tu dédaignes la terre? Tu ne veilles plus sur le monde fatigué? Voici les Avares, les Francs féroces, les Gépides, les Gètes et tant d'autres races qui mettent partout en mouvement leurs enseignes pour lancer des guerres. Avec quelle force triompherons-nous de tant d'ennemis, maintenant que tu gis, vaillance des Romains? » Telles étaient les paroles qu'en larmes il prononçait par amour pour son père. En effet maintenant les guerres préoccupaient tout son cœur. Maintenant les enseignes, les chefs étaient mis en place, les escadres, les formations de combat, les armées, les armes se réglaient sur un dessein nouveau et se tenaient secrètement prêtes. Les volontés de Justin commencent à faire trembler peuples et royaumes, son inflexible énergie terrifie tout. C'est alors que la nature témoigna sa piété et qu'une juste douleur redouble dans son cœur divin à la vue de la condition de la chair, que nul ne peut éviter, mais qui est égale pour tous les mortels[1]. C'est alors qu'il faut lui faire gloire de sa piété et ne cesser de la chanter. Dites-moi, quel homme pourrait pleurer avec des larmes si amères la mort d'un vieillard? Celui qui prend la succession et qui hérite du pouvoir souverain commande et souffre : il aurait préféré voir le pouvoir de son père se prolonger plutôt que de détenir le trône royal, plutôt que de détenir le sceptre.

La compagne illustre de son destin impérial pleurait tout autant leur cher père et souffrait dans sa piété du

1. Ce topos sur la mort est déjà exprimé dans *Epiced Drusi*, 443 (*Sed rigidum ius est et ineuitabile mortis*), mais c'est de Maxim., *Élég.*, 6, 9 (*Ergo quod attritum quodque est uitabile nulli*) que s'inspire Corippe ici.

Huc ubi magnanimus sacra cum coniuge uenit,
cara per exanimum circumdans brachia corpus
cum lacrimis Iustinus ait : « Lux urbis et orbis,
Iustiniane pater, dilectam deseris aulam?
Cognatos, famulos et tantos linquis alumnos?
Contemnis terras? Fesso non prospicis orbi?
En A*uar*es Francique truces Gepidesque Getasque
totque aliae gentes commotis undique signis
bella mouent. Qua ui tantos superabimus hostes,
cum, uirtus Romana, iaces? » Haec patris amore
uerba loquebatur lacrimans. Nam pectore toto
bellorum iam cura fuit. Iam signa ducesque
dispositi, classes, acies, exercitus, arma
consilio moderata nouo taciteque parata.
Iustini nutu gentes et regna trem*e*scunt,
omnia terrificat rigidus uigor. Hic pietatem
ostendit natura suam iustumque dolorem
diuinis animis nulli euitabilis auxit
carnis condicio, cunctis mortalibus aequa.
Hic pietas laudanda uiri est semperque canenda.
Dicite, quis hominum lacrimis ita possit amaris
flere senis mortem? Regni successor et heres
imperat et dolet : imperium proferre parenti
mallet quam regni solium, quam sceptra tenere.
Nec minus imperii gratum patrem inclita consors
flebat et humanam sortem pietate dolebat.

250 *Iust.* 1, 181 ; 3, 79 || **256** *Ioh.* 6, 238 ; *Iust.* 1, 141 || **257** *Ioh.* 4, 187 || **261** *Iust.* 1, 140 || **264** *Iust.* 1, 228 || **265** *Iust.* 1, 193 || **271** *Ioh.* 7, 531 ; *Iust.* 1, 138.

253 Clavd. 17, 265 || **255** Clavd. 26, 405 || **265** Maxim., *Eleg.* 6, 9 || **269** Ov., *Met.* 3, 589.

254 Auares *Rui.* : arabes *M* || **255** totque : thot- *M ut plerumque* || **257** iaces M^2 : -cens M^1 -cet M^3 || **258** toto M^1 : tu- M^2 || **262** tremescunt : -miscunt *M ut semper.*

sort des hommes. Elle ajoute pour les obsèques de son père plus de présents qu'on ne le fait habituellement et fait s'avancer la foule rassemblée en rangs serrés. Elle apporta aussi un tissu broché, de pourpre précieuse, où se trouvait représentée par des fils d'or toute la série des travaux de Justinien et où étincelaient les joyaux : là des escadrons barbares à la nuque fléchie, des rois tués et des peuples assujettis avaient été d'une fine aiguille façonnés à la suite avec beaucoup d'art par le brodeur. Il avait aussi fait contraster l'or fauve avec les couleurs, de sorte que chacun aurait cru à de véritables corps en les voyant. Les figures sont brodées en or, le sang en pourpre. Quant à lui, il l'avait brodé en vainqueur au milieu de la Cour, foulant aux pieds le cou sauvage du tyran vandale, tandis que l'Afrique applaudissait et apportait des céréales et du laurier. Il ajouta la Rome d'autrefois[1] qui tendait les bras et qui, la poitrine découverte, présentait son sein nu, en nourricière de l'empire et en mère de la liberté. Voilà ce que fit promptement faire Sapientia, afin que l'heure fatale conduisît au tombeau impérial une dépouille parée de ses propres triomphes.

Tandis que les serviteurs font les pieux préparatifs qu'on leur a ordonnés, qu'ils arrangent la civière, une

1. *Antiqua Roma*, c'est-à-dire Rome, par opposition à *noua Roma*, Constantinople (cf. n. compl. *ad* 1, 344). Cf., pour l'expression *altricem imperii*, *Inscriptiones Graecae consilio et auctoritate Academiae litterarum Borussicae editae*, Berolini, XIV, 1108 c, l. 19-20 (ἐν Ῥώμῃ τῇ κοσμοτρόφῳ), et Rut. Nam., 1, 146 (*altricemque suam fertilis orbis alat*). Le titre de mère appliqué à Rome est beaucoup plus fréquent (Liv., 5, 54, 2 ; Flor., 2, 6, 5 ; Dionys., *Orb. descr.*, 356 (*Geographi graeci minores*, éd. Müller, t. 2, p. 124) ; Aristid., *Or.*, 26, 100 ; Thémist., 13, 180 a ; Claud., 24, 151-152 ; Rut. Nam., 2, 60 ; Amm., 14, 6, 5 ; Ennod., 49, 128, *M. G. H.*, *A. A.*, VII, p. 66, l. 13 ; 263, 56, *M. G. H.*, *A. A.*, VII, p. 210, l. 7-8).

Exequiis adicit solito plus dona paternis
ireque contractas denso iubet agmine turbas.
Et tulit intextam pretioso murice uestem,
Iustinianorum series ubi tota laborum
neto auro insignita fuit gemmisque corusca.
Illic barbaricas flexa ceruice phalange*s*,
occisos reges subiectasque ordine gentes
pictor acu tenui multa formauerat arte.
Fecerat et fuluum distare coloribus aurum,
omnis ut aspiciens ea corpora uera putaret.
Effigies auro, sanguis depingitur ostro.
Ipsum autem in media uictorem pinxerat aula,
effera Vandalici calcantem colla tyranni,
plaudentem Libyam fruges laurumque ferentem.
Addidit antiquam tendentem brachia Romam,
ex*e*rto et nudam gestantem pectore mammam,
altricem imperii libertatisque parentem.
Haec ideo fieri uiuax Sapientia iussit,
ornatum ut propriis funus r*e*gale triumphis
Augustum in tumulum fatalis duceret hora.
Dum famuli pia iussa parant aptantque feretrum,

282 *Anast.* 30 ; *Iust.* 2, 394 ; 4, 370 || **283** *Iust.* 3, 115-116.

277 Ov., *Epist.* 9, 5 || **278** Verg., *Aen.* 10, 818 || **280** Verg., *Aen.* 8, 722 || **283-284** Clavd., *Rapt. Pros.* 1, 254-255 *et* 1, 257-258 || **285-286** Prvd., *C. Symm.* 1, 463 || **288** Clavd., *Rapt. Pros.* 1, 259 || **289** Sidon., *Carm.* 5, 13.

274 exequiis adicit *M* : a. e. *dubit. coni. Welzel metri causa* || **278** neto *M*[1] : necto *M*[2] || **279** barbaricas... phalanges *Rui.* : b. ... falange *M*[2] barbarica... falanx *M*[1] || **283** omnis ut *Rui. metri causa* : u. o. *M* || **286** Vandalici : uuand- *M ut semper* || **287** ferentem *M*[2] : fren- *M*[1] || **289** ex(exs-)erto *Rui.* : exorto *M* || **290** *post* parentem *lacunam susp. Sittl* || **292** regale : rig- *M*.

clameur énorme prit naissance, des applaudissements et des cris de joie s'élèvent, un fracas part du plus profond de la terre pour gagner les hauteurs de l'éther et la foule agréa sagement[1] l'auguste concorde. La Renommée en liesse vole à travers la ville impériale en battant des ailes et gourmande à l'improviste le Sommeil qui appesantit la population, pousse les portes, ébranle les seuils, annonce en des langues multiples son message de félicité. A son arrivée le Sommeil s'enfuit entraînant avec lui l'Indolence qui choit et sort entièrement de la ville. La Renommée favorable presse et pousse sans cesse de sa main les retardataires, elle crie : « Levez-vous, levez-vous ! », sévit contre les lenteurs et raconte que le palais est plein du rassemblement des dignitaires ...[2]. Quand la nuit est achevée, elle presse, elle pousse, elle aiguillonne, elle secoue les flancs, elle appuie, elle serre de près. On se dépêche, on vide les maisons, à travers tous les quartiers on court dans la joie, les premiers bruits circulent, que la peur rend encore indistincts, chaque citoyen interroge le premier citoyen rencontré et la rumeur se faufile dans les rangs en marche.

C'est en l'honneur du soleil nouveau que furent consacrés les agréables spectacles du cirque par les sénateurs

1. Cf. n. compl. *ad* 1, 224.

2. Aucune solution totalement satisfaisante n'existe pour l'établissement du texte des vers 307-308 : si au vers 307 la correction de Ruiz *sorti* pour la leçon *sorte* de *M* est facilement admissible (sans qu'il soit nécessaire de corriger en *in sortem* comme Petschenig), les tentatives de correction du vers suivant sont décevantes. Averil Cameron, en lisant *delecti nomen struerent qui nocte peracta*, croit pouvoir comprendre : « ... qui pourraient, la nuit une fois passée, tenir prêt le nom de l'homme choisi à la place du vieillard qui avait été enlevé ». Cette interprétation, quoique ingénieuse, présente l'inconvénient de fausser quelque peu le sens du verbe *struo* et surtout ne tient pas compte de la difficulté créée par la place du relatif *qui*, situé étrangement après le verbe, presque à la fin de la proposition (le même problème se pose si l'on garde la leçon de M^2, *quo*).

uox ingens facta est, plausus et gaudia surgunt
et fragor ex imis altum petit *a*ethera terris
almaque discreto placuit concordia uulgo.
Laeta per augustam pennis plaudentibus urbem
Fama uolans Somnum populos inopina grauantem
increpat impellitque fores et limina pulsat
multiplicatque suas felix praenuntia linguas.
Somnus e*a* ueniente fugit secumque cadentem
traxit Segnitiem totaque excessit ab urbe.
Imminet illa fauens et crebro pollice pulsat
tardantes populos et « surgite, surgite ! » clamat
castigatque moras et plena palatia narrat
conuentu procerum †sorte senioris adem*p*ti
dilecti numen struerent†. Qu*a*e, nocte paracta,
urguet, agit, stimulat, pulsat latus, imprimit, instat.
Accelerant uacuantque domos uicosque per omnes
gaudentes currunt et murmura prima mouentur
nondum clara metu ciuemque interrogat omnem
occurrens ciuis rumorque per agmina serpit.
   Solis honore noui grati spectacula circi
antiqui sanxere patres, qui quat*t*uor esse

295 *Iust.* 2, 312 || **299** *Ioh.* 3, 81 ; 6, 276-277 ; 8, 457 || **301** *Iust.* 1, 44.
314 *Iust.* 2, 349.

296 Verg., *Georg.* 3, 358 || **297** Clavd. 28, 604 || **299 et 301** Verg., *Aen.* 11, 139 || **305** Stat., *Theb.* 5, 701 || **306** Verg., *Aen.* 4, 407 ; cf. Mart. 10, 104, 17 || **313** Verg., *Aen.* 12, 239 ; cf. *Aen.* 7, 144.
314 Ov., *Am.* 3, 2, 65.

295-297 *hos uersus post 345 transp. Stache* || **296** ex imis *Rui.* : eximiis M^1 extremis M^2 || aethera *Rui.* : etherea *M* || **300** pulsat M^2 : puls M^1 || **302** ea ueniente *Rit.* : eueniente M^1 seueni- M^2 || **307-308** sorti... struerent *locus desperatus necdum sanatus, uide adn.* || **307** sorti *Rui.* : -te *M* || adempti : -emti *M ut plerumque* || **308** dilecti numen *M* : delecti nomen *Cameron in Latomus, 35, 1976, p. 406, et alii alia* || struerent M^3 : srue- M^2 frue- M^1 || quae *ego* : que M^1 quo M^2 qui *Av. Cam.*
314 grati M^2 : -tis M^1 || quattuor : quatuor *M ut semper.*

d'autrefois qui croyaient, selon un certain calcul, que les chevaux du soleil étaient quatre pour désigner les quatre saisons du cours de l'année, à l'image desquelles, s'aidant d'autant de signes, de nombres et de modes musicaux[1], ils mirent en place autant d'auriges, autant de couleurs et créèrent deux factions divisées en camps opposés, comme le sont les flammes de l'été et les froids de l'hiver. De fait, le vert verdoie comme le champ qui prend la couleur de ses herbes printanières, comme le gras olivier par sa chevelure, comme tous les bois par leur luxuriance. Tandis que le rouge a l'éclat du vêtement rutilant de l'été, comme certains fruits sont rutilants d'une ardente couleur, le bleu, riche de la couleur ferrugineuse de l'automne et de celle de la pourpre, désigne les vignes mûres, les olives mûres. Égalant la radieuse blancheur des neiges et de la gelée hivernale, la couleur blanche est unie au vert, son associé. Quant à l'immense cirque, comme le circuit complet de l'année, il est enfermé dans une surface arrondie aux longues courbes, embrassant deux bornes à une distance égale et l'espace de l'arène centrale, où se déploie la piste. ⟨Pourquoi⟩ rappellerais-je que c'est ⟨Trochilus⟩ qui attela les premiers quadriges et qui équipa des chars d'un nouveau genre, et qu'ensuite Pélops en est venu à tuer son beau-père? Le plus remarquable des deux se trouva être le gendre, mieux attelé grâce à l'amour de sa

1. *Modis* pourrait avoir ici son sens très général de « moyens », « manières ». Mais très probablement le mot a, dans le contexte, un sens plus précis, celui de « cadence musicale » et par suite de « musique » (cf. 2, 317 : *cantus*) : les jeux de l'hippodrome étaient en effet l'occasion d'acclamations de l'empereur et, pour les accompagner, les factions disposaient à chaque extrémité de la *spina*, près de chaque borne, d'orgues d'argent (cf. *infra* n. *ad Iust.*, 2, 310-320, et A. Rambaud, *De byzantino hippodromo et circensibus factionibus*, Paris, 1870, p. 94-96).

solis equos quadam rerum ratione putabant,
tempora continui signantes quattuor anni,
in quorum specie*m* signis numerisque modisque
aurigas totidem, totidem posuere colores,
et fecere duas studia in contraria partes,
ut sunt aestiuis brumalia frigora flammis.
Nam uiridis uernis campus ceu concolor herbis,
pinguis oliua comis, luxu nemus omne uirescit.
R*us*seus aestatis rubra sic ueste refulgens
ut nonnulla rubent ardenti poma colore,
autumni uen*e*tus ferrugine diues et ostro
maturas uuas, maturas signat oliuas.
Aequiperans candore niu*e*s hiemisque pruinam,
albicolor uiridi soci*o* coniungitur una.
Ipse ingens circus, plenus ceu circulus anni,
clauditur in teretem longis anfractibus orbem,
amplectens geminas aequo discrimine metas
et spatium mediae, qua se uia pandit, harenae.
⟨Quid Trochilum⟩ referam primas iunxisse quadrigas
et currus armasse nouos Pelopemque secundum
in soceri uenisse necem. Praestantior alter
inuentus gener est, plus sponsae iunctus amore.

316 *Ioh.* 6, 458 || *Iust.* 2, 113 || **321** *Iust.* 3, 152 || **331** *Ioh.* 4, 607.

317 MANIL., *Astr.* 1,607 || **320** VERG., *Aen.* 2, 39 ; cf. STAT., *Theb.* 5, 147 || **323** CLAVD., *Carm. min.* 31, 40 ; cf. VERG., *Georg.* 2, 425 || VERG., *Ecl.* 7, 59 || **326** VERG., *Aen.* 11, 772 || **330** LVCAN. 10, 212 || **331** LVCAN. 1, 605 || **336** VERG., *Aen.* 6, 164 ; cf. PERS. 6, 76.

317 signantes M^2 : -tis M^1 || **318** speciem *edd. plerique a Fog.* : -cie *M* || numerisque M^2 : mune- M^1 || **319** *alt.* totidem *add.* M^2 || **322** uiridis M^2 : -des M^1 || uernis M^{pc} : uerni ca M^{ac} *ut uid.* || ceu M^1 : seu M^2 || **324** russeus aestatis *Riv.*, *uide adn.* : roseus a. *M* a. r. *Rui.* || **326** uenetus *Riv.* : uen/tus *M* || **328** niues *Rui.* : -uis *M* || **329** uiridi *M* : ueneto *Cam. in Latomus, 35, 1976, p. 407, sed uide adn.* || socio *Par.* : -cia *M* -cius *Bek.* || *post* una *lacunam susp. Par.* || **330** ceu M^1 : seu M^2 || **334** Quid Trochilum *add. ego, uide adn.* : Oenomaum *add. Sauaro et alii alia* || **336** uenisse *M* : uertisse *Cameron in Latomus, 35, 1976, p. 407* || **337** iunctus *M* : instinctus *Cameron, ibidem.*

fiancée. Au début les anciens ne célébraient pas ce rite selon le bon rite, quand ils pensaient, par une aberration de l'esprit, que le soleil était un dieu. Mais le créateur du soleil, après avoir voulu se montrer sous le soleil et après avoir pris, dieu né d'une vierge, la forme du genre humain, enleva cette faveur au soleil, pour transmettre cet honneur et cette faveur aux princes latins et le plaisir des joies du cirque à la nouvelle Rome.

C'est là que tout le monde, enfants, hommes mûrs et vieillards ⟨...⟩, la foule applaudit ⟨...⟩, tous ont une seule voix, une même intention, tout le monde agrée un seul nom. Ainsi, quand l'oiseau phénix, en renaissant de son bûcher, renouvelle ses membres qu'il a exposés, le concert unanime des oiseaux regarde le soleil, guette l'arrivée de l'oiseau du soleil et salue de ses cris son nouveau roi, de même la gloire de l'Empire, de même le saint iota se releva en renaissant de sa propre fin et, déposant la vieillesse de son nom redressé[1], la cime de Justinien revit dans le prince Justin, de même, la foule, s'assemblant de toutes parts par amour pour le maître, scande à la façon des oiseaux en liesse : « Sois vainqueur, Justin ! », un immense tumulte grandit et le deuil quitta la cour impériale à l'arrivée d'une liesse

1. La leçon de *M*, *nominis et recti*, généralement conservée par les éditeurs, ne convient pas, car il faut faire dépendre ces génitifs de *apex*, qui se trouve trop éloigné d'eux. De plus, en *Ioh.*, 7, 145, *Iustinianus apex* est employé absolument. D. R. Shackleton Bailey, *Notes on Corippus*, dans *C. Ph.*, 50, 1955, p. 119-124, a bien vu que ce passage faisait allusion à la même symbolique que 2, 139-141, et propose, après Saumaise et Scaliger, de lire *nominis erecti*, conjecture que nous adoptons. La lettre iota symbolisant le nom de Justin II est présente sur ses monnaies, comme l'ont fait remarquer M. Pinder et J. Friedländer, *Die Münzen Justinians*, Berlin, 1843, p. 50, n. 29, et W. Wroth, *Catalogue of the imperial byzantine coins in the British Museum...*, vol. 1, London, 1908, p. 98, n. 2, et monnaies nos 255-259 ; C. Morrisson, *Catalogue des monnaies byzantines de la Bibliothèque nationale*, t. 1, Paris, 1970, p. 149, nos 8-13 : sur des *dékanoummia* le iota indique la valeur de la monnaie (10) et sert d'initiale au nom de Justin, dont les lettres sont réparties de chaque côté du iota.

Hunc ueterum primi ritum non rite colebant,
esse deum solem recta non mente putantes.
Sed factor solis, postquam sub sole uideri
se uoluit formamque deus de uirgine sumpsit
humani generis, tunc munere solis adempto
principibus delatus honor munusque Latinis
et i*u*cunda nouae circensia gaudia Romae.
Huc omnes populi, pueri iuuenesque senesque
⟨...⟩ dant agmina plausus
⟨...⟩ uox omnibus una,
mens eadem, nomen populis placet omnibus unum.
Ales ut expositos cum *pho*enix innouat artus
a busto recidiua suo, concentus in unum
stans auium spectat solem solisque uolucrem
dum ueniat, regemque nouum clamore salutant,
sic decus imperii, sanctum sic iota resurgens
exortum est de fine suo seniumque reponens
nominis erecti Iustino in principe uiuit
Iustinianus apex, domini sic uulgus amore
undique conueniens laetarum more uolucrum
« Tu uincas, Iustine ! » canunt ingensque tumultus
crescit et augusta luctus discessit ab aula

341 *Iust.* 2, 60 ; 4, 299 || **344** *Iust.* 3, 156 ; 3, 247 ; 4, 101 ; 4, 141.
345 *Ioh.* 6, 74. || **347** *Iust.* 1, 348 ; 2, 24 ; 2, 142 ; 3, 57 ; 4, 230 || **348** *Ioh.* 6, 255 || **353** *Iust.* 1, 149 || **353-355** *Iust.* 2, 139-140 || **356** *Ioh.* 7, 145 || **358** *Iust.* 4, 131 || **359** *Iust.* 1, 82 ; 1, 197 ; 1, 205.

341-342 Sedvl., *Carm. pasch.* 1, 353.
345 Mart. 9, 7 (8), 9 || **347** Verg., *Aen.* 5, 616 || **352** Verg., *Aen.* 3, 524 ; cf. *Aen.* 12, 257 || **353-354** Hor., *Epist.* 1, 18, 47.

344 iucunda : ioc- *M*.
345 *post hunc uersum uersus 295-297 transp. Stache* || **346-347** *initium utriusque uersus deest in M, uide adn.* || **350** recidiua *M* : rediuiua *edd. plerique a Rit.* || **351** spectat M^2 : specta /t M^1 || **355** nominis erecti *Sca., uide adn.* : n. et recti *M*.

nouvelle. Le cri réveille tout un chacun, tous les éléments offrent leur faveur à Justin, tout se réjouit, tous les dignitaires se rassemblent à l'appel des cris, la lumière emplit le palais sacré. On pouvait même croire que le corps ⟨inanimé[1]⟩ se réjouissait, transfiguré par la mort en une figure angélique. Dieu donna des signes clairs et prouva lui-même qu'il avait placé[2] sur la tête de Justin la brillante couronne du pouvoir souverain.

1. La restitution de Rittershusius *exanimum* est vraisemblable. C'est le mot que fait attendre le contexte, la *iunctura exanimum corpus* n'est pas rare (cf. *T. L. L.*, t. 5, 2, col. 1173, l. 12-16) et elle se trouve même en 1, 249.

2. La restitution *imposuisse* de Scaliger et Saumaise pour la leçon *posuisse* de *M* est satisfaisante, puisque c'est la formule courante pour désigner un couronnement, particulièrement chez Corippe (*Iust.*, 1, 37-38 ; 2, 163-164).

laetitia ueniente noua. Vox excitat omnes,
omnia Iustino praebent elementa fauorem,
omnia congaudent, omnes clamore uocati
conueniunt proceres, lux sacra palatia complet.
Ipsum quin etiam ⟨exanimum⟩ gaudere putares
corpus, in angelica*m* mutatum morte figura*m*.
Signa dedit manifesta Deus seque ipse probauit
Iustino claram regni *im*posuisse coronam.

362 Verg., *Aen.* 2, 437 || **366** Ov., *Met.* 5, 468 || **367** Ov., *Met.* 13, 704.

364 exanimum *add. edd. a Rit., cf. 1, 249, et alii alia* || **365** angelicam... figuram *edd. a Rit.* : -ca... -ra *M* || **367** imposuisse *Sca., cf. 2, 163-164* : posuisse *M* || explicit corppi liber primus *M.*

LIVRE II

L'Aurore mouillée de rosée avait fait paraître son lever purpurin, consacrée par le pouvoir de Dieu, et ordonnait aux maîtres de prendre le pouvoir souverain accordé par un présent du ciel. Mais lui, poussé par les requêtes instantes des dignitaires, ne reçut pas les insignes du pouvoir royal sans se répandre auparavant en prières suppliantes pour demander des oracles consacrés et sans adresser ses vœux au Christ. Il gagna aussitôt le seuil de l'église de l'Archange pour placer le pieux encens sur les foyers et pour offrir des cierges scintillants puis, en suppliant, il commença ainsi tandis que perlaient ses larmes : « Prince tout-puissant, père illustre du Verbe très haut, Dieu lumière éternelle, créateur et auteur des choses, dont la sagesse fit le ciel étoilé, jeta les fondements de la terre, donna un manteau de fleurs aux champs, accorda leurs graines aux arbres, leurs herbes aux vallées, et en formant le ciel créa les fluides ignés pour séparer le jour de la nuit, orna de rayons

LIBER SECVNDVS

Roscida purpureos Aurora ostenderat ortus,
imperio sacra*ta* Dei, dominisque iubebat
sumere concessum caelesti munere regnum.
Ipse autem, procerum magnis oratibus actus,
non primum imperii regalia signa recepit
ni sacrata prius supplex oracula poscens
effusis precibus Christo sua uota dicaret.
Ilicet Angelici pergens in limina templi
imposuit pia tura focis cerasque micantes
obtulit et supplex lacrimis ita coepit obortis :
« Omnipotens princeps, summi pater inclite Verbi,
lux aeterna Deus, rerum formator et auctor,
cuius stelliferum fecit sapientia caelum,
fundauit terram, uestiuit floribus agros,
arboribus tribuit sua germina, uallibus herbas,
et caeli liquidos formatrix condidit ignes
discernens a nocte diem rutilisque comantem

1 *Ioh.* 1, 242-243 ; 7, 82-83 || **3** *Iust.* 4, 277 || *Iust.* 2, 179 || **7** *Iust.* 4, 266 || **8** *Ioh.* 6, 98 ; 8, 330 || **11** *Iust.* 1, 120 ; 3, 35.

1 Verg., *Georg.* 4, 544 || **9** Ov., *Am.* 3, 3, 33 ; cf. *Pont.* 2, 1, 32 || **13-14** Vvlg., *Prou.* 3, 19 || **14** Prvd., *Perist.* 5, 279 ; cf. *Psych.* 39 || **15** Prvd., *Perist.* 10, 334 || **16** Verg., *Ecl.* 6, 33 ; cf. Lvcr. 6, 205 *et* 349 || **17** Vvlg., *Gen.* 1, 14.

1 Ivlian. Tolet., *Gramm., ed. Hagen, Anecdota Heluetica..., p. CCXXXI, l. 10* || **11-14** Vita *Eligii 463-466, M. G. H., P. L. A. C., IV, 2, p. 804.*

Inc. incipit eiusdem libri secundus *M* || **2** sacrata *Rui. metri causa* : sacra *M* || **4** oratibus actus M^2 : orantibus auctus M^1.

rutilants la chevelure du soleil, fit peu à peu décroître les cornes de la lune, les fit croître peu à peu, façonna une variété de figures différentes d'aspect, produisit, seul parmi les autres animaux penchés sur leurs membres, l'homme qu'elle remplit bientôt de raison, quand son souffle sacré donna la vie à la boue encore sèche, et auquel de toutes ses côtes elle en enleva une, pour réaliser un être semblable à celui qu'elle avait créé et le vouer à être sa compagne ; ils se virent assujettir par le commandement du Verbe divin les créatures qui se trouvent placées sous la clarté du ciel : de quelles grâces m'acquitterai-je[1] envers toi pour un si grand présent, homme minuscule, créé image du créateur infini? Me voici, minuscule partie de la création, qui me tiens avec soumission devant tes yeux à toi le Très Haut. Tu es le seul que je sers et auquel je soumets mon chef, toi le seul devant qui fléchit tout genou, toi qui épouvantes toute chose, qui fais trembler les éléments. Ce que voient les hommes et ce dont la vue ne leur a pas été permise se trouve clairement devant tes yeux, sert, adore et loue l'œuvre du Créateur. Si tu m'ordonnes de tenir le sceptre de Rome et de monter sur le trône de mon père, s'il t'a

1. De toutes les formes proposées (*persoluit* Pet., *persoluet* Ritt., *persoluam* Av. Cam., pour la leçon *persolui* de *M*) il faut retenir une forme de futur, comme le montrent le passage parallèle de la prière de Sophie (*Iust.*, 2, 61 : ... *soluemus*...) et les vers 477-478 de la *Vita Eligii* (*M. G. H.*, *P. L. A. C.*, IV, 2, p. 804) qui reprennent presque littéralement les vers 28-29 de Corippe (*Quas tibi persolvet tanto pro munere grates / Humana, Christe, fragilitas*...). *Persoluet* signifierait que l'expression *paruus homo* du vers suivant s'applique au genre humain en général (... *humana*... *fragilitas*..., dit l'auteur de la *Vie d'Eligius*) et que Justin en vient à son propre cas seulement ensuite (*En ego, parua creaturae pars*...). Quand, dans le passage correspondant de sa prière, Sophie dit « nous », elle peut penser au genre humain. *Persoluam* semble toutefois plus convaincant paléographiquement (écrit *persoluā* avec le *a* ouvert de l'écriture wisigothique, il peut facilement se corrompre en *persolui*) : dès le vers 28 Justin parle de lui-même et quand Sophie dit « nous », elle pense à son époux et à elle-même.

ornauit solem radiis et cornua lunae
paulatim minui, paulatim crescere iussit,
formauit uarias habitu distante figuras,
produxit pronis animalia cetera membris,
solum hominem rectum, quem mox ratione repleuit,
uiuificans siccum sacro spiramine lutum,
cuius subtracta costis ex omnibus una
perfecit facto similem sociamque dicauit,
hisque creaturam, claro est quae subdita caelo,
subiectam fecit diuini iussio Verbi :
quas tibi persolu*am* tanto pro munere grates
paruus homo, immensi factus factoris imago?
En ego, parua creaturae pars, subditus asto
ante oculos, Excelse, tuos. Tibi seruio soli
atque meum summitto caput, cui flectitur uni
omne genu, quem cuncta pauent, elementa tremescunt.
Quaeque uident homines et quae non iussa uideri
ante oculos sunt clara tuos, famulantur, adorant
et laudant factoris opus. Si sceptra tenere
me Romana iubes soliumque ascendere patris,
si tibi complacuit populos mihi credere tantos,

18 *Iust.*, *praef.* 31 || **24** *Iust.* 1, 347 ; 1, 348, 2, 142 ; 3, 57 ; 4, 230 || **28** *Iust.* 2, 61-62 || **33** *Ioh.* 1, 288 || **35** *Ioh.* 4, 449 || **36** *Iust.* 2, 182 ; 3, 367 || *Ioh.* 7, 531 ; *Iust.* 1, 271 || **37** *Iust.*, 1, 183 ; 2, 175.

21-22 Ov., *Met.* 1, 84-86 || **24** Alc. Av., *Carm.* 1, 154 || **25** Vvlg., *Gen.* 3, 12 || **28** Mart. 12, 9, 3 ; *cf.* Pavl. Nol., *Carm.* 6, 81 || **29** Vvlg., *Gen.* 1, 27 ; Drac., *Laud. dei* 3, 545 || **31** Vvlg., *Deut.* 6, 13 ; 10, 20 ; *I Reg.* 7, 3 ; 7, 4 ; *Matth.* 4, 10 ; *Luc.* 4, 8 || **32-33** Vvlg., *Phil.* 2, 10 || **34** Vvlg., *Col.* 1, 16 || **36** Alc. Av., *Carm.* 1, 302.

20-23 Vita *Eligii 467-468, M. G. H., P. L. A. C., IV, 2, p. 804* || **28-29** Vita *Eligii 477-478, M. G. H., P. L. A. C., IV, 2, p. 804* || **32-33** Vita *Eligii 459, M. G. H., P. L. A. C., IV, 2, p. 804.*

19 minui *Rui.* : -nuit *M* || **28** persoluam *Av. Cam.* : -ui *M* -uet *Ritt.* -uit *Pet.* || **33** genu *Dem.* : -nus *M* || **34** quae non *Rui.* : n. q. *M.*

plu de me confier tant de peuples, fais que ton vouloir soit mon pouvoir. Tu assujettis tes ennemis, tu brises le cou des orgueilleux et leur cœur en fureur, tu fais des rois tes serviteurs : donne-moi le pouvoir de mes volontés, pour que j'accomplisse ce qui te plaira. » Les termes pieux de la requête du héros plurent au Père, le Fils exauça sa prière et le Saint-Esprit dit : « Qu'il règne. » La voix secrète de Dieu se fait connaître par l'accomplissement des événements : ils ne se produiraient pas, si la sainte voix de Dieu ne les commandait.

La très chaste compagne de son destin souverain gagna aussi l'église élevée de la Vierge Mère, dont elle a la chance de franchir le seuil adoré et où elle s'arrête resplendissante, les paumes ouvertes devant le pieux visage, et, en suppliante, le visage baissé, commence par ces mots : « Très Sainte Vierge, mère du créateur du monde, reine au plus haut des cieux[1], tout particulièrement l'unique à être une mère véritable et à rester vierge, que Dieu a choisie pour être sa mère sans la semence d'un père[2], en concevant dans la foi le Verbe tu as donné naissance par ton enfantement à notre salut. O piété admirable de Dieu et redoutable à dire : Le créateur des cieux, le Seigneur Dieu, la forme unique de

1. *Excelsi regina poli* est un souvenir de Stat., *Théb.*, 10, 68 (*siderea regina poli*). Mais *excelsus* convient particulièrement pour la Vierge, puisque Fortunat, de son côté, l'utilise dans l'hymne qu'il lui consacre : *O gloriosa domina, / excelsa super sidera...* (Ven. Fort., *Carm. spur. app.*, 8, 21-22).

2. Le thème de la virginité de Marie est patristique (cf. entre autres Aug., *Serm.*, 51, 26 ; 188, 4 ; 191, 4 ; Leo M., 28, 2).

uelle tuum fac posse meum. Tu subicis hostes,
colla superborum furiataque pectora frangis,
tu reges seruire facis. Da posse uolenti,
ut faciam placitura tibi ». Placuere Parenti
orantis pia uerba uiri Genit*us*que precanti
annuit et sanctus « Regnato ! » Spiritus inquit.
Vox arcana Dei gestis fit nota peractis :
non fiere*n*t, nisi sancta Dei uox illa iuberet.
  Ipsa etiam summi consors castissima regni
Virginis et Matris templum sublime petiuit,
cuius adoratum limen feliciter intrans
ante pios uultus expansis candida palmis
constitit et pronis supplex haec uultibus infit :
« Virgo creatoris genetrix Sanctissima mundi,
excelsi regina poli, specialiter una
uera parens et uirgo manens, sine semine patris,
quam Deus elegit matrem sibi, credula Verbum
concipiens nostram genuisti feta salutem.
O pietas miranda Dei dictuque tremenda !
Caelorum factor Dominus Deus, unica Patris
forma Dei, uerae sese uelamine carnis

40 *Iust.* 2, 234.

47 *Iust.*, *praef.* 23 || **48** *Iust.* 4, 313 || **49** *Iust.* 1, 116 || **51** *Ioh.* 1, 285 ||

39 Vvlg., *Sirach* 47, 15 || **40** Prvd., *Psych.* 285 || Clavd., *Rapt. Pros.* 3, 262.

48 Alc. Av., *Carm.* 6, 202 || Verg., *Aen.* 1, 519 || **53** Stat., *Theb.* 10, 68 || **54** Prvd., *Apoth.* 575 || Prvd., *Apoth.* 726 || **55** Alc. Av., *Carm.* 6, 205-206 || **55-56** Alc. Av., *Carm.* 6, 217-218 ; *cf.* Prvd., *Apoth.* 580 || **56** Prvd., *Cath.* 9, 19-20 || **59** Vvlg., *Phil.* 2, 6 || Vvlg., *Hebr.* 10, 20 ||

41 seruire M^{2} : seui- M^{1} || **42** placitura M^{pc} : -ram M^{ac} || **43** genitusque precanti *Rui.* : genitique precantis M^{1} genitoque p. M^{2} || **44** regnato *edd. a Bar. 36, 16, 1660* : -tor *M* || **46** fierent *edd. a Bar. 36, 16, 1660* : -ret *M.*

47 ipsa M^{2} : ips M^{1} || **49** adoratum *M* : od- *Pet.* || **51** constitit M^{2} : -tituit M^{1} || **52** genetrix M^{1} : geni- M^{2} || **56** feta *Rui.* : foe- *M.*

Dieu le Père se revêtit du voile d'une chair véritable[1] et prit, Dieu né d'une vierge, la forme d'un esclave. Quels honneurs dignes de ton fils, quels honneurs te rendrons-nous, bénie, pour de si grands biens? C'est toi, gloire des mères, et ton aide que j'implore : que toujours je t'adore, je te reconnaisse pour maîtresse et protectrice du nouveau pouvoir de Justin. Protège notre tête, illustre, défends le pouvoir, dirige notre vie, conduis à son terme ce qui est commencé. Permets que toute chose réussisse grâce à nos heureuses mesures. Soumets les peuples féroces. Que périssent sous une juste épée les orgueilleux. Que je vive toujours sous votre protection. » Elle continua très longtemps sa requête en des termes pleins de mesure et après l'offrande des cierges retourna sur les hauteurs de la Cour. Elle va avec pour compagne à ses saints côtés sa fille si belle, dont l'éclat pourrait vaincre celui de la pleine lune, et qui égalait en taille sa mère, aussi lumineuse par son costume, aussi belle par la neige de ses joues, image de sa mère. Un feu scintille dans ses yeux. Le nom différait ainsi que l'âge, mais cependant la grâce de leur remarquable beauté ne différait pas : ainsi la pousse, qui naît de la racine maternelle de l'arbre et qui dresse bien haut sa tête par ses branches élevées, répand de ses nouvelles frondaisons une ombre égale à celle de sa mère, tandis que la mère se réjouit d'avoir pour égale sa propre fille dont le germe a fleuri, et élève dans les airs en liesse ses branches fécondes et de son sommet regarde les guérets.

1. ... *unica patris / forma Dei, uerae sese uelamine carnis / induit...*, pourrait faire penser à Sédul., *Carm. pasch.*, 3, 294 : *texit adoratam carnis uelamine formam. Velamine carnis* se lit également en *Carm. pasch.*, 4, 97. Mais comme ... *uelamina carnis* est par ailleurs une clausule de Paul. Petr., *Mart.*, 3, 202, il est plus prudent de considérer que les trois auteurs se réfèrent de façon indépendante à Vulg., *Hébr.*, 10, 20 : ... *per uelamen, id est carnem suam.* En tout cas, l'expression *forma Dei* de Corippe renvoie directement à Vulg., *Phil.*, 2, 6 : ... *cum in forma Dei esset*, et ne peut venir du terme *formam* de Sédulius.

induit et serui formam de uirgine sumpsit.
Quos tibi, quos genito dignos soluemus honores
pro tantis, benedicta, bonis? Te, gloria matrum,
auxiliumque imploro tuum : te semper adorem,
te fatear dominam seruatricemque nouarum
Iustini rerum. Nostr*um* caput, inclita, serua,
tutare imperium, uitam rege, perfice coepta.
Da, bene dispositis procedant omnia nostris.
Subde feras gentes. Iusto mucrone superbi
depereant. Vestro semper tutamine uiuam ».
Plurima praeterea uerbis clementibus orans,
oblatis ceris altam remeauit in aulam.
It sacrum comitata latus pulcherrima proles,
luce sua plenam quae possit uincere lunam,
aequiperans umeris matrem, sic lucida cultu,
sic niueis formosa genis similisque parenti.
Igne micant oculi. Nomen distabat et aetas,
non tamen egregiae distabat gratia formae :
arboris ut matris quae de radice propago
nascitur et celsis caput erigit ardua ramis
aequiperat nouis materna*m* frondibus umbra*m*,
et mater propriam florentem germine natam
gaudet habere parem laetasque attollit in auras
felices ramos et uertice despicit arua.

60 *Iust.* 1, 341 ; 4, 299 || **61-62** *Iust.* 2, 28 || **68** *Ioh.* 6, 652 || **70-71** *Iust.* 2, 429-430 || **76** *Ioh.* 6, 156.

60 VVLG., *Phil.* 2, 7 || **63** VERG., *Aen.* 4, 617 || **68** VVLG., *Psalm.* 17, 48 || **72** VERG., *Aen.* 6, 648 || **73** CLAVD. 10, 243 || **73-75** CLAVD. 10, 270-271 || **75** CLAVD., *Carm. min.* 25, 41-42 || **76** OV., *Met.* 3, 33 || **82** VERG., *Aen.* 4, 176.

65 nostrum *Rui.* : -tram *M* || **66** rege M^{2} : -ges M^{1} *ut uid.* || **73** quae M^{2} : q M^{1} || **79** nascitur et celsis *M* : nascitur excelsis *prop. Stache* || **80** aequiperat *M* : aequiperatque *prop. Stache post Rui.* (aequiparat-) *metri causa et alii alia* || maternam... umbram *Sal.* : -na... -bra *M* || **81** propriam *M*, *cf. Ioh. 7, 35* : -prio *Rui.*

Déjà le prince en liesse s'avançait sous le toit divin et la foule en joie emplissait les vastes salles. Les fidèles serviteurs s'empressent, chacun selon sa charge, de s'employer activement à l'hommage, sortant et apportant les vêtements impériaux, les ceintures aux précieux joyaux et le diadème pour la tête sacrée. Il se défait de sa précédente tenue, il se dressa avec un manteau pour seul vêtement et de ses membres royaux il fit la lumière plus vive. Ainsi, lorsqu'une épaisse nue a commencé à se déchirer et que le ciel a laissé voir la pureté de l'éther, l'éclat du soleil émet ses rayons ardents et tous les éléments se réjouissent ensemble à la vue du jour : bientôt l'herbe dresse sa tendre tête, les moissons reverdissent, les graines croissent et il n'est pas jusqu'aux yeux qui ne se plaisent au spectacle de la terre. « Voici le jour fameux », dirent les clients en liesse, « que ton fameux père avait prédit de sa sainte bouche ». Il sort et revêt ses membres pieux d'une tunique, se couvre d'un vêtement doré, qui le fit tout entier briller d'un éclat resplendissant, il jeta une lueur et chassa les sombres ténèbres, alors que la lumière de l'éther n'avait pas encore paru. Ses mollets font entendre l'écho de l'étincelant cothurne purpurin et il entoura ses jambes royales[1] de liens de pourpre qu'avaient fournis des peaux de Parthie

1. Il faut bien lire *surae*, même si le texte, tout en étant compréhensible, pose un problème de traduction. La leçon *surae* est confirmée par Virg., *Én.*, 1, 337, dont se souvient Corippe : ... *purpureoque alte suras uincire cothurno.* Il y a là une hyperbole difficilement supportable en français et que nous avons été obligé d'affaiblir en traduisant *resonare* par « faire entendre l'écho ». Les corrections proposées (*religat* Av. Cameron, *terrae* pour *surae* Mommsen) ne sont pas convaincantes paléographiquement. Au vers suivant la conjecture de Ruiz *cruraque* pour la leçon de *M curaque* est bonne, puisque *M* présente la même faute en 3, 70 (où il faut sûrement restituer *crura* d'après Virg., *Géorg.*, 3, 76 : ... *et mollia crura reponit*) et en *Iust.*, 3, 169.

Iam laetus princeps diualia tecta subibat
amplaque gaudentes implebant atria turbae.
Accelerant fidi, cura est ut cuique, ministri
obsequiis praebere manus promuntque feruntque
augustas uestes pretiosaque cingula gemmis
et capitis diadema sacri. Cultu ipse priore
exuitur tantumque uno uestitus amictu
constitit et lumen membris regalibus auxit.
Haud secus ut, nubes cum se rescindere densa
coeperit et caelum monstrauerit *a*ethr*a* serenum,
ardentes radios mittit iubar, omnia uis*um*
congaudent elementa diem : mox erigit herba
molle caput, uernant segetes et gramina crescunt
ipsaque conspectis gra*t*antur lumina terris.
« Haec est illa dies », laeti dixere clientes,
« quam pater ille bonus sancto praedixerat ore ».
Egreditur tunicaque pi*o*s inducitur artus,
aurata se ueste tegens, qua candidus omnis
enituit lumenque dedit fuscasque remouit
aetherea nondum prolata luce tenebras.
Purpureo surae resonant fulgente co*th*urno
c*r*uraque puniceis induxit regia uinclis,
Parthica Campano dederant quae tergora fu*c*o,

85 *Iust.* 3, 10 || **86** *Ioh.* 6, 544 ; *Iust.* 2, 383 || **103** *Iust.* 4, 121.

88 CLAVD., *Rapt. Pros.* 2, 94 || **90** ARATOR, *Act.* 2, 98 || **92** VERG., *Aen.* 1, 586-587 || **98** LVCAN. 7, 254 || **100** VERG., *Aen.* 8, 457 || **102-103** PRVD., *Apoth.* 678 || **104** VERG., *Aen.* 1, 337 || **106** AVS. 334, 112.

92 densa *Bäh. in Rh. M., 27, 1872, p. 224* : -sam *M* || **93** aethra *Rui.* : ether /e *M* || **94-95** uisum... diem *Putsch in Bar. 8, 1, 360, cf. supra* n. 7 p. LXVII : uiso... diem *M* uiso..., die *Rui.* || **97** gratantur *Putsch in Bar. 8, 1, 361* : -dantur *M* || **100** tunicaque M^2 : tinica- M^1 || pios *Sal. metri causa* : pius *M* || inducitur M^2 : indic- M^1 || **104** surae(-re) resonant M^2 : iure r. M^1 terrae r. *Mom.* suras religat *prop. Cam.* cothurno *Rui.* : cutur- *M* || **105** cruraque *Rui.* : cura- *M* || **106** fuco *Rui.* : -go *M.*

traitées au varech de Campanie, celles dont use habituellement le prince romain victorieux, pour fouler aux pieds les tyrans domptés et pour soumettre les cous des barbares : elles l'emportent sur les roses couleur de sang, leur éclat rutilant fait leur gloire et, très douces au toucher, elles sont choisies pour les pieds sacrés. Aux seuls Augustes il revient d'avoir ce costume, car sous leurs pieds il y a le sang des rois : tout mystère assurément est prouvé par une raison sûre. Jetant la lumière de ses joyaux parfaits et de l'or purifié au feu, un baudrier éclatant ceignit les reins du maître. Serré en dessous de la poitrine, un vêtement divin descendit en pendant jusqu'au mollet, blanc avec une bordure précieuse. Une chlamyde couvrit en les enveloppant les épaules du César d'une pourpre ardente et ses ornements de métal rutilant éblouissaient les yeux, lorsque le prince sortait sa main. Une fibule d'or[1], de sa morsure recourbée, en serrait par devant[2] les bords qui se rejoignent, et des joyaux resplendissaient en haut des chaînettes, les joyaux qu'a fournis l'heureuse victoire de la guerre gothique et qu'a redonnés aux maîtres une Ravenne favorable, et ceux qu'a rapportés Bélisaire de la cour vandale. Les insignes de tes triomphes, pieux Justinien, dureront sous la direction salutaire de Justin sur le monde. Vos deux noms seront chantés au long de tous les siècles : les peuples à venir raconteront vos merveilles.

1. Les fibules constituaient une pièce particulièrement importantes de la tenue impériale, au point que déjà sous Sévère Alexandre il y eut un *praepositus a fiblis* (*C. I. L.*, III, 536).

2. A la suite de tous les éditeurs modernes nous avons adopté le texte ... *morsu praestrinxit obunco* pour ... *morsu prestrixit ubunco* donné par *M*. Mais comme dans la *periocha* principale I, XVIII, ce manuscrit présente *supprestitio* pour *superstitio*, qu'en *Iust.*, *préf.*, 16, *M* se lit *pras* quand il faut lire *pars*, que *M*[1] commet la même faute en *Iust.*, 1, 16, comme, d'autre part, *morsu perstrinxit obunco* est une fin de vers de la *Iohannis* (1, 231), il n'est pas impossible qu'il faille changer la leçon de *M prestrixit* en *perstrinxit*.

qui*s* sol*e*t edomitos uictor calcare tyrannos
Romanus princeps et barbara colla domare.
Sanguineis praelata rosis, laudata rub*o*re,
lectaque pro sacris, tactu mollissima, plantis.
Augustis solis hoc cultu competit uti,
sub quorum est pedibus regum cruor : omne profecto
mysterium certa rerum ratione probatur.
Nobilibus gemmis et cocto lucidus *a*uro,
balteus effulgens lumbos praecinxit heriles.
Substrictoque sinu uestis diuina pependit
poplite fusa tenus, pretioso candida limbo.
Caesareos umeros ardenti murice texit
circumfusa chlamys, rutilo quae ornata metallo
principis exerta uincebat lumina dextra.
Aurea iuncturas morsu pr*ae*stri*n*xit *o*bunco
fibula et a summis gemmae nituere catenis,
gemmae quas Getici felix uictoria belli
*prae*buit atque fauens dominis Rauenna reuexit
quasque a Vandalica Belisa*ri*us attulit aula.
Signa triumphorum, pie Iustiniane, tuorum
sospite Iustino mundumque regente manebunt.
Amborum nomen per saecula cuncta canetur,
narrabunt populi miracula uestra futuri.

113 *Iust.* 1, 316 || **121** *Ioh.* 1, 231 || **123-125** *Iust.* 3, 13-16.

107 PRVD., *C. Symm.* 1, 463 || **117** CLAVD., *Rapt. Pros.* 2, 34 || **118** OV., *Met.* 1, 332 || **121** CLAVD. 15, 470 || **121-122** VERG., *Aen.* 12, 274.

107 quis *Sal.* : qui *M* || solet *Rui.* : solite M^1 -tus M^2 || **107-108** *Hos uersus post 110 transp. Cameron in Latomus, t. 36, 1976, p. 408* || **109** rubore *Rui.* : -bure *M* || **111** hoc cultu M^2 : hocul- M^1 || **114** auro *Rui.* : uuro *M* || **117** poplite M^{pc} : populite M^{ac} || **121** praestrinxit *Rui.* : prestrixit *M* ; *an* perstrinxit? *uide adn.* || obunco *Par. coll.* CLAVD., *uide adn.* : ubunco M^2 uuunco M^1 adunco *uett.* || **122** fibula M^2 : fab- M^1 || **124** praebuit *Rui. metri causa* : trib- *M* || **125** Belisarius *Rui.* : belisamus *M.*

Un collier d'or consacré posé sur son cou par les mains d'un guerrier consacra le sublime pouvoir impérial. Il fit ce geste par trois fois et par trois fois il tendit sa main avec le présent en disant : « Justin, je te confère le rang d'Auguste. » « Quant à moi, je te fais tribun », déclara le prince. Heureux soldat qui, le premier, l'entendit prononcer des paroles quand il parla, qui le premier reçut ses dons solennels !

Quatre jeunes hommes d'élite soulèvent bien haut l'énorme disque d'un bouclier et lui, hissé par les bras de ses serviteurs, s'est dressé dessus, droit comme son initiale, dont le signe stable ne s'infléchit jamais[1], consacrée par trois noms qui dirigèrent leur empire avec des forces égales. Pour tous il y a l'unité de race, la permanence du sceptre, la perpétuité du temps, l'association au pouvoir. Les choses se déroulèrent selon leur cours successif. Désormais les règnes de deux d'entre eux, transférés dans les cieux, durent, voici que maintenant est présent un très grand bienfaiteur commun à l'univers. Les rois préparent leurs têtes en signe de sujétion, tremblent devant son nom et adorent sa divine majesté. Sur ce bouclier un prince très valeureux s'est dressé, qui a la caractéristique du soleil : une deuxième lumière du jour brilla depuis la ville. Une seule et même journée propice vit avec étonnement se lever deux soleils en

1. Cf. *supra* note *ad* 1, 355-356.

Armati manibus sacrati circulus auri
impositus collo imperium sublime dicauit,
quod faciens ter, ter dextram cum munere tendens
« August*i*, Iustine, locum tibi confero » dixit.
« Ast ego te iubeo », princeps ait, « esse tribunum ».
Felix armatus, primus qui uerba loquentis
audi*ui*t, primus sollemnia dona recepit.
  Quattuor ingentem clipei sublimius orbem
attollunt lecti iuuenes manibusque leuatus
ipse ministrorum supra stetit, ut sua rectus
littera, quae signo stabili non flectitur umquam,
nominibus sacrata tribus qui uiribus aequis
imperium rexere suum. Genus omnibus unum,
sceptrum continuum, tempus iuge, iuncta potestas.
Successu res acta suo est. Iam regna duorum
in caelis translata manent, nunc maximus orbis
communis benefactor adest. Cui subdita reges
colla parant nomenque tremunt et numen adorant.
Astitit in clipeo princeps fortissimus illo
solis habens specimen : lux altera fulsit ab urbe.
Mirata est pariter geminos consurgere soles

137-138 *Ioh.* 7, 459 || *Iust.* 4, 230 || **139-140** *Iust.* 1, 353-356 || **142** *Iust.* 1, 347 ; 1, 348 ; 2, 24 ; 3, 57 ; 4, 230 || **145-146** *Ioh.* 7, 269 || *Anast.* 19-20 ; *Iust.* 1, 214-215 || **148** *Iust.* 1, 184.

130 Verg., *Aen.* 5, 559.

137-138 Alc. Av., *Carm.* 3, 267 || **138** Verg., *Aen.* 8, 179 || **142** Verg., *Aen.* 10, 201 || **143** Sedvl., *Carm. pasch.* 1, 31 *et* 34 || **149** Verg., *Aen.* 12, 164.

131 im(-in)positus *M*[2] : -tum *M*[1] -ti in *falso legunt edd. a Par.* || **133** Augusti *Rui.* : -to *M*[1] -tum *M*[2] || **136** audiuit *Pet.* : audiit et *M*[2] *post* audi] *M*[1] *non legitur* || sollemnia *M*[2] : -mna *M*[1].

138 lecti *Rui.* : leti *M*[1] electi *M*[2] || **140** quae *M*[2] : q *M*[1] || stabili *Mpc* : -lis *Mac* || **142** omnibus *Rui.* : homnibus *M*[2] hominibus *M*[1] || **148** fortissimus *M*[2] : -mum *M*[1] || **149** specimen *M*, *cf. supra p. CIV* : speciem *Jäger.*

même temps. Mais mes chants ont-ils dépassé leur mesure[1]? On s'étonnera peut-être de m'avoir entendu dire que deux soleils se levaient en même temps. L'on ne saurait admettre que ce sont des mots creux et des images vides de sens qui ont fait prononcer ces paroles par ma bouche, si l'on pèse mes dires : l'esprit du juste brille plus que le soleil, il ne s'enfonce pas dans les eaux, il ne recule pas devant les ténèbres, il n'est pas masqué par la noirceur de l'ombre. La lumière des œuvres bonnes luit d'une éternelle splendeur.

Lorsqu'il voit que tout est achevé selon le rite des empereurs précédents, le plus éminent des patriarches, ⟨Jean⟩, dont l'âge était avancé, le bénit tandis qu'il se tenait à ses côtés, ordonna de consacrer le chef auguste du saint diadème, tandis qu'il implorait le puissant maître du ciel, et tandis qu'il posait la couronne sur la tête éminente pour sa félicité ⟨... [2]⟩. Une clameur soudaine des sénateurs me mit à gronder, puis les acclamations des clients grandissent. Aux acclamations répond l'écho. D'innombrables louanges exaltent les noms des souverains. Trois cents voix font des vœux de longue vie pour Justin, la foule de son côté acclame autant de fois l'Augusta Sophie. Mille voix différentes chantent mille louanges. On donne Justin et Sophie pour semblables

1. La conjecture des *ueteres numen* pour la leçon de *M nomen* ne convient pas car, dans son poème, Corippe ne s'adresse jamais directement à Justin et, s'il désigne parfois la majesté impériale par *numen* il n'utilise jamais ce mot comme titre. C'est donc la correction *numne* de Mommsen qui est la bonne. Nous ne comprenons pas pourquoi Petschenig a proposé *nonne* qui laisse attendre une réponse affirmative.

2. La lacune a été comblée de diverses façons par les *ueteres* : Dempster proposait *insonat omnes* ou *hoc domino inquit*, Rittershausen *accipe dixit* ou *acclamauit*. Mais toutes ces restitutions sont arbitraires.

una fauens eademque dies. Mea carmina n*u*m*ne*
mensuram transgressa suam? Mirabere forsan
quod dixi geminos pariter consurgere soles.
Nec uacuis uerbis nec inanibus ista figuris
ore feras prolata meo, si dicta rependis :
mens iusti plus sole nitet, non mergitur undis,
non cedit tenebris, non fusca obtexitur umbra.
Lux operum aeterno lucet splendore bonorum.
   Postquam cuncta uidet ritu perfecta priorum,
pontificum summus plenaque aetate ⟨Iohannes⟩
astantem benedixit eum caelique potentem
exorans dominum sacro diademate iussit
Augustum sancire caput summoque coronam
imponens apici feliciter ⟨...⟩.
Intonuit patrum subitus fragor, inde clientum
clamores crescunt. Clamoribus assonat ec*h*o.
Laudibus innumeris regnantum nomina tollunt.
Iustino uitam ter centum uocibus optant,
Augustae totidem Sophiae plebs tota reclamat.
Mille canunt laudes uocum discrimin*a* mille.
Iustinum Sophiamque pares duo lumina mundi

162-163 *Iust.* 1, 38 || **166** *Ioh.* 5, 38 || **168** *Iust.* 2, 309 || *Iust.* 3, 75 || **171** *Iust.* 3, 71.

153 Clavd. 18, 7 || **156** Vvlg., *Sap.* 7, 29 || **157** Vvlg., *Sap.* 7, 30 || Verg., *Aen.* 11, 611 ; *cf.* Stat., *Ach.* 1, 790 || **158** Vvlg., *Sap.* 7, 26.

165 Verg., *Aen.* 2, 692-693 || **166** Ov., *Met.* 3, 507 ; *cf.* Pers. 1, 102 || **167** Clavd. 21, 24 || **170** Verg., *Aen.* 6, 646 || Maxim., *Eleg.* 1, 536 ; *cf.* Anth. 762, 3 || **171** Arator, *Act.* 2, 1219.

151 numne *Mom. in Par.* : nomen *M* nonne *Pet.* numen *uett.*, *uide adn.* || **154** inanibus M^2 : iani- M^1 || ista M^2 : sta M^1 || **155** feras *M* : -res *Fog.* || **157** cedit M^2 : -di M^1.

159 uidet M^{pc} : -dent M^{ac} || **160** Iohannes *Par. e periocha II*, *V* : *post* aetate *lacunam praebet* M^1 uenustus M^2 || **161** eum *add.* M^2 erum *Pet.* || **162** iussit *add.* M^2 || **164** *post* feliciter *lacunam praebet M*, *uide adn.* || **166** echo *Par.* : equo M^1 -quor M^2 || **170** discrimina *edd. a Dem.* : -ne *M*.

aux deux lumières du monde. « Régnez semblablement dans les siècles ! », dit-on et l'on sollicite des années de bonheur pour des maîtres heureux. Ce bruit résonna longtemps pour finir par s'apaiser.

Lui, une fois couronné, monta sur le trône de son aïeul, s'assit en faisant le vénérable signe de la croix et, levant le bras, en présence de tout le sénat, se mit à parler ainsi de sa bouche pieuse : « Régnant sur tous les royaumes, Dieu nous a accordé le royaume de notre aïeul, il nous a donné le diadème de notre père et nous a chargé, lui qui a donné naissance à toutes choses, des tâches du gouvernement qu'il a lui-même créées. Nous louons l'œuvre du créateur et nous levons nos yeux vers le roi redoutable : nous rendons grâces et des grâces déclarées. Nous sommes son bien, qui que nous soyons, comme le prouve la raison et ⟨...⟩[1]. C'est de plusieurs membres que se compose un être vivant, mais c'est la tête qui dirige les membres. Aussi Dieu, le Créateur, lorsqu'il composa l'homme, ⟨le fit de telle nature[1]⟩ que sa tête commande à tous ses membres. Et pour assurer leur direction, la sagesse fut associée à la tête, pour qu'en occupant la citadelle du corps elle observe avec des yeux sereins les membres du corps qui lui est soumis, de façon à

1. Comme en 2, 164, les *uetcres* ont exercé leur imagination sur ces lacunes : pour le vers 185, tandis que Dempster proposait, au choix, *animo moderante figuras*, *habitu distante figuras* ou *moderatur mente figuras*, Barth suggérait (9, 12, 437) *licet enarrare figuras*, Rittershausen *nobis praebente figuras* et Foggini *deus ipse figuras*. Le vers 188 a été complété en *naturae foedere iussit* par Rittershusius et en *naturae foedere fecit* par Foggini. La seule chose vraisemblable est qu'après *hominem* pouvait se trouver une des formes du mot *natura*, puisque le mot *natus* donné par *M* n'a pas grand sens.

esse ferunt. « Regnate pares in saecula ! » dicunt,
felices annos dominis felicibus orant.
Insonuit uox illa diu tandemque quieuit.
  Ipse coronatus solium conscendit auitum
atque crucis faciens signum uenerabile sedit
erectaque manu cuncto praesente senatu
ore pio sic or*sus* ait : « Super omnia regnans
regna Deus regnum nobis concessit auitum
et patrium diadema dedit curasque regen*di*
imposuit rerum genitor, quas ipse creauit.
Laudamus factoris opus regemque tremendum
sus*pi*cimus. Grates agimus gratesque fatemur.
Ipsius est, quodcumque sumus, ratione pro*b*a*n*te,
et rerum certas ⟨...⟩
Pluribus ex membris animal componitur unum,
sed caput est, quod membra regit. Deus ergo creat*o*r
componens hominem natus ⟨...⟩
omnibus ut membris caput imperet. *V*tque regantur,
coniuncta est capiti sapientia, corporis arcem
quae retinens oculis *s*peculetur membra serenis
et quoscumque uidet uigilanti lumine sollers

174 *Iust.* 2, 367.

175 *Iust.* 1, 183 ; 2, 37 || **178** *Ioh.* 1, 247 ; 6, 538 ; 7, 166 ; 7, 409 ; 8, 242 || **179** *Iust.* 2, 3 || **180** *Iust.* 3, 108 ; 3, 139 || **182** *Iust.* 2, 36 ; 3, 367 || **192** *Iust.* 2, 338.

175 Verg., *Aen.* 7, 169 || **182** Alc. Av., *Carm.* 1, 302.

178 orsus *edd. plerique ab anonymo in Von. Spec. 24* : orans *M* || **179** regnum M^2 : *post* regn] M^1 *non legitur* || **180** patrium M^2 : -riam M^1 || regendi *Rui., cf. 3, 108 et 139* : -ti *M* || **183** suspicimus *Rui.* : suscipi- *M* || **184** sumus M^2 : summa M^1 || probante *Rui.* : prouate *M* || **185** *post* certas *lacunam praebet M, uide adn.* || **187** regit M^2 : *post* reg] M^1 *non legitur* || creator *Rui.* : tur- *M* || **188** *post* natus *lacunam praebet M* naturae *uel* naturam *fort. restituendum est, uide adn.* || **189** Vtque *edd. plerique a Jungermann in Bar. 9, 12, 437* : atque *M* || **191** speculetur *Rui.* : pecu- *M*.

guérir tous ceux que la perspicacité de sa vue vigilante lui montre souffrant de maladie et à chasser par un remède les maladies hostiles. L'Empire romain est bien disposé, tel un corps unique, composé, comme on peut le dire, de nombreux membres. Ainsi donc nous sommes la tête de ce corps charpenté. A notre tête sacrée a été associée Sagesse, pour diriger avec gloire comme notre égale le monde qui nous a été confié en siégeant sur le même ⟨trône⟩. Vous, pères conscrits, vous êtres les membres les plus proches de moi, le plus grand espoir de notre règne, vous êtes le cœur, vous être les bras de la tête que nous sommes, vous qui en mettant au service de l'État vos conseils et vos efforts lui avez permis de dompter les peuples et de soumettre les royaumes. La tâche suprême du gouvernement m'a été confiée, mais puisqu'il nous revient d'organiser l'univers assujetti, nous vous remettons aussi les tâches du monde[1]. Nous nous adressons à votre fidélité et nous vous instruisons de notre voix : en premier lieu il faut de toutes ses forces honorer Dieu, toujours l'adorer, toujours le craindre, l'aimer, lui qui créa toutes les merveilles de la beauté du monde. Nous, nous essayons, pour autant que notre nature en est capable, d'être les imitateurs de celui qui crée et donne tout. Et comme Dieu l'a voulu, je suis la tête qui commande à ses propres membres. Observez une justice égale pour toute espèce de peuples et observez la mesure de la justice. Dirigez

1. Justin ne pouvait pas faire moins que cet éloge du Sénat qui venait, sous la direction de Calinicus, de lui confier le pouvoir. Pour l'association *consilium-labor*, cf. n. compl. *ad* 1, 131.

peste laborantes subiecti corporis artus
sanet et infestos pellat medicamine morbos.
Romanum imperium corpus bene ponitur unum
compositum multis, quod fas est dicere, membris.
Nos sumus ergo caput solidati corporis huius.
Huic sacro capiti facta est Sapientia consors,
quae mihi commissum pariter regat inclita mundum
⟨sede⟩ sedens una. Vos ⟨o⟩ mihi proxima membra,
conscripti patres, nostri spes maxima regni,
uos estis pectus, uos brachia uerticis huius,
quorum consiliis quorumque laboribus usa
publica res domuit gentes et regna subegit.
Summa regendarum cura est mihi credita rerum.
At quia subiectum nostrum est disponere mundum,
nos etiam uobis curas committimus orbis.
Alloquimur fidos et uos hac uoce monemus.
In primis Deus est tota uirtute colendus,
semper adorandus, semper metuendus, amandus,
omnia qui fecit pulchri miracula mundi.
Nos imitatores factoris et omnia dantis,
in quantum natura ualet, contendimus esse.
Vtque deus uoluit, propriis caput impero membris.
Iustitiam populis generaliter omnibus aequam
et iuris seruate modos. Disponite plebes,

196 *Iust.* 1, 100 || **198** *Iust., praef.* 23 || **201** *Ioh.* 7, 514 || **203** *Iust.* 1, 131 || **206** *Iust.* 1, 184.

195-196 Vvlg., *I Cor.* 12, 12 || **200** Verg., *Aen.* 7, 193 || **208** Verg., *Aen.* 3, 461 || **212** Vvlg., *I Cor.* 4, 16 ; 11, 1 ; *Phil.* 3, 17 ; *Eph.* 5, 1 ; *cf. I Thess.* 1, 6.

195 corpus M^2 : *post* corp] M^1 *non legitur* || **196** fas est M^2 : fasse M^1 || **200** sede sedens una *Rui.*, *cf.* Verg., *Aen. 7, 193* : sedens u. M^1 s. u. comes M^2 || uos M^2 : uox M^1 || o *add. Rui.* || **203** laboribus M^2 *in ras.* || **204** res domuit M^2 : resedo- M^1 || subegit M^2 : subicit M^1 || **211** pulc(h)ri M^2 : plcri M^1 || **215** omnibus M^2 : populis M^1.

le peuple comme il sied de diriger à de véritables pères de l'Empire[1] et ayez aussi de la prévenance pour les membres moins importants, comme s'ils étaient vos propres pieds. Non moindre doit être le soin à consacrer aux membres les plus faibles. La loi de la nature nous montre que les mains, en se rapprochant des pieds, leur offrent leur service, et nous voyons que les yeux sont les serviteurs des pieds en nous permettant de regarder ce qui se trouve plus bas. Aplanissez les chemins devant les pieds. Ne dédaignez pas une partie capable d'importantes fonctions et de peines extrêmes, qui transporte l'ensemble du corps avec la tête à son sommet. Celui qui avance droit sur ses pieds ne craint aucun mal, il n'a pas peur d'un choc : le droit chemin ignore la chute. Et même la chevelure doit être ornée par un entretien continuel : que nul ne fasse bon marché de ce qu'il sait appartenir au corps. Que la rigueur des pères, que leur préceptes règnent dans le monde. Que disparaissent les meurtres, que les querelles entre les hommes cessent, qu'il ne s'offre nulle occasion de faire du tort, que cesse la pratique d'une cupidité inique. Épargnez nos sujets, brisez les cous des orgueilleux. Que leur faute punisse elle-même ceux qui s'en sont rendus coupables, que soient observés les droits de la paix. Tournez vos oreilles et tout votre esprit de ce côté, sénateurs, et apprenez de nos paroles tout l'espoir que nous mettons en vous. Les agriculteurs cultivent leurs terres, aspirent aux récoltes par une culture continuelle, fendent la terre de leur soc

1. Coripe fait ici allusion à la dignité de *patrice* des sénateurs (cf. note compl. ad 2, 287). C'est ainsi que Symmaque parle (*Epist.*, 2, 35) de *parentes patriae* et que Suidas (13, 1) « traduit » *patrice* par « père de l'État » (πατρίκιος πατὴρ τοῦ κοινοῦ).

ut decet imperii ueros disponere patres
utque pedes proprios et membra minora fouete.
Non minor est membris cura impendenda minutis.
Obsequium pedibus naturae lege uidemus
ammotas praebere manus oculosque ministros
cernimus esse pedum, quibus in*f*eriora tuemur.
Ante pedes planate uias. Ne temnite partem
magnis officiis summisque laboribus aptam,
qua uehitur totum summo cum uertice corpus.
Qui pedibus rectis graditur, mala nulla ueretur,
non timet offensam : nescit uia recta ruinam.
Quin e*t* ca*e*sar*ies* cultu est ornanda diurno.
Nullus uile putet quod nouit corporis esse.
Sit censura patrum, sit disciplina per orbem.
Priuentur caedes, populorum iurgia cessent.
Nullus laedendi pateat locus, usus iniquae
cesset auaritiae. Subiectis parcite nostris,
colla superborum confringite. Culpa nocentes
puniat ipsa suos, seruentur iura quietis.
Huc aures totamque, uiri, deflectite mentem
quaeque sit ex dictis uestri spes discite nostris.
Agricolae sua rura colunt cultuque diurno
implorant fructus et terram uomere findunt

223 *Ioh.* 5, 419 || **228** *Iust.* 2, 238 || **231** *Iust.* 2, 336 || **233** *Ioh.* 1, 148 || **234** *Iust.* 2, 40 || **238** *Iust.* 2, 228.

218-225 Vvlg., *I Cor.* 12, 22 || **236** Lvcan. 3, 304 || **239** Ov., *Ars* 2, 671.

222 inferiora *edd. plerique ab anonymo in Bar. 9, 12, 438* : inte- *M* || **225** qua M^2 : quam M^1 || **226** mala nulla *Rui. metri causa* : n. m. *M* || **228** quin et *edd. plerique a Bar. 11, 14, 537* : qui nec M^1 quae nec M^2 quin nec *Dem.* || caesaries *Pet.* : causa rei *M* || cultu M^2 : -tus M^1 || **233** auaritiae M^2 : -ties M^1 || nostris M^1 : uestris M^3 || **237** sit M^1 : sint M^2 || uestri *Rui.* : -tris M^1 -trae M^2 || discite M^2 : dic- M^1 || **238** agricolae M^2 : agricul- M¹ || **239** fructus M^2 : fluc- M^1 || terram M^2 : -rra M^1.

et ce travail agréable est réparti entre les bons cultivateurs : une partie ouvre les mottes, une partie confie les semences aux sillons, une partie détourne les eaux claires pour irriguer les jardins verdoyants et rassasier les vergers en traçant des canaux. Le sol, s'il est cultivé, sait enrichir ses cultivateurs : ainsi, comme une terre grasse, l'État enrichit de ses dons ceux qui ont bien mérité de lui ; son grand espoir est le sénat : celui-ci est superbe de valeur, de fidélité, de gravité, de rigueur. Tous ceux qui prennent soin de l'État seront grandement récompensés. Que ce qui est au fisc ne soit la proie de personne. Sachez que le fisc occupe la place du ventre qui permet à tous les membres de se nourrir : le ventre alimente le corps. Si le ventre vient à être vide, tout défaille, les membres voient leur force s'amenuiser et les os se contractent et durcissent, car leur moelle est séchée [1]. Tous bénéficient des avantages du fisc sacré, qui procure le bien commun, le soulagement commun. Que la défense du fisc ne lèse aucun homme juste, qu'il prenne ce qui est sien, qu'il laisse ce qui est aux particuliers. Nous cultivons la justice, nous vénérons [2] les hommes justes, nous les aimons. Nous vous la recommandons, nous vous invitons à la garder. Bien des choses ont été fort négligées du vivant de notre père, qui sont à l'origine des si nombreuses

1. Les connaissances médicales que le poète montre ici sont quelque peu approximatives, puisque les médecins anciens ne parlent jamais d'os qui se contractent, mais des muscles ou des tendons en cas d'inflammation, ou encore des articulations (Vitr., 8, 3, 5 ; Cels., 1, 9 ; 2, 7, 17 ; 8, 10, 1 ; 8, 10, 3 ; 5, 18, 28 ; Ser. Samm., 772).

2. La tentative de Petschenig pour garder la forme active donnée par *M ueneramus* est vaine, bien qu'elle s'appuie sur des exemples donnés par Fr. Neue, *Formenlehre der lateinischen Sprache*, t. 2, 2e éd., Mitau, 1866, p. 328. En effet en 4, 174, Coripe utilise la forme normale *ueneramur*. Paléographiquement la correction de *ueneramus* en *ueneramur* ne présente aucune difficulté.

diuiditurque bonis gratus labor ille colonis :
pars scindit glebas, pars *s*ulcis semina mandat,
pars liquidas deducit aquas hortosque uirentes
irrigat ac tractis satiat pomaria riuis.
Nouit culta suos tellus ditare colonos.
Sic bene promerit*o*s donis res publica ditat,
terra uelut pinguis, cuius spes magna senatus :
hic floret uirtute, fide, grauitate, rigore.
Hanc quicumque colunt, multum mercedis habebunt.
Quod fisci est, nullus rapiat. Cognoscite fiscum
uentris habere locum per quem omnia membra cibantur.
Venter alit corpus. Fuerit si uenter inanis,
omnia deficiunt, ten*u*antur *ro*bore membra
et contracta rigent arentibus ossa medullis.
Omnibus sufficiunt sacrati commoda fisci,
ex quibus est commune bonum, commune l*eu*amen.
Tutetur fiscus iustorum nemine laeso,
quae sua sunt, capiat, quae sunt priuata, relinquat.
Iustitiam colimus, iustos ueneramu*r*, amamus.
Hanc commendamus, hanc uos retinere iubemus.
Plurima sunt uiuo nimium neglecta parente,
unde tot exhaustus contraxit debita fiscus,

242 *Ioh.* 2, 202 || **254** *Iust.* 2, 269.

254 IVLIAN. TOLET., *Gramm., ed. Hagen, Anecdota Heluetica..., p. CCXXXI, l. 12.*

241 VERG., *Ecl.* 5, 36 || **243** HOR., *Carm.* 1, 7, 14 || **253** OV., *Met.* 14, 208 || **255** DRAC., *Orest.* 182.

240 diuiditur M^2 : diuitur M^1 || **241** pars sulcis *Rui.* : parsul- *M* || **243** ac tractis *Rui.* : ac tratis M^1 attractis M^3 || **244** suos M^2 *in ras.* || **245** promeritos *Rit.* : pro meritis *M* || ditat *Rui.* : dictat *M* || **249** est M^2 : es M^1 || **252** tenuantur *Rui.* : tenean- *M* || robore *Rui.* : abore *M* || **254** omnibus sufficiunt *M*, *cf. n. 4 p. LXIX* : omnia s. *Bar. 11, 14, 538 et alii alia* || **255** leuamen : libamen *M ut semper* || **258** ueneramur *Rui.* : -ramus *M*, *uide adn.* || **260** neglecta M^2 : ne lecta M^1.

dettes qui furent contractées par le fisc épuisé et que dans un mouvement de piété nous nous apprêtons à rembourser aux pauvres. Que ce qui n'a pas été fait ni traité[1] à cause de la vieillesse de notre père et qui est corrigé du temps de Justin mette le monde en joie. Le vieillard ne se souciait plus de rien ; déjà tout glacé, il ne brûlait plus que de l'amour de l'autre vie ; c'était vers le ciel que tout son esprit était tourné ; déjà oublieux de ce corps, il pensait que la figure de ce monde était passée. Et bien qu'il ait épuisé les avantages du fisc jusqu'à le vider, j'ai cependant avec moi la sainte bénédiction de mon père, qui peut tout rétablir et restaurer ce qui est tombé. Nous ne souffrons qu'on lèse le fisc sacré, mais nous ne laissons pas non plus léser personne au nom du fisc. Que tous usent de leurs biens propres et jouissent de leurs droits. »

Après avoir entendu le prince prononcer ces mots de sa bouche tranquille, le sénat s'inclina pour l'adorer en glorifiant la piété de ses paroles et des acclamations de la plus grande ferveur parvinrent jusqu'aux astres.

Il se rendit aussitôt sur les hauteurs du vaste cirque pour voir la foule en liesse et pour exhorter la plèbe par la piété de sa parole. Alors en une longue file s'avancent les plus hauts dignitaires et le sénat resplendissant. En personne au premier rang, remarquable par son visage vénérable, tout joyeux, Marcellus s'en allait honorer son frère, ainsi que le nouvel ordonnateur de la Cour sacrée,

1. Le texte de *M factum actumue* même corrigé en *factumue actumue* comme le fait Rittershausen, n'est guère satisfaisant. Mais toutes les corrections proposées ne le sont pas plus (*factum est actumue* de Dempster ; *factum tactumue* de Barth, 11, 14, 538-539 ; *factum aetatemue* de Vonck, *Spec.*, 25 ; *factum fastumue* de Petschenig, qui, dans *Emendationen zu Corippus*, dans *W. S.*, 6, 1884, p. 261-268, cite un emploi de *fastum* au sens de *fastidium* dans Porph., *Hor. sat.*, 1, 6, 95) : elles ne suppriment pas le pléonasme ou elles font appel à un sens bien mal attesté de *fastum*.

reddere quae miseris moti pietate paramus.
Quod minus ob senium factum*ue* actumue parentis,
tempore Iustini correctum gaudeat orbis.
Nulla fuit iam cura senis ; iam frigidus omnis
alterius uitae solo feruebat amore ;
in caelum mens omnis erat ; iam corporis huius
immemor hanc mundi faciem transisse putabat.
Et licet exhausti uacuarit commoda fisci,
illa tamen sancti mecum est benedictio patris,
quae totum reparare potest et lapsa nouare.
Nec patimur quemquam sacratum laedere fiscum,
nec laedi quemquam sinimus sub nomine fisci.
Vtantur cuncti propriis ac iure fruantur. »
Haec postquam princeps tranquillo protulit ore,
pronus adorauit laudans pia dicta senatus
et summi clamor peruenit in astra fauoris.
Protinus in magni *ua*sit fastigia circi,
cerneret ut laetos populos plebemque moneret
eloquii pietate sui. Tunc ordine longo
incedunt summi proceres fulgensque senatus.
Ipse inter primos, uultu praeclarus honoro,
fratris in obsequium gaudens Marcellus abibat
dispositorque nouus sacrae *B*ad*u*arius aulae,

269 *Iust.* 2, 254.
276 *Iust.* 3, 259 ; 4, 131.
280 *Ioh.* 4, 138 ; *Iust.* 4, 67.

267-268 Prvd., *Psych.* 627 || **268** Vvlg., *I Cor.* 7, 31.
280-281 Verg., *Aen.* 8, 722 || **282** Verg., *Aen.* 2, 479.

263 factumue actumue *Rit.* : factum actumue *M* f. fastumue *Pet. et alii alia, uide adn.* || **265** senis *M* : -ni *Bek.* || frigidus omnis M^2 : fridus M^1 || **268** putabat M^2 : -bant M^1.

278 in magni uasit *Pet.* : i. m. iussit *M* et magni uisit *Par.* immanis uisit *Mom. in Par.* || **282** primos M^2 : -mus M^1 || **284** Baduarius *Rui.* : uado aurius *M.*

Baduaire, successeur de son beau-père, devenu bientôt curopalate[1] : leur âge n'était pas égal, mais égales étaient leurs aspirations et leurs volontés. Tous deux patrices, favoris du prince tous deux, ils resplendissaient semblables à deux astres jumeaux rayonnants, deux astres qui parachèvent par leur flamme plus vive l'ornementation du ciel et qui sont les seuls à être visibles en même temps que le lever du soleil, lorsque fuit le globe des étoiles, quand tous les astres pâlissent, quand la lumière naissante regarde les herbes touchées de son haleine et quand un jour nouveau cache les astres. Un courrier envoyé en avant comme messager donna le signal. Selon la coutume, on dépose son manteau et un murmure de liesse s'élève dans les troupes joyeuses. La foule se leva en portant attentivement ses yeux sur le siège du maître, puisque la plèbe en liesse désirait, dans son amour extrême, voir le maître qui donne la félicité. Il s'avance avec sa propre lumière, ayant armé son front serein en faisant le signe du saint bois. Et quand, après avoir salué la foule, il atteignit les gradins, tandis qu'il montait sur le trône doré et sur le siège de son père, surélevé par un amoncellement de plumes et de beaux tapis, il regarda la population en liesse et, à la vue des multitudes réparties autour de lui à l'applaudir, il sourit de son visage réservé en gardant sa gravité et en faisant la joie de la plèbe. Quand le prince se fut appuyé sur le

1. Pour la charge de curopalate, cf. n. compl. *ad* 1, 137 et n. 3 p. XXXI. Sur Baduaire, cf. E. Stein, *Studien...*, p. 8 ; 26, n. 1 ; 47 ; 104 ; 114, n. 2 ; *Histoire du Bas-Empire...*, t. 2, p. 797-798. Époux d'Arabia, fille de Justin et de Sophie (*Iust.*, 2, 72 : ... *pulcherrima proles*), sœur de Justus, mort avant l'avènement de son père, Baduaire succède à Justin dans la charge de curopalate. En 566, il commande les troupes de Scythie et de Mésie envoyées au secours des Gépides (cf. appendice I), en 572 il est *comes sacri stabuli* et à partir de 574 στρατηγὸς αὐτοκράτωρ dans la guerre contre les Lombards (selon Stein, *Studien...*, p. 104, pour compenser la nomination, à sa place, de Tibère au rang de César). Mais en 575 ou 576, il perd une bataille et meurt peu après.

successor soceri — factus mox curapalati est :
his aetas dispar, sed par uotum atque uoluntas.
Ambo patricii, dilecti principis ambo,
fulgebant geminis similes radiantibus astris,
astris, quae caelum flamma meliore perornant
solaque prolato possunt cum sole uideri,
stellarum fugiente globo, quando omnia pallent
sidera et afflatas ortum iubar aspicit herbas
atque operit nouus astra dies. Praenuntius ante
signa dedit cursor. Posita de more lacerna
exoritur laetum iucunda per agmina murmur.
Intentos oculos ad sedem uulgus herilem
extulit assurgens, quoniam plebs laeta uidere
felicem dominum summo cupiebat amore.
Egreditur cum luce sua frontemque serenam
armauit sancti faciens signacula ligni.
Vtque salutato tetigit subsellia uulgo,
auratum scandens solium sedemque paternam
*ex*structam plumis pulchrisque tapetibus altam,
aspexit laet*o*s populos uultuque modesto
circumfusa uidens plaudentum milia risit,
censuram seruans et plebi gaudia donans.
Vt princeps solio subnixus sedit in alto,

296 *Iust.* 4, 368 || **303** *Iust.* 4, 123 || **306** *Iust.* 4, 126.

288 Ov., *Met.* 9, 272 || **291-292** Stat., *Theb.* 12, 406 || **293** Lvcr. 5, 737 || **295** Verg., *Aen.* 12, 239 || **296-297** Verg., *Aen.* 2, 687-688 || **297** Sil. 6, 186 || **303** Verg., *Aen.* 9, 325-326 ; *cf.* Stat., *Theb.* 2, 91-92 || **307** Verg., *Aen.* 1, 506.

285 cura palati M^1 : cura palatii M^2 || **292** adflatas M^2 : -tus M^1 || **294** cursor M^2 : -so M^1 || lacerna M^1 : luc- M^2 || **298** cupiebat M^2 : cap- M^1 || **303** exstructam *Pet. coll.* Verg., *Aen.* 9, 325-326 : structam *M* instructam *Par.* constr- *uett.* || pulcrisque tapetibus M^2 : *post* pulcris] M^1 *non legitur* || **304** laetos *Cam. in Latomus, 35, 1976, p. 409* : -tus *M* || **306** plebi *Rui.* : -bia *M* || **307** ut M^2 : et M^1.

trône élevé pour s'asseoir, une énorme clameur de liesse se fit entendre : dans la plèbe des centaines de voix souhaitaient un âge d'or pour les princes, les partis des deux côtés se renvoient des acclamations de longue vie pour Justin[1] et formulent dans leurs prières des vœux sans nombre pour l'impératrice Sophie. On bat des mains pour applaudir, des cris de joie s'élèvent dans les factions et les rangées se répondent en des phrases alternées. On lève la main droite ⟨à l'unisson⟩ et c'est à l'unisson qu'on la baisse. Par tout le cirque, de tous les côtés, c'est à qui dans la foule agite le plus ses manches blanches, semblables à des vagues serrées qui s'avancent. On organise des chants et des évolutions accompagnent les chants. Ensemble, les bras tantôt levés, tantôt baissés, on dresse la tête. On avance à l'unisson et c'est à l'unisson que l'on recule, en une masse dense va et vient un peloton d'hommes[2]. L'on penserait voir les cimes feuillues d'une forêt de pins jouer en s'agitant sous le souffle favorable de l'Eurus paisible, balancer leur chevelure qui ploie et infléchir alternativement d'un côté et de l'autre leurs branches fécondes avec leur souple cime. Puis à un signal donné, le public fit silence et tous les bancs du cirque plein de clameurs se turent : ainsi, quand, les vents disparus, arrive une brise plus douce, et que les flots errants de la mer agitée par la tempête aplanissent leurs eaux calmées, alors en l'honneur du soleil toute la plaine marine éclatante devient silencieuse et les rivages paisibles.

Quand l'intensité des acclamations et du vacarme du

1. Cf. n. compl. *ad* 2, 168.

2. Les souhaits au cirque étaient scandés en chœur par chaque faction et étaient accompagnés par la musique des orgues placés près des deux bornes qui marquaient l'extrémité de la *spina* (*geminas... metas*, *Iust.*, 1, 332). Cf. H. Leclercq, article *Jeux*, dans *D. A. C. L.*, t. 7, 2, Paris, 1927, col. 2512, et Id., article *Hippodrome*, dans *D. A. C. L.*, t. 6, 2, Paris, 1925, col. 2392. Des acclamations sont représentées sur la base de l'obélisque de Théodose : les dignitaires et les spectateurs, debout, acclament l'empereur sur la première scène de cette base (= pl. XI de A. Grabar, *L'empereur dans l'art byzantin...*, Paris, 1936).

ingens laetitiae sonuit fragor : aurea plebes
tempora principibus centenis uocibus optant.
Iustino uitam partes utraque reclamant,
Augustae Sophiae uotis quampluribus orant.
Excutiunt plausus, studiorum gaudia surgunt
alternisque sibi respondent agmina dictis.
Emittunt dextras ⟨pariter⟩ pariterque remittunt.
Certatim toto uulgus micat undique circo,
ut ueniunt densae manicis albentibus undae.
Disponunt cantus et mo*t*um cantibus addunt.
Nunc simul erectis, pronis nunc ardua membris
dant capita. Accedunt pariter pariterque recedunt,
fertque refertque glo*b*um moles condensa uirorum.
Exa*gi*tata putes placidis bene flantibus Euris
ludere coniferae frondosa cacumina siluae
et flexis *n*utare comis lentoque uicissim
uertice fecundos huc illuc flectere ramos.
Inde dato populi fecere silentia signo
cunctaque clamosi tacuere sedilia circi :
mollior ut uentis quotiens uenit aura remotis,
fluctiuagum pelagus quod tempestate mouetur
mansuetis planatur aquis, tunc solis honore
omnia clara silent tranquillis aequora ripis.
*V*t clamor magnus populi strepitusque quieuit,

309 *Iust.* 2, 168 || **312** *Iust.* 1, 295 || **314** *Iust.* 2, 319 ; 3, 170 || **319** *Iust.* 2, 314 ; 3, 170.

322 Sil. 3, 415 || **327** Ov., *Fast.* 2, 148 || **330** Verg., *Aen.* 1, 164.

309 centenis M^2 : -eni M^1 || op(ob-)tant M^2 : -tat M^1 || **310** utraque M^1 : utrae- M^2 || **313** dictis M^2 : -tus M^1 || **314** pariter *add. Marcilius ad Persium p. 17* || **316** ut *M* : et *Bar. 43, 18, 1962* || **317** motum *Bar. 43, 18, 1962 metri causa* : -dum *M* || **320** fertque refertque M^2 : f. fertque M^1 || **321** exagitata *Pet., cf. n. 6 p. LXV* : exatata M^1 exaltata M^2, *edd. plerique* || **323** nutare *Rui.* : mut- *M* || **328** quod M^2 : quo M^1.

331 ut *edd. a Bar. 43, 18, 1963* : et *M*.

peuple se fut apaisée, le prince divin, parlant de sa voix auguste, fit ces recommandations à la plèbe : « Ayez une vie heureuse, citoyens. C'est le moment de se réjouir : réjouissez-vous et restez dans la joie. Dieu a apporté ce bonheur. Que nul ne trouble sa joie. Que disparaissent les meurtres, que cessent les querelles entre les factions[1] et que désormais, après de dures peines, je le promets à tous, la plèbe connaisse la paix et, nous, une vigilance perspicace. Je rendrai pour la sécurité des citoyens sa tranquillité à la ville. C'est nous qui sommes chargés du soin de vos personnes, c'est nous qui gardons vos biens. Croyez-le, les principes de mon temps ne permettent pas aux méchants de sévir longtemps. Réglez vos mœurs, tenez vos mains à l'écart des larcins, cessez de nuire. Apprenez la justice, gardez les préceptes des lois. Quiconque fait la justice ne craindra nul tribunal, aucun juge n'inspirera de peur à cet homme. La vigueur du droit[2] saisira les coupables. Soyez en paix. Si l'associé aime son associé, le citoyen son concitoyen, non seulement j'ordonne les spectacles attendus du cirque, mais je récompenserai le peuple et le comblerai de présents. J'enrichirai la plèbe et, par mon consulat, après si longtemps, je restaurerai le nom que l'on refuse aux consuls. Pour que le monde se réjouisse du présent de Justin, les dons de mes calendes se hâtent d'approcher. Vous, tenez-vous à vos places, hâtez-vous, faites les préparatifs et comptez sur mon siège curule pour le jour promis. » La foule fut saisie de joie en entendant inopi-

1. Pour cet emploi concret de *studia*, cf. n. compl. *ad* 1, 320. Le mot a une signification voisine de celle de *populi* en 2, 231, qui désigne les dèmes (cf. n. 1 p. xxx).

2. F. R. D. Goodyear et J. Diggle, *More notes on Corippus*, dans *B. I. C. S.*, 15, 1969, p. 26, ont fait remarquer à juste titre que l'expression normale, un juridisme courant, est *iuris rigor*, qui se trouve par exemple dans Vlp., *Dig.*, 24, 1, 32 ; 40, 5, 24, 10 ; Mod., *Dig.*, 49, 1, 19). Mais cela n'est pas une raison suffisante pour justifier une correction du texte.

diuinus princeps augusta uoce perorans
haec plebi mandata dedit : « Bene uiuite, ciues.
Tempus gaudendi est : gaudete hilaresque manete.
Contulit ista Deus. Nullus sua gaudia turbet.
Priuentur caedes, studiorum iurgia cessent.
Et iam post duros, cunctis promitto, labores
otia sint plebi, nobis uigilantia sollers.
Tranquillam faciam securis ciuibus urbem.
Nos curam uestri gerimus, nos uestra tuemur.
Credite, non patitur saeclorum secta meorum
iniustos saeuire diu. Componite mores,
a furtis cohibete manus, cessate nocere.
Discite iustitiam, legum praecepta tenete.
Iustitiam quicumque facit fora nulla timebit.
Omnis erit iudex informidabilis ill*i*.
Corripiet sontes iuris uigor. *E*ste quieti.
Si socium socius, si ciuem ciuis amabit,
non solum optati iubeo spectacula circi,
praemia sed populis et maxima dona parabo.
Ditabo plebes opibus nomenque negatum
consulibus consul post tempora tanta nouabo.
Gaudeat ut totus Iustini munere mundus,
dona calendarum properant uicina mearum.
Vos uestris astate locis, properate, parate
promissaque die nostras sperate curules ».
Expauit gaudens inopino nomine uulgus

336 *Iust.* 2, 231 || **337** *Ioh.* 8, 199 || **338** *Iust.* 2, 192 || **349** *Iust.* 1, 314 || **351** *Iust.* 4, 224 || **353** *Iust.* 2, 419 || **354** *Iust.* 4, 103 || **355** *Iust.* 3, 159.

335 Lvcan. 6, 284 || **344** Verg., *Aen.* 6, 620 || Ivvenc. 1, 584 || **349** Ov., *Am.* 3, 2, 65.

346 illi *Rui.* : ille *M* || **347** uigor. Este *edd. a Dem.* : uigor stote *M* || **348** ciuis M^2 : -ues M^1 || **350** populis et M^2 : p. sed M^1 || parabo M^2 : prabo M^1 || **355** adstate... parate M^2 : stante... prepar- M^1.

nément le mot de consul : un bruit naît et un énorme tumulte parcourt ⟨la population[1]⟩ en liesse. Partout on entend frémir un murmure et l'on redouble avec une douce cadence des applaudissements au son profond.

Pendant ce temps, les gradins du vaste cirque se vident, de partout descendit une foule d'hommes en pleurs, qui, par les papiers qu'il y déposèrent, remplirent toute l'arène juste devant le siège du maître ; et ces hommes, arrosant leur visage de pleurs abondants, confièrent leur corps à la terre en tombant la face contre elle. « Aie pitié, nous sommes perdus », ce grand cri résonna longtemps. « Lis les contrats sacrés de ton père, fais le total qui ressort de ces papiers si longs. Maintenant secours tes serviteurs. Nous avons confié nos biens à celui qui nous l'ordonnait. Qui pourrait vous refuser, à vous les maîtres, ce qui est vôtre, quand est vôtre ce que le monde possède. Tu sais, souverain éminent entre tous, ce que rapporte à votre fisc le commerce public. D'où proviendront chaque année les impôts qui subviennent à tes entreprises, si notre troupe est défaillante ? C'est à ton service que se trouve tout ce que nous faisons. Nous, nous appelons privés des biens qui sont à toi. C'est à peine si, dans notre abattement les aliments couvrent notre subsistance quotidienne, qu'une longue journée et le hasard nous font gagner au prix d'un long effort, en nous permettant à la tombée de la nuit d'avoir de côté une maigre nourriture ». Ne supportant pas longtemps les pleurs amers versés par tant de gens, il par-

1. La conjecture de U. J. Stache, *populos*, est la plus satisfaisante, puisque c'est le mot le plus neutre et le plus banal qui puisse être en harmonie avec le contexte. Il s'accorde également avec le contexte, s'il a ici son sens « fort » de *dème*, *faction* comme en 2, 231, ce que toutefois nous ne croyons pas. En 2, 412, on a une expression voisine *per medios populos*.

consulis audito : natus fragor itque tumultus
per laetos ingens ⟨populos⟩. Fremit undique murmur
ingeminantque cauos dulci modulamine plausus.
Interea lati spoliant subsellia circi,
undique plorantum descendit turba uirorum
et positis totam chartis impleuit *h*arenam
ante ipsam domini sedem largisque rigantes
ora uiri lacrimis et terrae corpora dantes
in facies cecidere suas. « Miserere, perimus »
insonuit uox magna diu. « Lege sacra parentis
syngrapha, de tantis rationem collige chartis.
Iam seruis succurre tuis. Nos nostra iubenti
credidimus. Dominis uobis quis uestra negaret,
cum uestrum est quod mundus habet? Scis, summe regentum,
publica quid uestro prosint commercia fisco.
Vnde tributa tuis succedent annua rebus,
deficiet si nostra manus? Tibi militat omne
quod gerimus. Nos quae tua sunt priuata uocamus.
Vix nobis uitae constant alimenta diurnae
afflictis, quae longa dies longoque labore
sors quaerit paruosque cibos sub nocte reponit. »
Flere diu tant*o*s lacrimis non passus acerbis

358 *Ioh.* 5, 240.
366 *Iust.* 3, 261 || **367** *Iust.* 2, 174 || **378** *Iust.* 3, 106.

364-365 Verg., *Aen.* 6, 699 ; *cf. Aen.* 9, 251 || **366** Vvlg., *III Reg.* 18, 39 ; *Matth.* 17, 6 ; *Apoc.* 5, 14 *et alibi* || **366** et **369** Sedvl., *Carm. pasch* 3, 60-61 || **374** Sidon., *Carm.* 5, 478-479.

358 audito M^2 : -ta M^1 || itque M^2 : id M^1 || **359** populos *add. Stache et alii alia, uide adn.*

363 positis M^2 : -tam M^1 *ut uid.* || arenam M^2 -na M^1 || **370** dominis M^2 : -num M^1 -no *Rui.* || **371** habet *add.* M^3 || **372** quid M^2 : quod M^1 || **373** succedent M^2 : -dunt M^1 || **379** tantos *Sal.* : -tis *M* || acerbis M^2 : aceruus M^1.

tagea avec miséricorde leur douleur et sa piété le fit se soumettre spontanément à ses propres lois. « L'argent d'autrui », déclara-t-il, « doit être remboursé par celui qui est resté l'héritier vivant de son père ». Il commanda à ses fidèles serviteurs d'apporter ses trésors personnels. Bientôt arrivèrent des colonnes sans nombre d'hommes aux bras solides portant des centaines de livres pesantes. Ils les déposèrent de leurs épaules. Les cohortes se regroupent et tout le cirque resplendit d'une profusion d'or. Alors, après avoir déposé les comptes en public et à la vue du peuple, il acquitta les dettes de son père et il reprit les reçus[1]. Quels cris de joie alors, quelle ferveur ! Partout monte au ciel la clameur joyeuse des ovations de la foule. Voici ce qu'admirent les dignitaires, ce qu'admire la plèbe : ici brillent les feux rutilants des papiers qui brûlent, là rayonne l'or fauve qui rivalise avec le feu ; ici on jette les papiers dans les flammes, là on divise en poids égaux les sous d'or épars et d'un coup de pouce on donne une impulsion au plateau de la balance. Alors on s'en va, les plis des vêtements remplis, on peine sous le poids de son gain et, les yeux levés, on prie pour la vie du prince. On le trouva plus généreux que son père, plus clément aussi, par la force d'âme avec laquelle il foula aux pieds l'esprit d'avarice en remboursant spontanément les dettes publiques avec son or privé, en maître pris de pitié pour ses serviteurs sans ressources. Par ce seul acte, le nouveau prince dans sa piété surpassa tous les hauts faits des anciens. Même

1. Le remboursement des impôts forcés est une variante de la cérémonie traditionnelle de la remise des impôts par le nouveau souverain, qui s'empresse de faire brûler les reconnaissances de dettes de ses sujets (cf. Aus., 419, 73-74, p. 372-373, éd. Peiper ; Prisc., *Anast.*, 156-170).

condoluit miserans et se pietate subegit
legibus ultro suis. « Aliena pecunia », dixit,
« reddenda est uiuus patri qui substitit heres ».
Thesauros fidis priuatos ferre ministris
imperat. Innumerae mox aduenere cateruae
fortia centenis onerat*ae* brachia libris.
Deposuere umeris. Turmae glomerantur in unum
et totus fuso circus resplenduit auro.
Tunc, posita ratione palam populoque uidente,
debita persoluit genitoris, cauta recepit.
Gaudia quanta illic, quantus fauor! Vndique laetus
tollitur in caelum populorum clamor ouantum.
Mirantur proceres, mirantur talia plebes :
hinc rutili lucent chartis ardentibus ignes,
hinc radiat fuluum concertans ignibus aurum;
hinc chartas flammis subigunt, hinc pondere fusos
exaequant solidos et lancem pollice pulsant.
Tunc sinibus plenis abeunt quaestuque laborant
elatisque oculis pro uita principis orant.
Largior inuentus patre est, clementior idem,
qua uirtute animi mentem calcauit habendi,
publica priuato ⟨cum⟩ debita redderet auro
sponte sua, dominus seruis miseratus egenis.
Priscorum hoc uno uicit nouus omnia facto
facta pius princeps. Quamuis meliora sequantur,

383 *Ioh.* 6, 544 ; *Iust.* 2, 86 || **384** *Ioh.* 1, 86 ; 7, 404 || *Ioh.* 6, 663 || **402** *Iust.* 3, 348.

386 Verg., *Aen.* 12, 707 || Stat., *Theb.* 2, 585 ; Clavd. 3, 28 || **391** Verg., *Aen.* 11, 745 || **402** Commod., *Instr.* 2, 38, 3 || **404** Verg., *Aen.* 12, 153.

382 patri qui *Rui.* : pateri qui M^2 pater cui M^1 patri cum *Cameron in Latomus, 35, 1976, p. 409* || **385** oneratae *Rui.* : onerati M^2 hon- M^1 || **388** palam M^2 : -la M^1 || **389** deb(-u-)ita M^2 : deuicta M^1 || **392** talia M^2 : alia M^1 || **399** patre *M ut uid.* : pater *legunt edd.* || **400** qua *M* : qui *edd.* || **401** cum *add. Dem.* : quod *add.* M^2 dum *add. Rit.* || **402** seruis... egenis M^1, *cf. p. LXV n. 6* : -uos... -nos M^2 || **404** pius *Von. Lect. 192* : prius *M.*

si des actes meilleurs devaient suivre, voilà cependant quel fut son premier geste inaugural, dont nul de nos aïeux ne dit dans ses chants qu'il a été accompli par les Augustes précédents.

Puis une autre œuvre pieuse tout aussi considérable s'en suivit : on vit arriver des épouses pleurant leurs maris enchaînés, des mères pleurant leurs fils. Dans l'affliction une énorme douleur ne sait pas demeurer réservée. Oublieuse de son sexe et pitoyable par sa tenue même, leur troupe s'avançait au milieu du peuple. Une fois arrivées devant la loge vénérable de César, toutes pressent leur poitrine sur la terre dure. « Tu es pieux, tu peux tout » crient-elles, « regarde nos pieuses larmes, dénoue les liens des malheureux. A ces mères que voici, rends leurs fils, à ces épouses leurs maris. Que ce jour soit un jour de liesse pour tous. Que nul ne vive dans la tristesse les moments de joie que tu donnes, prince. Efface les crimes de tous afin que le monde en liesse se réjouisse de l'indulgence du prince. » Il regarda ces larmes avec pitié, exauça celles qui le priaient dans leur douleur et, à la façon de Dieu, ordonna que tous fussent absous de leur crime. Il est Dieu, celui à qui d'un seul mot il appartient de justifier les méchants et de les soulager du milieu de la mort. Croyez-le sans arrière-pensée ; ce mot n'est pas téméraire : celui qui fait cela est Dieu : c'est Dieu au cœur des souverains. C'est cela que le Dieu souverain commande aux souverains. Le Christ a donné aux maîtres de la terre tout pouvoir. L'un est le Tout-Puissant, l'autre est l'image du Tout-Puissant. Il continua à faire des dons sans nombre en remettant des présents solennels et, après avoir renvoyé le peuple, il retourna sur le haut de sa citadelle.

hoc primum tamen omen erat, quod nullus auorum
August*o*s umquam cecinit fecisse priores.
Hinc aliud pietatis opus tam grande secutum est.
Pro uinctis flentes nuptae uenere maritis,
matres pro genitis. Nescit seruare pudorem
rebus in afflictis ingens dolor. Immemor ibat
turba sui sexus, cultu miserabilis ipso,
per medios populos. Postquam uenere uerendam
C*a*esaris ante casam, cunctae sua pectora durae
inlidunt terrae. « Pius es, potes omnia » clamant.
« Cerne pias lacrimas, miserorum uincula solue.
Matribus his natos, his nuptis redde maritos.
Omnibus haec sit laeta dies. Tua gaudia princeps
nullus agat tristis. Cunctorum crimina dele,
gaudeat ut laetus miti *sub* principe mundus. »
Has pius aspexit lacrimas precibusque dolentum
annuit et solui cunctos a crimine iussit
more Dei. Deus est cui uerbo competit uno
iustificare malos mediaque a morte leuare.
Credite simpliciter ; uox haec temeraria non est :
qui facit hoc, Deus est ; Deus est in corde regentum.
Principibus princeps quidquid Deus imperat, hoc est.
Terrarum dominis Christus dedit omnia posse.
Ille est Omnipotens, hic Omnipotentis imago.
Plurima praeterea sollemni munere donans,
dimissis populis arcem remeauit in altam.

419 *Iust.* 2, 353 || **422-423** *Iust., praef.* 45 || **429** *Iust.* 4, 11 ; *cf. Iust.* 4, 155 || **429-430** *Iust.* 2, 70-71.

406 Augustos *Rui.* :-tus *M.*

413 Caesaris : cess- *M ut plerumque* || **414** es M^2 : s M^1 || **415** cerne M^2 : cernere M^1 || **419** miti sub *Par.* : mitis te M^2 *post* mitis M^1 *non legitur* miti te *Jäger* || **427** dominis M^2 : -nus M^1 || **429** praeterea *Rui.* : prae(pre-)ter eam *M* || sollemni munere M^1 : -mnia munera M^3 || **430** explicit gorippi africani gramatici *M.*

LIVRE III

Quand le prince toucha le seuil de l'auguste demeure, bien que la sixième heure de ce jour de fête fût consommée, il ne demanda pas des plats délicieux ni des coupes agréables, sans d'abord confier au tombeau le saint et vénérable corps de son père, après l'avoir honoré de luxueuses obsèques. Devant les portes il y avait déjà ⟨un cortège⟩, tandis que çà et là à travers la Cour, le long des portiques, le sénat se tenait mêlé à la plèbe et, à l'intérieur, des serviteurs en pleurs, et mille vases en or, en forme de mille colonnes, mille en argent, qui remplissaient la salle des cierges[1] qui les surmontaient, disposés chacun à sa place, ainsi préparés selon l'usage ancestral. C'est un triste devoir qui mettait de l'effervescence dans la vaste Cour. De hautes draperies rayonnaient de l'éclat des joyaux incrustés, dont la puissance romaine s'était emparée aux temps anciens, joyaux qu'a produits le vert Nérée et la terre indienne[2] et que César fit parvenir de la Cour de Memphis, que Cléopâtre donna en suppliante, tandis qu'elle venait toute pâle briser

1. D. Romano traduit *ceris* par « figure di cera ». Mais toutes les fois que le mot *cerae* apparaît dans l'*In laudem Iustini*, il a le sens de « cierges » (2, 9 ; 2, 71 ; 3, 39 ; 4, 317). *Atria cerae* ou *ceras* est une clausule ovidienne (Ov., *Am.*, 1, 8, 65 ; *Fast.*, 1, 591) où *cerae* a le sens d'*imagines*. Mais l'utilisation mécanique de cette clausule n'implique pas que Corippe ait conservé le sens du mot *cerae* chez Ovide. De plus la dernière mention des *imagines maiorum* se trouve dans Sid. Ap., *Epist.*, 1, 6, 2.

2. Les joyaux que fournit le « vert Nérée », c'est-à-dire la mer, sont bien sûr les perles. Quant aux pierres de l'Inde, elles sont mentionnées par Claud., 8, 585-586.

LIBER TERTIVS

Contigit ut princeps august*i* limina tecti,
quamquam festa dies sextam consumpserat horam,
non dulces epulas, non pocula *g*rata petiuit
ni patris primum sanctum et uenerabile corpus
ornatum exequiis tumulo mandaret opimis.
Ante fores iam ⟨pompa⟩ fuit passimque per aulam
porticibus longis stabat cum plebe senatus,
interius flentes famuli, uasa aurea mille,
mille columnarum species, argentea mille,
quae superimpositis implebant atria ceris,
ordine com*p*ta suo, patrum sic more parata.
Triste ministerium l*a*tam feruebat in aulam.
Alta superpositis radiabant stramina gemmis,
tempore quas prisco *Ro*mana potentia cepit,
quas uiridis Nereus, quas protulit Indica tellus,
et quas Mem*ph*itica Caesar perduxit ab aula,
quas supplex Cleopatra dedit, cum uincula fratris

1 *Iust.* 4, 248 || 4 *Iust.* 3, 28 || 7 *Iust.* 3, 166 || 8 *Iust.* 1, 227 || 9 *Iust.* 3, 73 ; 4, 84 || 10 *Iust.* 2, 85 || 11 *Ioh.* 4, 138 || *Ioh.* 8, 328 || 13-16 *Iust.* 2, 123-125 || 14 *Iust.* 3, 188.

4 Epiced., *Drusi* 171 || 6 Clavd. 10, 286 || 7 Verg., *Aen.* 2, 528 || 10 Ov., *Am.* 1, 8, 65 ; *Fast.* 1, 591 || 11-12 Verg., *Aen.* 6, 223.

Inc. incipit liber tertius *M* || **1** Augusti *Dem.* : au(a-)gustus *M* || **3** pocula M^2 : puc- M^1 || grata *Rui.* : rata *M* || **6** pompa *add. Sca. coll.* Clavd., *uide adn.*, *et alii alia* || **7** porticibus M^2 : -ticbus M^1 || **8** flentes M^2 : lentes M^1 || **11** compta *Par.* : commota M^1 cuncta M^2 || **12** latam... aulam *Dem.* : letam... aulam *M* lata... aula *Fog. et alii alia* || feruebat M^2 : ferie- M^1 *ut uid.* || **13** alta M^1 : -to M^2 || **14** Romana *Rui.* : humana *M* || cepit : coep- *M* || **15** indica M^1 : india M^2 || **16** Memphitica : menfi- *M*.

les liens de son frère, après avoir corrompu le gardien[1]. Quand on les regardait en face, on les voyait jeter des éclairs, mais ce n'était qu'une lueur et non pas du feu. Partout étincelle une lumière qui éclaire les lambris dorés du merveilleux plafond. On brûle l'encens sabéen et l'on verse dans des patères disposées là du miel parfumé et un baume au suc odorant[2]. Cent autres espèces d'aromates merveilleux sont apportées pour conserver dans l'éternité des temps le corps sacré. Tels furent les honneurs suprêmes que rendit à son père Justin, meilleur prince que César Auguste[3].

Quand, en entrant le premier, il vit le corps vénérable, il se pencha sur lui en larmes, recueillit les baisers glacés de son divin père, puis exprima sa douleur en ces mots : « Nous, nous pleurons de tristesse et notre esprit se consume de douleur. Toi, mon père très saint, tu te tiens joyeux au loin parmi les cohortes des anges ; ayant désormais abandonné ton corps, tu regardes Dieu et tu jouis d'un jour meilleur sous la lumière d'un soleil pour lequel il n'y eut point de nuit. Salut, père illustre, salut ! Adieu, père vénérable, pour l'éternité ! » Sans plus tarder, d'un signe auguste il commande de soulever dans les airs la civière, le peuple sortit en procession de toute la

1. Corippe se souvient ici des faits rapportés par Lucan., 10, 56-58, qu'il interprète très librement :

cum se parua Cleopatra biremi
corrupto custode Phari laxare catenas
intulit Emathiis ignaro Caesare tectis.

2. Ce que Corippe dit ici des funérailles de Justinien correspond aux détails des funérailles traditionnelles : le corps est placé sur un lit d'apparat (3, 13 : *alta... stramina* ; 3, 37 : *sublime feretrum*), tandis que des parfums brûlent dans des cassolettes (cf. Paul. Fest., 18, 7 : *acerra, ara quae ante mortuum poni solebat, in qua odores incendebant*). Plus tard le cortège funèbre a lieu à la lumière de torches (3, 39).

3. « Il poeta allude ai solenni funerali in onore di Cesare, che furono organizzati, in realtà, dalla madre di Ottavio..., ma che dalla

frangere *cor*rupto pallens custode ueniret.
Ex quibus aduersis cernebant fulgura mitti,
sed lumen, non ignis erat. Lux undique fulget
aurea conspicui lustrans laquearia tecti.
Tura Sab*a*ea cremant, fragrantia mella locatis
infundunt pateris et odoro balsama suco.
Centum aliae species unguentaque mira feruntur,
tempus in aeternum sacrum seruantia corpus.
Supremum patri talem celebrauit honorem
Augusto melior Iustinus Caesare princeps.
Vt prius ingrediens corpus uenerabile uidit,
incubuit lacrimans atque oscula frigida carpsit
diuini patris uerbisque dolentibus inquit :
« Nos flemus tristes mentisque ardore dolemus.
Tu, pater, angelicas inter, sanctissime, turmas
laetus ab*e*s positoque deum iam corpore cernis
et frueris meliore die sub lumine solis
no*x* cui nulla *fu*it. Salue, pater inclite, salue !
Aeternum, pater alme, uale ! » Non plura moratus,
august*o* nutu tolli sublime feretrum
imperat et tota populus processit ab aula

28 *Iust.* 3, 4 || **34** *Iust.* 1, 51 || **35** *Iust.* 1, 120 ; 2, 11 || **36** *Ioh.* 1, 112 || **37** *Iust.* 4, 225 || *Iust.* 1, 226.

18 Lvcan. 10, 57 || **22-23** Verg., *Georg.* 2, 117-119 || **22** Verg., *Georg.* 4, 169 ; *Aen.* 1, 436 || **23** Verg., *Aen.* 5, 98 || **26** Verg., *Aen.* 5, 58.

28 Epiced., *Drusi* 171 || **29** Ov., *Epist.* 11, 117 || **35-36** Verg., *Aen.* 11, 97-98 || **36** Verg., *Aen.* 5, 381 ; *cf.* Ov., *Met.* 12, 322.

18 frangere corrupto *Cam. coll.* Lvcan. : -geret et rupto *M* || **20** fulget M^2 : -git M^1 || **22** tura Sabaea : t. sabea M^2 turas abea M^1 || fragrantia M^1 : fla- M^2 || **23** odoro M^2 : odor M^1.

28 prius *M* : pius *Bar. 44, 15, 2017* || **29** oscula : obsc- *M* || **30** uerbisque M^2 -baque M^1 *ut uid.* || **33** abes *Walter in W. S., 48, 1930, p. 79* : abis *M* || **35** nox cui nulla fuit *Shackleton Bailey in C. Ph., 50, 1955, p. 120* : nos cui nullas ait *M* nox cui nulla subit *Bar. 45, 12, 2094 et alii alia* || **37** augusto *Pet. ex 4, 225* : -tu M^1 -tus M^2 || tolli M^2 : tolle M^1.

Cour et dans ses rangs en deuil on allume les cierges funèbres. Tous les sexes et tous les âges se rassemblent pour les obsèques. Qui pourrait évoquer les merveilles d'un tel cortège? Ici tonne l'ordre vénérable des lévites[1] qui chantent, là un chœur virginal : leur voix ébranle le ciel. Les larmes se répandent comme neige : leur pluie mouillait les vêtements de tous, tandis que les yeux ruisselants nageaient dans leur propre source et arrosaient visages et poitrines. Des mères hébétées allaient les cheveux défaits, d'autres devant leurs portes, celles-là dans le haut des maisons remplissaient les fenêtres élevées en s'y entassant en foule, aussi nombreuses que le concert des oiseaux qui se rassemblent sur les rives de l'Ister hyperboréen, contraints par la rudesse de l'hiver de quitter leurs terres gelées : contraints par la glace et les neiges, les oiseaux se rassemblent innombrables, ils se serrent, accumulent les retards et ne veulent pas quitter le fleuve. Nombreux sont ceux qui brûlaient un pieux encens à l'occasion du défilé. De partout accourait la plèbe en deuil curieuse de voir le spectacle. Chez tous la même affection, chez tous la même légitime affliction augmentaient les larmes et la vue des funérailles les faisait pleurer jusqu'au moment où, pénétrant dans les parvis de l'église des Saints-Apôtres, on déposa les illustres membres dans le sépulcre consacré que dans sa piété il s'était fait construire en or massif.

tradizione dovettero essere attribuiti al figlio » (D. Romano). Même si Corippe avait su que les funérailles avaient été organisées par Atia, il eût été obligé de les attribuer à Octave Auguste, puisque la comparaison avec Auguste était l'un des procédés typiques du panégyrique impérial (cf. n. 1 p. XLV).

1. *Leuita* est un terme traditionnel de la poésie latine chrétienne pour désigner les diacres (cf. A. Blaise, *Dictionnaire latin-français des auteurs chrétiens*..., Turnhout, 1967, s. v. *Leuita*).

maestaque funereas accendunt agmina ceras.
Omnis in exequias sexus conuenit et aetas.
Quis memorare potest tantae miracula pompae?
Hinc leuitarum uenerabilis ordo canentum,
uirgineus tonat inde chorus : uox aethera pulsat.
Funduntur lacrimae ritu niuis : imbre madebant
cunctorum uestes proprioque in fonte natabant
ma*na*ntes oculi uultusque sinusque rigabant.
Attonitae matres resolutis crinibus ibant,
ante fores aliae, tectis sublimibus illae
implentes altas turba stipante fenestras,
quantus Hyperborei uolucrum concentus in Istri
contrahitur ripas, gelidas quas linquere terras
aspera cogit hiems : glacie niuibusque coactae,
innumerae glomerantur aues, stipantur in unum
innectuntque moras et flumina linquere nolunt.
Transitus ob causam multi pia tura cremabant.
Vndique currebat studio plebs maesta uidendi.
Omnibus unus amor, iustus dolor omnibus unus
augebat lacrimas et uiso funere flebant,
donec Apostolici subeuntes atria templi
inclita sacrato posuissent membra sepulcro
quod pius ipse sibi puro construxerat auro.

40 *Iust.* 4, 54 || **43** *Ioh.* 8, 311 || **44-45** *Iust.* 1, 162 || **45-46** *Ioh.* 8, 354 || **56** *Iust.* 4, 53 || **57** *Iust.* 1, 347 ; 1, 348 ; 2, 24 ; 2, 142 ; 4, 230.

41 Clavd. 8, 565 || **47** Verg., *Aen.* 7, 580 || **48-49** Ov., *Met.* 14, 752 || **53** Verg., *Aen.* 6, 311 ; Clavd., *Carm. min.* 27, 76 || **54** Clavd. 3, 315 || **56** Verg., *Aen.* 2, 63-64 || **57** Verg., *Georg.* 3, 244 ; 4, 184.

39 funereas M^2 : -raeas M^1 || accendunt M^2 : acced- M^1 || **40** omnis M^2 : -nes M^1 || exequias M^2 : -quia M^1 || **46** manantes *edd. a Kirchmann, De funeribus Romanorum, 2, 11, 197 metri causa* : madentes *M* || **50** Hy(i-)perborei... I(i-)stri M^1 : -reis... astris M^2 || **55** causam M^2 : -sa M^1 || **61** pius *M* : prius *prop. Rui.*

Une fois le calme revenu, à travers toute la ville la plèbe en liesse, après avoir orné les maisons de couronnes, décora les remparts sacrés. Les prés sont dépouillés de leur parure, les bosquets tout remplis de fruits et les frondaisons du glauque olivier sont arrachées. On décore les montants des portes, on donne aux seuils une parure de roseau et dans tous les quartiers on dresse des tentures de fête. Alors les jeunes gens commencent leurs exercices et les louanges succèdent aux louanges, ils frappent le sol de leurs pieds, ils replient leurs jambes d'un pas souple et ils modulent des chants nouveaux sur d'admirables mélodies. Justin et Sophie dans leur piété sont appelés deux lumières. Les orgues, les plectres, les lyres se mirent à résonner à travers toute la ville. Ce sont mille espèces de plaisirs, mille banquets, des danses, des rires, des allées et venues, des cris de joie, des applaudissements. On fait pour les Augustes des souhaits de longue vie en de joyeuses acclamations[1]. « Après la vieillesse », dit-on, « le monde se réjouit de retrouver la jeunesse et revient aux prémices de son antique forme. Les siècles de fer maintenant s'en vont, tandis que les siècles d'or se lèvent avec ton temps, Justin, espoir de la ville et du monde, éclat de l'Empire romain, gloire ajoutée à celle de tous les princes antérieurs, toi dont la sagesse victorieuse a gagné le faîte suprême de la royauté de ton père. » On répète le nom de Sophie, on l'appelle une seconde lumière et l'on ajoute un nouveau chant accompagné d'applaudissements.

1. Cf. n. compl. *ad* 2, 168.

Postquam facta quies, totam plebs laeta per urbem
sacra coronatis ornauit moenia tectis.
Pratorum spoliatur honor, nemus omne refertum
frugibus et glaucae frondes rapiuntur oliuae.
Exornant postes et arundine limina comunt
festaque per cunctos tendunt uelamina uicos.
Ludere tunc iuuenes et laudibus addere laudes
incipiunt, plaudunt pedibus mollique reponunt
crura gradu mirisque modis noua carmina flectunt.
Iustinum Sophiamque pios duo lumina dicunt.
Organa, plectr*a*, l*y*rae totam insonuere per urbem,
mille uoluptatum species, conui*u*ia mille,
saltatus, risus, discu*r*sus, gaudia, plausus.
Augustis uitam laetis clamoribus optant.
« Post senium », dicunt, « sese iuuenescere mundus
gaudet et antiquae repetit primordia formae.
Ferrea nunc abeunt atque aurea saecula surgunt
temporibus, Iustine, tuis, spes urbis et orbis,
Romani iubar imperii, decus addite cunctis
retro principibus, cuius sapientia uictrix
obtinuit patrii fastigia maxima regni. »
Ingeminant Sophiae nomen lumenque secundum
hanc dicunt carmenque nouum cum plausibus addunt.

66 *Iust.* 4, 152 || 67 *Iust.* 4, 84 || 71 *Iust.* 2, 171 || 72 *Ioh.* 4, 577 || 73 *Iust.* 4, 84 || 75 *Iust.* 2, 168 || 79 *Iust.* 1, 181 ; 1, 250.

64 Clavd., *Rapt. Pros.* 2, 128 || 69 Verg., *Aen.* 6, 644 || 69-70 Verg., *Georg.* 3, 76 || 71 Arator, *Act.* 2, 1219 || 77 Ivvenc. 2, 203 ; Clavd. 5, 493 || 80 Verg., *Aen.* 8, 301.

64 refertum *M* : resectum *Cameron in Latomus, 35, 1976* || 70 crura gradu M^2 : cura gradum M^1 || 72 plectra *Rui.* : -trum M^2 -tum M^1 || lyrae *Rui.* : lira et *M* || 73 conuiuia *Rui.* : -uicia *M* || 74 discursus *Rui.* : -cussus *M* || 75 Au(a-)gustis M^2 : -tus M^1 || 80 addite M^1 || 82 patrii M^2 : -tri M^1 || fastigia M^2 : -giam M^1 || 83 ingeminant M^3 : geminant M^1.

Pendant ce temps, le prince en liesse avec son épouse sacrée avait commencé à cueillir les plaisirs heureux de la table auguste, festin royal et doux présents de Bacchus, ceux que la fertile Sarepta, ceux que Gaza avaient créés, et ceux que l'agréable Ascalon avait donnés aux paysans en liesse, ou ceux qu'envoient l'antique Tyr, la fertile Afrique, ceux de Méroe, ceux de Memphis, ceux de l'éclatante Chypre, ceux que portent avec la vigueur de leur maturité les antiques vignes que planta de ses propres mains Ulysse d'Ithaque, tandis qu'il gardait sous la citadelle oebalienne le seuil de Laerte et qu'il ne cherchait pas encore à éviter les dangers de la guerre de Troie[1] ; et ceux que le cultivateur exprime des raisins de Méthymne, les coupes qui flamboyaient remplies de Falerne limpide. On mêle en un cratère les antiques dons de Lyaeus palestinien, blancs par leur couleur de neige et très légers par leur douce saveur, on confie au métal fauve le vin chrysattique à la couleur sombre, qui, tel qu'il est produit par la nature, n'a pas besoin de miel transparent, et l'on coupe le présent de l'Iacchus gariséen. Qui exposera tout ce qu'enfantent pour les maîtres toutes les provinces de l'univers soumises à l'empire

1. Même si l'*Odyssée* fait allusion à des vignes appartenant à Laerte (Hom., *Od.*, 1, 192-193), dont certaines étaient promises à Ulysse (Hom., *Od.*, 24, 341-344), ce n'est pas à des passages de l'œuvre d'Homère que Corippe se réfère ici, lui qui n'était pas capable d'en lire le texte (cf. p. xxxii n. 3). Parce qu'Ithaque possédait, comme aujourd'hui, des vignobles, Corippe leur donne le prestige qui s'attachait au nom d'Ulysse, en supposant qu'ils ont été plantés par le héros. La « citadelle oebalienne » (3, 94 : *arce sub Oebalia*) est Ithaque, littéralement « la citadelle de Pénélope », puisque Pénélope était la fille d'Icarios (cf. Ov., *Epist.*, 1, 81-82 ; *Trist.*, 5, 5, 44) et qu'Icarios, selon une des versions de la légende, était le fils d'Oebalos, roi de Sparte (cf. J. Heeg, article *Ikarios*, dans *R. E.*, Band IX, 1, Stuttgart, 1914, col. 975-976). Du point de vue formel, l'expression *arce sub Oebalia* est un souvenir de Virg., *Géorg.*, 4, 125 : ... *sub Oebaliae... turribus arcis*, ou toutefois il s'agit de Tarente. Une autre restitu-

Interea laetus sacra cum coniuge princeps
coeperat augustae felicia carpere mensae
gaudia, regales epulas et dulcia Bacc*h*i
munera, quae Sarepta ferax, quae Gaza crearat
Ascalon et laetis dederat quae grata colonis
quaeue antiqua Tyros, quae fertilis Africa mittit,
quae Meroe, quae Memphis habet, quae candida Cypros,
quaeque ferunt ueteres maturo robore uites,
quas manibus propriis It*h*acus plantauit Vlixes,
arce sub *Oe*balia Laertia l*i*mina seruans,
nondum Troiani uitans discrimina belli,
quaeque Me*thy*mn*a*eis expressit cultor ab uuis,
pocula quae uitreo flagrabant plena Falerno.
Prisca Palaestini miscentur dona L*ya*ei,
alba colore niuis blandoque leuissima gustu.
Fusca dabant ful*u*o *chry*sattica uina metallo,
quae natura parit liquidi non indiga mellis,
et Garisaei permiscent munus Iacc*h*i.
Cuncta quis expediet dominis quae parturit orbis
Romano quaequ*a*e est prouincia subdita regno?

86-87 *Iust.* 3, 135 || **95** *Ioh.* 1, 407.

88 et 96-97 Sidon., *Carm.* 17, 15-17 || **90** Verg., *Aen.* 4, 670 || **92** Verg., *Georg.* 4, 125 || **94** Verg., *Aen.* 2, 567-568 || **95** Sedvl., *Carm. pasch.* 1, 124. || **103** Sedvl., *Carm. pasch.* 1, 101.

87 Bacchi : bacci *M* || **89** grata M^1 : greca M^2 creta M^3 || **91** Meroe *Rui.* : meroes *M* || **92** robore M^2 : rub- M^1 || **93** Ithacus : ita- *M* || **94** arce sub Oebalia *Dem.*, *uide adn.* : parces ubi balia M^1 parte sub italia M^3 pace sub Iliaca *Bar. 55, 2, 2582 et alii alia* || Laertia limina *Sca.* : lacertia lumina M^1 lerneia flumina M^3 || **96** Methymnaeis *Rui.* : medimeneis *M* || cultor ab uuis M^2 : cultura uuuis M^1 || **97** flagrabant *M* : fra- *Pet.* || **98** Lyaei *Rui.* : licei M^2 lipei M^1 || **99** leuissima M^1 : leni- M^2 || **100** fuluo chrysattica *Bar. 55, 2, 2583* : fulboris attica M^1 fulgenti a. M^3 fuluo Bisaltica *I. Schrader*, *Obseruationum liber*, *p. 3, et alii alia* || **102** munus M^1 : munera M^2 || Iacchi : iacci *M* || **104** quaequae *Mom. in Par.* : quaeque *M* || prouincia M^2 : -uicia M^1.

romain? Malgré la profusion de ces biens accumulés avec une grande magnificence, il consomma d'une bouche modérée, avec sa tempérance coutumière, une maigre nourriture et la quantité de boisson que peut prendre un esprit sobre, gardant grâce à sa rigueur le sens de la mesure. La tâche même du gouvernement et ses intentions clémentes l'invitent à juste titre à goûter les plats avec plus de retenue et la sagesse cherche peu la boisson. On pose des surtouts d'or sur les tables de pourpre alourdis par le poids des joyaux. Justinien était représenté partout : cette peinture plaisait aux maîtres et la vue de l'image de leur père réjouissait ses heureux enfants. Là on aurait pu croire réelles les effigies sacrées et croire qu'elles se dressaient vivantes. L'art et la matière auraient pu ensemble les animer, si tu ne refusais, Nature, le droit d'ajouter la vie. Il est accordé au talent des hommes de vivre après leur mort par la renommée. La gloire qui s'attache à lui préserve la célébrité du nom. Il avait lui-même commandé que sur chaque vase, avec l'or barbare, on représentât l'histoire de ses triomphes, au temps où Justinien, célébrant l'ovation, avait jeté dans les fers les tyrans capturés, quand, pour son quatrième consulat, le prince foulait les hauteurs du Capitole en un cortège triomphal. Pour les princes sacrés, la conversation à cette table agréable roula sur leur divin père : ils

tion du texte de *M* pourrait être *pace sub Oebalia* ; Oebalos étant roi de Sparte et grand-père d'Hélène, Corippe pourrait désigner une époque où Sparte n'était pas encore en guerre, donc où la guerre de Troie n'était pas encore commencée : la « paix oebalienne » serait une allusion à l'état de paix précédant la guerre de Troie. Les conjectures de Barth, 55, 2, 2582, *pace sub Iliaca*, et de Jäger, *arte sub Icaria*, ne tiennent pas compte des réalités graphiques. Le poète évoque ensuite la folie simulée d'Ulysse (*Iust.*, 3, 95 : *nondum Troiani uitans discrimina belli*), épisode posthomérique de la légende (cf. Cic., *Off.*, 3, 97) : Ulysse semait du sel après avoir labouré avec une charrue tirée par un bœuf et un âne. Pour le faire se trahir, Palamède plaça son fils devant l'attelage ou, selon une autre version de la légende, le menaça de son épée (Cic., *Off.*, 3, 98 ; Ov., *Mét.*, 13, 35-38 ; Plin., *Nat.*, 35, 129 ; Serv., *Én.*, 2, 81).

Haec magno luxu quamquam cumulata redundent,
temperie solita paruus cibus ore modesto
sumitur et quantum capiat mens sobria potus,
censura seruante modum. Cura ipsa regendi
clementisque animus praesumere parcius escas
iure facit potu*s*que parum sapientia quaerit.
Aurea purpureis apponunt fercula mensis
pondere gemmarum grauia plus. Pictus ubique
Iustinianus erat. Dominis pictura placebat
gaudebantque sui genitoris imagine uisa
felices geniti. Veras ibi credere posses
sacra*s* e*f*figies uiuasque astare putares.
Ars et materies animas simul addere poss*e*nt,
addendi uitam nisi *ius*, natura, negares.
Ingeniis hominum post mortem uiuere fama
concessum est : clarum seruat sua gloria nomen.
Ipse triumphorum per singula uasa suorum
barbarico *h*istoriam fieri mandauerat auro,
tempore quo captis iniecit uincla tyrannis
Iustinianus ouans, quarto cum consule princeps
alta triumphali ter*e*ret Capitolia pompa.
Sacris principibus iucundae fabula mensae
de diuo genitore fuit : tum nomen honorum

106 *Iust.* 2, 378 || **108** *Iust.* 2, 180 ; 3, 139.

105 Sedvl., *Carm. pasch.* 4, 150 || **111** Avs. 392, 17 || **114** Verg., *Aen.* 4, 84 || **122** Verg., *Aen.* 2, 504 || **126** Stat., *Theb.* 8, 236.

105 quamquam M^2 : quem- M^1 || **107** potus M^2 : -tu M^1 || **109** clementisque M^2 : -mentis M^1 || **110** potusque *Rui.* : potum- *M* || **112** grauia plus *Bar. 55, 2, 2583* : p. g. *M* || **116** sacras effigies *Rui.* : sacra et figies *M* || **117** possent *Von. Spec. 28* : -sunt *M* || **118** ius *Mom. in Par.* : tu *M* || **119** fama *Rit.* : -mam *M* || **122** historiam : ist- M^2 storiam M^1 || **124** consule M^2 : conso- M^1 || **125** tereret *Dem.* : terret M^2 t////et M^1 || **126** fabula M^2 : famu- M^1 || **127** tum *M* : dum *Bährens in Rh. M., 27, 1872, p. 225.*

exaltent alors avec les plus grandes louanges le renom de ses honneurs, au milieu de la douceur délicieuse des coupes, et le disent vivant sur la bouche des hommes. Nul souverain n'aima ainsi son prédécesseur, même si le successeur possédait le sceptre paternel par la naissance. Le père très clément sera tout le temps devant les yeux de son fils et restera toujours en son cœur.

Une fois qu'ils eurent pris les dernières coupes du repas divin et que se furent tus les cris de joie de la très haute table que ce premier jour avait réunie, l'un et l'autre se levèrent en liesse de leur couche élevée et gagnèrent la retraite de leur demeure. Mais ils ne laissèrent pas leurs cœurs se relâcher dans l'indolence du sommeil : l'esprit veille chez ceux qui ont la pieuse tâche de gouverner de si vastes peuples, de dompter de cruels tyrans, de réfléchir et d'organiser les affaires du monde. Il convient au talent des hommes de reconnaître qu'il doit admirer plutôt qu'énumérer les grandioses dispositions qu'ils ont prises pour le salut de l'État. Qui serait à même de révéler en un chant qui en soit digne les si nombreuses merveilles de leurs divines actions? Par quels termes, par quelle louange les rapporter? Divine et favorable Augusta, au saint et vénérable nom, bien immortel, sagesse de notre langue, consacre mes vers par tes auspices, tourne tes regards vers celui qui chante tes vœux et offre avec clémence ton secours[1] à celui qui te prie.

Pour la septième fois, la lumière dorée du jour avait

1. Pour le sens de « secours » donné au mot *solacium*, cf. E. Löfstedt, *Late Latin*, Oslo-London-Wiesbaden-Paris-Cambridge Mass., 1959, p. 148-149 et n. 1 et 4, p. 149, qui cite Amm., 16, 7, 10 ; Ennod., *Epist.*, 1, 9 ; *Novel. Iust.*, 73, 1. En *Anast.*, 40, et *Iust.*, 3, 303, *solacia* a un sens concret (« secours », « subventions »).

inter delicias et dulcia pocula summis
laudibus attollunt uiuumque per ora fatentur.
Sic decessorem regnantum nullus amauit,
quamquam sceptra patris natus successor haberet.
Ante oculos geniti genitor dulcissimus omni
tempore semper erit semperque in corde manebit.
  Postquam diuinae sumpsere nouissima cenae
pocula et excelsae siluerunt gaudia mensae
contulerat quae prima dies, surrexit ab alto
laetus uterque toro secretaque tecta petiuit.
Sed non in segnes soluerunt pectora somnos :
inuigilant animi quibus est pia cura regendi
tot latos populos, duros domitare tyrannos,
consiliis uti, causas disponere mundi.
Maxim*a* pro rerum quae disposuere salute
admiranda magis quam connumeranda fateri
humanum decet ingenium. Quis carmine digno
tot diuinarum miracula pandere rerum
sufficiat? Quibus haec uerbis, qua laude reponat?
Diua Augusta fauens, sanctum et uenerabile nomen,
immortale bonum, nostrae sapientia linguae,
auspiciis haec sacra tuis, tua uota canentem
respice et oranti clemens solacia praebe.
  Septima gaudentem lux aurea uiderat orbem,

135 *Iust.* 3, 86-87 || **139** *Iust.* 2, 180 ; 3, 108.

128 DRAC., *Orest.* 854.

135 VAL. FL. 4, 534 || **136-137** VERG., *Aen.* 2, 2 || **137** VERG., *Aen.* 8, 463 || **139** SIL. 10, 330 || **144** et **146** STAT., *Silu.* 5, 1, 208 *et* 210 || **145** VERG., *Georg.* 4, 441 || **147** OV., *Trist.* 1, 8, 15 ||**151** CLAVD. 9, 15-16.

135 excelsae M^2 : exel- M^1 || **139** animi M^1 : -mis M^2 || **142** maxima *Rui.* : -me *M* || **146** laude M^2 : -di M^1 || reponat M^{pc} : -nant M^{ac} || **149** auspiciis... sacra tuis tua M^2 : -cio... sacro tuis tuo M^1 -ciis... sacri tuis. Tua *Rui.*

vu le monde en joie et avait chassé les froids de l'hiver par un paisible printemps. Le soleil levant, qui soufflait sur toute chose des rayons plus chauds, avait communiqué au givre glacé la tiédeur de son feu tranquille. Les éléments se réjouissaient ensemble, réchauffés par une douce température, et la nouvelle Rome manifestait la faveur[1] de ses vœux. On orna la demeure impériale et, sur l'ordre du souverain, on fit venir tous les dignitaires, on commanda à toutes les scholes palatines de se tenir à leur place. Maintenant, en un ordre fixé, la foule des huissiers, des courriers, des chargés de mission, la foule de la garde blanche groupée avec les tribuns du palais, l'unité des gardes du corps sous le commandement de son maître, toute la puissance des offices[2] sacrés étaient présentes, dans la bigarrure de leurs décorations, de leurs uniformes, de leurs tenues, de leurs manières. L'immense corps des « excubiteurs » qui garde le palais divin, massé le long du portique depuis la porte elle-même, protégeait à la façon d'une muraille les côtés gauche et droit en réunissant ses boucliers dorés sous ses javelots dressés. Le flanc ceint d'une épée et les mollets serrés dans des cothurnes, ils se tenaient tous également grands et jetaient un éclat égal avec leurs larges épaules et leurs bras solides qui dépassaient : ainsi au milieu des fleuves sacrés les chênes porteurs de cônes, entre lesquels des filets d'eau caressants bruissent d'un sourd murmure,

1. Nous avons choisi la conjecture de Ruiz *fauebat* parce qu'elle est la plus proche paléographiquement de la leçon de *M fiebat* et que le même emploi absolu de *faueo* (avec un ablatif) se retrouve en 4, 70.

2. *Officia* reprend l'expression *scola quaeque palati est* (cf. n. compl. *ad* 3, 158) et désigne tous les personnels palatins aussi bien civils que militaires dépendant du maître des offices.

expellens placido brumalia frigora uerno.
Omnia sol oriens radiis melioribus afflans
tranquillo gelidas tepefacerat igne pruinas.
Gaudebant elementa simul mollique calebant
temperie uotisque suis noua Roma f*au*ebat.
Ornata est augusta domus iussuque regentis
acciti proceres omnes, sc*h*ola *quae*que palati est
iussa suis astare locis. Iamque ordine certo
turba decanorum, cursorum, in rebus agentum
cumque palatinis stans candida turba tribunis
et protectorum numerus mandante magistro
omnis sacrorum uis *a*ffuit officiorum
ornatu uario cultuque habituque modoque.
Ingens excubitus diuina palatia seruans,
porticibus longis porta condensus ab ipsa,
murorum in morem l*aeu*am dextramque tegebat,
scuta sub erecti*s* coniungens aurea pilis.
Ense latus cincti, praestricti c*r*ura cot*h*urnis,
astabant celsi pariter pariterque nitebant
extant*e*s latis umeris durisque lacertis :
coniferae ueluti sacra inter flumina quercus,
per quas blanda fluens rauco sonat unda susurro,

152 *Iust.* 1, 321 || **156** *Iust.* 1, 344 ; 3, 247 ; 4, 141 || **159** *Iust.* 2, 355 || *Ioh.* 8, 321 ; *cf. Ioh.* 4, 626 || **164** *Iust.* 3, 224 || **165** *Iust.* 1, 202 || *Iust.* 4, 241 || *Iust.* 1, 135 || **166** *Iust.* 3, 7 || **167** *Ioh.* 4, 559 || *Iust.* 3, 177 ; 3, 201 ; 4, 239 || **168** *Iust.* 3, 239 || **170** *Iust.* 2, 314 ; 2, 319.

159 Lvcan. 7, 216 || **165** Verg., *Georg.* 1, 499 || **166** Verg., *Aen.* 2, 528 || **169** Verg., *Aen.* 11, 489 || Verg., *Georg.* 2, 8 ; *cf.* Nemes., *Cyn.* 90 || **171** Verg., *Aen.* 6, 668.

154 pruinas M^2 : ruinas M^1 || **156** fauebat *Rui.* : fiebat *M* fremebat *Rui. dubit.* nitebat *Von. Spec. 29* || **158** schola quaeque *Bar.*, *Cl. Claudiani... quae extant..., Francofurti, 1650, p. 701* : scolaque *M* || palati *Rui.* : -tii *M* || **163** af(ad-)fuit *Rui.* : d/fuit M^{pc} defuit M^{ac} || **164** habituque M^2 : habito M^1 || **167** laeuam : lebam *M ut semper* || **168** erectis *Rui.* : -ti *M* || **169** crura cothurnis *Rui.* : cura cutur- *M* || **171** extantes *Sca.* : -tis *M.*

épaississent la forêt par la vigueur de leur feuillage, empêchant par leurs branches la lumière du jour de pénétrer, dressent en liesse leurs têtes ⟨élevées⟩ qui ne sont pas élaguées et frappent de leurs sommets les étoiles. A gauche comme à droite, on pouvait voir se tenir leurs rangées et resplendir d'une abondante lumière leurs haches à double tranchant, identiques en leur terrible cruauté. Par ses offices, la demeure impériale imite l'Olympe : tous brillent, tous sont bien rangés en leurs détachements, tous étincellent de lumière. Ainsi les étoiles dorées qui rutilent sur la voûte céleste achèvent leur course, équilibrées par leur mesure, leur nombre et leur poids, restent assurées dans leur régulière récession et l'éclat d'une seule brille au-dessus de toutes ; tous les astres succombent sous des flammes plus vives et s'alimentent du feu de leur roi qui les cache en les recouvrant. C'est selon cette loi que la puissance romaine sur le vaste monde se tient au milieu des races en scintillant sur tous les royaumes, soumise uniquement au seul éclat du ciel.

Une très haute salle se dresse sous un très vaste plafond, elle resplendit du soleil des métaux, admirable par son architecture, plus admirable encore par la physionomie des lieux et le décor superbe. Le centre de ces pénates est ennobli par le siège auguste, retranché der-

condensam faciunt frondoso robore siluam
excluduntque diem ramis intonsaque laetae
attollunt capita ⟨alta⟩ et uertice sidera pulsant.
Et laeua dextraque acies astare uideres
multaque ancipites splendescere luce bipennes,
terribili *feri*tate pares. Imitatur Ol*y*mpum
officiis augusta domus : sic omnia clara,
sic numeris bene compta suis, ita luce corusca,
aurea conuexi ueluti rutilantia caeli
sidera mensura, numeris et pondere cursus
perficiunt librata suo stabilique recessu
firma manent unumque iubar super omnia fulget ;
omnia succumbunt flammis melioribus astra
et quo tecta latent regis pascuntur ab igne.
Hac se magnarum Romana potentia rerum
lege tenens medias inter super omnia gentes
regna micat, claro tantum uni subdita caelo.
  Atria praelargis extant altissima tectis,
sole metallorum splendentia, mira paratu
et facie plus mira loci cultuque superba.
Nobilitat medios sedes augusta penates,
quattuor eximiis circumuallata columnis,

177 *Iust.* 3, 167 ; 3, 201 ; 4, 239 || **181** *Ioh.* 4, 256 ; *Iust.* 3, 227 ; 4, 371 || **182** *Iust.* 3, 197 || **188** *Iust.* 3, 14.

193 *Iust.* 1, 102.

175-176 Verg., *Aen.* 9, 681-682 || **176** Mart. 8, 36, 11 || **179-180** Verg., *Aen.* 6, 586.

193 Rvt. Nam. 1, 533.

174 frondoso M^2 : -sa M^1 || **176** alta *add. Par.* || **178** ancipites *M* : -ti *Cameron in Latomus, 35, 1976* || bipennes *M* : -pennum *Cameron, ibidem* || **179** terribili feritate *Pet.* : -lis aetate *M* -les, aetate *Rui.* || **182** conuexi M^2 : c. ce M^1 || **183** numeris M^2 : mune- M^1 || **184** suo *M* : suos *Pet.*

191 praelargis M^2 : -lagis M^1.

rière quatre remarquables colonnes, sur lesquelles brille, de la profusion de son or massif utilisé sans mesure, un dais qui imite les régions de la voûte céleste et couvre de son ombre la tête immortelle et le trône de celui qui y siège, un trône orné de joyaux et magnifique d'or et de pourpre. Le dais avait réuni quatre arcs qui se recourbaient sur eux-mêmes. Occupant également chaque côté gauche et droit, une Victoire était suspendue à quelque hauteur, les ailes déployées dans l'air, portant de sa dextre brillante une couronne de laurier. Admirable par ses pavements et par les tapis qui s'y trouvaient étendus, une vaste aire plane et des banquettes disposées en une longue file ornaient l'illustre salle garnie de tentures. Des tentures recouvrent les portes. Des sentinelles gardent le seuil élevé et à ceux qui veulent entrer sans en être dignes barrent le passage par leurs détachements serrés, redoutables par leur fierté et leur volonté[1].

Une fois que les offices eurent rempli de leurs cohortes rangées le palais décoré, une illustre lumière rayonna des profondeurs sacrées et remplit entièrement le consistoire. Le prince sort, accompagné d'un sénat nombreux. Assistait à cet hommage la foule des hommes chastes : à eux la plus haute confiance et la pleine liberté de s'occuper du service des lieux sacrés et de préparer la couche dorée, de charger la table royale de mets magni-

1. Sur la salle du trône, cf. n. compl. *ad* 3, 212, et J. Ebersolt, *Le grand palais de Constantinople...*, Paris, 1910, p. 41. Dans les vers 191-193, Corippe fait allusion à la Chalcè, vestibule monumental du grand palais, cf. Ebersolt, *op. cit.*, p. 20-21 ; A. Vogt, *Constantin VII Porphyrogénète*, *Le Livre des Cérémonies*, texte établi et traduit par A. Vogt, commentaire par A. Vogt, Paris, 1935-1940, *Commentaire*, t. 1, p. 56-57 ; R. Janin, *Constantinople byzantine...*, Paris, 1950, p. 110-112. On trouvera chez ces auteurs une description précise de la Chalcè qui tirait son nom de ses portes de bronze. La première Chalcè, construite par Constantin, avait même le toit recouvert de bronze doré, mais elle brûla pendant la sédition Nika et fut reconstruite par Justinien. C'est à ses portes de bronze que fait allusion

quas super ex *s*olido praefulgens cymbius auro
immodico, simulans conuexi climata caeli,
immortale caput soliumque sedentis obumbrat,
ornatum gemmis, auroque ostroque superbum.
Quattuor in sese nexos curuauerat arcus.
Par laeuam dextramque tenens Victoria partem
altius erectis pendebat in aera pennis,
laurigeram gestans dextra fulgente coronam.
Mira pauimentis stratisque tapetibus, ampla
planities longoque sedilia compta tenore
clara superpositis ornabant atria uelis.
Vela tegunt postes. Custodes ardua seruant
limina et indignis intrare uolentibus obstant
condensi numeris, fast*u* nutuque tremendi.
Postquam dispositis ornata palatia turmis
officia explerunt, a*dy*tis radiauit ab imis
inclita lux et consistoria tota repleuit.
Egreditur princeps magno comitante senatu.
Affuit obsequio castorum turba uirorum :
illi*s* summa fides et plena licentia sacris
deseruire locis atque aurea fulcra parare,
regales mensas epulis onerare super*b*is,

197 *Iust.* 3, 182 || **200** *Iust.* 4, 55 || **201** *Iust.* 3, 167 ; 3, 177 ; 4, 239 || **202** *Ioh.* 8, 13.

199 Verg., *Aen.* 12, 126 ; *cf.* 1, 639 || **202** Ov., *Met.* 7, 379.
211 Verg., *Aen.* 5, 84 || **216-217** Verg., *Aen.* 6, 604 || **217** Verg., *Georg.* 4, 378.

196 solido *Shackleton Bailey in C. Ph., 50, 1955, p. 120* : lido M^1 liquido M^2 || **202** aera M^2 : aura M^1 aere *uett.* || **203** dextra *Rui.* : -tera *M* || fulgente M^2 *in rasura* || **204** tapetibus : tappe- *M* || **209** condensi numeris *Rui.* condens in humeris *M* condensi in numeris *prop. Sal.* || fastu *Rui.* : -to *M.*
211 adytis *Rui.* : atitis *M* || **215** illis *Rui.* : illi *M* || **217** epulis M^2 : -lae M^1 || superbis *Dem.* : -nis *M.*

fiques, de garder la demeure et de pénétrer dans la sainte chambre, de fermer les portes de l'intérieur et de préparer la garde-robe. Cependant le général Narsès, allant tout autour des pas[1] du maître, avec sa haute taille surmonte de sa tête toutes les rangées et le premier illumine de sa parure la Cour auguste avec sa chevelure soignée, sa prestance et son visage remarquables. Il était tout entier beau comme l'or, discret dans sa parure et sa tenue, estimé par son honnêteté morale, respectable par sa valeur, prompt comme la foudre, circonspect, il veillait de nuit comme de jour pour les maîtres et étincelait de l'éclat de l'honneur : l'étoile du matin qui scintille dans le ciel serein vainc de ses rayons d'or les étoiles d'argent et annonce la proximité du jour par la clarté de son feu.

Quand le prince en liesse fut monté sur le trône élevé et que, plus haut que tous, il eut glissé ses membres dans le vêtement de pourpre, le maître des offices annonce que l'on a fait entrer devant les portes extérieures de la Cour divine des ambassadeurs avares qui demandent à voir les pieds sacrés du maître clément. D'un ton et d'un cœur bienveillants, il ordonne de les faire venir à lui. La jeunesse barbare voit avec admiration la première entrée et, en parcourant des yeux l'immense salle, les hommes gigantesques qui se tiennent immobiles. Ils observent les boucliers dorés, lèvent les yeux sur les javelots dorés dont le fer s'élève resplendissant, sur les

Corippe lorsqu'il parle de l'éclat des métaux (*sole metallorum*). Elle était ornée de mosaïques (cf. n. compl. *ad* 1, 276-290) et les murs étaient de marbre, comme le sol, où était enclavée une plaque circulaire en porphyre. Elle était un véritable musée, qui contenait notamment une statue en bronze du Christ, placée là par Constantin, et la statue de la plupart des empereurs.

1. Pour cet emploi de *uestigium* au sens de *pes* qui s'est développé à époque tardive (bien qu'il existe depuis Catul., 64, 162), cf. E. Lödstedt, *Late Latin...*, p. 117.

conseruare domum sanctumque intrare cubile,
intern*a*s mun*i*re fores uestesque parare.
Armiger interea, domini uestigia lustrans,
eminet excelsus super omnia uertice Narses
agmina et augustam cultu praefulgurat aulam,
comptus caesarie formaque insignis et ore.
Aureus omnis erat, cultuque habituque modestus
et morum probitate placens, uirtute uerendus,
fulmineus, cautus, uigilans noctesque diesque
pro rerum dominis et honora luce coruscus,
matutina micans ut caelo stella sereno
auratis radiis argentea sidera uincit
uicinumque diem claro pr*ae*nuntiat igne.
Vt laetus princeps solium conscendit in altum
membraque purpurea praecelsus ueste locauit,
legatos Au*a*rum iussos intrare magister
ante fores prim*a*s diuinae nuntiat aulae
orantes sese uestigia sacra uidere
clementis domini. Quos uoce et mente benignus
imperat admitti. Miratur barbara pubes
ingressus primos immensa *at*que atria lustrans
ingentes astare uiros. Scuta aurea cernunt
pilaque sus*pic*iunt alto splendentia ferro

224 *Iust.* 3, 164 || **227** *Iust.* 1, 220 ; *cf. Ioh.* 4, 209 ; *Iust.* 1, 155 || *Ioh.* 4, 256 ; *Iust.* 3, 181 ; 4, 371.
234 *Iust.* 1, 77 || **236** *Ioh.* 1, 267 ; 4, 250 || **239** *Iust.* 3, 168.

220 Verg., *Ecl.* 2, 12 ; *cf. Aen.* 11, 763 || **221** Sil. 2, 446 || **228** Ov., *Met.* 2, 321.
232 Hor., *Sat.* 2, 6, 106 || **237** Sil. 11, 196.

219 internas *Rui.* : -nos *M* || munire *Rui.* : -nere *M* || **230** praenunt(-c-)iat *Rui.* : pronun- *M* || igne *Rui.* : ignem *M*.
233 Auarum *Rui.* : aurum *M* || **234** primas *Cameron, in Latomus, 35, 1976* : -mus *M* -mos *Pet.* || **238** primos M^2 : -mus M^1 || im(in-)mensa atque *Mom. in Par.* : -saque *M* || **240** suspiciunt *Rui.* : suscip- *M* || alto *Rui.* : -tos *M*.

casques couverts d'or et les rouges aigrettes. Ils frissonnent devant les lances et les cruelles haches menaçantes, ils regardent toutes les autres merveilles de cette pompe brillante et croient que le palais romain est un autre ciel. Ils se réjouissent de se donner en spectacle et d'entrer l'air souriant ; il en est de même, quand la nouvelle Rome donne des spectacles à sa population : des tigres d'Hyrcanie qui, sous la conduite de leur maître, ne rugissent pas avec leur férocité habituelle, mais, s'avançant sur tout le rebord, lèvent les yeux sur le cirque rempli de milliers de personnes, apprennent sous l'effet d'une grande crainte à s'apprivoiser, renoncent à leur rage, se réjouissent de se voir appliquer des liens cruels et de s'avancer au centre de l'arène, aiment dans leur orgueil être le spectacle même, parcourent des yeux les gradins et les foules propices et, penchés en avant, adorent le trône du souverain. Cependant quand le voile fut retiré et que les entrées les plus profondes devinrent visibles, quand scintillèrent les salles de la demeure sacrée, quand l'Avare Tergazis[1] vit, en levant les yeux, la tête de César briller du diadème sacré, il s'inclina trois fois en pliant le genou pour l'adorer et se plaqua à terre en y demeurant prosterné. Les autres Avares qui le suivaient avec le même effroi sont tombés sur leur face, ils écrasent de

1. Tergazis est l'ambassadeur avare mentionné par Ménand., fragm. 28-29 (*F. H. G.*, 4, 233-235, éd. Müller = *H. G. M.*, 2, 62-66, éd. Dindorf) sous la forme Ταργίτης et Ταργίτιος, cette dernière forme se retrouvant chez Theophyl. Simoc. (1, 8, p. 48, l. 7 et 15, *C. S. H. B.*). Les tentatives de Vonck, *Lect. praef.*, et de Foggini pour corriger le mot en *Tergitius* ou *Targitius* et en *Targites* ne sont cependant pas fondées, car la différence entre le texte de Corippe et ceux de Ménandre et Théophylacte s'explique par la transcription phonétique qui n'est pas exactement la même dans une langue et dans l'autre. Que l'on songe aux différences de transcription existant, par exemple, de nos jours entre le français et l'anglais pour les noms propres extrême-orientaux. Ce Tergazis est encore ambassadeur du Chagan des Avares en 569 et en 597. C'est pourquoi l'on peut se demander avec E. Stein, *Studien zur Geschichte des byzantinischen Reiches...*, Stuttgart, 1919, p. 33, n. 13, si l'on n'a pas à faire à la dénomination d'une fonction plutôt qu'à un patronyme.

aurea et aurat*o*s c*o*n*o*s cri*s*tasque rubentes.
*H*orrescunt lanceas saeuasque instare secures
ceteraque egregiae spectant miracula pompae
et credunt aliud Romana palatia caelum.
Spectari gaudent hilaresque intrare uideri :
non secus *Hy*rcanae *qu*otiens spectacula tigres
dat populis noua Roma suis, ductore magistro
non solita feritate fremunt, sed margine toto
intrantes plenum populorum milia circum
suspiciunt magnoque metu mitescere discunt,
deponunt rabiem, gaudent fera uincla subire,
per medios intrare locos ipsumque superbae
quod spectantur amant, caue*am* turbasque fauentes
lustrant et pronae solium regnantis adorant.
Verum ut contracto patuerunt intima uelo
ostia et aurati micuerunt atria tecti
Caesareumque caput diademate fulgere sacro
Tergazis suspexit Auar, ter poplite flexo
pronus adorauit terr*aeque* affixus inhaesit.
Hunc Auares alii simili terrore secuti
in facies cecidere suas stratosque tapetas

241 *Ioh.* 4, 561 || **244** *Iust.* 4, 102 || **257** *Iust.* 4, 243 || **258-259** *Iust.* 1, 157 ; *Iust.* 2, 276 ; 4, 131 || **261** *Iust.* 2, 366.

241 Verg., *Aen.* 9, 270 || **243** Clavd. 8, 565 || **244** Ov., *Met.* 1, 175-176 || **246** Verg., *Aen.* 4, 367 || **259** Ov., *Met.* 4, 553 || **261** Vvlg., *III Reg.* 18, 39 ; *Matth.* 17, 6 ; *Apoc.* 5, 14 *et alibi.*

241 auratos conos cristasque *Rui.* : auratas cunes criptasque *M* || **242** horrescunt : orr- *M ut semper* || **243** ceteraque *Rui.* : caetera quae *M* || **246** Hyrcanae : irc- *M* || quotiens : cot- *M* || spectacula : ispect- *M* || tigres M^1 : tigrides M^2 || **247** ductore M^2 : doct- M^1 || **250** suspiciunt M^2 : suscip- M^1 || discunt M^2 : dicunt M^1 || **251** rabiem M^2 : rapuiem M^1 || **253** caueam *Rui.* : caueant *M* || **254** pronae M^1 : proni M^2 || **257** diademate M^2 : dedem- M^1 *ut uid.* || **258** tergazis *M* : Tergitius *uel* Targ- *Von. Lect. praef. et alii alia, uide adn.* || **259** terraeque *Rui.* : terre *M.*

leurs fronts les tapis étendus, remplissent la salle spacieuse de leurs longs cheveux et la Cour auguste de leurs membres monstrueux. Quand le prince clément donna l'ordre aux ambassadeurs de se lever, les officiers[1], avertis par l'ordre de leur chef, relevèrent les hommes étendus. « Rappelez vos demandes », dit avec clémence le souverain d'une voix sereine, « exposez-les, rapportez quel est le message de votre roi ». Une fois que le prince eut prononcé ces mots de sa voix tranquille, le brutal et dur Avare commença ainsi, en des termes acerbes : « Le Cagan, roi des Avares, en livrant des combats victorieux contre les régions les plus reculées du monde, a terrassé par sa grande valeur de célèbres tyrans, soumis d'innombrables peuples et de puissants royaumes. Son armée est capable d'assécher l'Hèbre de Thrace en le vidant de ses eaux, de mettre à nu le lit du fleuve en le buvant et de s'en aller sans être encore pleinement rassasiée[2]. Les féroces Perses le redoutèrent et devant ses menaces tendirent leurs mains vers ses genoux : ils méritèrent la

1. Pour cet emploi de *officia* au sens de *officiales*, cf. *Descens. Christi*, rec. *A*, 5, 1 : *dixit inferus ad sua impia officia* : « *Claudite portas* »; *Pass. Polyeuct.*, 2, dans *Analecta Bollandiana*, 28, 1909, p. 465, l. 16 : *Maximus dux ad officium dixit* : « *Vetustissimi isti homines unde sunt?* » *Officium respondit* : « *Christiani sunt* »; *Novel. Iust.*, 128, 16 : *prouinciarum iudices aut eorum officia*; 128, 22 : *prouinciarum iudices et officia.* Celui qui, sur l'injonction du souverain, donne l'ordre à ces *officiales* de faire relever les ambassadeurs (*iubentis*) est le maître des offices.

2. Cet exploit est la transposition au cas des Avares et en Thrace d'une anecdote, devenue légendaire, relative à l'armée de Xerxès, si nombreuse, disait-on, qu'elle avait asséché le Scamandre en y buvant (cf. Hérod., 7, 43; Diod. Sic., 11, 5, 3; Juv., 10, 176-178; Ael. Arist., *Or.*, 23, p. 43, l. 13-19, t. 2, éd. Keil; Treb., *Claud.*, 6, 6; Just., 2, 10, 18-19; Aus., 298, 25-26, p. 153, éd. Peiper; Claud., 5, 120-121; 21, 170-171; Sid. Ap., *Carm.*, 9, 40-43). Le Scamandre devient l'Hèbre (la Maritza), fleuve principal de la Thrace, et l'exploit est amplifié (l'Hèbre complètement vidé, les Avares ne seraient pas encore rassasiés).

fronte terunt longisque implent spatiosa capillis
atria et augustam membris immanibus aulam.
Vt clemens princeps legatos surgere iussit,
officia stratos iussu monituque iubentis
erexere uiros. « Quod poscitis », ore sereno
clementer regnator ait, « memorate, docete,
et uestri regis quae sit legatio ferte ».
Haec postquam princeps tra*n*quilla uoce pro*f*atus,
crudus et asper Auar dictis sic coepit acerbis :
« Rex Auarum Cagan, debellans intima mundi,
famosos strauit magna uirtute tyrannos,
innumeros populos et fortia regna subegit.
Cuius T*h*reicium potis est exercitus *H*ebrum
exhausto siccare lacu fluuiumque bibendo
nudare et nondum plene satiatus abire.
Quem Persae timuere feri genibusque minantis
admouere manus : pacem meruere precando.

270 *Ioh.* 4, 357.

266 Stat., *Theb.* 11, 459 || **270** Val. Fl. 5, 596 || **277-278** Clavd., *Rapt. Pros.* 1, 50-51

264 ut M^2 : et M^1 || **265** iussu *M* : nutu *Shackleton-Bailey in C. Ph., 50, 1955, p. 120* || **268** uestri M^{pc} : -tris M^{ac} || **269** tranquilla *Rui.* : traq- *M* || profatus *Rui.* : proua- *M* || incipit epistola regia abarorum ad imperatore romanorum directa *EF* epistola regis auarorum directa ad imperatore romanoru *L* e. r. auarum ad imperatorem romanum *S* || **271** auarum *LSV* : aba- *EF ut semper* aurum *M* || Cagan *MFS* : Ka- *ELV* || debellans *MEFLV* : -llas *S* || intima *MEF* : ulti- *LSV* || **272** strauit *EFLV* : -ui *S* intrauit *M* || tyrannos *MFS* : tyranos *E ut semper* tirannos *LV* || **273** innumeros *MEFS* : innueros *LV* || regna MEF^2LSV : regn / F^1 || subegit *MEFLV* : -ego *S* || **274** Threicium... Hebrum : treicium... ebr- *MS* t. ... hebr- *LV* grae(gra- *F*)cium... abr- *EF* || potis est *M* : potis F^1 *ut uid.* fortis EF^2LSV || **275** exhausto *LSV* : exaus- *MEF* || siccare *MFLSV* : sica- *E* || fluui(flubi- *F*)umque *EFLSV* : fluuium *M* || **276** plene *MEF* : potu *O* potuit *LSV* || satiatus *MFS* : sacia- *ELV* || **277** minantis *LSV* : -tes *MEF* || **278** admouere *MLSV* : amo- *EF* || pacem *MEF* : p. et *LSV*.

paix par leurs prières. Sans quoi, c'est en vain que Babylone eût été ceinte de murs élevés et maintenant la Parthie supporterait la domination des Avares[1]. Nous avons fait une brèche à travers l'Euphrate, nous avons franchi les fleuves gelés et les neiges hivernales, à travers des régions où le froid ralentit le cours des eaux et où l'onde devient plus dure que toutes les sortes de métaux. Nous avons vu des ponts jetés par une carapace vitreuse s'étendre sur des étangs, des lacs, sur des fleuves et sur des sources. Des nappes d'eau figée recouvraient les nappes apparentées à la façon de la pierre ou du pavement en marbre d'un sol. Nous avons conduit des chariots grinçants sur des ondes solidifiées. Là, nulle trace du mouvement des roues, le glissement de la roue[2] de bronze ne laissa pas ses sillons habituels, la forme fragile du cristal produit par la solidification de la glace ne put être endommagée et le sabot creux des coursiers terrifia de son grondement sonore les plaines liquides en propageant

1. Il n'existe aucun témoignage historique sûr mettant en évidence l'existence de contacts entre Perses et Avares et encore moins d'un traité entre les deux peuples (« a treaty with Persia is implied, not otherwise known », commente Av. Cameron). Une seule source affirme que *eo tempore Ugni Armeniam gravissime vexaverunt* (Vict. Tonn., *Chron.*, II (= *M. G. H.*, *A.A.*, XI), p. 204, 559, 2), sans que l'on sache qui sont précisément ces *Ugni* (des Avares?). Comme la mention de combats entre Perses et Avares est absente du discours des ambassadeurs tel qu'il est rapporté par l'historien Menander Protector et que vraisemblablement jamais les Avares n'ont été un danger sérieux pour la Perse (*Parthia*, 3, 280) et pour les célèbres murs de Babylone attribués à la reine Sémiramis, il faut penser que Corippe abandonne ici le plan de l'histoire, même fabuleuse, pour donner libre cours à son imagination : l'idée d'une rivalité entre les deux peuples lui est suggérée par l'anecdote de l'assèchement de l'Hèbre. Après avoir dit les Avares supérieurs aux Perses pour ce genre d'exploits, Corippe poursuit la comparaison, de façon très fantaisiste, sur le plan politique. C'est une façon de discréditer les ambassadeurs Avares en leur faisant tenir des propos auxquels ne correspond aucune réalité.

2. Pour ce sens tardif de *orbita* « roue », cf. Paul. Petr., *Mart.*, 4, 159 ; Alc. Av., *Carm.*, 4, 181 ; Ps. Ascon., *Verr.*, p. 200, l. 10-11, éd. Orelli-Baiter (... *nam orbita et rota ipsa intelligitur et uestigium rotae in molli solo...*) ; Sedul., *Carm. pasch.*, 1, 180.

Ni fieret, frustra celsis Babylonia muris
cincta foret dominosque Auares nunc Pa*rth*ia ferret.
Rupimus Euphratem, gelidos superauimus amnes
hibernasque niues, cursus qua frenat aquarum
frigus et omnigenis fit durior unda metallis.
Vidimus extensos uitrea testudine pontes,
stagna, lacus fluuiosque super fontesque iacere.
In silicis morem uel stratae marmore terrae
cognatos latices laticum concreta tegebant.
Plaustra super solidas stridentia duximus undas.
Illic uoluentum uestigia nulla rotarum
aerea nec solitos labens dedit orbita sulcos
nec fragilis potuit cr*y*stalli forma noceri,
praesolido stringente gelu, fremituque sonor*o*
cornipedum liquidos caua terruit ungula campos,

282 *Iust.* 1, 128 || **293** *Ioh.* 6, 20.

282 Verg., *Georg.* 4, 135-136 || **284** Ov., *Trist.* 3, 10, 37-38 || **286** Clavd., *Carm. min.* 33, 3-4 || Clavd., *Carm. min.* 38, 3 || **287** Clavd., *Carm. min.* 34, 1 || **288** Ov., *Trist.* 3, 10, 59; *cf.* Verg., *Georg.* 3, 536 || **290** Sedvl., *Carm. pasch.* 1, 180 || **293** Ov., *Pont.* 4, 8, 80.

279 ni fieret *M* : ne f. *EF* ne forte *LSV* || frustra ce(coe- *E*)lsis *MEF* : excelsis f. *LSV* || Babylonia *ES* : babi- *MFLV* || **280** cincta foret M^2*EFLSV* : cuncta furet M^1 || dominosque Auares nunc Parthia ferret *Par.* : d. a. n. patria f. *O* d. a. n. partias ferre *F* d. a. n. patria ferre *E* *post* dominosque M^1 *non legitur* dominos humeris nunc ferre parata M^2 didicit dominos patientia ferre *LSV* || **281** Euphratem *SV* : eufraten *MEF* eufa- *L* || gelidos M^2*EFLSV* : ce- M^1 || **282** hibernasque niues *F* : iber- n. *E* iber- nibes M^2 ibernansque n. M^1 ibernos *LSV* || cursus qua frenat *M* : cursumque f. *EF* cursus quando refre(-frae- *S*) nat *LSV* || **284** extensos *MEF* : et tectos *LSV* || uitrea *MLSV* : -tria *EF* || testudine *EFLSV* : text- *M* || pontes M^1E^2*FLSV* : postes M^2 fontes E^1 || **285** fluuiosque *MELSV* : fluuius- *F* || fontesque *MLSV* : fontes *EF* || **286** in silicis morem *M* : in s. more *EF* calcantesque niues *LSV* || marmore *M* : -ra *EF LSV* || **287** concreta tegebant *MEF* : cum crusta tegebat *LSV* || **288** solidas M^2*EFLSV* : -da M^1 || **289** illic *EF* : illis *M* || uoluentum *M* : uolentium *EF* || **290** aerea *MF* : area *E* || sulcos M^2*EF* : -cus M^1 || **291** crystalli : crist- *M* cristali *EF* || forma *M* : fir- *EF* || **292** fremituque sonoro *Par.* : f. sonorum *EF* fremitusque sonorum *M* || **293** caua *EF* : c...e M^1 ceu M^2 || terruit *M* : teruit *EF*.

un vacarme insensé. Nous avons foulé aux pieds la pluie, nous sommes allés dans les flots à pied sec, les espaces enneigés nous ont offert de vastes routes. Nous avons porté chez des races très dures une âpre guerre. Un autre groupe a installé un campement. Nous avons engagé des combats, nous avons pris des villes fortifiées, nous avons jeté bas de solides places fortes en ouvrant des brèches dans leurs murs. Maintenant notre roi victorieux a touché les rives de l'Ister de Scythie et, tandis qu'il plante ses tentes serrées à travers l'étendue des plaines, il nous a envoyés, prince, vers tes remparts, ces splendides remparts[1]. Le temps est venu de recevoir les dédommagements que nous donnait chaque année la très grande libéralité de votre père. Ce que lui nous a scrupuleusement fourni, il vous faut à vous aussi nous le fournir. Si tu préfères que restent intacts pour toi notre traité de paix, notre pacte[2], fais parvenir à notre roi qui les demande les présents qui lui sont dus. »

Alors qu'il proférait de telles paroles, sans se mettre en colère, le prince tranquille regarda le jeune homme avec ses yeux sereins de piété et laissa tomber ces mots de sa bouche paisible : « Les ambassadeurs auxquels on a accordé la liberté de parler, doivent dans la même proportion être modérés dans leur cœur, en imposer par

1. Corippe continue par une énumération d'exploits imprécis qu'il est difficile de contrôler historiquement. Le partage du peuple avare en deux groupes n'est pas attesté ailleurs et n'apparaît pas dans le fragment 14 de Menander Protector. Est-ce suffisant pour qu'on puisse l'attribuer à l'imagination de Corippe? Il n'est pas sûr non plus que les Avares soient arrivés en Valachie et en Scythie (Dobroudja) jusqu'au Danube dès 565 comme le leur fait dire notre auteur (3, 300), puisque, comme l'a remarqué E. Stein, *Studien zur Geschichte des byzantinischen Reiches...*, Stuttgart, 1919, p. 33, n. 12, ce n'est qu'à la fin des fragments 27 et 28 de Menander Protector (*F. H. G.*, 4, p. 233, éd. Müller) que les Avares apparaissent en ces régions.

2. *Intemerata* est l'attribut de *manere* et porte à la fois sur *foedera* et *pacta*, comme le montrent d'autres exemples de la *iunctura intemerata manere* ou *permanere* (Aus., 399, 7, p. 229, éd. Peiper ; *Cod. Theod.*, 6, 26, 17 ; 10, 1, 17 = *Cod. Iust.*, 10, 1, 9).

insanum uoluens strepitum. Calcauimus imbrem,
iuimus in fluctus sicco pede. Praebuit amplas
nix spatiosa uias. Praeduris gentibus acre
intulimus bellum. Pars altera castra locauit.
Miscuimus pugnas, munitas cepimus urbes
firmaque diruptis deiecimus oppida muris.
Nunc ripas Sc*yth*ici uictor rex contigit *I*stri
densaque per latos figens tentoria campos
ad tua nos, princeps, haec splendida moenia misit.
Annua praelargi patris solacia uestri
sumere tempus adest. Sanctus quae praebuit ille,
uos etiam praebere decet. Si foedera pacis
intemerata tibi, si mauis pacta manere,
debita quaerenti transmit*ti*te munera regi ».
Talia iactantem, nulla commotus in ira,
tranquillus princeps oculis pietate serenis
aspexit iuuenem placidoque haec edidit ore :
« Quantum est legatis concessa licentia fandi,
tantum legatos animo decet esse modestos

301 *Ioh.* 8, 42 || *Ioh.* 4, 558 ; *Iust.*, *praef.* 13.
310 *Ioh.* 8, 134.

300 Lvcan. 2, 50 || **301** Sil. 3, 646 ; 15, 280.
310 Verg., *Aen.* 7, 194 ; *cf. Aen.* 11, 251, *et* Ov., *Met.* 8, 703.

294 uoluens *M* : uolbens *F* uolens *E* || strepitum *MF* : -dum *E* || imbrem *E* : himbr- *F* imorem *M* imbrum *uel* ebrum *O* || **295** iuimus M^2 : ibi- M^1EF || fluctus *codd.* : -tu *Rit.* || **295-296** amplas... uias *M* : -plam... uiam *EF* || **296** spatiosa *MF* : -ciosa *E* || acre *M* : agre *EF* || **297** pars M^2EF : p...s M^1 || **298** cepimus *ME* : coep- *F* || **299** dir (disr-)uptis *M* : distructis *EF* || **300** Scythici : sciti- *MF* stiti- *E* || Istri *Rui.* : astri *O* strari *EF* atri *M* || **301** per latos *M* : feriatos *EF* || tentoria M^2E : temt- M^1 tempt- *F* || **302** haec *om. EF* || **304** sumere M^2EF : summe- M^1 || **307** transmittite *uett. metri causa* : -mitte *codd.* -mittes *Par.*
308 nulla... ira *M* : -llam... iram *Cameron in Latomus, 35, 1976* || **312** animo... modestos *Par.* : -mos... m. M^1 animo... modesto M^2 *fort. recte.*

l'honnêteté de leur vie, pouvoir savoir la répartition des lieux où donner un ton humble à leurs paroles et un ton orgueilleux, faire une requête susceptible d'apaiser notre colère et penser à leur vie, lorsqu'ils réclament des traités. Ce dont se vante ton orgueil qui s'enfle du vent de tes paroles[1] dévoile la laideur d'un esprit lâche. Pourquoi glorifies-tu des fugitifs et exaltes-tu par une vaine renommée un peuple banni? Cette farouche race des Avares qui soumit de puissants royaumes n'a pas pu défendre son propre territoire et a abandonné, pour prendre la fuite, les lieux où elle séjournait. Et toi, comme si tu parlais à des ignorants, tu oses à partir de faux bruits tenir de vains propos et par une ruse honteuse forger de nouveaux rêves. Ce qu'il t'a paru bon maintenant de mettre au compte de votre labeur est habituellement le divertissement quotidien de nos soldats : pour les maîtres, c'est un passe-temps, pour des esclaves, ce sont là leurs activités sérieuses. Si notre saint Empire est devenu florissant dans tout l'univers, c'est en menant des guerres et en protégeant la paix. Nous, à la façon de nos pères, nous aimons la paix, mais nous ne redoutons jamais des guerres féroces. Ceux qui se sont soumis sont assurés de la paix, mais les orgueilleux périssent dans les combats. Nous épargnons les innocents, mais le coupable nous ne l'épargnons en aucun cas. L'État romain appartient à Dieu, il n'a pas besoin d'armes terrestres. Le droit avec lequel il vit est pieux : il ne prend pas l'initiative de la guerre,

1. La vanité et l'arrogance sont des caractéristiques traditionnelles des barbares : Pline le jeune les attribuait déjà aux Égyptiens (Plin., *Traj.*, 31, 2 : *Superbiebat uentosa et insolens natio*).

et uitae probitate graues quique ordine possint
scire loc*is* humiles quibus e*t* quibus ora superbi
expediant nostramque petant quod mitiget iram
prospiciantque suae poscentes foedera uitae.
Quod tua uentosis inflata superbia uerbis
iactitat ignauae mentis deformia nudat.
Quid profugos laudas famaque attollis inani
extorrem populum? Quae fortia regna subegit
effera gens Auarum proprias defendere terras
non potuit sedesque suas fugitiua reliquit.
Tu uelut ignaris falsis rumoribus audes
uana loqui turpique dolo noua somnia fingis.
Quod tibi nunc uisum est uestro assignare labori,
militibus nostris ludo solet esse diurno :
hoc studium dominis, ea sunt sua seria seruis.
Sanctum hoc imperium toto sic floruit orbe,
bella gerens pacemque tuens. Nos more parentum
pacem diligimus, numquam fera bella timemus.
Pax est subiectis, pereunt per bella superbi.
Parcimus innocuis, sonti non parcimus ulli.
Res Romana Dei est, terrenis non eget armis.
Iure pio uiuit : bellum non ingerit ultro,

324 *Iust.* 1, 57.

315 Ov., *Trist.* 4, 6, 15 || **324** Verg., *Ecl.* 8, 109 || **330-331** Verg., *Aen.* 6, 853 || **332** Verg., *Aen.* 10, 880.

313 graues M^2 : -ue M^1 || **314** locis *Rui.* : -cos M^2 -co M^1 || et *Rui.* : e *M* || superbi *Rui.* : -bis *M* || incipit rescriptum imperatoris ad regem abarorum *E* item r. i. a. r. a. *F* || **318** iactitat M^2EF : -tet M^1 || deformia *M* : superbiam *EF* || **319** profugos *M* : -gus *EF* || **320** quae *M* : qui *EF* || **321** gens *ME* : gerens *F* || **322** fugitiua M^2EF : -iba M^1 || **323** ignaris *M* : -rus *EF* || **324** noua somnia *M* : nouas omnia EF^1 noua nomina F^2 || **325** ass(ads-)ignare labori *M* : assignari labore *EF* || **327** dominis ea *M* : dominica *EF* || **328** sanctum hoc *M* : h. s. *EF* || **332** sonti *M* : fon- *EF* || **333** eget *M* : indiget *EF* || **334** ingerit *M* : indigeret *EF*.

mais il s'y engage, si on l'a portée contre lui. Même si des races ingrates refusent de servir, il instruit cependant d'abord les ennemis par sa façon de gouverner. Celui qui reçoit ces enseignements vit et s'attend de notre part à des honneurs mérités. Quiconque aime la paix jouira d'une sécurité durable dans la paix et ceux qui veulent la guerre périront dans les désastres de la guerre. Toute race qui osa défier les enseignes romaines connut l'épouvante de ses escadrons anéantis par une foudre soudaine[1], des siens tombés sans nombre à la guerre et vit ses rois orgueilleux humiliés et brisés sous nos triomphes. Donc le Cagan s'apprête à porter ses enseignes contre mes enseignes, la race des Avares me menace de ses trompettes et de ses campagnes, si nous ne concluons pas de pacte? Vous pensez que c'est sous la terreur que notre père a agi quand, pris de pitié pour ces fugitifs sans ressources, il leur fit des dons? C'est par une politique d'affection que nous faisons cela et que nous commandons de donner à titre gracieux ce qui a été prévu. Notre main est généreuse sans être prodigue : elle ne sait pas perdre. Le droit par lequel elle dispense ses richesses est celui par lequel elle tient l'empire du monde. Nous faisons spontanément des dons à ceux qui en sont dignes, mais à ceux qui en sont indignes nous opposons spontanément un refus. Tu oses mettre sur le même plan tes unités et mes unités, tes forces et mes forces. Nous ne nous fions

1. L'expression *inopino fulmine* ne doit pas être prise au figuré, mais fait allusion à un prodige comme celui rapporté par Liv., 10, 31, 8 : ... *in exercitu Ap. Claudi plerosque fulminibus ictos nuntiatum est.* Rome est protégée par la foudre dans Claud., 26, 509-511 :

... iactata procul dicuntur in hostem
fulmina diuinique uolant pro moenibus ignes,
seu caelum seu Roma tonat.

La foudre vient au secours du prince dans la panégyrique de Priscien en l'honneur d'Anastase (Prisc., *Anast.*, 98) : *Principe pro iusto taceat quis fulminis ictus?*

suscipit illatum. Vel si seruire negabunt
ingratae gentes, primum tamen ammonet hostes
more gubernandi. Monitus qui suscipit istos,
uiuit et a nobis meritos expectat honores.
Quisquis amat pacem, tutus sub pace manebit
et qui bella uolunt bellorum clade peribunt.
Gens quaecumque ausa est Romana lacessere signa,
horruit extinctas inopino fulmine turmas,
innumeros cecidisse suos regesque superbos
uidit sub nostris humiles fractosque triumphis.
Ergo signa meis Cagan contraria signis
ferre parat, lituosque mihi camposque minatur
gens Auarum, ni pacta damus? Terrore putatis
id nostrum fecisse patrem, miseratus egenis
et profugis quod dona dedit? Pietate regendi
hoc facimus gratisque dari prouisa iubemus.
Nostra manus larga est, non prodiga : perdere nescit.
Iure suas dispensat opes quo continet orbem.
Sponte damus dignis, indignis sponte negamus.
Tu numeros numeris et uires uiribus audes
exaequare meis. Nostris non fidimus armis,

341 *Ioh.* 2, 379 ; *Iust., praef.* 9 ; *cf. Iust.* 3, 396 || **343** *Iust., praef.* 2 || **348** *Iust.* 2, 402.

342 Sil. 12, 185 || **344** Lvcan. 8, 344 || **348** Commod., *Instr.* 2, 38, 3 || **351** Clavd. 8, 500 || **352** Lvcan. 1, 110.

336 tamen *om. EF* || **337** gubernandi M^2EF : tuuern- M^1 || monitus M^2 : -tos M^1 munitos *EF* || **339** tutus M^2EF : -to- M^1 || sub *M* : in *EF* || **340** et *codd.* : at *Pet.* || **342** extinctas *MF* : -tus *E* || fulmine *M* : flum- *EF* || **344** uidit M^2EF : -di M^1 || sub nostris humiles fractosque triumphis *OEF* : s. n. humili f. triumphos M^1 per nostros humiles factosque t. M^2 || **346** camposque *EF* : -pumque *MO* || **347** Aba(aua-)rum *MF* : Arabum *E* || **348** miseratus *M* : -sertus *EF* || **350** facimus M^2EF : -nus M^1 || gratisque M^2 : grateque M^1 grate quae *EF* || dari *M* : -re *EF* || iubemus M^2F : iuue- M^1E || **351** non M^1EF : nam M^2 || **354** numeros M^2 : -ras M^1EF || **355** exae(-e-)quare meis *M* : ex qua re te *EF*.

pas à nos armes, bien que nos généraux, nos unités et nos tribuns courageux, les rois et les races assujetties à notre puissance soient aussi nombreux que les gouttes envoyées par le ciel, que les grains de sable du rivage[1]. L'être qui est au-dessus et qui peut seul me soulager moi en particulier, Dieu, est la puissance et la gloire de notre empire, celui qui donne l'assurance du salut, le sceptre et le pouvoir, qui dans sa clémence plaça le peuple latin au-dessus de tous les royaumes, qui recommande d'aimer sa paix, dont l'espérance est une jouissance, dont la puissance nous fait renverser les hommes orgueilleux, dont la piété nous permet de défendre les hommes, qui accroît nos triomphes par sa merveilleuse puissance. Nous louons son œuvre et nous ne craignons que lui. C'est lui seul que nous adorons comme roi et que nous reconnaissons comme maître. Que les Avares sachent qu'il est le Dieu de tous. Nous ne tolérons pas l'orgueil. Nous accueillons les peuples qui veulent servir et nous les relevons de leur humilité en les honorant de dons. Que chacun mesure ses ressources et les forces des siens, ceux auxquels il va faire la guerre, ses espérances en prenant les armes. Qu'il réfléchisse davantage d'où il tire son secours

1. Si la deuxième partie du vers est une expression proverbiale bien connue (cf. A. Otto, *Die Sprichwörter und die sprichtwörtlichen Redensarten der Römer*, Leipzig, 1890, p. 159), il n'en est pas de même de la première partie qui, malgré son allure de proverbe, n'est pas attestée. Faut-il la mettre au compte de Corippe?

quamquam ductores, numeri fortesque tribuni,
subiecti reges et gentes rebus abundent
quot caelum guttas mittit, quot litus harenas.
Quod super est unumque meum speciale leuamen,
imperii Deus est uirtus et gloria nostri,
a quo certa salus, sceptrum datur atque potestas,
qui populos clemens super omnia regna Latinos
constituit pacemque suam commendat amari,
cuius spe fruimur, cuius uirtute superbos
deicimus, cuius populos pietate tuemur,
qui nostros auget mira uirtute triumphos.
Ipsius laudamus opus solumque timemus.
Hunc unum colimus regem dominumque fatemur.
Cognoscant Auares quoniam Deus omnium hic est.
Fastus non patimur. Gentes seruire uolentes
suscipimus donisque humiles et honore leuamus.
Quisque suas mensuret opes uiresque suorum,
cum quis bella gerat, sub qua spe sumpserit arma.
Diuin*um* sibimet plus consulat unde petatur

356 *Ioh.* 7, 137 ; 8, 641 ; *cf. Ioh.* 4, 108 ; 4, 294 ; 6, 28 ; 7, 240 ; 8, 182 ; 8, 361 ; 8, 424 ; 8, 445 ‖ **366** *Iust.* 1, 62 ‖ **367** *Iust.* 2, 36 ; 2, 182.

358 Ov., *Trist.* 4, 1, 55.

356 duct(doct-)ores numeri M^1EF : duces innumeri M^2 ‖ **357** gentes *Rui.* : genites M^2 genti *EF* geniti M^1 ‖ abundent *M* : -dant *EF* ‖ **358** caelum *M* : coe- *EF ut semper* ‖ **359** unumque *M* : unum quemque *E* u. quamque *F* ‖ leuamen *E* : leba- *F* liba- *M ut semper* ‖ **360** est uirtus et *M* : est et u. *EF* ‖ nostri M^2EF : -trae M^1 ‖ **361** sceptrum *MF* : scepturm *E* ‖ **362** populos... super omnia... latinos *M* : -lis... superest in... latinis *EF* ‖ **364** spe MEF^2 : saepe F^1 ‖ fruimur *M* : frue- *EF* ‖ **365** deicimus *M* : quae icimus *EF* ‖ populos *M* : -lum *EF* ‖ **368** regem *M* : rerum *OEF* ‖ dominumque *ME* : deumque *F* ‖ **370** gentes *M* : -ta *EF* ‖ uolentes $ME^{pc}F$: nol- E^{ac} ‖ **371** donisque M^2 : donis *OEF* dominisque M^1 ‖ humiles et honore *Rui.* : h. e. hore *M* humilesque in honore *OEF* ‖ leuamus *ME* : leba- *F* ‖ **372** suas... opes *M* : suam... opem *OEF* ‖ uiresque *M* : res- *EF* ‖ **374** diuinum *Fog.* : -no *MEF* ‖ consulat M^2 :-let M^1EF.

divin. Si de vaines divinités peuvent[1] attaquer un Dieu puissant, si des sculptures de pierre, si des figures sourdes et muettes, si des monstres faits de différents métaux fondus peuvent spontanément apparaître, si la terre livre combat au ciel[2], vous porterez vos armes contre mes armes. Si tu ignores, barbare, ce que peut la puissance romaine, cherche ce que dans les anciens temps purent faire nos arrière-grands-pères, nos pères et nos grands-pères. Apprends, ignorant, ce qu'a pu dans sa vieillesse notre père, sous quel massacre tombèrent les tyrans Vandales, les Gètes domptés, les jeunes guerriers alamans, les Francs, tant d'autres peuples, tandis que des royaumes célèbres à travers le monde, qui plièrent leur cou élevé sous nos triomphes pour recevoir le joug, ont remis leur esprit et leur âme à notre service et nous restent fidèles après avoir été des ennemis : voilà Scultor qui est prêt à servir à notre Cour et qui nous envoie des ambassadeurs et de très nombreux présents. Nous fourbissons nos armes contre ceux que nous avons défendus quand ils sont ingrats. Nous barrons le passage aux dominateurs, nous ouvrons notre porte aux esclaves fugitifs. Cette

1. Nous avons à la suite de Partsch et d'Appel, *Exegetisch-kritische Beiträge zu Corippus...*, Diss. München, 1903, München, 1904, p. 65, conservé la leçon de *M poterint* comme forme de futur de *possum*, bien qu'en *Ioh.*, 8, 28, Corippe utilise la forme *poterunt.* Notre auteur n'était pas obligé d'utiliser la même forme dans deux œuvres écrites à quinze ans de distance. La forme *poterint* est par ailleurs assez bien attestée (cf. Fr. Stolz et J. H. S. Schmalz, *Lateinische Grammatik*, *Laut- und Formenlehre*, *Syntax und Stilistik*, 5. Auflage völlig neu bearbeitet von M. Leumann und J. B. Hofmann, München, 1928, p. 340).

2. Corippe invente ici une série d'*adynata.*

auxilium. Poterint si numina uana potentem
oppugnare Deum, si possunt sponte uenire
persculpti lapides, surdae mutaeque figurae
monstraque quae uariis extant conflata metallis,
si caelo tellus bellum mou*et*, arma feretis
uos armis aduersa meis. Si, barbare, nescis,
quid uirtus Romana potest, antiqua require
quae proaui, patres et aui potuere Latini.
Quid noster senior potuit pater, inscie, disce,
sub qua Vandali*ci* ceciderunt strage tyranni
edomitique Getae, pubes Alamannica, Franci
totque alias gentes, famosaque regna per orbem
ardua sub nostris flectantia colla triumphis
suscepere iugum, mentes animosque dedere
seruitio nobisque manent ex hoste fideles :
en Scultor, nostra seruire paratus in aula,
legatos nobis et plurima munera mittit.
Quos contra ingratos defendimus arma paramus.
Obstamus dominis, profugis damus ostia seruis.

381 *Ioh.* 4, 626 || **383** *Ioh.* 2, 411 || **385** *Iust., praef.* 11. || **391** *Iust.*, 4, 71-72.

375 poterint *codd.* : -runt *Pet.* || numina *M* : nom- *EF* || **376** deum *MF* : dominum *E* || possunt *M* : -sent *F* -sint *E* || **377** persculpti M^{2}*EF* : persclup- M^{1} || lapides *M* : -dis *EF* || **378** monstraque quae *M* : montra quaeque *EF* || extant *M* : -ent *EF* || **379** caelo *M* : coe- *EF* || mouet *Rui.* : -uit *codd.* || feretis *M* : pharetris *EF* || **380** barbare *M* : -ra *EF* || **382** patres et aui M^{2} : patris heaui M^{1} gentes et aui *EF* || latini M^{2}*EF* : -nae M^{1} || **383** quid noster *M* : qui dominus *EF* || potuit *M* : poterit *EF* || disce M^{2}*EF* : -cas M^{1} || **384** qua *codd.* : quo *prop. dubit. Rui.* || Vandalici *Rui.* : uuandali *codd.* || **385** edomitique *EF* : -teque *M* || alamannica *M* : -anica *EF* || **387** colla *MF* : cola *E* || **388** suscepere M^{1} : suscip- M^{2}*EF* || iugum mentes animosque de(o- M^{1})dere *M* : cunctae gentes animisque d. *EF* || **390** scultor *M* : scaldor *OEF* Sultan *edd. plerique a Fog.*, *uide adn.* || nostra *M* : uestra *EF* || **392** ingratos *M* : gratu *EF* || defendimus *codd.* : offend- *Mom. in Par.* deprendimus *Par.* || **393** obstamus *E* : osta- *F* obta- *M* opta- *O* || profugis M^{2}*EF* : -gus M^{1} || damus M^{2}*EF* : daremus *uel* dares M^{1}.

scène est en désaccord avec nos lois. Je dénonce ce qui se passe. Nous offrons notre aide à des hommes qui en sont indignes. Le Cagan croit faire peur et tente de défier par le combat mes enseignes. Allez, si vous le voulez, préparez vos champs de batailles, vos lignes et votre camp et comptez de façon certaine sur les généraux qui commandent à mes enseignes. »

Un tremblement saisit l'Avare stupéfait et une grande terreur le glaça. Sa voix humide se figea dans sa gorge desséchée et il quitta le siège auguste troublé par l'épreuve.

Pour les autres dispositions prises par la haute réflexion du prince vigilant, nul, je l'avoue, n'est en mesure de les enfermer dans des mots et le cours complet de ce livre touche à sa fin. Ces sujets que je remets à un peu plus tard, mais que je ne dois pas oublier, je les laisse pour les mettre[1] chacun à leur place et je rendrai notoire avec dévouement, dans la mesure du possible, la faveur de ses succès.

1. L'infinitif de but après *relinquo* existe depuis Lucrèce (cf. M. Leumann..., A. Szantyr, *Lateinische Grammatik*, p. 345) et ensuite, chez les poètes, après *dono*, *tribuo*, *eripio*, *adimo*, *reddo*, *relinquo et permitto*.

Legibus hoc nostris non conuenit. Arguo factum.
Indignis praebemus opem. Caganque timeri
se putat et bello mea signa lacessere temptat
Ite, licet, campos, acies et castra parate
signorumque duces certo sperate meorum. »
Contremuit stupefactus Auar magnoque timore
diriguit. Siccis uox humida faucibus haesit
turbatusque malis augusta ab sede recessit.
Cetera consiliis quae princeps prouidus altis
disposuit, uerbis fateor comprendere null*us*
sufficit et pleni tenor est in fine libelli.
Haec dilata parum, non praetereunda, relinquo
quaeque suis aptare locis rerumque fauorem,
in quantum potis est, deuota mente notabo.

396 *Ioh.* 2, 379 ; *Iust.*, *praef.* 9 ; *Iust.* 3, 341.
406 *Iust.* 4, 36.

400 VERG., *Aen.* 2, 774 ; 3, 48 ; 4, 280 ; 12, 868.
405 VERG., *Georg.* 4, 148.

394 arguo factum *M* : ardua facta *EF* || **395** praebemus : preue- *M* *ut semper* praeue- *EF* || **396** temptat *F* : temtat *M ut semper* tentat *E* || **397** acies *MF* : accies *E* || **398** certo sperate *M* : -tis parate *EF* || *post uersum* **398** *uersum 380 iterauit M.*

400 faucibus M^2 : fac- M^1 || **401** malis *M* : minis *Mom.* magis *Pet.*
403 com(con-)prendere *Rui.* : comprehendere *M* || nullus *Rui.* : -llis *M* || **405** parum *Rui.* : paruam *M* || **407** explicit liber tertius *M.*

LIVRE IV

Déjà la proximité du jour où l'on aurait le spectacle du consul[1] pressait tous les groupes de remplir en s'y rassemblant les arcades et les lieux qu'assigne à la population le préfet de la ville[2], qui veille aux lois, qui prend les dispositions propres à sauvegarder la liberté, qui venge la justice, qui corrige l'iniquité, qui règle son jugement par sa gravité, terrible par sa grande rigueur et plus redoutable par le calme de sa piété. Alors on se dépêche de protéger son emplacement et d'aménager son espace et, au milieu de la place par où le prince, revêtu de la trabée, sortira de la Cour sacrée, pour, de sa riche main, répandre comme neige les richesses sur la foule en faisant un don solennel, une construction nouvelle s'élève. L'agitation règne dans toute la ville chez les vendeurs de bois à cause du nombre des acheteurs : une troupe se précipite qui désire acheter l'arbre des forêts. Alors on conduit des chariots gémissant sous le poids du fardeau, qui fait grincer les roues dans leur déplacement ; leurs énormes chargements s'étirent et le matériau desséché du bois ne suffit pas à lui seul : alors avec des bateaux l'on va par les villes les plus proches, l'on abat

1. Il s'agit du 1er janvier.

2. A Rome le préfet de la ville assurait le repos public et veillait à la sécurité politique de la ville. A Constantinople il est *illustris* et est le représentant direct de l'empereur à la tête de la ville. Il s'occupe essentiellement de la police. Pour les périphrases dont use Coripe à son sujet, cf. déjà Juv., 4, 79 : *interpres legum sanctissimus*. En 565-566, il s'appelait Julien (cf. *Novel. Iust.*, 140 ; Vict. Tonn., *Chron.*, II (= *M. G. H.*, *A. A.*, XI), p. 205, 566, 2).

LIBER QVARTVS

Iam uicina dies spectandi consulis omnes
urguebat turmas arcus statione replere
et loca quae populis praefectus deputat urbis,
consultor legum libertatisque tuendae
dispositor, iusti uindex, corrector iniqui,
censuram grauitate regens multoque rigore
terribilis mitique magis pietate tremendus.
Tunc partes munire suas spatiumque parare
accelerant medi*o*que fori, qu*a* diuite dextra
egrediens princeps sacra t*r*abeatus ab aula
diuitias uulgo, sollemni munere donans,
more niuis spa*r*surus erat, noua fabrica surgit.
Turbatur tota lignorum uenditor *u*rbe
emptorum numero : studio ruit agmen emendi
robora siluarum. Tunc *p*laustra gementia ducunt
magnis ponderibus tractu stridente rotarum ;
explicitae moles nec sufficit arida tantum
ligni materies : ratibus tunc ire per urbes
finitimas, ferro uirides succidere siluas.

5 *Anast.* 28 || **6** *Iust.* 4, 126 || **10** *Iust.* 4, 312-313 || **11** *Iust.* 2, 429 ; *cf. Iust.* 4, 155 || **16** *Iust.* 4, 111-112.

15 Verg., *Aen.* 11, 137-138 || **17** Verg., *Georg.* 1, 79.

Inc. incipit liber quartus *M* || **2** arcus *M²* : -cu *M¹* || **7** mitique *Rui.* : -tisque *M* || **9** medioque *Rui.* : -diumque *M* || fori qua *Rui.* : forique *M* || **10** sacra trabeatus *Rui.* : sacrata bea- *M* || **12** sparsurus *Rui.* : spassu- *M* || **13** urbe *Rui.* : orbe *M* || **14** numero *Mpc* : -ros *Mac* || **15** plaustra *Rui.* : clau- *M* || **17** explicitae(-e) *M* : -tas *prop. Pet.*

avec le fer les vertes forêts. Les bois se font rares, les campagnes sont dépouillées, le fer s'est posé sur les arbres touffus, partout gémit de fatigue le bûcheron dans les bois et de nombreuses haches redoublent leurs coups. Les oiseaux délaissent leurs nids pour prendre la fuite, les bêtes redoutent leurs tanières et laissent leurs doux repaires. Les cavernes profondément secouées tremblèrent et les gîtes obscurs craignent la lumière qui y pénètre. Des troupes serrées se répandent par les antiques forêts, à la façon des abeilles à qui la tiédeur du printemps fait fonder un nouveau camp et construire des rayons en cire ; s'appropriant l'éther, des essaims serrés errent par les campagnes herbeuses, se posent sur les fleurs diaprées, recueillent de leur bouche la rosée humide et en chargent leurs épaules, confectionnent la cire liquide et façonnent de doux lares dans la roche creuse. Ils s'adonnent à leur œuvre et s'appliquent à leurs agréables tâches.

Sans cesse, l'on coupe des arbres d'essences de toute sorte, pour les mettre chacun à leur place : les plus durs donnent des poutres, les plus tendres des planches. Le frêne coupé par la hache aux deux tranchants carrés tombe sous les coups nombreux ainsi que le pin élevé,

Rarescunt luci, campi spoliantur, opac*is*
arboribus ferrum sedit, gemit undique fessus
concisor nemorum crebrisque securibus ictus
congeminant. Nidis uolucres f*u*g*e*re relictis,
horrescunt sua lustra ferae dulcesque latebras
linquunt. Concussae penitus tremuere ca*u*ernae
immissamque timent tenebrosa cubilia lucem.
Densa per antiquas discurrunt agmina siluas
more apium, quas uer tepidum noua condere castra
et munire fauos ceris *i*ub*e*t. *Aet*here capto
densa per herbosos errant examina campos,
floribus insidunt uariis roremque madentem
ore legunt onerantque umeros cerasque liquentes
conficiunt dulcesque lares in pumice figunt.
Incumbunt operi gratisque laboribus instant.
  Protinus omnigeni caeduntur robora ligni,
quaeque suis aptanda locis : durissima costas,
mollia dant tabulas. Quadrata caesa bipenni
fraxinus et crebris cadit ictibus ardua pinus,

34 *Iust.* 4, 228.
36 *Iust.* 3, 406.

20-21 Ov., *Trist.* 3, 1, 40 || **22** Verg., *Aen.* 12, 713-714 || **23** Verg., *Georg.* 2, 210 || **23-24** *cf. ad 4, 39-40* || **25** Verg., *Aen.* 8, 242 || **27** Ov., *Met.* 14, 418-419 || **29** Verg., *Georg.* 4, 179 || **31** Verg., *Aen.* 6, 708 || **33** Verg., *Georg.* 4, 43-44.
37-38 Verg., *Aen.* 11, 135-136.

20 opacis *Pet.* : -ces *M* || **21** sedit *M* : stridit *Pet.* || **23** fugere *Rui.* : figure *M* || **28** apium M^{ac} : apum M^{pc} || **29** munire M^2 : -ri M^1 || ceris iubet *Rui.* : cerisubat M^1 cerisubiet M^2 || Aethere capto *Par.* : here capto M^1 here captos M^2 Aere capto *prop. Appel* || **30** herbosos M^2 : arb- M^1.
37 quadrata M^2 : -drat M^1.

alors tombent les doux hêtres, l'if à la sève amère, les troncs de l'yeuse, le buis résistant et pâle, plus beau encore par sa pâleur[1]. Sous la hache tombèrent les antiques chênes et les ormes enveloppés de vigne, le cèdre odorant, le solide rouvre qui ne flotte jamais, une variété de chênes[2], l'aune, l'érable, le térébinthe, le peuplier, l'orne. Le sapin des montagnes est découpé en planches minces, ainsi que les genévriers, les tilleuls légers et le cyprès odorant[3] : ce sont mille troncs que l'on découpe en morceaux. Les coups de maillet tonnent dans l'air, les aspérités font grincer les scies, quand on les tire, et l'herminette résonne au loin, quand elle frappe le bois. Même les peuples argiens ne coupèrent pas autant d'arbres en armant leurs flottes équipées de mille bateaux. Telle est la construction qui offrit pour commencer son spectacle à la ville en liesse. La population l'admire et tous les sexes et tous les âges accouraient et venaient s'assembler dans le désir de voir. La main fort experte des artisans avait recourbé des arbres pour les incurver en arcs arrondis et, en fixant des planches sur des poutres évidées, avait construit un édifice suspendu, réalisant un unique bâtiment à quatre loges, adaptant des chapiteaux

1. Sur la pâleur proverbiale du buis, cf. Priap., 32, 2 ; Ov., *Mét.*, 4, 134-135 ; 11, 417-418 ; Mart., 12, 32, 8 ; Némés., *Ecl.*, 2, 41.

2. Nous avons traduit *aesculus* par « une variété de chênes », parce que cette variété de chênes ne porte pas de nom spécial en français (il s'agit du chêne « farnetto », cf. *Pline l'Ancien, Histoire naturelle, livre XVI*, texte établi, traduit et commenté par J. André (= *Collection des Universités de France*), Paris, 1962, *Commentaire*, p. 105).

3. Pour l'odeur bien connue des cyprès, cf. Varro, *Fragm.* Serv., *Én.*, 6, 216 ; Plin., *Nat.*, 5, 14 ; 22, 75 ; Apul., *Mund.*, 36.

tunc fagi dulces et suco taxus amaro
ilic*e*aeque trabes fort*i*sque et pallida buxus,
pulchra magis pallore suo. Cecidere securi
antiquae quercus et amictae uitibus ulmi,
cedrus olens, solidum numquamque natabile robur,
aesculus, alnus, acer, t*e*r*e*bint*h*us, populus, o*r*nus.
In tenues tabulas abies montana secatur,
iuniperi tiliaeque leues et odora cupressus :
mille secant in frusta trabes. Tonat aere pulsans
malleus et tractae str*i*dunt scabredine serrae
curuaque percusso longe sonat ascia ligno.
Tanta nec Inachiae secuerunt robora plebes,
armatas classes ratibus cum mille pararent.
Illa prius laetae spectacula praebuit urbi
fabrica. Mirantur populi studioque uidendi
omnis concurrens sexus ueniebat et aetas.
Roboribus flexis teretes curuauerat arcus
artificum praedocta manus trabibusque cauatis
affigens tabulas pendentes struxerat aedes,
quattuor informans molem stationibus unam,
buxea populeis aptans capitella columnis

53 *Iust.* 3, 56 || **54** *Iust.* 3, 40 || **55** *Iust.* 3, 200.

39-40 et 42-43 (cf. ad 4, 23-24) Stat., *Theb.* 6, 97-98 ; 6, 101-102 ; 6, 103 ; 6, 106 || **42** Sil. 6, 192 || Ov., *Met.* 10, 100 ; *cf.* Hor., *Epist.* 1, 16, 3 || **46** Verg., *Georg.* 2, 449 || **53** Ov., *Epist.* 12, 149 || **56** Verg., *Aen.* 1, 455.

40 iliceaeque *Rui.* : -ciaeque *M* || fortisque et *Sal.* : -tesque et *M* -tes et *Von. Spec. 30* || **41** suo M^1 : sua M^2 || cecidere M^2 : cecidi / // M^1 || **43** natabile M^2 : tabile M^1 || **44** terebinthus : tiribintus *M* || **47** frusta *Rui.* : -tra *M* || aere pulsans *Sittl* : haere pulsans M^1 haera pulsans M^2 aethera p. *Muncker in Von. Spec. 30 et alii alia, uide adn.* || **48** stridunt *Rui.* : stru- *M* || scabredine : isca- *M* || **49** sonat M^2 : -net M^1 *ut uid.* || **52** illa M^2 : ille M^1 || urbi M^2 : -be M^1 || **53** uidendi M^2 : uiuen- M^1 || **55** roboribus M^2 : rorori- M^1 || **57** struxerat M^{pc} : instrux- M^{ac} || **59** populeis M^2 : popleis M^1.

de buis aux colonnes de peuplier, dont la base était consolidée à sa partie inférieure par le même matériau. On recouvre tous les endroits plats d'arbres équarris, on joint des planches et on les serre par des liens de fer, pour qu'elles puissent supporter le poids de la population. En tous lieux, à l'arrière et des deux côtés, le bois débité formait une clôture offrant partout sa protection, son ornement et son abri. On dispose des gradins où la foule répartie par groupes et par corporations se tiendrait en une longue file, afin de pouvoir tendre vers les présents ses mains levées, regarder plus librement de tous ses yeux et de ses mains manifester sa ferveur, préparer les plis de ses vêtements pour les dons que le consul répandrait sans nombre sur le peuple et tendre ses mains largement ouvertes du côté où tomberait une abondante pluie d'or.

Quand le travail des artisans eut cessé avec l'achèvement du bâtiment et que cet ouvrage si grand eut jeté un éclat glorieux, on nettoie sur une large étendue tout ce qui à l'instant encore était sali par des fragments de bois, chacun orne sa place et couronne d'un feuillage de fête son emplacement. Les planchers étaient verts des branches du palmier et de l'olivier ami de la paix que l'on y avait fixées. Tous les sommets en surplomb sont parés d'un laurier triomphal qui les embrasse de son feuillage porte-bonheur[1]. Quels divertissements, quelles activités sérieuses la foule avait là ! Maintenant, on pouvait voir les uns se divertir, les autres regarder le spectacle : ce sont mille espèces de plaisirs. On dresse les tentures qui

1. Le laurier est utilisé dans la décoration, parce que la procession consulaire était une procession triomphale, comme le remarque Ausone à propos de l'habit du consul : *Namque iste habitus, ut in pace consulis est, sic in uictoria triumphantis* (Aus., 419, 52, p. 366, l. 335-337, éd. Peiper) et comme le montre l'expression *sella triumphalis* que Corippe utilise pour désigner le siège sur lequel est porté le consul (4, 107). Depuis le IIe siècle les ornements triomphaux et consulaires se confondent (Delbrück, *Die Consulardiptychen und verwandte Denkmäler...*, Berlin-Leipzig, 1929, p. 54).

materiaque *b*ases ipsa firmauerat imas.
Omnia roboribus sternunt loca plana politis,
coniungunt tabulas et ferri nexibus artant,
quae pondus strepitusque uirum motusque fauentis
ferre queant populi. Cunctorum terga locorum
alternumque latus con*c*lusit sectile lignum,
undique munimen, decus et tutamina praebens.
Disposuere gradus, quis staret in ordine longo
diuisum in turmas atque in sua corpora uulgus,
posset ut exertas ad munera tendere palmas,
liberius spectare oculis manibusque fauere
et donis aptare sinus, quae plurima consul
in plebes missurus erat palmasque capaces
tendere, quo ueniens late pluat aureus i*m*ber.
Vt labor artificum perfecta mole quieuit
atque operis tanti nituit decus, omnia late
quae modo lignorum squalebant fragmine mundant
exornantque locos et festa fronde coronant
partes quique suas. Fixis tabulata uirebant
palmarum ramis et amicae pacis oliuae.
Cuncta triumphalis pendentia culmina laurus
comit et amplectens foliis felicibus ambit.
Quos illic ludos, quae *s*eria uulgus habebat !
Ludere nunc alios, alios spectare uideres :
mille uoluptatum species. Velamina tendunt,

67 *Iust.* 2, 280 || **71-72** *Iust.* 3, 391 || **84** *Iust.* 3, 73 || *Iust.* 3, 67.

66 VERG., *Aen.* 5, 262.
77 VERG., *Aen.* 4, 506 || **79** VERG., *Aen.* 8, 116.

60 bases ipsa *Rui.* : i.uases *M* || **65** latus M^2 : -tos M^1 || conclusit *Rui.* : conlu- *M* || **67** gradus M^2 : -dos M^1 || quis staret M^2 : qui s. M^1 || **69** ut *edd. a Par.* : et ut *M* et *uett.* || **73** pluat M^2 : pl. at M^1 || imber : inber M^2 inuer M^1.

76 fragmine : frac- *M* || **78** quique *M* : quisque *Von. Spec. 30* || **79** pacis M^2 : -ci M^1 || **82** seria *Dem., uide adn.* :feria *M* || **83** alios *add.* M^2.

conviennent à chaque lieu. Pour les admirer plus, on les voile : ce qui est public est sans valeur ; tout le secret fait ressortir, confère de l'honneur, et plus on dissimule quelque chose, plus le prix en paraît grand. Alors le cloisonnement des arcades ne permit plus à quiconque d'y passer : pour tout le monde s'ouvre une large voie centrale.

Pour la huitième fois depuis le renouveau de la lumière du Christ naissant, la lumière du jour avait infléchi le cours tracé de l'année qui tournait sur elle-même : faisant sa course habituelle, son cercle avait réalisé un tour complet, faisant repartir de la fin des jours un autre commencement et une nouvelle série de mois poussait successivement la roue arrondie qui fait tourner tous les siècles et qui fait cesser sans cesse le jour. L'éclat du jour étincela dans le ciel serein et s'offrit aux vœux du monde pieux, mettant en liesse toute la terre par sa lumière propice. Une autre claire lumière avait rendu plus vive la lumière éclatante, lorsque sur la terre s'avançaient, pour la joie du monde, à la fois le soleil rayonnant et le consul triomphant. La nouvelle Rome brillait et l'agréable palais rivalisait avec le ciel même. Les officiers qui en sont chargés préparaient les dons des calendes, ils

ut loca quaeque decent. Vt plus mirentur, obum-
[brant :
quod uulgo est, uile est ; quidquid latet, extat, ho-
[norat ;
quodque magis tegitur, pretii maioris habetur.
Tunc interclusos nulli transire sub arcus
concessum est : cunctis medio ui*a* lata patere.
Lux octaua nouo nascentis lumine Christi
in se uoluentis uestigia flexerat anni :
more suo currens totum compleuerat orbem
circulus, alterius referens de fine dierum
principium, teretemque rotam nouus ordine mensum
urguebat numerus totum qua uoluitur aeuum
et finit sine fine dies. Iubar axe sereno
emicuit uotisque pi*i* sese obtulit orbi*s*,
laetificans cunctas felici lumine terras.
Clara coruscantem lux au*x*erat altera lucem,
cum terris gaudente polo prodibat uterque
sol radians et consul ouans. Noua Roma nitebat
certabantque ips*i* iucunda palatia caelo.
Dona calendarum, quorum est ea cura, parabant
officia et turmis implent felicibus aulam.

101 *Iust.* 1, 344 ; 3, 156 ; 3, 247 ; 4, 141 || **102** *Iust.* 3, 244 || **103** *Iust.* 2, 354.

91 Verg., *Georg.* 2, 402 || **94** Verg., *Georg.* 4, 507 || **94-95** Sil. 6, 121 || **96-97** Sil. 12, 637 || **100** Lvcan. 1, 47 || **101** Clavd. 15, 32 **102** Ov., *Met.* 1, 175-176.

85 ut loca M^2 : t l. M^1 || **86** honorat *M* : -rum *uett.* || **87** quodque *M*: quoque *dubit. Jäger* || **88** arcus M^2 : -cos M^1 || **89** uia lata *Rui.* : uiolata *M.*

94 principium M^2 : -pum M^1 || teretemque *Rui.* : terentem- *M* || **97** pii... orbis *dubit. Jäger* : piae... orbi *M* pie... orbis *prop. Von. Spec. 30* || **99** clara M^2 : -re M^1 || auxerat *Bar. 8, 1, 361* : ause- M^1 hause- M^2 || **100** polo *Rui.* : populo *M* || **102** ipsi *Dem.* : -so *M.*

remplissent la Cour de leurs troupes heureuses. Ils entassent et accumulent dans de vastes paniers l'or rutilant et en chargent l'endroit où l'on avait solidement placé à quelque hauteur le siège triomphal lui-même, qui n'était pas encore alors occupé par le brillant consul. Ils apportent ensuite sur leurs hautes épaules du vieil argent refondu en des formes et des espèces variées avec des inscriptions en creux et des figurines sculptées, ils peinent sous l'importance du fardeau et déversent en un même lieu de lourds coffres ; les deux matières s'élèvent en de grands tas.

Dans le grand édifice construit d'une architecture admirable se dressait le siège magnifique d'or et de joyaux, qui sans soleil avait sa propre lumière, et la nature de ses joyaux illumine les endroits proches en changeant la couleur des objets et en voilant les rayons de Phébus étincelant. On trouve mêlées les pierres rondes aux pierres carrées, aux pierres vertes les blanches[1]. Les topazes et la myrrhe étincellent ainsi que le pyrope[2], qui exhale des flammes et chasse les ténèbres par sa propre lumière. C'est ce siège élevé que, avant l'apparition du soleil au milieu de la Cour, le prince drapé dans la trabée de son aïeul gravit, sur des marches dorées et des tapis sacrés, en enrichissant de son front auguste la couronne royale et, en conservant sa pieuse rigueur avec sa gravité,

1. *Viridantia* est le terme technique employé par Pline (Plin., *Nat.*, 36, 113) pour désigner les pierres vertes dans leur ensemble, tandis qu'*albus* est également un terme technique qui désigne notamment le blanc des peintres (Plin., *Nat.*, 35, 50 et 35, 64). Cf. J. André, *Étude sur les termes de couleur dans la langue latine*, thèse Paris 1948, Paris, 1949, p. 26.

2. Le pyrope était un alliage d'or et de cuivre (Isid., *Orig.*, 16, 20, 6 : *Pyropum igneus color uocauit. Namque in singulas uncias aeris additis auri scrupulis senis praetenui brattea ignescit flammasque imitatur ; unde et pyropum dicitur*).

Conuectant rutilum sportisque capacibus a*u*rum
accumulant onerantque locos quibus altior ipsa
sella triumphalis firma statione locata
iam fuerat, nondum claro tunc consule plena.
Hinc uetus argentum, formas speciesque nouatum
in uarias, pressum titulis sculptumque figuris,
excelsis portant umeris magnisque laborant
ponderibus cistaeque graues funduntur in unum :
utraque materies in magnos surgit aceruos.
Aedibus in magnis miro constructa paratu
extabat sedes, auro gemmisque superba,
lumen habens sine sole suum *il*lustratque propinquos
gemmarum natura locos, rerumque colores
mutans et Phoebi radios fulgentis obumbrans.
Miscentur teretes quadris, uiridantibus albae.
C*hry*solit*h*i mir*ra*eque micant, flammasque p*y*ropos
afflans et propria depellens luce tenebras.
Hanc, prius in media quam sol pr*o*cederet aula,
auratis gradibus sacrisque tapetibus altam
conscendit princeps, trabea succinctus auita,
regalem ditans augusta fronte coronam,
censuramque piam seruans grauitate resedit,

105 *Iust.* 4, 242 || **111-112** *Iust.* 4, 16.
121 *Iust.* 2, 103 || **123** *Iust.* 2, 303 || **126** *Iust.* 2, 306 ; 4, 6.

120 Ov., *Met.* 2, 1-2 || **123** Verg., *Aen.* 9, 325-326 || **124** Verg., *Aen.* 7, 188.

105 aurum *Rui.* : arum *M* || **108** iam M^1 : nam M^2 || **109** formas M^1 : in f. M^2.

116 il(in-)lustratque *Fog.* : lustrat- *M* || **119** miscentur M^2 : -tis M^1 || **120** chrysolithi : crisoliti *M* || murraeque *Ireland in Cam.* : mireque *M* || pyropos : pi- *M* || **121** af(ad-)flans M^{pc} : adfluans M^{ac} || **122** hanc M^2 : hac M^1 || procederet *dubit. Rui.* : prec- *M* || **126** piam *M* : pia *Cameron, in Latomus, 35, 1976.*

il s'y assit en rendant plus beau le costume impérial et le rite de Gabies[1], dont la pourpre rayonnait des joyaux de l'Hydaspe avec une lumière plus vive que celle du jour, plus lumineuse et meilleure grâce à la majesté du prince qui y trônait. D'abord le sénat s'inclina pour l'adorer en disant : « Sois vainqueur, Justin. Que le monde heureux soit florissant sous ton consulat, sous ton principat. Salut, ô premier des Augustes, non dans l'ordre des chiffres, mais dans celui du mérite, toi qui distribues les richesses, toi qui distribues les honneurs, pointe de la liberté, sommet du monde, puissance unique et salut visible de l'univers, restaurateur du nom magnifique. Les fastes anciens, de nouveaux siècles reviennent. Tu as renouvelé l'âge ancien de César Auguste ; mais plus brillant et meilleur est le tien. Désormais votre première année accueille avec bonheur, en même temps que toi, tes joies ; que la nouvelle Rome célèbre de très nombreux vœux pour tes triomphes. » Puis, sur l'album sacré, on lit les noms des sénateurs et les pères conscrits, en entendant la voix les citer, s'approchent souriants, gravissent les sommets très élevés du siège, tendent leurs mains, prennent les récompenses données par le consul maître du monde et, fiers des dons qu'ils ont reçus, portent des vases d'argent pleins de métal fauve, semblables aux présents d'une campagne féconde entassés, quand les

1. Le « rite » de Gabies, souvent mentionné dans la littérature latine (Val. Max., 1, 1, 11 ; Liv., 5, 46, 2 ; 8, 8, 9 ; 10, 7, 3 ; Claud. 7, 3-4 ; 8, 6, 7 ; 28, 594-595 ; Serv., *Én.*, 5, 755 ; 7, 612 ; Isid., *Etym.*, 19, 24, 7, qui parle de *cinctus Gabinus*) était une façon particulière de porter la toge, utilisée à l'origine dans les sacrifices, puis par le consul lors de sa procession. Elle consistait à rejeter en arrière par dessus son épaule gauche un pan de la toge, à le reprendre à droite et à le nouer sous la poitrine, tandis que la tête était couverte par l'autre pan.

Caesareos augens habitus ritusque Gabinos,
cuius *Hy*dasp*ei*s radiabat purpura gemmis
uincens luce diem, plus ma*i*estate sedentis
lucidior meliorque sui. Primumque senatus
pronus adorauit « uincas, Iustine » perorans.
« Consule te felix, te principe floreat orbis.
Salue, Augustorum *nu*m*e*ri non ordine prime,
sed meriti, largitor opum, largitor honorum,
libertatis apex, mundi caput, unica uirtus
et rerum manifesta salus, reparator opimi
nominis. Antiqui redeunt, noua saecula, fasti.
Augusti priscum renouasti Caesaris aeuum :
clarius est meliusque tuum. Tua gaudia tecum
hinc uester primus feliciter excipit annus
uotaque plura tuis celebret noua Roma triumphis. »
Inde senat*o*rum sacro recitantur ab albo
nomina, conscripti patres qua uoce citati
accedunt hilares subeuntque altissima sedis
culmina, praetendunt dextras *et* praemia sumunt
consulis et mundi domini donisque superbi
fuluo plena ferunt argentea uasa metallo,
qualia fecundi conuectant munera campi

131 *Iust.* 2 276 ; 3, 259 || *Iust.* 1, 358 || **141** *Iust.* 1, 344 ; 3, 156 ; 3, 247 ; 4, 101.

127-128 Clavd. 7, 4-3 || **134** Clavd. 8, 118 || **143** Clavd. 8, 498.

141 Ps. Ivlian. Tolet., *P. L. 96, 813 A.*

128 Hydaspeis *Vossius ad Vell. Paterc. 3, 2* : idaspiciens *M* || **129** maiestate : mages- *M* || **133** numeri *Rui.* : muneri *M* || **141** celebret M^2 : -brent M^1 -brat *Cameron, in Latomus, 35, 1976* || roma M^2 : forma M^1 || **142** senatorum *Rui.* : -turum *M* || **145** et *Rui.* : te *M* || **147** metallo M^2 : -llis M^1.

champs verdoient, par les agriculteurs qui apportent de pleines corbeilles de lis tout blancs, au milieu desquelles scintille l'or de la fleur parfumée : ils se réjouissent d'apporter chez eux les prémices d'une année fertile, décorent les portes et les seuils et leurs offrandes tressent des guirlandes pour obtenir la paix dans les temples. Alors l'éloquence des orateurs chanta dans les deux langues en un présent solennel les titres exceptionnels de gloire de l'Auguste consul. La fortune accorda sa faveur à ceux qui en étaient dignes et sa bienveillance répondit à de justes propos. Heureux ceux à qui les faits donnent d'abondants sujets d'éloge ! Que dit-on qui ne soit pas digne d'éloge, quand l'on rapporte la vie, les actes d'un si grand prince ? Quel fut ce tumulte ? D'où vient une si grande ferveur, un si grand nombre de panégyristes ? Quelles techniques, quels talents mirent-ils en œuvre ? Avec quel effort, si ce n'est celui d'accumuler alors ornement sur ornement, éloge sur éloge ? Ils ne purent cependant énumérer dans leur ordre les merveilles de sa sainte vie : pour relater des choses divines aucune force ni aucune intelligence humaines ne suffisent. Si quelqu'un vient à puiser dans les eaux de la source du Nil pour les boire, ou à diriger des ruisseaux dans les sables perméables, ce même homme est assurément rassasié par les eaux, les champs aussi sont rassasiés, s'il

agricolae, cum prata uirent, plenisque canistris
lilia cana ferunt mediumque intermicat aurum
flor*i*s odoriferi : primordia fertilis anni
ferre domum gaudent postesque et limina comunt
et sua placandis nectunt donaria templis.
Tunc oratorum geminae f*a*cundia linguae
egregias cecinit sollemni munere laudes
consulis Augusti. Dignis fortuna fauorem
praebuit et iustis successit gratia dictis.
O fortunati quibus est ex rebus abundans
laudum materies ! Quid non laudabile dicunt,
qui uitam, tanti qui principis acta reponunt?
Quis fuit ille fragor? Tantus fauor unde repertus,
tot laudatorum numerus? Quibus artibus usi
et quibus ingen*i*is? Quanto conamine nisi
tunc *ph*aleris *ph*aleras et laudibus addere laudes?
Non potuere tamen sanctae miracula uitae
ordinibus numerare suis : diuina referre
nec uirtus hominum nec sensus sufficit ullus.
Fontis Niliaci si qui*s*quam aut hauriat undas
et bibat aut bibulis riuos inducat harenis,
ipse quidem satiatur aquis, satiantur et agri,

152 *Iust.* 3, 66 || **155** *Iust.* 2, 429 ; 4, 11 || **166** *Iust.* 1, 5 || **169** *Iust.* 1, 129.

149-150 VERG., *Ecl.* 2, 45-46 || **150** CLAVD., *Rapt. Pros.* 1, 185 || **154** STAT., *Silu.* 5, 3, 90 || **159** OV., *Am.* 1, 5, 23 || **161** VAL. FL. 7, 529 || **163** CLAVD., *Carm. min.* 9, 34 || **168** LVCAN. 10, 192 || **169** VERG., *Georg.* 1, 114.

150-151 intermicat... floris *Rui.* : -cant... flores *M* || **153** nectunt *M* : -tant *falso legunt edd.* || **154** facundia *Rui.* : fec- *M* || **158** fortunati M^2 : furt- M^1 || **160** qui M^1 : qui et M^2 || acta M^2 : -tu M^1 *ut uid.* || **163** ingeniis *Rui.* : -nuis *M* || **164** ph(f-)aleris ph(f-)aleras M^2 : -rae -ra M^1 || **165** miracula M^2 : -lae M^1 || **168** si *add.* M^2 || quisquam *Rui.* : quiquam *M* || aut hauriat M^2 *in rasura* : ut h. *Cameron, in Latomus, 35, 1976* || **169** et *M* : aut *Cameron, ibidem.*

les arrose : il remplit sources et fleuves et offre des eaux abondantes à ceux qui veulent y puiser ⟨...⟩ nous prouvons quels vœux nous formons[1] pour nos maîtres ; en chantant et en honorant leur piété, nous les vénérons par nos ovations ; en les louant nous méritons des louanges par nos louanges et nous jouissons d'un plus grand bien : en effet, une race divine ne manque pas de louanges humaines, mais elle juge la valeur des vœux de ses clients et dans sa piété couronne ceux qui lui témoignent du dévouement. La main auguste voulut alors se montrer plus généreuse et plus propice et ne préférer personne dans sa faveur. En effet, par ses dons, elle fit en sorte que ses bénéficiaires fussent égaux aux pères conscrits, malgré une différence dans l'honneur. La vigilance nocturne mérite cette faveur ainsi que la sagesse qui favorise les Muses aimées. Dans sa grande science, le prince aussi sait que la littérature tient une grande place et qu'un grand travail incombe aux écrivains.

Sans cesse aux officiers qui veillaient sur la très haute Cour, mentionnés dans l'ordre qui était le leur et suivant l'ancienne coutume, il offrit dans la joie de pieuses récompenses en les appelant par scholes et par escadrons et donna de riches présents à ses fidèles protégés selon leurs mérites et leur rang : ce même homme illustre les avait tous nourris et les dirigeait aussi du vivant de son père. Né dans le pouvoir, nourri au milieu de la cour parmi les groupes des protégés et les rassemblements

1. Nous avons adopté la correction *habeamus* de *Pet.* pour la leçon *habemus* de *M*, étant donné que, si la construction de *probare* avec une interrogative indirecte n'est pas attestée par le *T. L. L.* ni par la syntaxe de M. Leumann et A. Szantyr, elle apparaît en 4, 290-291 :

... Ibi namque probatur
quam sit ubique deus praesens, simul omnia complens.

Quam est certes une correction pour *quum* du manuscrit, mais une correction obligée.

si quos ille rigat : fontes et flumina replet
et praebet largas haurire uolentibus undas
⟨...⟩
quae circa dominos habe*a*mus uota probamus ;
dum canimus colimusque pios, ueneramur ouantes ;
quos dum laudamus, laudem de laude meremur
et fruimur maiore bono : nam diua propago
humanae nil laudis eget, sed uota clientum
pensat deuotosque sibi pietate coronat.
Fertilis hic augusta manus felixque uideri
plus uoluit nullumque suo praeferre fauor*e*.
Namque illos donis conscriptis patribus aequos
esse dedit, cum distet honor. Vigilantia noctis
hoc meruit carisque fauens sapientia Musis.
Doctior et princeps nouit quod littera rerum
pars magna est magnusque labor scribentibus instat.
Protinus officiis summam tutantibus aulam,
ordinibus propriis et prisco more notatis,
per*qu*e scholas turmasque uocans pia praemia gaudens
praebuit et fidos opibus ditauit alumnos
pr*o* meritis gradibusque suis : idem inclitus omnes
nutrierat uiuoque etiam genitore regebat.
Natus in imperio, media nutritus in aula
inter alumnorum numeros coetusque fideles,

182-183 *Anast.* 42-43.
189 *Iust.* 2, 351 ; 4, 224.

177 Verg., *Aen.* 5, 751.

Post **172** *lacunam ind. Mom. in Par.* || **173** habeamus *Pet. metri causa, uide adn.* : -bemus *M* || **179** hic *M* : hinc *Pet.* || **180** nullumque M^2 : nullam- M^1 || fauore *Pet.* : -ri *M* || **181** conscriptis M^2 : -tos M^1 || **184** et princeps *Fog.* : est p. M^2 est principe M^1 || **185** scribentibus M^2 : -entis M^1.

188 perque scholas *Dem. metri causa* : per scolas M^2 pe / /colas *M1* || **190** pro meritis *Rui.* : preme- *M*.

des fidèles, il connaissait le nom de tous, de tous il connaissait les activités, témoignant à tous une douce affection, les élevant tous sans cesse et les avertissant sans cesse avec la piété d'un père ; par sa façon de diriger il retient, nourrit et choie lui-même ses clients, comme le pâtre prévoyant, qui a fait paître longtemps ses taureaux et ses troupeaux couverts de laine dans les champs herbeux, connaît tous les noms qu'il a donnés à ses taureaux ; il se réjouit de voir croître son troupeau aimé, il entre dans la bergerie, il sépare et rassemble en un seul troupeau les tendres agneaux en appelant des noms connus : en entendant sa voix, ils suivent et reconnaissent leur maître, ébranlent les airs de leurs bêlements et saisissent avec avidité les herbes vertes qu'il a apportées.

Pendant ce temps, la population avait rempli tous les édifices ornés de feuillages divers tressés en couronnes. Des tentures de soie pendaient au long de toutes les colonnades[1]. A travers toutes les arcades et tous les quartiers, de chaque côté, se tenait la foule propice qui préparait ses mains et le pli de ses vêtements. On attend l'arrivée du consul qui s'attarde dans la très haute Cour, on évalue le retard, on s'enquiert de la cause de ce retard, tout le monde lève ses yeux vers le seuil royal et l'on souhaite la procession de l'Auguste consul, à la manière des paysans d'Afrique qui, devant la terre assoiffée, lèvent leurs yeux vers les nuages, quand dans le ciel agité étincellent les premiers éclairs et qu'accompagné de nombreux coups de tonnerre le Notus brouille

1. Le *Livre des Cérémonies* apporte son témoignage sur les décorations mises en place sur le passage des cortèges impériaux : par terre étaient répandues de la sciure de bois et des fleurs, les maisons et les parties du palais traversées par l'empereur étaient décorées de myrte, de lierre, de laurier et de roses, tandis qu'on suspendait des tissus précieux et des étoffes brodées d'or (cf. J. Ebersolt, *Études sur la vie publique et privée de la cour byzantine*, dans *R. H. R.*, 76, 1917, p. 1-105, spécialement p. 41-42).

nomina cunctorum, cunctorum nouerat actus,
omnes mitis amans, omnes pietate paterna
semper alens semperque monens. Rituque regendi
continet ipse eos nutritque fouetque clientes,
prouidus ut pastor, longo qui tempore tauros
lanigerosque greges her*b*osos pauit in agros,
omnia quae posuit taurorum nomina nouit;
crescere dilectum gaudet pecus, intrat ouile,
discernit teneros et in unum congregat agnos
nomine nota uocans : audita uoce sequuntur,
agnoscunt dominum pulsantque balatibus auras
atque auidi sumunt uirides quas attulit herbas.
  Interea populus totas compleuerat aedes,
ornatas nexis diuersa ex fronde coronis.
Serica per cunctas pendebant uela columnas.
Perque arcus uicosque omnes astabat utraque
parte fauens uulgus palmasque sinusque parabat.
Consulis aduentum summa tardantis in aula
expectant pend*u*ntque moras causasque morarum
inquirunt oculosque omnes ad regia tollunt
limina processumque Augusti consulis optant,
haud secus ut Libyci, terra sitiente, coloni
nubila sus*pi*ciunt, moto cum fulgura caelo
prima micant crebroque tonans Notus implicat [*aet*hram :

196 *Iust.* 1, 169.

198 Maxim., *Eleg.* 1, 269 || **199** Ov., *Met.* 6, 395 || **204** Sedvl., *Carm. pasch.*, 2, 114.

212 Verg., *Aen.* 4, 51.

199 herbosos... agros : heru(eru- M^1)osos... a. *M* herbosis... agris *Rui.*

208 serica : sir- *M* || **209** adstabat M^{pc} : -bant M^{ac} || **212** pendunt *Rit.* : -dent *M* || **215** haud(-t) M^2 : aut M^1 || **216** suspiciunt *dubit. Rui.* : suscip- *M* || **217** aethram *Rui.* : ehram *M.*

l'éther : la foule des cultivateurs se répand par les champs desséchés en espérant la pluie, on nettoie les citernes, on nivelle les entrées des canaux, on fait se diriger tous les cours d'eau en un endroit d'où des ruisseaux limpides pourront couler à travers des prés verdoyants — une soif cruelle rend cela nécessaire — ; on dresse des barrages en entassant du sable sec et l'on ferme les pentes du sol gras.

Une fois que le consul eut donné de riches biens à ses fidèles protégés, d'un signe auguste il fit s'avancer tout le monde pour faire des dons pieux à la population. On se presse d'exécuter ses ordres. Le siège divin [1] est soulevé pour un grand triomphe par les mains de mille serviteurs et, pour soumettre leurs épaules à cette tâche agréable et leur attacher de solides courroies, se trouvent des jeunes hommes choisis [2], tous du même âge, la tenue semblable, la beauté semblable. Leur vêtement était d'un rouge uniforme et l'or pur faisait briller leurs ceintures. Les sénateurs en liesse s'avancèrent dans leur vêtement éclatant, les uns parés de trabées, les autres de toges, selon la place et le costume que donnait à chacun le rang qui lui était reconnu. Les officiers sacrés suivent et près des premiers se tient un héraut qui de ses cris commande à tous les groupes, rangés par sections, de s'avancer. Les cohortes serrées, auxquelles s'était joint un licteur [3], s'avancent. Désormais une troupe armée protège à droite et à gauche les flancs de César. L'immense corps des excubiteurs couvrait de ses boucliers son dos

1. Sur ce siège, cf. n. compl. *ad Iust.*, 4, 107.

2. Pour ces *electi iuuenes*, cf. n. *ad* 2, 137-139.

3. Il ne s'agit plus ici d'un licteur ouvrant le cortège avec des faisceaux, mais d'un licteur chargé du service d'ordre, comme il en existe déjà dans *Panég.*, 11, 30 : *Praeire pedes coepit, gradum moderans paene ad lictoris nutum et uiatoris imperium*, et dans Claud., 8, 9 : *Lictori cedunt aquilae...*

ruric*o*lum siccos discurrit turba per agros
spe pluuiae mundantque l*acu*s aditusque uiarum
librant et cursus omnes moderantur aquarum,
unde fluant liquidi per prata uirentia riui
— cogit dura sitis — cumulosque arentis harenae
obiciunt pinguisque soli decliuia claudunt.
Postquam apibus fidos consul ditauit alumnos,
augusto nutu cunctos incedere iussit,
ut populis pia dona daret. Praecepta facessunt.
Tollitur in magnum diualis sella triumphum
mille ministrorum manibus gratoque labori
summittunt umeros et loris fortibus aptant
electi iuuenes, aetas quibus omnibus una,
par habitus, par forma fuit, uestisque rubebat
concolor atque auro lucebant cingula mundo.
Incessit laetus praeclara in ueste senatus,
pars trabeis, pars compta togis, ut cuique probatus
ordo locum cultumque dabat. Diuina sequuntur
officia et primis praeco clamoribus instat,
omnibus imper*it*ans sectis pr*o*cedere turmis.
Incedunt densae mixto lictore cohortes.
Hinc armata manus dextram laeuamque tuetur
Caesarei lateris. Clipeis pia terga tegebat
ingens excubitus protectorumque phalanges

224 *Iust.* 2, 351 ; 4, 189 || **225** *Iust.* 3, 37 || **226** *Ioh.* 4, 303 || **228** *Iust.* 4, 34 || **230** *Iust.* 2, 138 || *Iust.* 1, 347 ; 1, 348 ; 2, 24 ; 2, 142 ; 3, 57 || **237** *Ioh.* 2, 179 || **239** *Iust.* 3, 167 ; 3, 177 ; 3, 201 || **241** *Iust.* 3, 165.

226 Verg., *Aen.* 9, 45 || **229** Verg., *Aen.* 9, 364 || **240** Stat., *Silu.* 3, 3, 65.

218 ruricolum *Rui.* : -culum *M* || **219** lacus *Goodyear in B. I. C. S., 16, 1969, p. 16-28* : locos *M* || **220** librant M^1 : -berant M^2.

234 pars... pars M^2 : pras... pras M^1 || **237** imperitans *Rui.* : inpetrans *M* || procedere *Fog.* : prec- *M* || **240** tegebat *Rui.* : -bant *M.*

pieux et les phalanges des gardes du corps étincelaient par leurs javelots que l'or rutilant faisait resplendir. Le consul lui-même, sous son étincelant diadème sacré, paré de la trabée, brillait sous les joyaux et la pourpre, fort de visage et d'épaules et, à l'instar d'une lumière sacrée, son regard l'emportait sur les joyaux et l'or, égalant les étoiles du ciel par ses yeux angéliques. Quand il toucha le seuil propice de la porte sacrée, à l'endroit où son trajet le mène par un passage direct au milieu de la ville, il effraya par son arrivée la population et il étincela, tel le soleil d'or qui envoie depuis les eaux limpides de l'océan des rayons resplendissants, qui, tout rutilant, répand partout son jour clair et qui illumine le monde entier en l'honorant de sa lumière. Alors, à la vue du consul, le peuple se lève en applaudissant et les cris s'ajoutent aux cris. C'est ainsi que revient la douce hirondelle pour tendre à ses petits la nourriture recherchée avec soin : une fois que, pour voir sa maison[1], elle s'est laissé glisser en gazouillant par les ouvertures béantes, de tout le nid une foule criarde se dresse à l'arrivée de la mère, on réclame à manger[2], on tend son bec vers le bec de la mère fidèle et on se tient le gosier ouvert ; mais elle, en se tenant au-dessus, parcourt de ses yeux tout le nid et dans sa distribution d'une affectueuse nourriture fait en sorte de nourrir tout le monde.

L'empereur avait consacré une église sous le nom de Sophie, lorsque le prince Justinien possédait l'Empire

1. L'accusatif du géronitf sans *ad* après les verbes de mouvement est attesté (après *mittere*, *ducere*, *ire*, *uadere*, *pergere*, cf. M. Leumann..., A. Szantyr, *Lateinische Grammatik*, p. 379). A époque tardive, il est même attesté ailleurs qu'après des verbes de mouvement (cf. E. Löfstedt, *Late Latin...*, p. 57 et n. 2 et 3). Les nombreuses conjectures des éditeurs sont donc inutiles (ad sua tecta uidenda *Fogg.* ; sua tecta reuisum *uel* reuisens *Jäger* ; sua tecta uidet dum *Mom. in Par.* ; in sua tecta (uidendum) *Par. dubit* ; uidendo *Pet.*).

2. La licence métrique que se permet ici Corippe a entraîné plusieurs conjectures (rogitantque cibos *Dem.* ; flagrantque cibo *Fogg.* ; inhiantque cibos *Jäger dubit.*).

fulgebant rutilo pilis splendentibus auro.
Ipse autem consul, sacro diademate fulgens,
ornatus trabea, gemmisque ostroque nitebat,
ore umerisque potens, et sacri luminis instar
illius aspectus gemmas uincebat et aurum,
angelicis oculis exaequans sidera caeli.
Contigit ut sacrae felicia limina portae,
tramite qua recto mediam uia ducit in urbem,
terruit incessu populos talisque refulsit,
qualis ab Oceani liquidis sol aureus undis
splendentes mittit radios rutilusque serenum
fundit ubique diem mundumque illuminat omnem
lucis honore suae. Viso tunc consule plebes
plausibus assurgunt et uoces uocibus addunt.
Sic, bene quaesitas ut pullis porrigat escas,
mitis hirundo redit : postquam sua tecta uidendum
garrula per patulas fuerit delata fenestras,
matris in aduentum nido consurgit ab omni
turba loquax flagitantque cibos fidaeque parentis
oribus ora petunt et apertis faucibus astant;
illa *a*st impendens nidum circum inspicit omnem
distribuitque pias, ut cunctos nutriat, escas.
Sanxerat Augustus Sophiae cognomine templum,
Romanum princeps cum Iustinianus haberet

242 *Iust.* 4, 105 || **243** *Iust.* 3, 257 || **248** *Iust.* 3, 1.

249 Verg., *Ecl.* 9, 1 || **257** Ov., *Ars* 2, 149 || **258** Ov., *Met.* 14, 752 || **260** Verg., *Aen.* 12, 475.

243 Ivlian. Tolet., *Gramm., ed. Hagen, Anecdota Heluetica..., p. CCXXIX, l. 9.*

242 fulgebant M^2 : -bat M^1 || **245** sacri *add.* M^2 || **248** sacrae M^2 : -cra M^1 || **250** talisque *M* : oculis- *falso legunt edd.* || **251** liquidis M^2 : -dos M^1 || **257** uidendum *M*, *uide adn.* : -dendo *Pet. et alii alia* || **262** illa ast *Pet.* : illast *M* illa sed *Rui.* || circum inspicit *M* : circumspicit *falso legunt edd.*

romain et lorsque son esprit auguste, faisant des prières, les adressait au Christ ; ce n'est pas, je pense, qu'il ignore l'avenir, ou plutôt c'est que, par son ordre direct, Dieu amène[1] l'homme sans le savoir à consacrer d'avance sous de pieux auspices ce qui est le secret des biens à venir. Téodora gouvernait au temps où cette citadelle sacrée fut établie par son fondateur et où le nom de Sophie, qui ne régnait pas encore, lui revint : tel avait été le signe du sceptre à venir. Une fois achevé, l'ouvrage révéla l'immense mystère qui était caché sous son imposante masse. Maintenant, une voie lumineuse s'ouvre devant nos yeux. Nous voyons sous un jour évident que le pouvoir royal fut jadis promis par un présent du ciel au pieux Justin et à la pieuse Sophie, ce qui était auparavant caché est devenu patent et à nul regard ne s'oppose plus de voile. Sa sagesse fit avec sûreté une œuvre digne de Sophie : il construisit l'église pleine de beauté, lui donna une solide résistance, il la commença, l'acheva, l'orna et l'enrichit de ses dons. Que désormais se taise la description du temple de Salomon[2], que reculent les merveilles connues de tous les pays : il est deux merveilles illustres qui imitent le ciel éclatant, établies par une décision de Dieu, l'église vénérable et les toits resplendissants du nouveau palais sophien. Celui-ci est la cour du prince, celle-là la cour de Dieu. Dieu glorifia l'un et l'autre ouvrage, mais l'église, honorée par sa

1. La leçon *ducit* de *M* peut être maintenue, si l'on considère que les vers 268-270 contiennent une réflexion générale comme il y en a en *Iust.*, *préf.*, 42 ; 2, 45-46 ; 2, 112-113 ; 2, 156-158 ; 2, 409-410 ; 3, 108-110 ; 4, 86-87 ; 4, 321-323.

2. « Salomon, je t'ai vaincu », furent les paroles de Justinien lors de l'inauguration de l'église en 537 (Ps. Codin., p. 143, l. 11, *C. S. H. B.* ; *Script. orig. Const.*, éd. Preger, t. 1, p. 105, l. 4-5). Mais la comparaison avec le temple de Salomon avait déjà été utilisée par Sid. Ap., *Epist.*, 4, 18, 5, v. 12-13 :

... aedis...
quae Salomoniaco potis est confligere templo.

imperium Christoque uouens sua uota dicaret
mens augusta, reor, iam non ignara futuri,
aut magis ignarum recto Deus ordine ducit
ante futurorum quae sunt arcana bonorum
auspiciis sacrare piis. T*h*eodora regebat
tempore quo sacram fundauit conditor arcem
et Sophiae nomen nondum regnantis habere
ar*x* meruit : sceptri fuerant ea signa futuri.
Ingens mysterium magna quod mole latebat
perfectum patefecit opus. Via lucida nostris
nunc facta est oculis. Manifesta luce uidemus
olim promissum caelesti munere regnum
Iustino Sophiaeque piis patuitque quod ante
clausum erat et nullis uelamen uisibus obstat.
Rem Sophia dignam certo sapientia fecit :
instituit pulchrum, solidauit robore templum,
coepit, perfecit donisque ornauit et auxit.
Iam Salomoniaci sileat descriptio templi,
cedant cunctorum miracula nota locorum :
inclita praeclarum duo sunt imitantia caelum,
consilio fundata Dei, uenerabile templum
et Sophianarum splendentia tecta nouarum.
Principis *haec*, haec aula Dei. Deus illud utrumque
glorificauit opus, sed maiestatis honore

266 *Iust.* 2, 7 || **277** *Iust.* 2, 3.

267 Verg., *Aen.* 4, 508 || Drac., *Orest.* 271 || **271** Verg., *Aen.* 8, 313 || **275** Prvd., *Cath.* 10, 162 || **276** Verg., *Aen.* 4, 358 || **281** Prvd., *C. Symm.* 2, 331 || **286** Ov., *Pont.* 3, 3, 91.

266 dicaret *M* : -rat *edd.* || **267** iam *add.* M^2 || **268** ducit *M* : -xit *edd. a Von. Spec. 31* || **269** futurorum M^{pc} : futuro rerum M^{ac} || quae(-e) *M* : quam *edd. a Jäger* || **270** Theodora : teo- *M* || **272** habere *Rui.* : -ret *M* || **273** arx *Rui.* : ars *M* || **279** et M^2 : e M^1 || **280** Soph(-f-)ia M^{pc} : -iam M^{ac} || **288** haec, haec *Bek.* : est h. *M.*

majesté, est plus impressionnante. Là, en effet, l'on mesure combien Dieu est présent partout, remplissant à la fois toutes choses. Là les yeux de l'âme voient la pieuse puissance du Père et du Fils, qui reste indivise, et le Saint-Esprit. On croit en une seule substance, mais il y a trois personnes, elles ont une existence distincte [1], leurs noms resplendissent. De même que le Père est ⟨Dieu⟩, le Fils est Dieu avec un honneur égal et le Saint-Esprit est également Dieu. De ces trois personnes, l'une, en descendant du ciel pour racheter le monde, prit, en naissant d'une vierge, la forme de la race humaine. Elle vint de sa propre initiative et l'auteur et créateur du monde fut fait homme sans cesser d'être véritablement Dieu, né et non pas créé, pleinement lumière de lumière, possédant une double nature sous une personne unique, identique au Père par sa divinité et assurément identique à l'homme [2], pur de tout péché, lui qui remet les péchés, le Christ, qui fait de très nombreux miracles parmi le peuple. En mourant, il foula aux pieds la mort et par sa résurrection à la vie, il donna la vie à tous ceux qui croyaient en lui. Montant lui-même au ciel, il s'assit à la droite de la gloire du Père, éternel comme lui [3], juge devant venir dans le monde et possesseur d'un royaume sans fin. Le

1. La conjecture de Ruiz *subsistunt* pour la leçon fautive de *M* *subsistitur* est la seule admissible puisque les vers 293-297 visent à affirmer la réalité substantielle de chacune des trois personnes, exprimée par des noms différents (cf. Hil., *Trin.*, 5, 3 : ... *in Patre et Filio subsistentibus*...) et l'unité de substance de ces trois personnes, qui les fait également divines. La correction de Mommsen *subsistite* est fantaisiste ; quant à celle de Petschenig, *sub quis tria*, elle n'est pas convaincante paléographiquement.

2. *Consimilis* correspond à ὁμοούσιος du symbole du concile de Chalcédoine tel qu'il est rapporté par Évagr., *Hist. eccl.*, 2, 291, *P. G.*, 86, 2, col. 2508 C : ὁμοούσιον τῷ Πατρὶ κατὰ τὴν θεότητα καὶ ὁμοούσιον ἡμῖν τὸν αὐτὸν κατὰ τὴν ἀνθρωπότητα. Mais son équivalent latin est normalement *consubstantialis* : Corippe aura utilisé *consimilis* en pensant à Vulg., *Phil.*, 2, 7 : ... *in similitudinem hominum factus*...).

3. *Aequaeuus* est patristique (cf. Leo M., *Breu. fid.*, *P. L.*, 13, 657 D : *Aequaevae Trinitati*).

plus templum terroris habet. Ibi namque probatur
qu*a*m sit ubique Deus praesens, simul omnia complens.
Internis oculis illic pia cernitur esse
indiuisa manens Patri*s* Genitique potestas
Spiritus et Sanctus. Substantia creditur una,
tres sunt personae, subsist*unt*, nomina fulgent.
Vtque Pater ⟨Deus⟩ est, Genitus Deus *aequ*us honore
Spiritus et Sanctus pariter Deus. Ex tribus una
e caelo ueniens mundi persona redemptrix
humani generis formam de uirgine sumpsit.
Sponte sua uenit factorque et conditor orbis
factus homo est uerusque Deus non destitit esse,
natus, non factus, plenum de lumine lumen,
una in naturis extans persona duabus,
consimilis deitate Patris *h*om*i*nique profecto
consimilis, sine peccato peccata relaxans,
plurima per populum faciens miracula Christus.
Calcauit mortem moriens uitamque resurgens
uita dedit cunctis in se credentibus. Ipse
in caelum ascendens a dextris sedit honori*s*
aequaeui Patris, iudex uenturus in orbem
et regnum sine fine tenens. Hunc mente fideli

293 *Iust.* 1, 196 || **299** *Iust.* 1, 341 ; 2, 60 || **300** *Ioh.* 7, 95.

291 Prvd., *Apoth.* 638 || **299** Sedvl., *Carm. pasch.* 1, 353 || **301-302** Canon., *Migne* 56, 371 C *et* 372 BC || **304-305** Vvlg., *Phil.* 2, 7 || **305** Drac., *Laud. dei* 2, 763 || **306** Drac., *Satisf.* 263 || **307** Arat., *Act.* 1, 47. || **309-310** Canon., *Migne* 371 *C et* 372 *BC*.

290 ibi namque *Meursius* : n. i. *M* || **291** quam *Rui.* : quum *M* quod *Fog.* || **293** patris *Rui.* : -tri *M* || **294** sanctus *M* : -ti *Fog.* || **295** subsistunt *Rui.*, *uide adn.* : subsistitur *M* || **296** deus *add. Rui.* || aequus *Rui.* : hecus *M* || **301** homo *add.* M^2 || **303** extans *Rui.* : -trans *M* || **304** hominique *Von. Lect. 37* : omnique *M* || **306** populum M^2 : polum M^1 || **309** honoris *Fog.* : -ri *M* -re *prop. Von. Spec. 32* -rus *prop. dubit. Pet.* || **310** aequaeui M^2 : *post* aequ] M^1 *non legitur* || patris M^2 : -tri M^1.

souverain Justin, qui l'aime avec un esprit fidèle, sortit de la Cour revêtu de la trabée, gagna d'abord l'église élevée dans les airs et avec sa piété habituelle fit une action de grâces complète à Dieu. Il consacre les très nombreux dons faits lors de ses vœux et enrichit la pieuse église d'un immense présent. Il offrit des cierges, d'une voix douce il fit une prière d'un cœur humble et s'en alla béni par la main de Dieu, plus grandi, rendu plus juste par la reconnaissance même de son humilité[1], quand il se tient devant Dieu, et de la vraie foi, qu'il garde avec piété. En témoignant lui-même de l'affection, il reçoit de l'affection : celui qu'aime le Christ, ce grand roi, en est aimé. Lui dirige les rois, lui n'est soumis non plus à personne. C'est lui que le prince Justin a pour protecteur quand il commande dans la paix et c'est lui seul qu'il adore avec une espérance certaine.

Quand, dans sa piété, il quitta le seuil de l'église après s'être acquitté de ses vœux, dans la joie il monte sur l'immense siège consulaire pour y être porté et s'y assit entouré de lumière. Devant les pieds du maître, pour exécuter ses ordres, se tenaient joyeusement les clients et, devenus pères du peuple romain sans l'être de naissance, ils avaient un visage et un vêtement resplendissants, tandis que brillait de l'éclat de sa vieillesse honorée le patrice[2] Calinicus, qui, déjà devenu père de l'Empire, méritait d'être estimé davantage en gardant les pieuses richesses du trésor auguste : car Justinien sur le point

1. Nous avons adopté, comme Av. Cameron, la correction de Jäger *id ipsum* pour la leçon *in ipsum* de *M* corrigée en *in ipso* par Foggini, étant donné que l'accusatif de relation après *iustificor* est attesté : cf. Itala, *Gen.*, 44, 16 (*Lugd.*) : *quid loquamur aut quid iustificabimur*? L'idée que l'humilité grandit celui qui s'abaisse est un lieu commun scripturaire et patristique (Itala, *Luc.*, 18, 14 : ... *qui humiliat se exaltabitur*, *et alii*, cf. *T. L. L.*, t. V, 2, col. 1159, l. 52-84). La *iunctura humiliare-iustificare* est également très fréquente (cf. *T. L. L.*, *loc. cit.*).

2. Sur la dignité de patrice, cf. n. compl. *ad* 2, 287.

regnator Iustinus amans, trabeatus ab aula
egrediens, templum primu*m* sublime petiuit
atque Deo grates solita pietate peregit.
Plurima uotorum sacrauit dona suorum
immensoque pium ditauit munere templum.
Obtulit et ceras e*t* miti uoce petiuit
corde humilis dextraque Dei benedictus abiuit,
plus exaltatus, plus iustificatus i*d* ipsum
quod se humilem, stans ante Deum, ueramque fatetur
quam retinet pietate fidem. *Cu*m diligit ipse,
diligitur : quem Christus amat rex magnus, amat*ur*.
Ipse regit reges, ipse et non subditur ulli.
Iustinus princeps hoc protectore quietus
imperat, hunc ipsum solum spe certus adorat.
  Vt pius expletis templorum limina uotis
liquit, ⟨in⟩ ingentem uectandus consulis arcem
conscendit gaudens et saeptus lumine sedit.
Ante pedes domini, faciant qui iussa, clientes
astabant laeti uultuque et ueste nitebant,
Romani populi patr*e*s sine semine facti,
patricius senio fulgens Calinicus honoro,
qui pater imperii meruit iam factus haberi
gratior, augusti seruans pia gaza sacelli.
Namque illi moriens mox Iustinianus honores

312-313 *Iust.* 4, 10 || **313** *Iust.* 2, 48 || **318** et **322** *Ioh.* 4, 588.

331 PRVD., *Apoth.* 726.

313 primum *Fog.* : -mus *M fort. recte* || **316** im(in-)mensoque M^2. : -sumque M^1 || **317** et ceras et *Mom. in Par.* : e. c. sed M^2 ceras ed M^1 || miti M^1 : tis M^2 || **319** id ipsum *Jäger* : in ipsum *M* in ipso *Fog.*, *uide adn.* || **321** pietate *Rui.* : -tem *M* || cum *Rui.* : quam *M* qui *Cameron in Latomus, 35, 1976* || diligit M^2 : -get M^1 || **322** amatur *Rui.* : -tor *M* || **323** et non *add.* M^2 || subditur ulli M^2 : *post* subdit] M^1 *non legitur.*

327 in *add. Rui.* : et *add.* M^2 || uectandus M^1 : -di M^2 spectandus *Par.* -di *Fog.* || **329** faciant *M* : -iunt *falso legunt edd.* || **331** patres *Rui.* : -tris *M* || **332** fulgens *M* : -get *Pet.*

de mourir lui avait conféré ces honneurs et avait raconté en premier à sa fidèle oreille sa secrète décision : « Je suis appelé », dit-il, « mon cher protégé, mon dernier jour se hâte et sur l'ordre du Créateur je suis conduit de mon royaume dans son royaume. Dieu a donné tout l'empire latin à Justin. Toi, mon fidèle, souviens-toi des paroles que je te confie. Lorsqu'après avoir abandonné sa chair, mon esprit aura, en s'élevant, pénétré la gloire de la haute cité, dirige-toi tout de suite entouré des dignitaires vers le seuil de Justin. Sollicite le personnage. Même s'il ne veut pas de cette charge, la tristesse que lui causera mon sort le fera venir, le rendra consentant ensuite. N'hésite pas : nul ne saurait dédaigner les préceptes du Dieu terrible. Il connaîtra en les aimant[1] ceux qui me furent fidèles, il nuira à ceux qui m'ont nui. En outre, lui aussi ils tenteront de l'éprouver par un semblable forfait, au point d'en périr et par leur sang de rendre juste la terre. Mais la piété de l'Auguste châtie ses mauvais protégés par la bonté de sa décision : en ne voulant pas causer la perte de tout ce qui lui était⟨...⟩, elle punit les âmes injustes †...† en faisant en sorte que le châtiment de la mort ne soit pas permanent et qu'elles le subissent en un temps assez bref ; c'est assez de souffrir des peines passagères. Qu'ils tremblent devant les supplices éternels, qu'ils craignent les châtiments infligés pour des siècles. La punition allège le crime commis.

1. La conjecture de Rivinus *amanter* est celle qui doit être retenue parmi toutes les corrections proposées (*amabit* Ruiz dubit., *amando* Dempster, *amantes* Schwarz dans Götz) pour la leçon incorrecte du manuscrit *amans*, car ainsi la fin du vers 347 *cognoscet amanter* forme une antithèse avec la fin du vers 348 *nocebit*. *Amando* ne peut être pris en compte, car la forme est plus éloignée de la leçon manuscrite.

contulerat fidaeque prius narrauerat auri
consilii secreta sui : « Vocor, inquit, alumne,
et properat suprema dies iussuque creantis
a regnis in regna uehor. Deus omne Latinum
Iustino dedit imperium. Tu, fide, memento
uerborum quae mando tibi. Cum carne relicta
spiritus ascendens claram penetrauerit arcem,
in medi*o* procerum Iustini ad limina perge.
Inuitato uirum, *nolit* licet ille subire.
Sorte mea tristis ueniet, consentiet istinc.
Ne dubitare uelis : nullus contemnere possit
terribilis praecepta Dei. Cognoscet aman*ter*
quos fides habui, mihi qui nocuere nocebit.
Ipsum etiam facto simili temptare parabunt,
ut pereant iustasque suo dent sanguine terras.
Sed pietas augusta malos castigat alumnos
consilii bonitate sui : dum perdere non uult
s⟨-⏑-⏑-⟩ sibi quidquid erat, sic punit iniquas
† carne uerus † animas, ut mortis poena ⟨⏑ - ⏓⟩
non maneat *b*re*u*iusque luant. Cruciant⟨ia - ⏓⟩
pr*a*eteritura *pa*ti satis est. Aeterna tremescant
supplicia, inflictas timeant in saecula poenas.
Vltio commissum lenit scelus. Illa profecto

342 Stat., *Silu.* 4, 4, 4.

337 uocor *M²* : -co *M¹* || **343** medio *Rui.* : -ium *M* || iustini *M²* : -ne *M¹* || **344** inuitato *M²* : -te *M¹* || nolit licet *Rit.* : uidelicet *M* || **345** consentiet *Rui.* : conconsent- *M* || **347** amanter *Riu.* : amans *M* amantes *Schwarz in Goe. et alii alia, uide adn.* || **348** noceb(-u-)it *M* : necabit *Pet. et alii alia* || **350** terras *M* : poenas *Cameron in Latomus, 35, 1976* || **353** *post* s] *lacunam 8 uel 9 litt. praebet M* : subiectum *Fog.* suspectum *Rit.* || **354** carne uerus *locus desperatus necdum sanatus, uide adn.* || *post* poena *lacunam praebet M, uide adn.* || **355** breuiusque *Rui.* : prebius- *M* || *post* cruciant] *lacunam praebet M* : cruciantia corpus *Fog.* c. tantum *Rit.* || **356** praeteritura pati *Rui.* : preteritur abti *M.* || **358** lenit scelus *Rui.* : lenitiscelus *M.*

Beaucoup assurément tirent profit de ces quelques exemples d'hommes méchants dont nos lois, quand ils sont morts, ont en horreur et condamnent le souvenir. La fin d'un seul homme sera utile à beaucoup et les tromperies cessent, quand on craint un châtiment. C'est Dieu lui-même qui a établi des législateurs de par le monde. » Gardant ces pensées en son cœur, il obéit loyalement dans sa fidélité et mérita l'affection de son maître. Narsès[1] aussi se tenait là, puissant par son épée, fermement campé sur ses membres vigoureux, avec un air bienveillant qui n'excluait pas la gravité de l'esprit, et ornait le siège de son maître par les insignes resplendissants qu'il portait, telle la précieuse agate ou la pierre de Paros[2] qui brille au milieu de l'or fauve, quand la main de l'artisan lui donne forme : c'est avec cette lumière étincelante, c'est avec cette âme paisible, c'est avec cette douceur sur le visage qui lui donnait un certain agrément, qu'en protégeant le dos de son maître il étincelait sous ses armes brillantes. Il y avait aussi Tibère qui était très agréable au maître de la Cour sacrée ; il s'acquittait de toutes ses tâches et, dans l'exercice de sa fonction, par ses injonctions et ses avertissements il pressait souvent, dans le calme, les protégés de l'empereur de s'acquitter de leur office.

[La fin manque.]

1. Cf. n. compl. *ad* 3, 221. Le terme poétique *ensipotens* est une allusion indirecte au titre et à la fonction de Narsès (spathaire).

2. La pierre de Paros était un célèbre marbre blanc exploité de la préhistoire au xve siècle (cf. O. Rubensohn, article *Paros*, dans *R. E.*, XVIII, 4, Stuttgart, 1949, col. 1781-1872, et plus spécialement 1791-1794), souvent mentionné par les auteurs anciens (Théocr., 6, 38 ; Hor., *Carm.*, 1, 19, 6 ; Plin., *Nat.*, 36, 14 et 158 ; Sid. Ap., *Carm.*, 11, 18 ; 22, 140 ; Prud., *C. Symm.*, 2, 246). Sa mention ici par Corippe est un emprunt à Virg., *Én.*, 1, 593.

paucorum multis prosunt exempla malorum,
quorum post mortem nostras monumenta per*h*or*r*ent
et damnant leges. Erit unius utile multis
exitium cessantque dol*i*, dum poena timet*ur*.
Legislatores statuit Deus ipse per orbem. »
Haec animo retinens sincere mente fidelis
paruit et domino meruit dilectus haberi.
Nec non ensipotens, membrorum robore constans,
aspectu, mentis non a grauitate, benignu*s*,
*a*stabat Narses sedemque ornabat herilem
splendida signa gerens, qualis pretiosus achates
aut medius fuluo Parius lapis enitet auro
artificis formante manu : sic luce coruscus,
sic animo placidus, *m*iti sic gratior ore,
terga tegens domini claris fulgebat in armis.
Affuit et sacrae domino gratissimus aulae
Tiberius curasque omnes implebat et ⟨- ˘⟩
implens offici*um* nutu monituque frequenter
obsequiis instare suis tra*n*quillus al⟨umnos⟩.

[Deest finis.]

368 *Iust.* 2, 296 || **371** *Ioh.* 4, 256 ; *Iust.* 3, 181 ; 3, 227.

370 Verg., *Aen.* 1, 593 || **371** Verg., *Aen.* 1, 455 || **373** Verg., *Aen.* 11, 769.

360 perhorrent *Rui.* : perornent *M* || **362** doli dum *Rui.* : dolendum *M* || timetur *Rui.* : -ment *M* || **367** mentis non a grauitate *M* : mitis n. a g. *Von. Spec. 32* m. cana grauitate *Pet. ex Ioh. 4, 237 et alii alia* || benignus *Rui.* : -gnum *M* || **368** a(ad-)stabat *Rui.* : stabant *M* || **369** achates M^2 : acat M^1 || **372** miti *Sal.* : nitis *M* mitis *Rui.* || **375** *post* et *lacunam praebet M* : urguet *suppl. Pet. ex 1, 225* actus *suppl. Rit.* || **376** officium *Rui. metri causa* : -cia *M* || **377** tranquillus *Rui.* : traq- *M* || alumnos *Fog.* : al *M* alumnis *Rit.* || *post* **377** *des. M.*

NOTES COMPLÉMENTAIRES

PANÉGYRIQUE D'ANASTASE

5 : L'emploi de *transfundo* dans l'expression *mensuram transfusa meam*, que nous avons traduite « qui dépassent ma taille » en raison de sa similitude avec celle de *Iust.*, 2, 152 : *mensuram transgressa suam*, fait difficulté : il faut donner au verbe le sens de « répandre au-delà » et, au passif, le construire directement avec l'accusatif, qui pourrait être un accusatif de relation. Il n'est pas possible de lire *mensuram trans fusa meam*, car *trans* n'est jamais postposé (cf. M. Leumann, J. B. Hofmann et A. Szantyr, *Lateinische Grammatik*, t. 2 : *Syntax und Stilistik*, München, 1965, p. 252, et Ph. Thielmann, *Vls, trans und ultra*, dans *A. L. L. G.*, 4, 1887, p. 247-258 et plus spécialement p. 253). D'une façon générale, il n'y a pas de cas chez Corippe de postposition véritable de préposition monosyllabique et l'on ne trouve chez lui que la disposition bien connue ... *caelo* ... *ab alto*... (*Ioh.*, 1, 11), à laquelle correspondrait ici *mensuram fusa trans meam*, ordre que la métrique rend impossible. Selon U. J. Stache, *In laudem Iustini Augusti Minoris. Ein Kommentar*, Berlin, 1976, *ad Anast.*, 5, et *ad Iust.*, 1, 216, Corippe emploie ici *transfundo* avec le sens qu'il croit pouvoir donner au mot d'après son étymologie. D'autres « neue oder ungebräuchliche Bedeutungen offenbar durch Rückbesinnung auf die (vermeintliche) Etymologie » se rencontreraient dans l'*In laudem Iustini* : en 1, 216, *praelegit* est employé au sens de « choisir »..., mais ce sens est donné au participe passé passif *praelectus* par Apul., *Mét.*, 7, 11, 1 ; en 2, 354, *properare* aurait le sens de « se rapprocher »..., mais c'est en fait *uicina* qui exprime cette idée, tandis que *properare* garde son sens habituel de « se hâter » ; en 2, 395, *subigere* a le sens de « glisser par en-dessous »..., sens qu'il a déjà dans Sil., 15, 218 (... *subigendae ad moenia classi*... : « à la flotte qui doit s'avancer sous les remparts de Carthage ») ; en 4, 264, *sancire* signifie *sanctum facere*..., sens courant en latin. Ainsi ces prétendus sens nouveaux ou bien n'existent pas, ou bien sont attestés, même exceptionnellement, chez d'autres auteurs. Rien de tel pour *transfundo* au sens de « répandre au-delà ».

33 : Ce vers a son équivalent reproduit dans les légendes monétaires : cf. A. R. Bellinger, *Catalogue of the byzantine coins in the byzantine coins in the Dumbarton Collection and in the Whittemore Collection*, edited by A. R. Bellinger and Ph. Grierson (= *Dumbarton Oaks for byzantine studies*), vol. 1 : *Anastasius to Maurice, 491-602*, by A. R. Bellinger, Washington, 1966, *Iustinus II*, n° 191 : DNIVSTI NVS PPA (avers), FELIX RES PVBL (revers).

42-43 : L'association *labor-uigilantia* est courante (Cic., *Planc.*, 62 ;

De orat., 2, 150 ; *Bell. Alex.*, 51, 4 ; Ps. Sall., *Rep.*, 2, 9, 3 ; Plin., *Paneg.*, 10, 3).

44 : L'expression *sacri* ... *apices* désigne de façon officielle les rescrits impériaux (cf. *Cod. Iust.*, 1, 53, 1, 2 ; Chalc., *Transl.*, 23) et son équivalent grec est ἱερὰ γράμματα. Quand *apices* n'est pas accompagné de *sacri*, il désigne soit un écrit impérial (*Cod. Theod.*, 9, 19, 3 ; Leo M., *Epist.*, 142, 1 ; *Cod. Iust.*, 2, 7, 25, 4), soit un écrit royal (Cass., *Var.*, 8, 15, 3, texte du roi Athalaric). Enfin, souvent, *apices* s'applique aux Saintes Écritures (Ps. Ambr., *Serm. Sess.*, 1, 1 ; *Cod. Theod.*, 16, 2, 7 ; Damas., *Carm.*, 3, 2). Rares sont les exemples où *apices* s'applique à un autre genre d'écrits. *Apices* désigne ainsi couramment un texte rendu sacré ou solennel par son origine (Saintes Écritures) ou son auteur et non par son destinataire. C'est pourquoi nous ne croyons pas à l'interprétation de Foggini, reprise par Petschenig et par Stache, *In laudem Iustini Augusti Minoris, Ein Kommentar*..., p. 62-63, selon laquelle *sacri* ... *apices* désignerait les écrits de Corippe et particulièrement l'*Éloge de Justin*. Leur point de vue est adopté plus récemment par B. Baldwin, *The career of Corippus*, dans *C. Q.*, 28 (72), 1978, p. 372-376. Ce dernier, ne tenant pas compte du caractère particulier de la *iunctura sacri* ... *apices* (p. 372 : « Apices is an extremely versatile word » ; p. 373 : « *Sacer* is a vague and overlooked epithet in panegyric ») et considérant que le terme de *grammaticus* appliqué à Corippe par l'*incipit* du manuscrit est une mention de copiste à laquelle il ne faut pas accorder beaucoup d'importance (p. 372 : « The label *grammaticus* need not represent more than a scribal inference ») propose une vision totalement renouvelée de la biographie de Corippe. Réinterprétant *Ioh.*, *préf.*, 25 : *quondam per rura locutus* et *Ioh.*, *préf.*, 19 : *nutat in angusto discors fortuna poetae*, B. Baldwin voit en Corippe un poète professionnel itinérant, à la manière des poètes itinérants de l'Égypte byzantine (cf. Al. Cameron, *Wandering poets : a literary movement in Byzantine Egypt*, dans *Historia*, 14, 1965, p. 470-509), qui aurait été attiré à Constantinople à la recherche de mécènes (p. 375 : « The range of appeals may well betoken a lack of patrons rather than possession of same ») et auquel Anastase aurait commandé le poème à la gloire de Justin II (ainsi faudrait-il comprendre *sanctio* en *Anast.* 45, cf. p. 375, n. 14 : « *sanctio* did in fact come to mean « order » in late latin », et le mot *officium* en *Anast.* 48 qui désignerait la composition de l'*Éloge de Justin*, cf. p. 374 : « By writing the poem, Corippus discharges his officium »). Sans entrer dans le détail de l'argumentation, notamment sans discuter ici l'analyse que fait B. Baldwin du *Panégyrique d'Anastase* et de la préface, qu'il associe et met en parallèle, nous avons à formuler plusieurs objections, qui nous empêchent d'admettre cette version de la vie de Corippe : nous ne pensons pas que Corippe aurait pu qualifier ses écrits, même adressés à un empereur, d'*apices* et surtout de *sacri* ... *apices*, étant donné la tonalité particulière du terme, que nous avons vue ci-dessus. Pourquoi ensuite ne pas accorder de crédit à l'*incipit* du manuscrit, faisant de Corippe un *grammaticus*? Pour bien d'autres auteurs, de telles indications de copistes sont acceptées. Par ailleurs l'existence de poètes professionnels iti-

nérants, bien attestée pour l'Égypte byzantine, ne l'est pas pour l'Afrique du Nord byzantine. Nous avons montré, croyons-nous, que la préface et le poème proprement dit sont postérieurs au Panégyrique d'Anastase : il est donc difficile de mettre en parallèle cette dernière pièce avec la préface. Cela signifie aussi que *sacri ... apices* ne peut pas désigner dans le panégyrique d'Anastase l'*Éloge de Justin* présenté comme composé (*Anast.* 44 : ... *hi sacri monstrant apices.*), alors qu'il s'en faut encore de plusieurs mois pour que les trois premiers livres et la préface soient achevés (cf. p. XVII-XXI). Enfin, si *officium* s'applique au travail poétique de Corippe, et non aux activités d'une charge dans les services impériaux, plus précisément dans ceux du questeur du palais sacré, Anastase, comment expliquer la culture juridique de ce poète itinérant, suffisamment précise et étendue pour lui permettre de faire des citations quasi-littérales de textes juridiques variés (cf. p. XIV n. 1 et XXXVI n. 4)?

51 : Ce thème traditionnel de l'empereur victorieux est également présent sur les inscriptions et les monnaies de Justin II (*C. I. L.*, VIII, 1434 : ... *invictissimis imperatoribus Iustino et Sofia Augustis* ; J. Eckhel, *Catalogus Musei Caesarei Vindobonensis numorum veterum distributus in partes II...*, pars II, Vindobonae, 1779, p. 538, n° 1-7 ; W. Wroth, *Catalogue of the imperial byzantine coins in the British Museum*, vol. 1, London, 1908, p. 75-104, n°s 1-25 et 287-293 ; A. R. Bellinger, *Catalogue of the byzantine coins in the Dumbarton Oaks Collection and in the Whittemore Collection...*, vol. 1 : *Anastasius to Maurice, 491-602* (= *Dumbarton Oaks for byzantine studies*), Washington, 1966, monnaies de Justin II, n°s 1-16 et 19-21 ; C. Morrisson, *Catalogue des monnaies byzantines de la Bibliothèque Nationale*, t. 1 : *D'Anastase I*er *à Justinien II (491-711)*, Paris, 1970, monnaies de Justin II, p. 127 ; 140-141 ; 146-147 ; 152-154 : toutes ces monnaies portent (avec des variantes graphiques) la légende VICTORIA AVGG. Cf. aussi les acclamations *Tu uincas* (*Iust.*, 1, 358 ; 4, 131 et *infra*, n. *ad* 1, 358).

PRÉFACE

1-2 : Quand Corippe dit que Dieu a placé sous les pieds de Justin tous les royaumes, ce n'est pas une simple image, mais une allusion à un rite solennel de la Cour byzantine, qui voyait l'empereur fouler aux pieds la nuque de l'ennemi vaincu (cf. *Iust.*, 2, 107-108 et la note).

7 : Nous avons adopté la correction de Petschenig *diffusis* pour la leçon de *M defusis*. Pour les cheveux il n'existe aucun emploi de *defundo* alors que *diffundo* est utilisé par Virg., *Én.*, 1, 319 ; Ov., *Epist.*, 5, 114 ; *Fast.*, 3, 538 ; Lucan., 7, 149 ; Drac., *Romul.*, 2, 85.

9 : D'après Menander Protector, les Avares étaient vingt mille (*F. H. G.*, 4, 226 = *H. G. M.*, 2, p. 48, l. 31-32).

15 : Bien qu'hérité du paganisme, le thème de la Fortune victorieuse ne disparaît pas dans l'Empire byzantin, puisqu'elle est encore

célébrée au VIIIe siècle sous les empereurs Léon III et Constantin V : νικᾷ ἡ τύχη Λέοντος καὶ Κωνσταντίνου, cf. H. Lietzmann, *Die Landmauer von Konstantinopel, Vorbericht über die Aufnahme im Herbst 1928* (= *Abhandlungen der preussischen Akademie der Wissenschaften*, Jahrgang 1929, phil.-hist. Klasse, N[r] 2), Berlin, 1929, p. 3-33 et plus spécialement p. 19-27 : *Inschriften der Mauern und der Türme*, n°s 25 et 30).

LIVRE I

1, 18-21 : Par la périphrase ... *Libycae nutantis destina terrae*, Corippe évoque les activités de Thomas en tant que préfet du prétoire d'Afrique qui siégeait à Carthage et dont la charge existait depuis 534. Comme les préfets du prétoire d'Orient, d'Italie (dont dépendait l'Afrique avant 534), de Gaule et d'Illyricum, le préfet du prétoire d'Afrique était un fonctionnaire civil, responsable de l'ordre, dirigeant la poste impériale, s'occupant de la construction et de l'entretien des édifices publics, surveillant le commerce et l'enseignement supérieur. Il lui revenait d'assurer le paiement des soldats et des agents civils, il devait se charger de l'approvisionnelent et du recrutement de l'armée, de la direction des arsenaux, et il avait sous sa juridiction les gouverneurs de province qni relevaient du maître des offices (cf. L. Bréhier, *Les institutions de l'Empire byzantin*..., Paris, 1970, p. 87-88). Sur Thomas, cf. Ch. Diehl, *L'Afrique byzantine*..., Paris, 1896, p. 458 ; W. Ensslin, article *Thomas*, n° 15, dans *R. E.*, 6. Halbband, Stuttgart, 1937, col. 324-325 ; Ch.-A. Julien, *Histoire de l'Afrique du Nord*..., 2e éd., Paris, 1951, p. 72. Ses mesures de réorganisation militaire et financière n'assurèrent à l'Afrique qu'une prospérité précaire et passagère : bien vite, il ne put faire face à la corruption chronique de l'administration et aux difficultés habituelles pour faire rentrer les impôts et payer l'armée. En 569, son remplaçant Théodore est tué par les Maures qui font périr en 570 et 571 le *magister militum Africae* Theoctistos et son successeur Amabilis (J. B. Bury, *The Cambridge Medieval History*..., t. 2, Cambridge, 1913, p. 267, n. 2 ; E. Stein, *Studien zur Geschichte des byzantinischen Reiches*..., Stuttgart, 1919, p. 14).

1, 22 : Sur Magnus, cf. Stein, *Studien*..., p. 45 ; 52. n. 9 ; 93-95 ; 101, n. 5 ; 165 ; 178 ; 186. Syrien, il était l'un des κουράτορες τῶν θείων οἰκιῶν et sera encore comte des largesses sacrées en 573, quand il commandera un corps de troupes engagé dans la guerre perse. En 580, il trahira son ami et compatriote, le Ghassanide Mundar.

1, 25 : Né à Thessalonique, avocat à Constantinople, Pierre joue son premier rôle officiel en 534 comme ambassadeur en Italie. Dans l'été 539, il succède à Basilide comme maître des offices. Connu pour son activité diplomatique relative aux rapports entre Byzance et la Perse, il est l'auteur de trois ouvrages historiques, dont l'on a conservé dix-neuf fragments (*F. H. G.*, 4, p. 184-190, éd. Müller). Consulter à son sujet Ch. Diehl, *Justinien et la civilisation byzantine au VIe siècle*, Paris, 1901, p. 110-112, et surtout E. Stein, *Histoire du Bas-Empire...*, t. 2, Paris-Bruxelles-Amsterdam, 1949, p. 723-729. Ce dernier place sa mort « peu de temps avant ou après celle de l'empereur » (p. 725). Il n'est en effet pas possible de déterminer avec certitude si le prince qui « para » Anastase « d'un double honneur » (*Anast.*, 31-32) et notamment de la charge de maître des offices pour donner un successeur à Pierre le Patrice est Justin ou Justinien. Il n'y a, d'autre part, aucune raison de penser que le prince remplaça le vieux dignitaire pour une raison autre que sa mort : maître des offices depuis un quart de siècle sans interruption, il avait une courtoisie et une gravité qui le rendaient attachant et, s'il avait subi une disgrâce, Corippe n'aurait pas pu l'évoquer avec les termes élogieux qu'il utilise.

1, 26 : Sur Théodore, cf. E. Stein, *Studien...*, p. 69 et p. 84, n. 12 ; *Histoire du Bas-Empire...*, t. 2, p. 778 ; G. Lippold, article *Theodoros*, nº 111, dans *R. E.*, 2. Reihe, 10. Band, Stuttgart, 1934, col. 1906-1907. Apparaissant pour la première fois à la fin de 560, en mars 562 il calme une émeute des troupes palatines. C'est cette année-là qu'il est accusé à tort de vouloir se faire porter au pouvoir par les curateurs Georges et Aethérius (cf. p. XIX n. 3). A partir de 566 ou de 567, il est maître des offices (*Iust.*, 1, 26 : *hinc Theodorus adest, patria grauitate magister*). En 576, il sera comte des largesses sacrées.

1, 27 : Sur le chef de la chancellerie (placé sous les ordres du maître des offices, cf. E. Stein, *Histoire du Bas-Empire...*, t. 2, p. 737-739 ; L. Bréhier, *Les institutions de l'Empire byzantin...*, Paris, 1970, p. 140. Appelé d'abord *primicerius notariorum*, puis *proto-a-secretis* à partir du VIIIe siècle et peut-être même dès la fin du règne de Justinien (Stein, *Histoire du Bas-Empire...*, p. 738-739, qui renvoie à ses *Untersuchungen über das Officium der Prätorianerpräfektur seit Diokletian*, Vienne, 1922, p. 50-51 et n. 1 p. 51), il rédigeait les rapports, expédiait les ordres et correspondait avec les fonctionnaires de l'Empire. Aucun Démétrius n'est connu sous Justin II : sous Justinien, un Démétrius *magister militum* fut envoyé en 542 en Italie après le rappel de Bélisaire, sous les ordres duquel il avait auparavant servi. Il fut fait prisonnier devant Naples (L. M. Hartmann, article *Demetrios*, nº 67, dans *R. E.*, 4. Band, Stuttgart, 1901, col. 2804 ; Stein, *Histoire du Bas-Empire...*, t. 2, p. 574-575). Un autre Démétrius, Démétrius de Philippi, un évêque, fut en 533 ambassadeur de Justinien auprès du pape (Stein, *op. cit.*, p. 335 et n. 3 ; p. 377, n. 1). On voit mal l'un de ces deux personnages être le dignitaire dont parle Corippe.

1, 28-29 : De même que l'expression *Pater Omnipotens* (qui se trouve en *Iust.*, *préf.*, 20) est aussi bien païenne que chrétienne, l'expression *Summum Numen* est une formule neutre qui peut désigner aussi bien Jupiter (Sil., 17, 325 ; Lucan., 1, 199) que Dieu pour les chrétiens (Prud., *Psych.*, 394-395).

1, 35 : L'adjectif *purpureus*, appliqué à la chevelure, lorsqu'il n'a pas son sens propre (comme chez Tib., 1, 4, 6 ; Ov., *Ars*, 1, 331 ; *Mét.*, 8, 8-10 ; Stat., *Théb.*, 1, 334, à propos des cheveux pourpres de Nisus, ou chez Prop., 3, 19, 22 ; Virg., *Géorg.*, 1, 405, pour ceux de Scylla) a son sens plus général d'« étincelant » (cf. J. André, *Étude sur les termes de couleur dans la langue latine*, thèse Paris 1948, Paris, 1949, p. 97-98, qui cite l'exemple frappant d'*Eleg. in Maec.*, 1, 62 : *bracchia purpurea candidiora niue*, corrigé cependant en *purpuream* par Bährens qui le rattache au mot *uestem* du vers précédent).

1, 36 : ... *sacrae pietatis imago*, c'est-à-dire l'image de la sainteté de Dieu. La *periocha* principale I, V assimile cette apparition à la Vierge.

1, 76 : Par rapport aux conjectures de Scaliger (*agedum*) et de Dempster (*eia*), celle de Partsch, qui comble la lacune de *M* après *surge* par *citus*, est très vraisemblable, puisqu'on trouve un peu plus loin *surrexere citi* (*Iust.*, 1, 118) et que, graphiquement, en minuscule wisigothique, *ci-* est très semblable au début du mot *Calinicus* qui suit. Patrice (cf. *Iust.*, 4, 332) depuis peut-être un quart de siècle (Stein, *Histoire du Bas-Empire...*, t. 2, p. 788), Callinicus remplaça Narsès dans les fonctions de sacellaire et de *praepositus sacri cubiculi.*

1, 82 : *Dominus orbis* est un titre officiel fréquent sur les inscriptions (cf. *C. I. L.*, III, 247 : ... *domino totius orbis Iuliano Augusto* ; VIII, 19852 : ... *maximorum dominorum orbis Valentiniani et Valentis* ; XIII, 8895 : ... *domino orbis et pacis*).

1, 98 : *caelo... aperto* est un datif, comme chez Boeth., *Cons.* 1 *carm.*, 2, 6 : *caelo liber aperto* (passage signalé par Stache, p. 127 de son commentaire).

1, 99 : L'expression *uitreum metallum* fait difficulté. Av. Cameron pense qu'elle désigne du verre (p. 133 de son édition « *metalli* : i. e. glass », bien qu'elle traduise p. 89 « glassy metal » !) : ainsi Corippe décrirait une espèce de « solarium » (ἡλιακός), dont l'existence dans le palais des Sophiae est connue par ailleurs (Ps. Codin., II, 230, 2, éd. Preger). Mais rien n'indique que cette terrasse élevée (« raised terrace ») ait eu des murs en verre. En outre seuls deux textes peuvent à la rigueur autoriser une traduction de *uitreum metallum* par « verre » : chez Martianus Capella, 1, 16, on lit *quattuor urnulas..., quae diuersa specie metallisque formatae*, au sujet d'urnes en fer, en argent, en plomb et en verre, tandis que Prudence donne un exemple de la *iunctrura perspicuo... metallo* (*Perist.*, 11, 193). Mais dans ce dernier cas M. Lavarenne (*Prudence* (= *Collection des Universités de France*), t. 4) traduit « le clair métal » et dans le premier texte, après être utilisé pour désigner trois métaux différents, le mot peut par extension être employé pour le verre. Ainsi aucun texte ne permet de traduire sûrement *uitreum metallum* par « verre ». Il faut donc considérer que *uitreum* signifie ici « étincelant » et qu'il participe à l'accumulation des termes de lumière dans le vers 99.

1, 130-131 : L'association *consilium-labor* (cf. aussi *Iust.*, 2, 203) appartient au plus ancien fond du vocabulaire politique romain.

Cf. Cic., *Rep.*, 1, 3 : *nostris consiliis et laboribus tutiorem et opulentiorem uitam hominum reddere* ; *Sest.*, 143 : *hanc tantam rem publicam suis consiliis aut laboribus aut auxerint aut defenderint aut seruarint.*

1, 137 : Sur la charge de curopalate occupée par Justin avant qu'il monte sur le trône, cf. Stein, *Histoire du Bas-Empire...*, t. 2, p. 739-740, et Bréhier, *Les institutions de l'Empire byzantin...*, p. 86. A l'origine simple tribun de même rang que les commandants des scholes palatines et *spectabilis*, il devint ensuite *illustris* et avait la direction de l'ensemble des troupes palatines, placées en dernier ressort sous l'autorité du maître des offices.

1, 149 : Comme l'association *consilium-labor* (1, 130), l'association *decus-lumen* appartient déjà au vocabulaire politique de l'ère républicaine (Cic., *Phil.*, 2, 54 : (Pompeius) *imperii populi Romani decus ac lumen fuit* ; 11, 14 : ... *lumen et decus...* ; 11, 24 : (Brutus) *lumen et decus ciuitatis*).

1, 150 : Que Justin apporte le salut, suivant un lieu commun de l'idéologie impériale, est également proclamé par ses monnaies : cf. W. Wroth, *Catalogue of the imperial byzantine coins in the British Museum*, vol. 1, London, 1908, *Justin II*, n°s 26 et 27, p. 77-78, et C. Morrisson, *Catalogue des monnaies byzantines de la Bibliothèque nationale*, t. 1 : *D Anastase I*^{er} à *Justinien II (491-711)*, Paris, 1970 p. 148, n° 5, où se trouve la légende VICTORI(A) SALVS MVNDI.

1, 167 : Les exemples de ce lieu commun ne manquent pas (Ov., *Fast.*, 2, 127 ; 2, 637 ; *Trist.*, 2, 181 ; le titre de *pater patriae* appliqué aux princes abonde dans l'*Histoire Auguste* ; Spart., *Hadr.*, 6, 4 ; Capitol., *Pius*, 6, 6 ; *Aur.*, 9, 3 et 12, 7 ; *Pert.*, 5, 6 ; Spart., *Did.*, 4, 5 ; Lampr., *Alex.*, 1, 3 et 56, 10 ; Vopisc., *Tac.*, 6, 5 ; *Prob.*, 12, 8 ; Capitol., *Max. Balb.*, 8, 1).

1, 202 : Ces gardes sont les excubiteurs (cf. aussi *Iust.*, 3, 165 et 4, 239-240). Sur eux, cf. Ch. Diehl, *Justinien...*, Paris, 1901, p. 97 ; J. Ebersolt, *Le grand palais de Constantinople et le Livre des Cérémonies*, thèse Paris 1909, Paris, 1910, p. 31 ; R. Guilland, *Études de topographie de Constantinople byzantine*, Berlin-Amsterdam, 1969, p. 14 ; L. Bréhier, *Les institutions de l'Empire byzantin...*, p. 273. Ce corps, qui formait l'un des quatre détachements de la garde impériale, avait été créé par Léon I vers 468 et comportait à l époque de Justinien 300 hommes, recrutés parmi les Isauriens. Commandés par un comte des excubiteurs, qui au temps du *Livre des Cérémonies* occupe la dix-septième place dans la hiérarchie et qui au moment des événements relatés par Corippe est Tibère, ils veillaient plus spécialement sur la sécurité du Grand Palais, dans lequel ils avaient un quartier réservé qui portait leur nom (cf. *infra*, n. *ad* 3, 165-166).

1, 219 : La conjecture de Ruiz, *Hinc est ⟨quod⟩*, est satisfaisante, étant donné que la formule se retrouve ailleurs sous la plume de Corippe (*Ioh.*, 1, 364 et 3, 380).

1, 224 : Pour ce sens actif de *discretus*, cf. *Iust.*, 1, 297, et Greg. M., *Moral.*, 8, 5, *P. L.*, 75, 804 B ; 11, 65, *ibid.*, 982 D et 983 A (pour des hommes) ; *Moral.*, 7, 61, *ibid.*, 75, 802 B ; 20, 4, *P. L.*, 76, 137 B ;

Epist., 6, 41, *M. G. H.*, *Epistulae* I, p. 417, l. 17 ; 7, 3, *ibid.*, p. 443, l. 20 ; 9, 85, *M. G. H.*, *Epistulae* II, p. 99, l. 31 ; 12, 12, *ibid.*, p. 359, l. 17. Alors qu'en *Iust.*, 1, 297, le *T. L. L.* donne au mot le sens actif, ici il lui donne le sens passif d'*egregius*, *singularis*.

1, 237 : Nous suivons Ruiz et presque tous les autres éditeurs qui comblent la lacune de *M* après *Iustinianus* par *erat*, mot-outil qui a pu facilement disparaître. Seul Petschenig complète par *apex* : *Iustinianus apex* est un début de vers en *Ioh.*, 7, 145, et en *Iust.*, 1, 356. Mais on peut dire la même chose de *Iustinianus erat* en *Iust.*, 3, 113.

1, 243 : Nous avons adopté la correction de Rittershausen *posses* pour la leçon de *M possis*, présent qui s'explique mal dans la proposition consécutive introduite par *quod.* Même si les propositions consécutives suivent assez librement les règles de la concordance des temps, surtout en poésie (cf. M. Leumann, J. B. Hofmann et A. Szantyr, *Lateinische grammatik*..., t. 2, München, 1965, p. 551), le sens demande ici un temps passé. Le manuscrit *M* présente plusieurs cas de confusion -i- /-e- (cf. p. xc-xci).

1, 276-290 : Pour des représentations de ce genre, cf. aussi 3, 112-113. Plusieurs séries de mosaïques parallèles sur les murs de l'entrée monumentale du Grand Palais, la Chalcè, célébraient les victoires de Justinien dans les guerres vandales et ostrogothiques (mosaïques décrites par Proc., *Éd.*, 1, 10 ; cf. J. Ebersolt, *Le grand palais de Constantinople et le Livre des Cérémonies*, thèse Paris 1909, Paris, 1910, p. 20-21 ; A. Grabar, *L'empereur dans l'art byzantin*..., Paris, 1936, p. 40 et 82. Des scènes de l'histoire de Constantin avaient été représentées sur les murs de Saint-Polyeucte (*Epigrammatum anthologia palatina*, éd. Dübner, t. 1, Paris, 1864, p. 3). Constantin V fera représenter ses campagnes contre les Arabes sur les murs des bâtiments publics de Constantinople (*Actes du concile de 787*, Mansi 13, 355). Les exploits de Basile Ier étaient évoqués en images dans son palais du Kénourgion (Const. Porph., *Vita Basilii*, *P. G.*, 109, 348) et ceux de Manuel Comnène dans le palais des Blachernes (Nicétas Choniate, *De Manuele Comneno*, 7, p. 269, l. 4-6 *C. S. H. B.*). Sur tout cela, cf. Grabar, *L'empereur dans l'art byzantin*..., p. 39-40.

1, 286 : Sur ce geste, cf. *infra*, n. *ad* 2, 107-108. En 534, lors du triomphe de Bélisaire à l'hippodrome de Constantinople (cf. *infra*, n. *ad* 2, 123-125), la roi vandale vaincu, Gelimer, avait, devant la tribune impériale, été jeté à terre en suppliant, tandis qu'il prononçait les mots de l'*Ecclésiaste* : « Vanité des vanités, tout est vanité » (Proc., *Bell. Vand.*, 2, 9, 11). Mais rien n'indique qu'il y ait eu réellement *calcatio*.

1, 291 : L'adjectif *uiuax* appliqué à Sophie est énigmatique. S'agit-il d'un équivalent poétique des qualificatifs αἰώνιοι et *semper* (ou *perpetui*) *Augusti* des inscriptions et des papyri? Cf. pour Justin II et Sophie, *C. I. L.*, VIII, 1020 ; X, 1361 ; 1535 ; 4514 ; 4515 ; XI, 317 ; *C. I. G.*, 4447, 8646 ; *I. C. V. R. Silvagni*, 1403 ; 4187 ; E. Bernand, *Les inscriptions grecques de Philae*, t. 2 : *Haut et Bas-Empire*, Paris, 1969, n° 216, p. 278 ; V. Beševliev, *Spätgriechische und spät-*

lateinische Inschriften aus Bulgarien, Berlin, 1964, nº 198 ; J. Maspero, *Papyrus grecs d'époque byzantine* (= *Service des antiquités de l'Égypte, Catalogue général des antiquités égyptiennes du Musée du Caire*, nºs 67001-67124), t. 1, Le Caire, 1911, nºs 67023 ; 67096 ; 67120 ; 67121 *et alibi* ; Fr. Preisigke, *Griechische Papyrus der kaiserlichen Universitäts- und Landesbibliothek zu Strassburg*, vol. 1, Leipzig, 1912, nºs 246, 1 ; 47, 1 ; 47, 28 ; Id., *Sammelbuch griechischer Urkunden aus Ägypten...*, begonnen von Fr. Preisigke und Fr. Bilabel, fortgeführt von E. Kiessling, 4. Band, Wiesbaden, 1931, nº 7340, 1-2 ; 7439, 2 *et alibi*. Corippe applique-t-il à l'impératrice Sophie, à la suite d'un jeu de mots (comme en *Iust.*, *préf.*, 26, et *Iust.*, 2, 198), une caractéristique de la sagesse dans les traditions païennes et chrétiennes? L'auteur de la Ciris parle de l'*aeternum sophiae... nomen* (*Ciris*, 40), Sénèque insiste sur la pérennité de la sagesse (Sén., *Dial.*, 10, 15, 4-5) et le *Livre de la Sagesse* souligne également son caractère éternel (Vulg., *Sap.*, 7, 10 et 26). *Viuax* ne serait-il pas un doublet de *uiuus* opposant de façon rhétorique la vie, représentée par Sophie, à la mort, représentée par Justinien? Plus simplement, *uiuax* pourrait être une allusion au tempérament énergique de Sophie (« energetic » traduit Av. Cameron).

1, 314-319 : *Sol nouus* est une vieille dénomination du solstice d'hiver (Varr., *Ling.*, 6, 28, p. 82, 5, éd. Spengel ; Ov., *Fast.*, 1, 163-164 ; Stat., *Silu.*, 4, 1, 3 ; Cens., *Nat.*, 21, 13 ; Serv., *Én.*, 7, 720) et le calendrier de Philocalus (*C. I. L.*, I, 1, 278) indique, en l'année 354, que le *Natalis Inuicti* (c'est-à-dire de *Sol Inuictus*), est célébré le 25 décembre par trente courses de chars. Alors que Tert., *Spect.*, 9, 5 (en hésitant), et le *Chronicon Paschale* (p. 205, l. 21-p. 206, l. 1 *C. S. H. B.*) attribuent à Romulus la fondation des jeux du cirque, alors qu'une tradition grecque byzantine précise qu'ils furent créés par Romulus en l'honneur du soleil (Ioh. Mal., *Chronogr.*, 7, p. 175, l. 16-19 *C. S. H. B.*, au VIe siècle ; Cedren., t. 1, p. 258, l. 11-21 *C. S. H. B.*, au XIe siècle ; Mich. Glyc., *Ann.*, 2, p. 266, l. 16-17 *C. S. H. B.*, au XIIe siècle), c'est Aurélien qui ordonna au lendemain de sa victoire de Palmyre en 274 de célébrer le 25 décembre le *Natalis Inuicti* par des courses de char et tous les quatre ans par une manifestation plus brillante, l'*agon Solis* (cf. F. Cumont, *Le Natalis Invicti*, dans *C. R. A. I.*, 1911, p. 292-298, et J. Noiville, *Les origines du Natalis Invicti*, dans *R. É. A.*, 38, 1936, p. 145-176). En ce qui concerne les factions, seules la blanche et la rouge existent à l'origine (Tert., *Spect.*, 9) : la rouge est mentionnée pour la première fois en 77 avant J.-C. (Plin., *Nat.*, 7, 186), la blanche en 13 après J.-C. (*Inscr. Dessau*, 5283). Quant aux factions verte et bleue, la première apparaît pour la première fois sous Caligula en 39 après J.-C. (Dio Cass., 59, 14 ; Suét., *Cal.*, 55, 7 ; *Nér.*, 22, 1) et la seconde sous Vitellius en 69 après J.-C. (Dio Cass., 65, 5 ; Suét., *Vit.*, 7, 2). Le témoignage de Jean Lydus au Ve siècle (*De mensibus*, 4, 30, p. 89, l. 5-9, éd. Wünsch) confirme cet ordre d'apparition des factions en affirmant qu'il y eut d'abord trois couleurs, les Rouges, les Blancs et les Verts et plus tard seulement les Bleus. Au Bas-Empire et à

Byzance sont surtout mentionnés les Bleus et les Verts, puisque les Rouges et les Blancs leur étaient subordonnés (cf. *infra*, n. *ad* 1, 320), mais les Rouges sont encore mentionnés au XIe siècle (chez Cedrenus si l'on en croit le glossaire t. 2, p. 332 *C. S. H. B.*). Les factions disparaissent après le XIIe siècle (cf. P. Wuilleumier, *Cirque et astrologie*, dans *M. É. F. R.*, 1927, p. 184-209, et plus spécialement p. 186 et 207). Les factions jaune (Suét., *Dom.*, 7 : *auratus pannus*) et pourpre (Suét., *Dom.*, 7 : *purpureus pannus* ; cf. Mart., 14, 55 ; *Inscr. Dessau*, 5282), créées par Domitien, n'ont pas survécu à cet empereur. Les couleurs des factions sont encore visibles de nos jours sur la mosaïque de la basilique de Junius Bassus sur l'Esquilin (décrite par A. Maricq, *Factions du cirque et partis populaires*, dans *B. A. B.*, 36, 1950, p. 396-421, spécialement p. 416, n. 1, et reproduite en couleurs dans A. Nesbitt, *On Wall Decorations in Sectile Work as used by the Romans, with special reference to the Decorations of the Palace of the Bassi at Rome*, dans *Archaeologia*, 45, 1880, p. 274, pl. 19) et sur les fresques des murs des cages d'escalier de Sainte-Sophie de Kiev, datant des environs de 1037 (décrites par A. Grabar, *L'empereur dans l'art byzantin...*, Paris, 1936, p. 72 ; cf. p. 63, fig. 1).

1, 320 : *Partes* est le terme technique qui désigne les « associations populaires d'amateurs de courses », tandis que *factiones* désignait à Rome les différentes écuries et plus généralement « des entreprises privées à but lucratif » (Maricq, *op. cit.*, p. 418-420). Les *duae partes* de Corippe sont les δύο μερή des textes byzantins (cités par Maricq, *op. cit.*, p. 408, n. 1), c'est-à-dire les Verts et les Bleus auxquels étaient subordonnés les Blancs et les Rouges (cf. *infra*, n. *ad* 1, 330). Quant à *studium*, il a ici, comme en 2, 312, un sens concret et désigne un camp de nos modernes « supporters ». En grec on trouve les termes ἐσπουδακότες (Grég. Naz., *P. G.*, 36, 301 D) et ἐρασταί (Théophyl. Simoc., 8, 7, p. 327, l. 7 et 8, 9, p. 332, l. 19 *C. S. H. B.*).

1, 322-333 : Corippe établit ici une correspondance entre, d'une part, les chevaux du Soleil, les couleurs, les partis et les saisons et, d'autre part, entre le cirque et l'univers, suivant en cela une tradition aussi bien latine que grecque byzantine (cf. Cass., *Var.*, 3, 51 ; *Anth.*, 197, éd. Riese ; Isid., *Étym.*, 18, 36 ; Ioh. Lyd., *De mensibus*, 1, 12, p. 3-7, éd. Wünsch ; Ioh. Malal., *Chronogr.*, 7, p. 173 *C. S. H. B.*). Mais l'assimilation entre le cirque et l'univers est très sommaire chez Corippe, alors qu'ailleurs elle est beaucoup plus accusée (cf. P. Wuilleumier, *op. cit.*, p. 193, repris textuellement par J. Jarry, *Hérésies et factions dans l'Empire byzantin du IVe au VIIe siècle*, Le Caire, 1968, p. 111 : « L'hippodrome était conçu comme un monde en miniature : l'arène donne l'image de la terre, comme l'euripe celle de la mer ; l'obélisque, placé au centre, représente le faîte du ciel ; il est consacré au Soleil, dont il partage la course ; le cirque ne forme-t-il pas un cercle comme l'année? N'a-t-il pas douze portes de *carceres* comme celle-ci a douze mois ou douze signes? Les limites en sont marquées par les bornes de l'Orient et de l'Occident, du levant et du couchant ; il y a trois bornes à chaque extrémité, de même que chaque signe du Zodiaque comprend trois décans »).

1, 322 : Le vert du parti du cirque, désigné en grec par πράσινος, était un vert poireau.

1, 324 : La leçon de *M*, *roseus aestatis*, rend le vers métriquement faux. La conjecture de Ruiz, qui proposait *aestatis roseus*, ne convient pas, car, même s'il existe des exemples d'interversion dans *M* (cf. n. 3 p. LXIX), c'est *russeus* qui est le terme technique pour désigner le parti des Rouges au cirque : alors que les manuscrits des auteurs ayant parlé des couleurs des factions hésitent entre *roseus et russeus* (Tert., *Spect.*, 9 ; Lampr., *Diad.*, 2, 8 ; Cass., *Var.*, 3, 51 ; Isid., *Etym.*, 18, 41), les tablettes de défixion et les inscriptions ne laissent aucun doute à cet égard (cf. *Tab. deuot. Audollent*, 275, 2 ; 275, 3 ; 275, 21 ; 275, 23 ; 276, 3 et 4 ; 277, 3 et 4 ; 278, 14 et 15 ; 283, 3 ; 283, 4 ; 283, 23 ; 283, 24 ; 284, 30 ; *C. I. L.*, VI, 10045 et 49). *Russeus* s'applique à un rouge mat (cf. H. Blümner, *Die rote Farbe im Lateinischen*, dans *A. L. L. G.*, 6, 1889, p. 399-417, et spécialement p. 400).

1, 326-327 : Il peut être étonnant que le bleu soit dit « riche de la couleur du fer et de celle de la pourpre » (*ferrugine diues et ostro*). Pourtant chez les anciens *ferrugo* et *ferrugineus*, sans désigner forcément la rouille et sa couleur rouge-brun plus ou moins foncée, pouvaient s'appliquer à une variété de bleu. Tandis que les glossaires (*C. G. L.*, 2, 71, 33 ; 2, 356, 18) rendent *ferrugineus* par γλαυκόν, κυάνεον, Nonius (p. 549, éd. Müller) déclare : *Ferrugineum colorem ferri simile esse volunt : vere autem ferrugineus color caeruleus est. Vergilius Georg. lib. IV* (183) : *et ferrugineos hyacinthos. Plautus in Milite* (1179) : *palliolum habens ferrugineum : nam is color thalassicust* (cités par J. André, *Étude sur les termes de couleur dans la langue latine*, thèse Paris 1948, Paris, 1949, p. 111). Jean Lydus confirme ces témoignages en disant (*De mensibus*, 4, 30, p. 89, l. 10-13, éd. Wünsch) que chez les Romains *uenetus* signifie « de la couleur du fer » (σιδηρόβαφος) et que *uenetus* a comme équivalent grec καλλάϊνος, c'est-à-dire vert émeraude. Ainsi Coripe a voulu désigner par *ferrugo* une couleur bleue tirant sur le vert. Quant à la nuance introduite par *ostrum*, elle est celle d'un gris rouge foncé (cf. Non., p. 549 : *ostrinam ab ostri colore qui est subrubeus* ; André, *op. cit.*, p. 226 : « La nuance introduite par *sub-*... peut se rendre par l'adjonction de « gris » à la couleur indiquée par le simple »). Ainsi d'après Coripe, le bleu du parti du cirque aurait été très proche d'un bleu foncé comportant une nuance gris-rouge, comme le sont effectivement les raisins dits « noirs » au moment de leur maturité.

1, 330 : Le blanc n'a pas toujours été associé au vert (et donc le rouge au bleu), comme le dit Coripe, et ces associations n'étaient pas les mêmes à Rome, à Constantinople ou à Antioche : à Rome, jusqu'à la fin du IIe siècle (Commode), le blanc était associé au vert et le rouge au bleu, puis du IIe au VIe siècle, le blanc fut associé au bleu et le rouge au vert. A Constantinople, au IVe siècle, et seulement alors sous Constantin, aux Ve et VIe siècles, le blanc aurait été associé au vert et le rouge au bleu. Pendant la majeure partie du IVe siècle et des VIIe au Xe siècles (depuis Héraclius), c'est le rouge qui est associé au vert et le blanc au bleu, comme à Antioche au Ve siècle.

Sur ces associations, cf. Jarry, *op. cit.*, p. 96-109, qui est cependant sérieusement critiqué par Al. Cameron, *Circus factions : blues and greens at Rome and Byzantium*, Oxford, 1976, p. 64-65. En tout cas, nous ne voyons pas la nécessité de corriger, au vers 329, *uiridi* en *ueneto*, comme le font Al. Cameron, *op. cit*, *Appendix E*, p. 336-337, et Av. Cameron dans son édition. Le texte de Corippe est parfaitement cohérent : notre auteur, après avoir dit que les factions sont associées en deux groupes opposés, les énumère par leurs couleurs, dans l'ordre des saisons qu'elles représentent (vert-printemps, rouge-été, bleu-automne, blanc-hiver) et signale que le blanc est associé au vert, ce qui sous-entend que le bleu est associé au rouge. C'est là l'association romaine initiale. Le texte *uiridi* est parfaitement admissible, si l'on considère que Corippe décrit la réalité romaine antique (*antiqui... patres*, v. 315), telle qu'elle lui est révélée par la source littéraire dont il s'inspire, et même si, comme Al. Cameron, on rejette le point de vue de Jarry, selon lequel aux ve et vi[e] siècles également le blanc aurait été associé au vert. Or, aussi bien Alan qu'Averil Cameron admettent que Corippe décrit la réalité romaine antique (Al. Cameron, *op. cit.*, p. 65, et Av. Cameron, p. 146 de son édition : « The section in Corippus is indeed antiquarian and academic ») ! Leur correction est donc injustifiée et la constatation faite par Al. Cameron, *op. cit.*, p. 337, que la confusion était facile entre deux mots commençant par la même lettre et métriquement équivalents n'est pas suffisante pour autoriser une correction du texte.

1, 334 : Une lacune a fait disparaître le nom de fondateur des courses de quadriges. F. Cumont, *Malalas et Corippe*, dans *R. I. P.*, 37, 1894, p. 77-79, reprenant la vieille conjecture de Savaro et s'appuyant sur un passage de la *Chronographie* de Jean Malalas (7, p. 173, l. 11-p. 174, l. 2 *C. S. H. B.*) qu'il croyait être la source de Corippe, comblait la lacune par *Oenomaum*. Mais, depuis, C. E. Gleye, *Malalas und Corippus*, dans *By. Z.*, 4, 1895, p. 366-367, a montré que Malalas n'était pas la source de Corippe et Malalas lui-même, peu après, dit que c'est Erichthonius qui fut l'inventeur du quadrige (p. 175 *C. S. H. B.*). Aussi est-ce à Erichthonius que l'on a également pensé pour combler la lacune. La tradition qui fait de lui l'inventeur du quadrige est bien établie (Virg., *Géorg.*, 3, 113-114 ; Plin., *Nat.*, 7, 202 ; Serv., *Géorg.*, 1, 205 ; 3, 113 ; Hier., *Chron. a Abr.*, 543 ; Fulg., *Myth.*, 2, 11 ; Hyg., *Astr.*, 2, 13 ; Isid., *Étym.*, 18, 34). Mais le mot *Erichthonius* n'entre pas dans le vers ; c'est pourquoi Dempster a proposé deux épithètes pour le désigner (*Cecropidem*, *anguipedem*), qui ne sont pas très satisfaisantes. Les anciens semblent avoir hésité, au sujet de l'inventeur du quadrige et fondateur des courses de ces chars, entre Erichthonius et Trochilus. Pour Hyg., *Astr.*, 2, 13, c'est certes Orsilochus qui est l'inventeur du quadrige, ce qui a amené Scaliger, *Animadversiones in Chronologica Eusebii*, Lugdini Batavorum, 1606, p. 26, à proposer son nom pour combler la lacune de *M.* Mais c'est le seul texte à mentionner ce nom comme inventeur du quadrige, si bien qu'un éditeur s'est même senti autorisé à le corriger en *Trochilus* (éd. Bunte). Trochilus est mentionné de façon sûre par Tert., *Spect.*, 9, 4 (*Sed et « primus Erichthonius currus et quattuor ausus iungere equos rapidusque rotis insistere uictor ». Erichthonius Mineruae et Vulcani filius et quidem de caduca in terram libidine portentum est daemonicum, immo diabolus ipse, non coluber. Si uero Trochilus Argiuus auctor est currus, primo Iunoni id opus suum dedicauit*) et par Hier., *Chron. a Abr.*, 449 (*primus quadrigam iunxisse fertur Trochilus*). Le scholiaste d'Aratos dit de façon moins précise qu'il attela le premier un char (*Schol. Arat.*, 161 : τοῦ Καλλιθέας παιδὸς (i. e. Trochilus)... ἅρμα πρώτου ζεύξαντος). Comme l'on ne peut pas restituer *Erichthonium*, à moins de supposer une lacune plus importante et de modifier les quantités du mot (pour placer le mot au début du vers, il faudrait modifier à la fois la quantité de deux syllabes), la seule restitution vraisemblable est *Trochilum*. Les autres restitutions proposées n'ont aucun fondement : *Heniochus* proposé par Selden ne peut désigner que la constellation du cocher, *Auriga* en latin ; *Procyclus* proposé par Rittershausen est un fantôme qui provient de la corruption graphique de *Trochilus* (on trouve la variante *Procidus* dans Adon de Vienne, *Chronique*, *P. L.*, 123, 35 B). *Sol* proposé par Partsch ne convient pas, car, même si le quadrige lui était consacré, comme le bige à la lune (Tert., *Spect.*, 9, 3 ; *Anth.*, 197, 17 Riese ; Isid., *Étym.*, 18, 36), aucun texte n'en fait l'inventeur du quadrige. Partsch a toutefois raison quand il propose *Quid... referam*, qui introduit une prétérition. La formule *Quid Stutiam referam profugum...* est déjà utilisée par Corippe en *Ioh.*, 4, 429.

1, 335-336 : Pélops, fils de Tantale, était épris d'Hippodamie, la fille du roi d'Élide, qui, sachant par un oracle que celui qui épouserait sa fille le tuerait, proposait aux prétendants une course de chars, fort de la rapidité de ses cavales ailées, et les tuait après les avoir vaincus. Mais avec l'aide des chevaux ailés que lui avait donnés Poseidon et avec la complicité du cocher d'Oenomaos soudoyé par Hippodamie, Pélops vainquit le roi qui périt dans la course soit en se tuant, soit victime du sabotage de son char, soit mis à mort par Pélops, selon les versions de la légende. Cf. P. Grimal, *Dictionnaire de la mythologie grecque et romaine*, 4e éd. revue, Paris, 1969, p. 326-327, s. u. Oenomaos.

1, 337-344 : Corippe fait allusion ici à la christianisation de la fête de *Sol Inuictus* qui, fête païenne de la naissance du Nouveau Soleil, est devenue la fête chrétienne de la naissance du Christ, celle de Noël. Cette christianisation a été préparée par des appellations du type *Sol Iustitiae* (Vulg., *Mal.*, 4, 2) fréquemment appliquée au Christ (cf. les nombreux exemples donnés par H. Leclercq, article *Nativité de Jésus*, dans *D. A. C. L.*, t. 12, 1, Paris, 1935, col. 915, et F. J. Dölger, *Natalis Solis Inuicti und das christliche Weihnachtsfest. Der Sonnengeburtstag und der Geburtstag Christi am 25. Dezember nach Weihnachtspredigten des vierten und fünften Jahrhunderts*, dans *Antike und Christentum...*, Band 6, Heft 1, 1950, p. 23-30) ou du type *Sol Verus* (Cypr., *Domin. orat.*, 35 ; Zeno, *Tract.*, 2, 9, 2 ; *Hymn. Ambros.*, 2, 5), qui tendaient à opposer la vraie croyance dans le Christ, Soleil de Justice, à la fausse croyance dans *Sol Inuictus*. Parfois les chrétiens n'hésitèrent pas non plus à appeler le Christ *Nouus Sol Iustitiae* (Max. Taur., *Serm.*, 3, *P. L.*, 57, 536 C), ce qui montre leurs efforts pour changer radicalement l'inspiration de la fête païenne tout en gardant une dénomination voisine pour la fête chrétienne. La date ou les dates d'apparition de la fête de Noël sont discutées : en 243 on ne connaissait pas en Occident la fête de Noël (le pseudo-Cyprien, *De Pascha computus*, place la naissance du Christ le 28 mars et ne parle pas du 25 décembre). Alors que Jülicher donne l'année 300 pour l'institution de la fête, Seeck pense qu'elle existait en Orient dès 333 et Botte et Duchesne croient qu'elle existe au moins depuis 335-336 à Rome. Usener est plus prudent qui propose les années 354-360 pour l'introduction de la fête à Rome. Dölger, *op. cit.*, p. 25, est d'avis que la fête devait exister dès 337 à Milan et que ce n'est pas Ambroise qui l'a introduite. Ce fait que la fête de la naissance du Christ fut lente à s'imposer est attesté par Aug., *Serm.*, 190, 1 (*Habeamus ergo, fratres, solemnem istum diem, non sicut infideles propter hunc solem, sed propter eum qui fecit hunc solem. Quod enim Verbum erat, caro factum est, ut propter nos posset esse sub sole. Carne quippe sub sole : maiestate autem super uniuersum mundum, in quo condidit solem. Nunc uero et carne super istum solem, quem pro Deo colunt, qui mente caeci uerum iustitiae non uident solem*), et par Leo M., *Serm.*, 22, 6, qui s'en prend à ceux qui ne considèrent pas le 25 décembre comme la fête de la naissance du Christ, mais comme le lever du Nouveau Soleil (*de Noui, ut dicunt, Solis ortu*).

1, 344 : En fondant Constantinople, Constantin avait réellement voulu fonder une seconde Rome, avec son forum, ses bâtiments publics, ses quatorze régions et ses sept collines (cf. G. Dagron, *Naissance d'une capitale, Constantinople et ses institutions de 330 à 451* (= *Bibliothèque byzantine*, *Études*, 7), Paris, 1974, p. 15). L'expression Νέα Ῥώμη apparaît pour la première fois dans Thémistius, *Or.*, 3, t. 1, p. 60, l. 21, éd. Downey, chez qui on trouve aussi δευτέρα Ῥώμη (*Or.*, 14, t. 1, p. 265, l. 6-7, éd. Downey). Mais l'appellation « nouvelle Rome » appliquée à Constantinople a également une origine d'ordre polémique : c'était une façon de parer cette ville sans passé du prestige de l'ancienne Rome pour lui permettre de résister aux prétentions des anciennes métropoles orientales, Alexandrie et Antioche : c'est en ce sens que l'expression est utilisée dans le troisième canon du deuxième concile œcuménique de 381 (... διὰ τὸ εἶναι νέαν Ῥώμην), où elle tend à justifier la primauté, après celle du pape, du patriarche de Constantinople sur les évêques orientaux. Au VIe siècle, l'appellation s'est généralisée et n'est plus qu'un lieu commun. Sur tout cela, cf. E. Fenster, *Laudes Constantinopolitanae* (= *Miscellanea Byzantina Monacensia*, Heft 9), München, 1968, p. 22, 55, 94.

1, 346-347 : Le manuscrit présente comme un seul vers les fins des vers 346-347. La perte du début de ces vers a suscité plusieurs (et vaines) conjectures qui visent toutes à faire un seul vers des deux parties subsistantes : ce sont *agmina dant plausus alacres, uox omnibus una* (Dempster), *agmine facto edunt plausus, uox omnibus una*

(Rivinus) et *se dant, ingeminant* (ou *congeminant*) *plausus, uox omnibus una* (Jäger).

1, 349-352 : Le phénix sur les monnaies d'Hadrien, accompagné de la légende ΠΡΟΝΟΙΑ, symbolise la pérennité de l'État romain qu'avait assurée l'adoption d'Antonin le Pieux. Il est fréquemment associé aux légendes AETERNITAS AVG(G) (par exemple H. Cohen, *Description historique des monnaies frappées sous l'Empire romain...*, continuée par Feuardent, t. 5, Volusien, n°s 10 et 11, mais cela est vrai dès Hadrien), ROMAE AETERN. (Cohen, *op. cit.*, t. 5, Émilien, n° 41), FEL. TEMP. REPARATIO (Cohen, *op. cit.*, t. 7, Constant I, n°s 9 et 10) et PERPETVETAS (Cohen, *op. cit.*, t. 8, Valentinien II, n° 25). Dans les textes littéraires, si Sidoine Apollinaire compare Avitus à la tête de ses armées au phénix escorté de tous les oiseaux du ciel (Sid. Ap., *Carm.*, 7, 347-356), c'est Eusèbe de Césarée, qui le premier utilise, tout en le rejetant, ce symbole d'éternité pour évoquer la destinée de Constantin qui revit en ses fils (Eus., *Vit. Const.*, 4, 72 ; cf. J. Hubaux et M. Leroy, *Le mythe du Phénix dans les littératures grecque et latine* (= *Bibliothèque de la Faculté de Philosophie et Lettres de l'Université de Liège*, fasc. 82), Paris, 1939, p. 192-193). Chez Corippe, on pourrait penser que la comparaison est amenée par un passage de Claudien (*Carm.*, 22, 408-420) où l'on trouve la même séquence « *appel de la Renommée-rassemblement qui en résulte-comparaison avec le phénix* » (*Iust.*, 1, 294-313 /345-348 /349-360). Mais la ressemblance entre les deux textes est toute extérieure, les différents éléments de la séquence n'étant pas tous de la même origine dans l'*In laudem Iustini* : c'est à Virgile que songe Corippe dans son tableau du vol de la Renommée (comparer *Iust.*, 1, 299 et 301 : *Fama uolans... praenuntia*, et Virg., *Én.*, 11, 139 : ... *Fama uolans... praenuntia* ; *Iust.*, 1, 299 : ... *somnum... grauantem*, et Virg., *Én.*, 6, 520 : ... *somnoque grauatum* ; cette dernière expression se retrouve toutefois chez des auteurs postérieurs ; cf. aussi *Iust.*, 1, 306 : *castigatque moras...*, et Virg., *Én.*, 4, 407 : *castigantque moras...* ; *Iust.*, 1, 313 : ... *rumorque per agmina serpit*, et Virg., *Én.*, 12, 239 : ... *serpitque per agmina murmur*, ou Virg., *Én.*, 7, 144 : ... *per agmina rumor*). Le rassemblement au cirque, d'autre part, est une donnée historique (cf. XXVII et n. 2). Quant à la comparaison avec le phénix, elle s'explique par les circonstances : les faits relatés par le poète se déroulent au lever du soleil (*Iust.*, 1, 308 : ... *nocte peracta* ; 1, 363 : ... *lux sacra palatia complet* ; 2, 1 : *Roscida purpureos Aurora ostenderat ortus*) ; or le phénix passait pour être consacré au soleil (cf., pour la littérature latine seulement, Plin., *Nat.*, 10, 2 ; Tac., *Ann.*, 6, 28 ; Lact., *Phoen.*, 33-34 ; Claud., *Carm. min.*, 22, 419 ; *Carm.*, 27, 48-49 ; Sid. Ap., *Carm.*, 7, 355, et Corippe lui-même, *Iust.*, 1, 351 : ... *solisque uolucrem...*) et plus spécialement pour apparaître du côté de son lever (cf. *Schol. Lucan.*, 6, 680 : *haec autem auis uicina solis ortui* ; Lact., *Phoen.*, 4 : *sed qua sol uerno fundit ab axe diem* ; Claud., *Carm. min.*, 27, 5 : *unde rubet uentura dies...* ; Hubaux et Leroy, *op. cit.*, p. 20). C'est cet aspect de la légende du phénix qui a tout naturellement suggéré à Corippe le recours à ce symbole d'éternité, qui était par ailleurs couramment utilisé dans l'idéologie impériale et qui convenait parfaitement à l'heure où se passaient les événements rapportés. Les détails de l'évocation du phénix, telle que la présente Corippe, sont traditionnels (le phénix est accompagné d'un cortège d'oiseaux dont il est le roi : cf. pour les auteurs latins seulement, Plin., *Nat.*, 10, 2-3 ; Tac., *Ann.*, 6, 28 ; Lact., *Phoen.*, 33-34 ; 149 ; 155-158 ; Claud., 22, 414-420 ; *Carm. min.*, 27, 48-49 ; 76-80 ; Sid. Ap., *Carm.*, 7, 353-356, et, pour le reste de la littérature antique, J. Hubaux et M. Leroy, *op. cit.*, p. 50-53.

1, 358 : Sur ce type d'acclamation (cf. aussi 4, 131) très fréquent à Rome à l'époque impériale et plus encore à Constantinople, voir J. Gagé, Σταυρὸς νικοποιός, *La victoire impériale dans l'Empire chrétien*, dans *R. H. Ph. R.*, 1933, p. 370-400, et plus spécialement p. 374 ; E. Stein, *Histoire du Bas-Empire...*, t. 2, Paris, 1949, p. 450-451 et n. 1. « Ce cri scande tous les moments publics de la vie du *basileus* (avènement, succès militaires, couronnement de l'empereur et de l'impératrice) » (Gagé). Bien qu'étant une acclamation de victoire, il n'a pas de signification guerrière, si bien qu'il est utilisé lors de la promotion des grands dignitaires et pour les impératrices. En grec, l'acclamation était soit traduite (Αὔγουστε σὺ νικᾷς), soit prononcée en latin en étant parfois déformée (τοῦ βίγκας ; τούμβικας). On la rencontre encore sur les monnaies de Constantin VI et Théophile aux VIIIe et IXe siècles. Les factions, de leur côté, s'acclamaient elles-mêmes en criant νίκα. C'est ce cri qui donna son nom au fameux soulèvement des factions, qui faillit en 532 renverser Justinien.

LIVRE II

2, 8 : Justin II vouait un culte particulier à saint Michel, parce que son fils Justus, décédé avant son arrivée au pouvoir, avait été enseveli dans une église consacrée à l'Archange (Théophan., *Chronogr.*, p. 243, l. 11-14, éd. De Boor). Comme elle est identifiée tantôt avec Saint-Michel-du-Sosthénion, le moderne Istinye, sur le Bosphore à une quinzaine de kilomètres de Constantinople (ainsi par R. Guilland, *Études de topographie de Constantinople byzantine* (= *Deutsche Akademie der Wissenschaften zu Berlin*, *Institut für griechisch-römische Altertumskunde*, *Berliner byzantinistische Arbeiten*, Band 37), Berlin-Amsterdam, 1969, t. 2, p. 86), tantôt, plus sûrement, avec une église du bourg de Sophianae, le moderne Cengelköy, sur l'autre rive du Bosphore et à une dizaine de kilomètres de la capitale, là où Justin II construisit le palais des Sophianae (tel est l'avis de R. Janin, *Constantinople byzantine. Développement urbain et répertoire topographique* (= *Archives de l'Orient chrétien*, 4), Paris, 1950, p. 152-153, cf. Théophan., *loc. cit.*, selon lequel Justin construisit le palais des Sophianae pour y ensevelir son fils mort à cet endroit et enterré dans l'église Saint-Michel de la localité, ἐν τῷ οἴκῳ τοῦ ἀρχαγγέλου τῶν ἐκεῖσε), l'église où Justin II se recueille avant son couronnement ne peut être celle où repose son fils. Alors que tout peut arriver, que tout se déroule très vite, on le voit mal, en effet, passer de l'autre côté du Bosphore ou perdre le temps du voyage au Sosthénion. Les sanctuaires de Saint-Michel étaient très nombreux (cf. R. Janin, *Les sanctuaires byzantins de Saint-Michel*, dans *E. O.*, 33, 1934, p. 28-52) : alors que sous Constantin une seule église était consacrée à l'Archange, il y en avait douze sous Justinien et, plus tard, on en comptera jusqu'à trente-quatre dans Constantinople et sa banlieue. Partsch (p. 159 de son édition : *Index historicus*, s. u. *Angelicum*), cité par U. J. Stache, p. 237-238, de son commentaire, pense qu'il s'agit du sanctuaire mentionné par Procope, *Aed.*, 1, 3, 14-18, c'est-à-dire de celui situé dans le quartier appelé τὰ Σινάτορος, sans doute le même que Saint-Michel des Arcadianae (cf. Janin, *Constantinople byzantine...*, p. 46 et 391). Cette hypothèse est vraisemblable car il était situé assez près du Grand Palais (à 500 mètres à vol d'oiseau), cependant des églises ou oratoires de Saint-Michel existaient également dans l'enceinte du palais.

2, 11-27 : le rapprochement souvent fait avec Sédulius (*Carm. pasch.*, 1, 60 sqq.) ne nous paraît pas devoir s'imposer. Les épithètes *omnipotens* et *aeternus* sont couramment appliquées à Dieu. Deux vers de la prière de Sédulius peuvent davantage être mis en parallèle avec la prière de Justin (vers 64 : ... *qui solem radiis et lunam cornibus imples...*, vers 68 : ... *qui diuersa nouam formasti in corpore terram...*), mais les expressions sont suffisamment éloignées pour que l'on puisse considérer que le traitement poétique des thèmes de la *Genèse* s'est fait de façon indépendante chez les deux auteurs.

2, 21-22 : Le thème de la station droite de l'homme est un topos (cf. *T. L. L.*, vol. 5, 2, col. 784, l. 28-32, et M. Pellegrino, *Il « topos » dello « status rectus » nel contesto filosofico e biblico (A proposito di Ad Diognetum*, X, 1-2), dans *Mullus, Festschrift Theodor Klauser* (= *Jahrbuch für Antike und Christentum, Ergänzungsband*, 1) München Westfalen, 1964, p. 273-280) ; mais ici Corippe imite plus précisément Ov., *Mét.*, 1, 84-85 (cf. p. XXXII n. 3) : ... *prona cum spectent animalia cetera terram, / os homine sublime dedit...*

2, 33 : La soumission des éléments au pouvoir de Dieu s'était notamment manifestée par les phénomènes qui avaient suivi la mort du Christ (Vulg., *Matth.*, 27, 51-52 ; *Luc*, 23, 44-45).

2, 40 : Cf. *infra*, n. *ad* 2, 107-108.

2, 48 : Comme Constantinople et sa banlieue européenne ont compté plus d'une centaine de sanctuaires de la Théotokos (cf. R. Janin, *La géographie ecclésiastique de l'Empire byzantin* (= *Publications de l'Institut français d'études byzantines*), 1re partie : *Le siège de Constantinople et le patriarcat œcuménique*, t. 3 : *Les églises et les monastères*, Paris, 1953, p. 164), il faut se contenter de déterminer ceux qui existaient en 565 et, parmi eux, ceux qui étaient les plus célèbres : ce sont Notre-Dame-des-Blachernes (Janin, *op. cit.*, p. 169-179), Notre-Dame-de-Pègè (id., *ibid.*, p. 232-237) et Notre-Dame-des-Chalcoprateia (id., *ibid.*, p. 246-251), devenue depuis 1484 la mosquée Acem aga Mescidi. Notre-Dame-d'Hodéghétria, plus tard monastère célèbre, n'est encore qu'une simple église (Janin, *op. cit.*, p. 208). L'église des Chalcoprateia peut être celle où Sophie s'est rendue, car elle était toute proche du palais, en face de la porte occidentale de Sainte-Sophie. Le fait qu'elle soit située douze mètres en dessous du niveau de Sainte-Sophie et du palais (cf. D. Lathoud et P. Pezaud, *Le sanctuaire de la Vierge aux Chalcoprateia*, dans *E. O.*, 23, 1924, p. 36-62) alors que Corippe dit que Sophie, après sa prière, « retourna sur les hauteurs de la Cour » (*Iust.*, 2, 71), est embarrassant mais l'expression du poète est une formule, qu'il utilise aussi en *Iust.*, 2, 430.

2, 72 : Arabia, épouse de Baduaire (cf. 2, 284), était le seul enfant vivant de Justin II et de Sophie, puisque son frère Justus (cf. *supra*, n. *ad* 2, 8) et sa jeune sœur Firmina étaient décédés (Av. Cameron signale l'existence de la tombe de cette dernière, datable de 564, décrite par A. Déthier, *Nouvelles découvertes archéologiques faites à Constantinople*, Constantinople, 1867, p. 3-4). Elle avait sa statue au Milion et sur le port de Sophie avec celle de sa mère (*Script. orig. Const.*, 1, 38, 35 et 2, 184, 62, éd. Preger).

2, 86 : Les *fidi ministri* sont les eunuques mentionnés en *Iust.*, 3, 214-219 (cf. n. *ad loc.*) et qui formaient le corps des cubiculaires.

2, 88 : La ceinture ne faisait pas partie de la tenue impériale pendant les deux premiers siècles de l'Empire. C'est Vitellius qui l'introduisit (Tac., *Hist.*, 2, 89). Sur cet usage, cf. A. Alföldi, *Insignien und Tracht der römischen Kaiser*, dans *M. D. A. I.* (*R.*), 50, 1935, p. 1-171 et spécialement p. 64-65.

2, 100-122 : Les mosaïques de Ravenne offrent les mêmes représentations de la chlamyde pourpre, ouverte à droite pour laisser passer le bras (2, 118-120), maintenue par une fibule d'or entourée de pierres précieuses au-dessous desquelles pendent des chaînettes (2, 121-122). Corippe ne parle toutefois pas du ταβλίον (*tabula*), pièce d'étoffe cousue à la hauteur de la poitrine, rouge et pourpre et brodée d'or (cf. J. Ebersolt, *Études sur la vie publique et privée de la Cour byzantine* (= *Mélanges d'histoire et d'archéologie byzantine*, 1), dans *R. H. R.*, 76, 1917, p. 1-105 et particulièrement p. 56). Mais il est sans doute évoqué indirectement par ses ornements d'or (2, 119) puisque, d'après les mosaïques, à cette époque là la chlamyde ne portait pas encore d'autres ornements que ceux du ταβλίον. Étant donné sa position, ses ornements devaient surtout briller quand on bougeait le bras (2, 120). Par dessous la chlamyde se trouve le vêtement descendant jusqu'aux genoux et serré à la taille (2, 114-117). Chez Corippe il est blanc avec un liseré doré (*Iust.* 2, 101 et 117), alors que, sur les mosaïques, du moins celle que nous avons pu examiner en couleurs, il est blanc. La seule différence importante réside dans les chaussures : alors que les mosaïques montrent l'empereur revêtu de *bracae* et chaussé de *campagi*, espèce de souliers pourpres (cf. J. André, *Études sur les termes de couleur dans la langue latine*, thèse Paris 1948, Paris, 1949, p. 94, n. 1, et A. Grabar, *L'empereur dans l'art byzantin*..., Paris, 1936, p. 131 et pl. VII, 1), le poète parle simplement de cothurnes pourpres, donc de souliers à semelle épaisse, fixés à la jambe par des lanières. Mais les tenues d'apparat des mosaïques ne sont pas exactement des tenues de couronnement. En outre, vu les circonstances, une certaine improvisation n'est pas à exclure dans l'organisation de petits détails matériels.

2, 106 : Sous le nom de *fucus*, les Anciens désignaient plusieurs sortes d'algues utilisées en teinture pour donner une couleur voisine de la pourpre. Les rares mentions d'une industrie de la pourpre ou de couleurs voisines en Campanie ont été rassemblées par Stache dans son commentaire *ad loc.* (trois inscriptions de Pouzzoles ou de Capoue : *C. I. L.*, X, 540 ; X, 1952 ; X, 3973 ; un passage de Plin., *Nat.*, 35, 45, sur la fabrication de *purpurissum* à Capoue). On connaît par ailleurs le varech d'Aquinum dans le Latium (Hor., *Epist.*, 1, 10, 27), de Canusium (Canosa) en Apulie (Paul. Nol., *Carm.*, 17-23) et de Tarente (Hor., *Epist.*, 2, 1, 207 : *Tarentino... ueneno*).

2, 107-108 : Ce geste (cf. aussi *Ioh.*, 1, 145-146), qui consistait à poser le pied sur le cou de l'ennemi vaincu et qui faisait partie du rituel byzantin, est d'origine orientale (cf. Sept., *Josua*, 10, 24 : Josué fait fouler aux pieds les cinq rois Amoréens vaincus ; Vulg., *Psalm.*, 109, 1 : ... *donec ponam inimicos tuos scabellum pedum tuorum* ; selon Lact., *Mort. pers.*, 5, 2, Sapor avait posé son pied sur le dos de Valérien qu'il avait vaincu). Il est attesté aussi chez les Grecs (Diod. Sic., 17, 100, 8 : Alexandre pose son pied sur le cou de son adversaire dans une palestre) et était devenu usuel à Rome (Cassiod., *Var.*, 3, 51, 8 : *Spina infelicium captiuorum sortem designat, ubi duces Romanorum supra dorsa hostium ambulantes laborum suorum gaudia perceperunt*). A Byzance, le geste avait été fait de façon solennelle en 705 par Justinien II qui, lors de la célébration de sa victoire sur les usurpateurs Léonce et Apsimare (Tibère III), avait posé les pieds sur le cou de ses adversaires pendant la durée d'une course, tandis que la foule chantait le psaume 90, 13, glorifiant celui qui « marche sur l'aspic et le basilic ». Contrairement à ce qu'affirme Av. Cameron, p. 119 de son édition, lors du triomphe de Bélisaire en 534, rien n'indique dans le texte de Procope que Justinien ait accompli ce geste de la *calcatio* sur Geilimer, même si ce dernier a été jeté à terre : πρηνῆ πεσόντα προσκυνεῖν 'Ιουστινιανὸν βασιλέα κατηνάγκασαν, dit Procope, *Bell. Vand.*, 2, 9, 11. De Byzance ce rite était passé chez les proto-Bulgares. Dans l'iconographie ce thème était florissant : le plus ancien exemple remonte à Trajan (en 116 après J.-C. une monnaie le représente le pied sur l'Arménie couchée à terre, avec la légende *Sic Armenia et Mesopotamia in potestatem p. r. redactae.* C'est à une représentation de ce genre que fait allusion Ovide, *Trist.*, 4, 2, 43-44 : *Crinibus en etiam fertur Germania passis / et ducis inuicti sub pede maesta sedet*). Le motif numismatique du barbare foulé par l'empereur subsiste jusque sur les monnaies de Théodose II pour être en 415, sous cet empereur associé à Valentinien III, remplacé définitivement par celui de l'empereur foulant un serpent à tête humaine, dont cependant des motifs voisins existent depuis Constantin. Sur ce rite et ses représentations, cf. A. Grabar, *L'empereur dans l'art byzantin...*, p. 44-45 ; 127, n. 2 ; 160 ; J. Babelon, *Le thème iconographique de la violence*, dans *Studies presented to D. M. Robinson on his seventieth birthday*, vol. 2, Washington, 1953, p. 278-288 ;

O. Merkelbach, article *Drache*, dans *R. L. A. C.*, 4, 1959, col. 226-250 et plus spécialement col. 243-244 ; V. Beševliev, *Die Protobulgarischen Inschriften* (= *Berliner byzantinistische Arbeiten*, Band 23), Berlin, 1963, p. 270-272 ; P. Courcelle, *Le serpent à face humaine dans la numismatique impériale du Ve siècle*, dans *Mélanges d'archéologie et d'histoire offerts à A. Piganiol* (= *École pratique des Hautes Études, VIe section, Centre de recherches historiques*), Paris, 1966, p. 343-353.

2, 123-125 : Bélisaire, né aux alentours de l'an 500 à Germania, entre la Thrace et l'Illyrie, commence sa carrière en avril 529, quand il est nommé maître des milices d'Orient. Les deux campagnes où il joua le rôle le plus important furent la reconquête de l'Afrique sur les Vandales et celle de l'Italie sur les Ostrogoths (pour cette dernière, cf. *infra, Appendice* I). La première commença dans l'été de 533 et s'acheva en 534 à l'hippodrome de Constantinople par le triomphe de Bélisaire, triomphe qui fut renouvelé le 1er janvier 535 pour la cérémonie consulaire du généralissime victorieux (cf. J. von Pflugh-Harttung. *Belisar's Vandalenkrieg*, dans *H. Z.*, 61, 1889, p. 69-96 ; Ch. Diehl, *Justinien...*, Paris, 1901, p. 173-177 ; J. B. Bury, *The Cambridge Medieval History...*, vol. 2, Cambridge, 1913, p. 12-13 ; *History of the later Roman Empire...*, t. 2, Londres, 1923, réimpr. New York, 1958, p. 124-139 ; E. Stein, *Histoire du Bas-Empire...*, t. 2, p. 311-320 ; L. Schmidt, *Histoire des Vandales* (= *Bibliothèque historique*), traduction de H. E. del Medico, préface de R. Guilland, Paris, 1953, p. 149-180 ; Chr. Courtois, *Les Vandales et l'Afrique*, Paris, 1955, p. 353-354 ; A. H. M. Jones, *The later Roman empire...*, t. 1, Oxford, 1964, p. 273-274). Quoique plusieurs fois disgrâcié, il témoigna toujours d'une fidélité exemplaire à l'égard de Justinien. Diehl, *Justinien...*, p. 158-167, en fait un long portrait moral. Après être entré dans Ravenne en 540, Bélisaire avait rapporté à Constantinople le trésor royal ostrogothique qui fut montré aux sénateurs dans le Grand Palais (Stein, *op. cit.*, p. 368 ; Bury, *History of the later Roman Empire...*, t. 2, p. 215, n. 1). Auparavant en 534, il avait apporté également à Constantinople le trésor royal vandale dont il s'était emparé à Hippone : outre les pierres précieuses mentionnées par Corippe, il comprenait des trônes d'or, des chars de parade, de la vaisselle d'or et des vases précieux, dont une partie provenait du pillage de Rome par Geiseric du 2 au 16 juin 455. Un plat d'argent appartenant à ce trésor et apporté en Italie, croit-on, par des mercenaires germains, a été conservé et porte l'inscription *Geilamir rex Vandalorum et Alanorum* (*C. I. L.*, VIII, 17412). Sur ce plat, cf. O. Fiebiger et L. Schmidt, *Inschriftensammlung zur Geschichte den Ostgermanen*, Wien, 1917, n° 51 (en 1917, au moment de la parution de leur ouvrage, le plat était à Cagliari entre les mains de l'inspecteur des Musées Filippo Nissardi) et sur le trésor en général, Schmidt, *Histoire des Vandales...*, p. 174-175, et Courtois, *L'Afrique et les Vandales...*, p. 195 et 251-252.

2, 130-131 : La coutume de l'imposition d'un collier remonte à Julien (Amm., 20, 4, 17 ; Julien, *Or.*, 5, p. 232, l. 24-25, éd. Bidez ; Libanius, *Or.*, 18, 99) qui reçut un collier de la main d'un porte-enseigne (*hastatus*) qui avait le grade de centurion. Elle est attestée pour Firmus, qui est couronné d'un anneau en guise de diadème par un tribun (Amm., 29, 5, 20), pour Avitus (Sid. Ap., *Carm.*, 7, 577-579, qui parle de façon très imprécise de *proceres*), pour Hypatius lors de la sédition Nika (Proc., *Bell. Pers.*, 1, 24, 24, qui parle d'une imposition par le peuple ; Marcel., *Chron.*, *M. G. H.*, *A. A.*, XI, p. 103, l. 20, qui dit *sceleratorum comitum manibus torque redimitus aureo*). Avant ce dernier, la règle pour Anastase et Justin I était que ce fût le *campiductor lanciariorum* qui procédât à cette imposition du collier (Const. Porph., *Cérém.*, 1, 92, t. 1, p. 423, l. 7-9, et 1, 93, t. 1, p. 429, l. 3-4 *C. S. H. B.*), non mentionnée pour Justinien. C'était un officier subalterne d'un des corps de troupes palatines, dont le grade, semble-t-il, était au-dessous de celui de tribun (cf. E. Beurlier, *Campidoctores et campiductores*, dans *Mélanges Graux*, *Recueil de travaux d'érudition classique...*, Paris, 1882, p. 297-303). Le militaire (*armatus*) qui plaça un collier autour du cou de Justin II, après que celui-ci l'eut refusé deux fois, pourrait bien être ce *campiductor lanciariorum*, puisque Corippe dit que le prince le fit tribun, grade qui était immédiatement supérieur au sien. Les promotions étaient habituelles lors de l'avènement d'un nouvel empereur (cf. Lampr., *Diad.*, 2, 1 : *habete igitur, commilitones, pro imperio... solitas promotiones sed geminatas*). Justin II est le dernier à avoir reçu un collier pour son couronnement ; en outre, il ne lui fut pas posé sur la tête, mais autour du cou. Sur ce rite en général, consulter W. Ensslin, *Zu Torqueskrönung und Schilderhebung*, dans *Klio*, 17, 1942, p. 268-298. Par lui l'armée montrait qu'elle reconnaissait au candidat le droit de prendre les insignes impériaux (cf. Ioh. Lyd., *De magistr.*, 2, 3, p. 56, l. 22-28, éd. Wünsch). C'est bien pourquoi nous croyons, après Foggini, qu'*armatus* est un adjectif substantivé qui désigne un représentant de l'armée (par opposition aux « civils ») et non un nom propre comme le veulent plusieurs éditeurs et, parmi eux, les plus récents (Partsch, Petschenig, Romano et Av. Cameron). Notre point de vue trouve une confirmation dans deux constatations : le seul Armatus connu sous Justin II est un vicaire de Thrace en 576-577, soit dix ans après les faits mentionnés par Corippe (V. Beševliev, *Spätgriechische und spätlateinische Inschriften aus Bulgarien*, Berlin, 1964, n° 198, l. 11-12). D'autre part, toutes les fois que Corippe parle d'un fonctionnaire ou d'un dignitaire du palais, il indique au moins la charge ou la fonction qu'il détient (cf. 1, 15-27 ; 1, 159 ; 1, 212-225 ; 2, 283-284 ; 3, 220 ; 4, 332-334).

2, 137-139 : Pour l'élévation sur le pavois, cf. J. U. Tresenreuter, *Dissertatio inauguralis de antiquo ritu elevandi principes inaugurandos...*, Altorfii, 1730 ; J. Grimm, *Deutsche Rechtsalterthümer*, 4. vermehrte Ausgabe, Band. I, Leipzig, 1899, §§ 234-235, p. 323-325 ; J. Ebersolt, *Études sur la vie publique et privée de la cour byzantine*, dans *R. H. R.*, 86, 1917, p. 1-105, spécialement p. 20-21 ; A. Alföldi, *Insignien und Tracht der römischen Kaiser*, dans *M. D. A. I.* (R), 50, 1935, p. 1-171, particulièrement p. 52-54 ; A. Grabar, *L'empereur dans l'art byzantin...*, p. 112 ; W. Ensslin, *Zu Torqueskrönung und Schilderhebung...* L'origine germanique de ce rite est bien connue depuis

Tac., *Hist.*, 4, 15, qui le mentionne chez les Bataves. Il est également attesté chez les Francs (Cass., *Var.*, 10, 31 ; Greg. Tur., *Franc.*, 2, 40 ; 4, 51 ; 7, 10, pour Witigès, Chlodowech, Sigebert et Gundovald). Pour les Lombards cela est moins sûr, car l'expression *leuatus est* utilisée par Paul. Diac., *Lang.*, 3, 34, et 6, 55, est équivoque : s'agit-il réellement d'une élévation sur le bouclier ou l'expression a-t-elle déjà un sens figuré analogue à notre « élever au pouvoir »? Le même problème se pose pour un certain nombre d'empereurs romains ou byzantins (ainsi pour Honorius, Claud., 8, 174 : *sed mox, cum solita miles te uoce leuasset*, ... et pour bien d'autres). W. Ensslin, pour avoir constaté que l'expression correspondante du grec ἐπήρθη était appliquée aussi à des impératrices, qui n'étaient pas élevées sur le pavois, est d'avis que *leuatus est* ou ἐπήρθη ne désigne pas une élévation sur le bouclier. Mais ce point de vue est contredit par des textes médiévaux, comme ceux que cite Grimm, *op. cit.*, p. 325 (par exemple Villehardouin, chap. 118 : *Lors fu li quens levés à grande joie au palais et fu portés au moustier Saint Sofie* en 1204), à moins qu'il ne s'agisse là d'une simple élévation sur les épaules. Quoi qu'il en soit, le rite est mentionné sûrement la première fois pour Julien (Amm., 20, 4, 17, et Zozim., 3, 9, 2), puis pour Valentinien I (Philostorg., *Hist. eccl.*, 8, 8, p. 109, éd. Bidez ; Ammien Marcellin n'en parle pas), pour Anastase (Const. Porph., *Cérém.*, 1, 92, p. 423, l. 10-12, *C. S. H. B.*), pour Justin I (Id., *ibid.*, 1, 93, p. 427, l. 17, *C. H. S. B.*), pour Hypatius, l'usurpateur éphémère de la sédition Nika (Zonar., 14, 6, 23, t. 3, p. 155, l. 11-12, *C. H. S. B.*). Après Justin II, il est signalé plusieurs fois et au xve siècle encore l'archevêque Siméon de Thessalonique (*De sacro templo*, 144, *P. G.*, 155, 352) explique que l'élévation sur le pavois est une investiture militaire et civile. L'iconographie a laissé peu d'exemples d'élévation sur le bouclier, étant donné que l'investiture de l'empereur a donné surtout lieu à des représentations symboliques (cf. p. xxxv n. 4) : une miniature au folio 10 du *Skylitzès* de Madrid (s. xiv) représente Michel Rhangabé (811-813) couronnant Léon l'Arménien qu'il associe au pouvoir, sur un bouclier soulevé par quatre personnages ; au folio 230 du même manuscrit, deux hommes encore accroupis soulèvent sur un pavois Léon Tornice (miniatures répertoriées dans G. Millet, *La collection chrétienne et byzantine des Hautes Études* (= *École pratique des Hautes études*, *Section des sciences religieuses*), Paris, 1903, p. 54 et 68 (n°s 369 et 1271). Une autre miniature, dans le *Vaticanus graecus 752*, au folio 82, représente David, tenant dans la main droite un sceptre, soulevé sur la face intérieure d'un grand bouclier par cinq hommes (= pl. VI de H. Omont, *Fac-similé des miniatures des plus anciens manuscrits grecs de la Bibliothèque nationale*, Paris, 1902). Une miniature semblable se trouve au folio 285 du *Vaticanus Reginensis Graecus 1* et représente le couronnement de Salomon. Il est difficile de savoir qui étaient au juste les *ministri* qui soulevèrent le bouclier. Nous avons traduit le mot par « officiers » étant donné que le rite est militaire à l'origine, mais assez souvent chez Corippe *ministri* s'applique à des serviteurs privés (*Iust.*, 1, 95) ou aux *cubicularii* (chambellans), fonctionnaires de l'État, mais s'occupant de la maison privée de l'Empereur (*Iust.*, 2, 86 ; 2, 383). L'expression *lecti iuuenes* (qui est à nouveau employée sous la forme *electi iuuenes* en *Iust.*, 4, 230, pour désigner les jeunes gens portant la *sella curulis*, du même âge et revêtus d'une même tenue éclatante) ferait plutôt penser à ces sortes de « pages », élèves du *paedagogium*, « où étaient élevés des jeunes gens pris tout enfants et qui, magnifiquement habillés, formaient la suite de l'empereur dans les cérémonies » (L. Bréhier, *Les institutions de l'Empire byzantin...*, Paris, 1970, p. 85). C'était cet établissement qui avait assuré l'éducation de Tibère (*Iust.*, 1, 214-218).

2, 139-140 : Cf. note *ad* 1, 355-356.

2, 150-151 : Corippe fait ici allusion au phénomène des parhélies, dû à une illusion d'optique, et *prodigium* souvent mentionné par les auteurs anciens de 217 avant J.-C. à 51 après J.-C. dans toute l'Italie (Liv., 22, 1, 10 ; 28, 11, 3 ; 29, 14, 3 ; 41, 21, 12 = Plin., *Nat.*, 2, 31 ; Iul. Obs., 14 ; Cic., *Rep.*, 1, 10, 15 = *Nat. deor.*, 2, 5, 14 ; Iul. Obs., 32 ; Plin., *Nat.*, 2, 31 ; Iul. Obs., 43 ; 68 = Plin., *Nat.*, 2, 31 ; Iul. Obs., 70 = Plin., *Nat.*, 2, 31 ; Plin., *Nat.*, 2, 31 = Ioh. Lyd., *Prod.*, 4, p. 277, l. 11-13, *C. S. H. B.*). C est une parhélie qui constitue une partie de la vision de Cassandre dans Sén., *Ag.*, 728. Cicéron mentionne ce phénomène avec l'apparition de trois lunes et de feux dans le ciel (Cic., *Diu.*, 1, 97). La comparaison de l'empereur avec le Soleil, désormais simple topos de la littérature aulique, fait penser à certaines monnaies de Constantin qui représentent son buste associé à celui de *Sol* (cf. H. Cohen, *Description historique des monnaies frappées sous l'Empire romain...*, réimpr. Graz, 1955, t. 7, Constantin I le Grand, n°s 511-516).

2, 155-158 : Corippe attribue à l'âme du juste les caractéristiques lumineuses de la Sagesse (cf. *testimonia*) parce que plusieurs passages de la Vulgate parlent de l'éclat du juste (Vulg., *Sap.*, 3, 7 ; *Is.*, 62, 1 ; *Matth.*, 13, 43) et qu'en outre une tradition patristique, représentée d'abord par saint Augustin, faisait de « l'âme du juste le siège de la sagesse », *anima iusti sedes sapientiae*. L'origine de cette tradition serait une traduction latine ancienne de Sept., *Prou.*, 12, 23 a : ἀνὴρ συνετὸς θρόνος αἰσθησέως, rendu dans la Vulgate par : *homo uersutus celat scientiam* (cf. J. Denk, *Wo steht Anima iusti sedes sapientiae?*, dans *Theologie und Glaube*, 9, 1917, p. 649-650 ; A. M. La Bonnardière, « *Anima iusti sedes sapientiae* » *dans l'œuvre de saint Augustin*, dans *Epektasis, Mélanges patristiques offerts au cardinal Jean Daniélou...*, s. l. (= Paris), 1972, p. 111-120).

2, 159-164 : La cérémonie du couronnement telle que la décrit Corippe diffère quelque peu de celle détaillée par le *Livre des Cérémonies* pour les ve-vi^e^ siècles (cf. Ebersolt, *Études sur la vie publique et privée de la Cour byzantine*, dans *R. H. R.*, 76, 1917, p. 19-21) : selon Constantin Porphyrogénète, l'empereur descend du bouclier, le patriarche s'avance, le revêt de la chlamyde et lui met le diadème, puis l'empereur apparaît tenant le bouclier et la lance et est acclamé par l'armée et le peuple. Il se rend alors à Sainte-Sophie pour déposer sa couronne sur la sainte table et remettre ses cadeaux d'avènement au clergé. Selon Corippe, Justin a déjà la chlamyde et notre auteur ne parle pas de la visite à l'église. Faut-il supposer une lacune plus importante que la fin du vers 164? Ne faut-il pas plutôt penser qu'étant donné les circonstances la cérémonie a été quelque peu « accélérée »? C'est depuis les années 450-457 que le patriarche joue un rôle lors du couronnement et seulement au VIe siècle que le couronnement religieux est associé aux cérémonies militaires (Alföldi, *Insignien und Tracht der römischen Kaiser*, dans *M. D. A. I.* (*R*), 50, 1935, p. 56). Il existe une seule représentation d'un patriarche couronnant un empereur, dans le *Skylitzes* de Madrid (s. XIV) : il s'agit du couronnement de Constantin Porphyrogénète (= pl. XXVII, 2, de A. Grabar, *L'empereur dans l'art byzantin*...). Pour des représentations du diadème, cf. les mosaïques de Ravenne : à l'origine bandeau d'étoffe, puis cercle d'or incrusté de pierres précieuses, il était au VIe siècle orné de pendeloques de pierres et de perles qui retombaient sur les tempes (cf. A. Mau, article *Diadema*, dans *R. E.*, V, 1, Stuttgart, 1903, col. 303-305).

2, 160 : Jean III, dit *Le Scholastique* (il était ancien avocat), était né à Sirimis, près d'Antioche dont il représentait comme apocrisiaire le siège à la Cour depuis plusieurs années. Outre les motifs politiques, l'amitié étroite qui le liait à Justin explique sa rapidité à le couronner. Sur lui, cf. E. Stein, *Histoire du Bas-Empire*..., t. 2, p. 687-688 et la fin de la note 1 de la page 688.

2, 168 : Ce type d'acclamation était appelé πολυχρόνιον (cf. aussi *Iust.* 3, 75). On le trouve déjà sous Constantin (*Inscr.*, *Dessau* 681 : *Constantine Caes. uiuas* !) et le *Livre des Cérémonies* en donne de très nombreux exemples, répartis en huit types (Εἰς πολλοὺς χρόνους καὶ ἀγαθοὺς ὁ Θεὸς ἀγάγοι : 1, 13, *C. S. H. B.*, t. 1, p. 10, l. 8, éd. Vogt ; πολλὰ ἔτη εἰς πολλά : 1, 36, *C. S. H. B.*, t. 1, p. 29, l. 15, éd. Vogt ; πολλοὶ ὑμῖν χρόνοι ἡ ἔνθεος βασιλεία : 1, 36, *C. S. H. B.*, t. 1, p. 29, l. 16, éd. Vogt ; πολυχρόνιον ποιήσῃ ὁ θεὸς τὴν ἁγίαν βασιλείαν σας εἰς πολλὰ ἔτη : 1, 37, *C. S. H. B.*, t. 1, p. 30, l. 26-28, éd. Vogt ; Ἦλθες η μούλτος ἄννος, φιλικήσιμε : 1, 69, *C. S. H. B.*, t. 1, p. 63, l. 13-14, éd. Vogt ; καλὰς ἡμέρας καὶ ἀγαθὰς ὁ θεὸς παράσχῃ τοῖς ὀρθοδόξοις δεσπόταις : 1, 217, *C. S. H. B.*, t. 2, p. 24, l. 20-21 éd. Vogt ; καλὰ τὰ ἔτη τῶν βασιλέων : 1, 295, *C. S. H. B.*, t. 2, p. 104, l. 1-2, éd. Vogt ; Κρίστους, Δέους νόστερ, κουμσερβετ ἠμπέριουμ βέστρουμ περ μουλτοσάννος ἐτ βόνος : 1, 369, *C. S. H. B.*, t. 2, p. 169, l. 18-19, éd. Vogt). Plusieurs monnaies de Justin II portent en exergue *VITA* (J. Eckel, *Catalogus musei caesarei vindobonensis numorum veterum*..., pars II, Vindobonae, 1779, p. 538, n° 6 ; W. Wroth, *Catalogue of the imperial byzantine coins in the British Museum*, vol. I, London, 1908, p. 75-104, n° 264 ; 266-268 ; 271). Des inscriptions (plus tardives) donnent également des exemples de πολυχρόνιον (cf. H. Lietzmann, *Die Landmauer von Konstantinopel*..., Berlin, 1929, p. 19-27 : *Inschriften der Mauern und der Türme*, n°s 10 et 13 : πολλὰ τὰ ἔτη). *Ter centum* ne désigne pas un nombre précis (et ne saurait notamment désigner le nombre des sénateurs, qui à Constantinople n'étaient plus trois cents comme sous la République romaine), mais signifie « un grand nombre » (cf. E. Wölfflin, *Sescenti, mille, trecenti als unbestimmte und runde Zahlen*, dans *A. L. L. G.*, 9, 1896, p. 177-190, et plus spécialement p. 188-190). Nous avons cependant cru bon de garder « trois cents » dans notre traduction.

2, 172 : Pour traduire en vers l'acclamation du πολυχρόνιον, Corippe a utilisé l'expression scripturaire *regnare in saecula* (Vulg., *Tob.*, 9, 11 ; *Psalm.*, 145, 10 ; *Apoc.*, 11, 15 ; 22, 5). Pour la signification du *pares*, cf. n. 1 p. XXXII.

2, 175 : Si ce trône est le même que celui mentionné en 3, 191-209, le couronnement a eu lieu dans le Grand Consistoire (cf. 3, 212 et note). Ce point de vue est confirmé par la similitude d'expression en 2, 100 et 3, 213. C'est également au Consistoire que l'empereur faisait ses discours (cf. R. Guilland, *Études de Constantinople byzantine...*, p. 56).

2, 178-274 : L'usage des discours d'avènement devant le Sénat est attesté à plusieurs reprises jusqu'à la fin de l'Empire (cf. Ch. Lécrivain, *Le Sénat romain, depuis Dioclétien à Rome et à Constantinople* (= *Bibliothèque des Écoles françaises d'Athènes et de Rome*, fasc. 52), Paris, 1888, p. 231.

2, 190 : L'image de la tête comme « citadelle du corps » est une vieille formule platonicienne (Plat., *Tim.*, 70 a ; *Rep.*, 560 b). Chez les auteurs latins on la trouve, entre autres, chez Cic., *Nat. deor.*, 2, 140 ; *Tusc.*, 1, 20 ; Chalc., *Comm.*, 231 ; *Transl.*, 44 ; Apul., *Apol.*, 50 ; *Plat.*, 1, 13 ; Lact., *Inst.*, 6, 4, 1. D'autres exemples sont donnés par le *T. L. L.*, vol. 2, col. 743, l. 37-46.

2, 223 et 226-227 : L'expression *uia recta* (2, 227) est scripturaire et désigne la « voie du juste » (Vulg., *Psalm.*, 106, 7 ; *Prou.*, 12, 15 ; 16, 25 ; 21, 2 ; 29, 27 ; *Sap.*, 10, 10 *et alibi*). On trouve aussi l'expression *iter rectum* (Vulg., *Prou.*, 14, 2 ; *Eccli.*, 51, 20 ; *ambulauit pes meus iter rectum*). Mais elle n'est pas exclusivement scripturaire, puisqu'on lit chez Sén., *Epist.*, 37, 4 : *Vna ad hanc* (i. e. *sapientiam*) *fert uia, et quidem recta.* « L'image du chemin de la vertu fait partie de l'arsenal des déclamateurs et des auteurs de diatribes » (P. Monat, *Lactance, Institutions divines, livre V*, t. II : *Commentaire et index*, Paris, 1973, p. 25-26, qui commente Lact., *Inst.*, 5, 1, 13 : *rectum iter*). Ainsi Corippe se trouve ici au confluent des deux traditions, païenne et chrétienne.

2, 249 : A l'origine « trésor de la couronne » et, en tant que tel, distinct de l'*aerarium publicum*, puis depuis le IIIe siècle confondu avec ce dernier (cf. G. Humbert, article *Fiscus*, dans *Dictionnaire des antiquités grecques et romaines*, t. 2, 2, Paris, 1896, p. 1142-1145), le fisc était à Byzance l'une des sept trésoreries, la trésorerie centrale, celle du *comes sacrarum largitionum* (cf. n. *ad* 1, 23-24). Elle assurait les dépenses publiques sauf le versement des soldes militaires et le paiement des services civils des préfets du prétoire, qui avaient leur propre caisse. Elle ne participait pas au financement de la bourse privée de l'empereur, qui disposait de deux caisses, celle de la *domus diuinae*, relevant du sacellaire, et celle du *patrimonium* (cf. L. Bréhier, *Les institutions de l'Empire byzantin...*, Paris, 1970, p. 207-208).

2, 278-281 : Le chemin parcouru pour aller au cirque était très court (100 à 200 mètres) et le cortège n'avait pas à quitter le palais : un escalier en colimaçon permettait, depuis le palais de Daphné qui était inclus dans le périmètre du Grand Palais, de passer dans le palais du Kathisma, qui tirait son nom de la tribune impériale (*casa* : *Iust.*, 2, 413) constituant sa façade sur le flanc oriental de l'hippodrome. Cette tribune, aménagée pour l'empereur et les dignitaires, ne communiquait pas avec le reste de l'hippodrome. Cf. R. Guilland, *Études de topographie de Constantinople byzantine...*, t. 1, Berlin-Amsterdam, 1969, p. 462-508.

2, 283 : Jean d'Éphèse (5, 18, p. 203, éd. E. W. Brooks) atteste également que Marcellus était le frère de Justin II. En mars et avril 562, il dirigeait en tant que *magister militum* une expédition contre les Huns qui avaient envahi la Thrace. Auparavant, il avait reçu un commandement dans la guerre de 544 contre les Perses (E. Stein, *Histoire du Bas-Empire...*, t. 2, p. 541).

2, 287 : Sur la dignité de patrice, créée par Constantin, cf. Bréhier, *Les institutions de l'Empire byzantin...*, Paris, 1970, p. 89-90 : rappelant l'ancien ordre sénatorial, cette dignité ne comportait aucune fonction déterminée et était conférée normalement pour des services exceptionnels. Pouvant être cumulé avec d'autres titres, celui de patrice donnait à son possesseur la préséance sur tous les dignitaires, sauf les consulaires. Des chefs barbares le reçurent et Justinien abrogea les règlements de Théodose II et de Zénon qui tendaient à en restreindre l'usage.

2, 294 : ... *posita de more lacerna.* Plusieurs textes du Haut-Empire mentionnent cette coutume d'enlever son manteau lors de circonstances qui exigeaient une tenue de cérémonie (Juv., 16, 44-47 ; Suét., *Aug.*, 40 ; *Cl.*, 6 ; Dio Cass., 72, 21), mais elle n'est plus attestée ensuite.

2, 334-336 : L'allocution au peuple reprend certains thèmes du discours au Sénat : la fin des émeutes et des querelles (cf. 2, 231) et le respect de la justice (cf. 2, 215-216 et 258). Mais elle comporte en plus l'annonce solennelle de la célébration du consulat, promesse de cadeaux soulignée par une triple allitération et une paronomase, tandis qu'elle ne contient aucune allusion aux mesures financières. Cette deuxième allocution est donc moins « politique » et davantage adaptée à la psychologie du peuple.

LIVRE III

3, 6-7 : La foule est admise dans le palais pour la cérémonie des funérailles de Justinien. Les portes qui sont mentionnées ici sont celles de la Chalcè (cf. n. *ad* 3, 191-209), au-delà de laquelle à l'intérieur se trouvaient les portiques du quartier des gardes (cf. 3, 165-166 et n. *ad loc*). Mais il y avait d'autres portiques dans le palais (*passimque per aulam*). La restitution de *pompa* s'appuie sur Claud., 10, 286 : *Ante fores iam pompa...*

3, 59-61 : « Saint-Denis de l'empire grec d'Orient » (Ch. Diehl, *Justinien...*, p. 488), l'église des saints Apôtres, commencée en 536 sur l'emplacement d'une basilique du IVe siècle construite par Constantin, fut inaugurée le 28 juin 550. Son nom lui vient des reliques des apôtres Luc, André et Timothée que l'on avait retrouvées sous le pavé de l'ancienne basilique et qui furent replacées dans la nouvelle église. Justinien y avait fait préparer pour lui-même et pour Théodora des sarcophages de marbre où furent placés les cercueils d'or des souverains. Constantin, Arcadius et Eudoxie, Théodose II, Marcien, Anastase I, Zénon, Justinien et Théodora, Tibère II, Héraclius, Constantin III, Constantin IV, Michel II, Nicéphore II, Constantin VII y furent ensevelis. Après 1453, l'église fut détruite et remplacée par la mosquée de Mohamed le Conquérant (Mehmed Fatih). Sur l'église des Saints-Apôtres, on consultera Ch. Diehl, *Justinien...*, p. 487-488 ; J. B. Bury, *History of the later Roman Empire...*, t. 1, London, 1923, p. 77 ; A. Vogt, *Constantin VII Porphyrogénète, Le livre des cérémonies...*, *Commentaire*, t. 1, p. 108-109.

3, 75 : Cf. n. compl. *ad* 2, 168.

3, 86-87 : La table impériale, séparée des autres, était réservée à la famille impériale et aux invités de marque (J. Ebersolt, *Études sur la vie publique et privée de la cour byzantine*, dans *R. H. R.*, 76, 1917, p. 62). On a conservé le récit d'un repas dans le Triclinium des XIX Lits (car il y avait dix-neuf « tables » à l'antique où les convives prenaient leurs repas couchés), récit fait au Xe siècle par Liutprand de Crémone (*Antapodosis*, 6, 8, *M. G. H.*, *S. S.*, III, p. 338-339). Liutprand avait en effet été ambassadeur de Béranger, marquis d'Ivrée, en 949 auprès de Nicéphore II Phocas.

3, 88 : Sarepta, situé entre Tyr et Sidon, possédait de riches vignobles (cf. M. Besnier, *Lexique de géographie ancienne*, avec une préface de R. Cagnat, Paris, 1914, p. 671, et *supra*, p. XLIV, n. 7 : Sid. Ap., *Carm.*, 17, 15-16).

3, 90 : Même pendant l'occupation vandale, il y avait d'importantes relations commerciales entre Carthage et la partie orientale de l'Empire (cf. Ch. Diehl, *L'Afrique byzantine...*, Paris, 1896, p. 406). La reconquête byzantine les facilita encore et Corippe, dans *Iohannis*, chante la joie des commerçants après l'expédition de Bélisaire (*Ioh.*, 3, 331-332) :

... mercator ubique
quisque canit...

3, 91 : Meroe, sur une presqu'île du Haut-Nil, était l'ancienne capitale de l'Éthiopie (cf. H. Kees, article *Meroe*, dans *R. E.*, XV, 1, Stuttgart, 1931, col. 1048-1054). Bien qu'elle fût au cœur d'une contrée fertile, elle n'était pas spécialement réputée pour ses vignobles. La même remarque peut être faite pour Memphis, qui avait aussi une grande réputation de fertilité (cf. H. Kees, article *Memphis*, dans *R. E.*, XV, 1, Stuttgart, 1931, col. 660-668, et notamment col. 666) et où il existait certes des vignes, puisque Pline l'Ancien (*Nat.*, 16, 81) prétend que ni les arbres ni même les vignes n'y perdaient leurs feuilles. Corippe ici s'est plu, pour l'évocation des vignobles célèbres, à citer des régions réputées fertiles de l'Empire. *Candida Cypros* est une expression à la façon d'Horace *claram Rhodon* (Hor., *Carm.*, 1, 7, 1).

3, 96 : Le vin de Lesbos ou, plus précisément, de Methymna, sur la côte sud de l'île, est souvent mentionné par les poètes latins (cf. Virg., *Géorg.*, 2, 89-90 ; Hor., *Sat.*, 2, 8, 49-50 ; Prop., 4, 8, 37-38 ; Ov., *Ars*, 1, 57 ; Sil., 7, 209-211).

3, 100-101 : Des rares textes qui mentionnent le vin chrysattique (en latin Plin. Val., 5, 8 ; *Edict. imp. Diocl.*, *C. I. L.*, III, p. 1931, 2, 14 ; Cass. Fel., 46), celui de Corippe est encore le plus explicite, puisqu'il nous apprend que c'était un vin doux naturel. Son nom semble indiquer en outre qu'il était un vin blanc de l'Attique.

3, 102 : Le mont Garizim, aujourd'hui le Djebel et Tor, est une montagne de Samarie, sur les flancs de laquelle est bâtie l'actuelle ville de Naplouse, l'antique Sichem. Corippe est le seul à faire référence à ses vignobles, mais la région est fertile et d'une façon plus générale, les vignes de Palestine sont mentionnées, outre par Corippe (*Iust.*, 3, 98), par la Bible (Vulg., *Néhém.*, 9, 25).

3, 112-115 : Plusieurs plats représentant un empereur ont été conservés : le fameux plat en argent qui montre Théodose procédant à l'investiture d'un dignitaire et qui est conservé à Madrid (= pl. XVI de A. Grabar, *L'empereur dans l'art byzantin*..., Paris, 1936) ; le « disque » de Valentinien en argent, conservé au Musée de Genève (= pl. XLIII, p. 48 du t. 2 de H. Peirce et R. Tyler, *L'art byzantin*, Paris, 1932-1934). Le plat en argent de Kertsch, conservé au Musée de l'Ermitage à Léningrad, représentant le triomphe d'un empereur (= pl. XVII, 2, de Grabar, *op. cit.*) et d'autres plats de l'Ermitage consacrés à Héraclius (cf. L. A. Matzoulevitch, *Byzantinische Antike*, Berlin, 1929). Cf. aussi n. compl. *ad* 1, 276-290.

3, 121-125 : C'est avec l'or provenant du trésor vandale (3, 122 : *barbarico... auro*, cf. n. compl. *ad* 2, 123-125), et non d'Asie comme le veut D. Romano, que Justinien avait fait réaliser ce service illustrant son triomphe sur Geilimer (3, 123 : ... *captis... tyrannis*) pour son quatrième consulat le 1er janvier 535, cérémonie à laquelle avait été associé l'artisan de la victoire, Bélisaire, qui avait déjà eu son propre triomphe à la fin de 534 (cf. n. *ad* 2, 125). La procession consulaire était un véritable triomphe, puisque l'habit du consul était le même que celui du triomphateur (cf. Aus., 419, 52, p. 366, l. 335-337, éd. Peiper : *Nam iste habitus, ut in pace consulis est, sic in uictoria triumphantis*) et, à époque tardive, le terme employé pour désigner le cortège était *ouatio* (cf. Claud., 15, 32 ; Corip., *Iust.*, 4, 101, et surtout Ioh. Lyd., *De mens.*, 4, 3, p. 66, l. 19-p. 67, l. 2, éd. Wünsch : Ἡ δὲ πρώτη τῶν Καλενδῶν ἑορτὴ Ῥωμαίοις σεβασμιωτάτη, καὶ ὁ ὕπατος ἵππῳ λευκῷ ἐποχούμενος καὶ αὐτὸς λευχείμων, ἡγούμενος πομπῆς, ἀνέτρεχεν ἐν τῷ Καπιτωλίῳ · τὸν δὲ τοιοῦτον τρόπον τῆς πομπῆς πατρίως ὀβατίωνα ἐκάλουν ἐκ τῆς τῶν προβάτων θυσίας).

3, 125 : Il n'est pas sûr que l'expression *alta... Capitolia* soit une allusion au Capitole de Constantinople (τὸ Καπετώλιον). Cette construction rectangulaire, recouverte de tuiles de bronze dorées et portant une croix, possédait des boutiques et était le siège d'une université. Sa situation dans une zone élevée de la ville faisait qu' « on montait donc réellement au Capitole, tout comme à Rome » (R. Janin, *Constantinople byzantine...*, Paris, 1950, p. 171-172). Cependant, à la différence du Capitole de Rome, celui de Constantinople n'était pas le but des processions consulaires, même s'il était sur leur passage, comme le montre le *Livre des Cérémonies* pour la procession consulaire de Justinien en 540 (*C. S. H. B.*, 497, 20), et sa situation élevée était toute relative, puisque l'expression utilisée dans le passage cité signifie que Justinien « descendit au Capitole » καθῆλθεν ἐπὶ τὸ Καπετώλιον). C'est pourquoi nous pensons plutôt que l'expression *alta... Capitolia* a ici une valeur symbolique.

3, 126 : Pour cet emploi de *fabula* avec le sens de « propos », « conversation », cf. Querol., p. 27, l. 17, éd. Peiper : *non praetereunda est fabula quam audio* ; Auson., 360, 4, p. 219, l. 29, éd. Peiper : *etenim fabula de nuptiis est* ; Corip., *Ioh.*, 8, 293 : *mutuaque ex oculis arcebat fabula somnos.*

3, 158 : L'ensemble du personnel palatin était réparti en scholes, scholes civiles composées des « employés supérieurs du palais et des bureaux de l'administration centrale » (C. Jullian, *Processus consularis*, dans *R. Ph.*, 7, 1883, p. 145-163, spécialement p. 155), tels que les huissiers, les courriers et les chargés de mission (3, 160), mais surtout scholes militaires. Sur ces dernières, cf. R. Cagnat, article *Schola*, dans *Dictionnaire des antiquités grecques et romaines*, t. 4, 2, Paris, 1909, p. 1122 ; A. Vogt, *Constantin VII Porphyrogénète, Le Livre des Cérémonies*, texte établi et traduit par A. Vogt, *Commentaire*, t. 1, p. 55 ; L. Bréhier, *Les institutions de l'Empire byzantin...*, Paris, 1970, p. 272-273 ; R. Guilland, *Études de topographie de Constantinople byzantine...*, t. 1, Berlin-Amsterdam, 1969, p. 29 ; R. I. Franck, *Scholae Palatinae...*, Rome, 1969, *passim.* Les scholes militaires formaient la garde personnelle de l'empereur et veillaient sur le palais. Elles comprenaient à l'époque du *Livre des Cérémonies* sept sections (deux sections de Candidats, une d'Excubiteurs, une de Scholaires proprement dits, une d'*Hicanates*, une d'*Arithmi* et une de *Noumeri*).

3, 160 : Les *decani* sont à plusieurs reprises associés aux *cursores* (cf. n. 3 p. LX, et, entre autres, Const. Porph., *Cérém.*, t. 1, p. 73, l. 24-25, éd. Vogt). Sur ces fonctionnaires civils situés tous en bas de la hiérarchie palatine, cf. Diehl, *Justinien...*, p. 96 ; O. Seeck, article *Decanus*, dans *R. E.*, IV, 2, Stuttgart, 1901, col. 2246, et surtout R. Guilland, *Le decanos et le référendaire*, dans *R. E. Byz.*, 5, 1947, p. 90-100. Nombreuse, leur schole était divisée en quatre sections sous les ordres de quatre *primicerii*. Ils jouaient, comme les anciens licteurs auxquels les comparent les historiens byzantins, un rôle d'huissier, mais pouvaient parfois être utilisés comme courriers ou pour maintenir l'ordre. Leur existence est attestée de la fin du IVe siècle au Xe siècle. Pour la traduction du mot par « huissier », nous avons suivi A. Vogt, *op. cit.*, qui traduit le mot ainsi (t. 2, p. 43, l. 28-29 ; p. 46, l. 23-24 ; p. 56, l. 2 ; p. 57, l. 19 ; p. 163, l. 4) sauf au t. 1, p. 73, l. 24-25, où il le traduit bien maladroitement par « doyen ». Les *cursores* sont des membres du *cursus publicus*, la poste d'État, mais des *cursores* étaient aussi chargés d'assurer le maintien de l'ordre à l'hippodrome (cf. A. Rambaud, *Études sur l'histoire byzantine*, Paris, 1912, p. 30, et Const. Porph., *Cérém.*, t. 2, p. 163, l. 2-3, éd. Vogt, où ils sont associés aux *decani* parmi le personnel de l'hippodrome). Les *agentes in rebus*, qui étaient moins de mille, existaient depuis 248. Leur schole était sous les ordres d'un *adiutor* et de *subadiuuae* et comprenait six classes, dans l'ordre celle des *equites*, celle des *circitores*, celle des *biarchi*, des *centenarii*, des *ducenarii*, des *principes*. Un chargé de mission parvenu dans cette dernière catégorie pouvait ensuite devenir *uir clarissimus* et sénateur. La mission principale de ces *agentes in rebus* était d'assurer la police d'État et de porter les dépêches de l'empereur. Ils procédaient aux arrestations et contrôlaient les diplômes donnant droit à l'usage de la poste publique (*euectiones*). Mais leurs missions pouvaient être plus variées et moins officielles, de sorte que parfois on les considérait comme des espions et que l'on ne les aimait guère. Julien les dispersa pour n'en garder que dix-sept et leur ôter leur droit de contrôle de la poste publique. Toutefois cette espèce de disgrâce fut de courte durée. Sur eux, cf. G. Humbert, article *Agentes in rebus*, dans *Dictionnaire des antiquités grecques et romaines*, t. 1, Paris, 1877, p. 132 ; O. Seeck, article *Agens in rebus*, dans *R. E.*, I, Stuttgart, 1893, col. 776-779 ; E. de Ruggiero, article *Agens in rebus*, dans *Dizionario epigrafico di antichità romane*, t. 1, 2e éd., 1961, p. 385 ; L. Bréhier, *Les institutions de l'Empire byzantin...*, Paris, 1970, p. 83 ; A. Piganiol, *L'Empire chrétien* (= coll. « Hier »), 2e éd., mise à jour par A. Chastagnol, Paris, 1972, p. 348-349.

3, 161 : *Candida turba* est l'équivalent poétique de *candidati*, mot qui n'est pas dactylique. Sur les « candidats », consulter Vogt, *op. cit.*, *Commentaire*, t. 1, p. 47, et surtout R. Guilland, *Études de topographie de Constantinople byzantine...*, p. 4-5. Constituant, à l'époque du *Livre des Cérémonies* deux des sept scholes militaires (cf. *supra*, n. *ad* 3, 158, et N. H. Baynes, compte rendu de J. Ebersolt, *Le Grand Palais de Constantinople...*, et *Études de topographie...*, dans *J. H. S.*, 30, 1910, p. 367, qui précise qu'il existait une schole de « jeunes » et une schole de « vieux »), ils avaient à leur tête un *primicerius*. Vêtus de blanc, portant sur la poitrine une chaîne d'or à trois nœuds, ils servaient d'escorte d'apparat lors des déplacements de l'empereur et des cérémonies officielles. Un quartier leur était réservé dans le Grand Palais (cf. n. *infra*, *ad* 3, 165-166).

3, 162 : Institué peut-être par Caracalla (cf. O. Seeck, article *Bucellarii*, dans *R. E.*, III, 1, Stuttgart, 1897, col. 936), le corps des *protectores* constituait une troupe d'élite armée d'une longue lance dorée et d'un grand bouclier circulaire ou ovale, vêtue d'une tunique à manches courtes et flottantes avec des broderies d'or et de pourpre, chaussée de souliers noirs (cf. M. Besnier, article *Protectores*, dans *Dictionnaire des antiquités grecques et romaines*, t. 4, 1re partie, Paris, 1904, p. 709-713). Sur le maître des offices, cf. n. *ad Anast. incipit.*

3, 165-166 : Sur ces portiques et les quartiers des gardes dans lesquels étaient cantonnées les troupes palatines, cf. J. Labarte, *Le palais impérial de Constantinople et ses abords, Sainte-Sophie, le forum Augustéon et l'hippodrome, tels qu'ils existaient au Xe siècle*, Paris, 1861, p. 61 ; 108-109 ; 117 ; J. Ebersolt, *Le grand palais de Constantinople et le Livre des Cérémonies*, Paris, 1910, p. 34 ; Guilland, *Études de topographie de Constantinople byzantine...*, t. 1, Berlin-Amsterdam, 1969, p. 4. Ces portiques sont mentionnés, entre autres, par le *Chronicon paschale*, p. 621, l. 18-20, *C. S. H. B.* Ils avaient brûlé pendant la sédition Nika et Justinien les avait reconstruits. Tandis que d'un côté les portes de la Chalcè s'ouvraient à l'extérieur du palais sur l'Augustéon, de l'autre côté (... *porta condensus ab ipsa*) elles s'ouvraient sur le triclinium des scholaires, qui communiquait avec celui des candidats et ce dernier avec le triclinium des excubiteurs. Alors que les candidats (3, 161 : *candida turba*) et les gardes du corps (3, 162 : *protectores*) se rangent en groupe, les excubiteurs (3, 165) forment une haie d'honneur tout au long des portiques des quartiers des gardes depuis la porte intérieure de la Chalcè. Sur les excubiteurs, cf. *supra*, n. *ad* 1, 202.

3, 185 : Cf. n. *ad* 3, 229.

3, 211 : Si l'expression ... *adytis... ab imis* est un virgilianisme (Verg., *Én.*, 5, 84), *adyta* est par ailleurs un terme de la littérature officielle désignant les appartements privés de l'empereur : cf. *Panég.*, 4, 1, 4 : *adyta palatii uestri.*

3, 212 : Sur les Consistoires (le Grand Consistoire ou Consistoire d'été et le Petit Consistoire ou Consistoire d'hiver ou Consistoire intérieur), cf. J. Labarte, *Le palais impérial de Constantinople et ses abords, Sainte-Sophie, le forum Augustéon et l'hippodrome, tels qu'ils existaient au Xe siècle*, Paris, 1861, p. 63 et 126-127 ; W. Kunkel, *Nachträge zum RLAC, Consilium, Consistorium*, dans *J. A. C.*, Jahrgang 11/12, 1968-1969, p. 230-248, et plus spécialement E. : *Consilium und Consistorium unter dem Dominat*, II : *Consilium des Kaisers als Consistorium*, C. : *Zuständigkeit*, p. 244 ; R. Guilland, *Études de topographie de Constantinople byzantine...*, t. 1, p. 56-59. Le Grand Consistoire était la salle du trône du Grand Palais, construite probablement par Constantin. On y descendait par deux escaliers latéraux et un escalier central qui aboutissait à l'estrade du trône, faite de marbre et située à l'extrémité sud de la salle. Devant l'estrade se trouvait une grande dalle de porphyre (3, 204 : *mira pauimentis*) et trois marches de la même matière qui permettaient d'accéder au trône surmonté d'un baldaquin (3, 194-203). Salle d'apparat et cadre solennel des actes d'État, le Grand Consistoire servait de salle d'audience, notamment lors de la réception d'ambassades. L'empereur y prononçait des discours et certains fonctionnaires y étaient nommés. Mais c'était aussi un lieu de passage traversé par les cortèges impériaux. Le Petit Consistoire ou Consistoire d'hiver ou Consistoire intérieur était attenant au Grand Consistoire. C'est pourquoi J. Ebersolt, *Le Grand Palais de Constantinople*..., p. 43, n. 3, pensait que *consistoria* désigne à la fois le Grand et le Petit Consistoire. Mais il faut plutôt considérer que ce pluriel est un pluriel poétique, étant donné que le contexte ne contient aucune allusion au Petit Consistoire.

3, 214-219 : Corippe se livre ici à une énumération précise des fonctions des *cubicularii*, eunuques chargés, sous la direction du *praepositus sacri cubiculi* duquel dépend le *primicerius sacri cubiculi*, du service des appartements privés de l'empereur (cf. E. Stein, *Histoire du Bas-Empire*..., t. 1, p. 111).

3, 221 : Comme son homonyme plus célèbre, général de Justinien souvent confondu avec lui, ce favori de Justin II, mort vers 581, était spathaire, c'est-à-dire chef de la garde privée de l'empereur veillant sur le *cubiculum*. Une inscription lui donne également le titre de *sacellarius* (trésorier des fonds privés de l'empereur). Sur lui, cf. I. Ševčenko, *The inscription of Justin II's time on the Mevlevihane (Rhesion) Gate at Istambul*, dans *Zbornik radova vizantoloskog instituta*, t. 12, 1970, p. 1-8, et particulièrement p. 4-5.

3, 224 : *Aureus* fait partie du vocabulaire de la beauté morale : cf. Tib., 1, 6, 58 : *aurea... anus* (repris au vers 63 par *dulcis anus*) ; Apul., *Mét.*, 5, 14, *infantis aurei* (*Psyches*) ; Phoc., *Carm. de Verg.*, 4 : *aurea Clio*. *Aureus* n'a sans doute pas ici le sens concret que lui prête D. Romano (« *Coperto d'oro* ») : toutes les caractéristiques du personnage sont, dans la description de Corippe, d'ordre moral, même quand le poète parle de sa tenue (*cultuque habituque modestus*).

3, 229 : *Argenteus* n'est pas l'épithète normale des étoiles qui sont normalement dites dorées (*aurea*, cf. les exemples donnés par J. André, *Étude sur les termes de couleur*..., Paris, 1949, p. 338 et 356, et *Iust.*, 3, 183). Mais ici Corippe établit une hiérarchie entre l'éclat des étoiles en général et celui plus brillant de Lucifer, l'étoile du matin (cf. Ov., *Mét.*, 2, 722-723).

3, 246 : L'Hyrcanie était située au sud-est de la mer Caspienne (massif de l'Elbourz) et correspond à l'actuel Mazandaran, au nord-est de Téhéran (cf. A. Kiessling, article *Hyrcania*, dans *R. E.*, IX, 1, Stuttgart, 1914, col. 454-526). Elle était célèbre pour ses bêtes sauvages et plus spécialement pour ses tigres (Solin., 17, 4 : ... *ostia Oxi fluminis Hyrcani habent, gens siluis aspera, copiosa immanibus feris, foeta tigribus*...). Mais Corippe se souvient ici de Virgile, *Én.*, 4, 367 : ... *Hyrcanae... tigres*.

3, 255 : Sur l'usage de ce *uelum*, cf. V. Chapot, article *Velum*, dans *Dictionnaire des antiquités grecques et romaines*, t. 5, Paris,

1912, p. 676-677, et A. Alföldi, *Die Ausgestaltung des monarchischen Zeremoniells am römischen Kaiserhofe*, dans *M. D. A. I. (R.)*, 49, 1934, p. 1-118, et plus spécialement p. 36-37 et p. 37, n. 1. C'était derrière un *uelum* que, dans le tribunal du préteur, se tenaient déjà anciennement les audiences « à huis clos ». L'emploi du *uelum* dans l'étiquette aulique existait déjà chez les Perses, chez qui le rideau qui séparait le monarque des courtisans était levé lorsque le Grand Roi les recevait. A Rome c'était derrière un rideau que les impératrices assistaient aux actes d'État (cf. Amm., 14, 9, 3) et Constance écoutait les séances judiciaires *uelo misso* (Lucif., *Moriend.*, 4, p. 291, l. 20, *C. S. E. L.*). Sous ce prince déjà le trône est séparé du regard des hommes par des rideaux (Lucif., *Moriend.*, 1, p. 285, l. 29, *C. S. E. L.*), dont l'emploi est ensuite généralisé, aussi bien chez les Wisigoths (Sid. Ap., *Epist.*, 1, 2, pour Théodoric II) qu'à Byzance (cf. Const. Porph., *Cérém.*, 1, 50, t. 1, p. 16, l. 7-9, éd. Vogt : καὶ τιθέασι σελλία εἰς τὸν Αὐγουστέα καὶ καθέζονται οἱ δεσπόται ἐστεμμένοι καὶ δέχονται τὸ σέκρετον βῆλα, βῆλα καθὼς ἔχει ἡ συνήθεια et *passim*).

3, 258-259 : La prostration qui consiste à tomber face contre terre est la forme extrême de la *proskynèse*, qui pouvait être une simple inclinaison de la tête ou une révérence faite à genoux. Cette forme extrême d'adoration fait son apparition à la cour de Justinien (cf. Proc., *Anecd.*, 30, p. 184, l. 19-22, éd. Haury) et est d'origine orientale. Sur elle, cf. J. Ebersolt, *Études sur la vie publique et privée de la cour byzantine...*, dans *R. H. R.*, 86, 1917, p. 39 ; *Constantin VII Porphyrogénète, Le Livre des Cérémonies...*, *Commentaire* par A. Vogt, t. 1, p. 29-30 ; R. Guilland, *Autour du livre des Cérémonies de Constantin VII Porphyrogénète, La cérémonie de la* προσκύνησις, dans *R. É. G.*, 59-60, 1946-1947, p. 251-259. Les ambassadeurs étaient tenus de se livrer à une triple adoration (*ter poplite flexo pronus adorauit terraeque adfixus inhaesit* ; cf. n. 4 p. LVIII). Ce rite ne devait pas étonner particulièrement les Avares, puisqu'une coutume analogue existait chez des peuplades extrême-orientales (cf. A. Kollautz et H. Miyakawa, *Geschichte und Kultur eines Völkerwanderungszeitlichen Nomadenvolke. Die Jon-Jan der Mongolei und die Awaren in Mitteleuropa*, t. 1, Klagenfurt, 1970, p. 165, n. 37 : la triple prostration « entspricht... der San-kuei chu k'ou t'ou der Mandschu Zeremonie, d. i. dreimal niederknien und neunmal mit der Stirn den Boden berühren »).

3, 266-401 : Sur les Avares on consultera Ch. Diehl, *Justinien...*, Paris, 1901, p. 372-373 ; E. Stein, *Studien zur Geschichte des byzantinischen Reiches...*, Stuttgart, 1919, p. 30-31, n. 7, et p. 32, n. 11 ; J. B. Bury, *History of the later Roman Empire...*, vol. 2, London, 1923, p. 315 ; L. Hauptmann, *Les rapports des Byzantins avec les Slaves et les Avares pendant la seconde moitié du VIe siècle*, dans *Byzantion*, 4, 1928-1929, p. 137-170 ; E. Stein, *Histoire du Bas-Empire...*, t. 2, Paris-Bruxelles-Amsterdam, 1949, p. 544 ; A. Kollautz et H. Miyakawa, *op. cit.* Les Avares, originaires d'Asie centrale, mais repoussés par la pression des Tou-Kive ou Turcs occidentaux (cf. 3, 322 : ... *sedesque suas fugitiua reliquit*) entre la mer Caspienne et la mer Noire, avaient en 558, sous le chagan Candich, envoyé des ambassadeurs à Justinien pour faire état de la force de leur nation et lui proposer ses services en échange de terres, de cadeaux et d'une subvention annuelle. C'est ainsi qu'ils soumirent plusieurs peuplades pontiques et bulgares (les Hounougours, les Sales, les Sabires, les Bars). Mais, devant la faiblesse de Justinien, ils se rapprochent du Danube et, lors d'une deuxième ambassade en 562, sous le chagan Baïan, ils obtiennent de l'empereur la Pannonie seconde, jusqu'alors occupée par les Hérules. Ils n'en prennent cependant pas possession et en 565, le 21 novembre, Justin II reçoit leurs ambassadeurs venus lui réclamer la subvention annuelle que leur versait Justinien. Pour leur discours à l'empereur et la réponse de ce dernier, cf. *infra*, *Appendice II*, p. 139-141.

3, 271 : Alors que W. Tomaschek, article *Avares*, dans *R. E.*, II, 2, Stuttgart, 1896, col. 2264, fait dériver *chaghan* du mongol *chagha* signifiant « cassé », F. Altheim, *Attila et les Huns*, traduction de J. Marty, Paris, 1952, p. 55, y voit une contraction de **Kav kavān*, devenu **kav kān*, rendue parfois en grec par καύχανος et signifiant « roi des rois », avec cette particularité que le mot *kav* se rattache à une racine qui signifie « sage ». Le titre est attesté dès 293 (Altheim, *Op. cit.*, p. 51), tandis que *khan* qui en serait la corruption apparaît pour la première fois en 692 (cf. K. Shiratori, *On the titles KHAN and KAGHAN*, dans *Proceedings of the imperial Academy of Japan*, 2, 1926, p. 241-244).

3, 272-273 : Ces célèbres tyrans, ces peuples innombrables, ces royaumes puissants sont une allusion aux Hounougours, aux Sales, aux Sabires, aux Bars soumis par les Avares après leur ambassade de 558 auprès de Justinien (cf. *supra*, n. *ad* 3, 266-401) ; ils sont les barbares qui dévastent les alentours de la Thrace désignés dans le fragment 14 de Menander Protector.

3, 281-296 : L'évocation des exploits des Avares dans les pays froids n'est pas due à des considérations historiques, mais bien à des considérations littéraires. La mention de l'Hèbre a pu d'abord amener Coripe à évoquer l'hiver, puisque dans la littérature, autant grecque que latine, l'Hèbre est très souvent associé au froid (Théocr., 7, 111-112 ; Virg., *Ecl.*, 10, 65 ; *Én.*, 12, 331 ; Hor., *Carm.*, 1, 25, 19-20 ; 3, 25, 10 ; *Epist.*, 1, 3, 3 ; 1, 16, 13 ; Val. Fl., 2, 515 ; Sén., *Herc. O.*, 1895 (1901) ; *Anth. pal.*, 7, 542, 1 ; 9, 56, 1). En outre, les faits rapportés se passent dans les régions pontiques, pour lesquelles Ovide avait laissé de célèbres descriptions de l'hiver, créant ainsi un précédent (*Trist.*, 3, 10 notamment).

3, 287 : *Cognatos* reprend en la condensant l'idée exprimée par Claudien, *Carm. min.*, 34, 1 : *Lymphae quae tegitis cognato carcere lymphas.*

3, 293 : Le motif du sabot du cheval qui s'abat sur la glace se trouve également chez Claud., 21, 125-126, et Ennod., *Carm.*, 2, 136, 4.

3, 390 : Nous avons décidé de conserver la leçon de *M* *scultor* (cf. n. 2 p. CIV), bien qu'elle fasse difficulté. *Scultor* pourrait d'abord être le titre (*sculdor*) d'un petit dignitaire lombard, chef d'un groupe d'*arimanni*, c'est-à-dire d'hommes d'armes (la hiérarchie étant chez les Lombards *rex-dux-comes-sculdor*). Ce titre apparaît dans deux lois lombardes de 747 et 749 (éditées par L. Bethmann, dans *Archiv*, 10, p. 351, n°s 181 et 203). Mais la forme courante de ce titre est *sculdahis* et il est généralement rendu en latin par *centenarius* (cf. F. Schneider, *Die Entstehung von Burg und Landgemeine in Italien*, *Studien zur historischen Geographie*, *Verfassungs-und Sozialgeschichte* (= *Abhandlungen zur mittleren und neueren Geschichte*, Heft 68), 1924, p. 125). *Sculdor*, *sculdahis*, *centenarius* n'apparaissent par ailleurs pas avant le VIIIe siècle. Qu'un petit dignitaire ait pu prendre la responsabilité d'une ambassade n'est pas inconcevable du point de vue des institutions de l'État lombard qui n'a jamais été très centralisé, surtout au VIe siècle (cf. G. P. Bognetti, *Sul tipo e il grado di civilta dei longobardi in Italia secondo i dati dell'archeologia e della storia dell'arte*, dans *Art du haut Moyen Age dans la région alpine*, *Actes du IIIe Congrès international pour l'étude du haut Moyen Age, 9-14 septembre 1951*, Olten et Lausanne, 1954, p. 57-58, et L. Musset, *Les invasions : les vagues germaniques* (= coll. « Nouvelle Clio », l'Histoire et ses problèmes, n° 12), Paris, 1965, p. 144). Mais on ne voit pas pourquoi Justin, qui cherche à impressionner les Avares, évoquerait le ralliement d'un personnage aussi insignifiant qu'un *sculdahis*, dont les Avares devaient tout ignorer. Ainsi, aussi bien la date d'apparition du mot que le contexte dans le passage de Corippe nous amènent à rejeter cette première hypothèse. La solution la plus séduisante est celle de J. Marquart, *Historische Glossen zu den alttürkischen Inschriften*, dans *W. Z. K. M.*, 12, 1898, p. 157-200, et plus spécialement p. 197, repris dans *Eranshar nach der Geographie des Ps. Moses Xorenac'i. Mit historisch-kritischem Kommentar und historischen und topographischen Excursen* (= *Abhandlungen der königlichen Gesellschaft der Wissenschaften zu Göttingen*, *Ph.-hist. Klasse*, Neue Folge, Band 3, N[r] 2), Berlin, 1901, p. 50-51, n. 5. E. Chavannes, *Documents sur les Tou-Kive (Turcs) occidentaux* (= *Sbornik trudov orchonskoy ekspedizii*), Saint-Pétersbourg, 1903, p. 231, n. 4, et E. Stein, *Studien zur Geschichte des byzantinischen Reiches...*, Stuttgart, 1919, p. 32, n. 11, ainsi que *Histoire du Bas-Empire...*, t. 2, Paris-Bruxelles-Amsterdam, 1949, p. 545, se sont fait l'écho de l'hypothèse de Marquart. Celle-ci consiste à rapprocher un texte de Théophane (Théophan., *Chronog.*, p. 239, l. 21-23, éd. De Boor) selon lequel en 563 vinrent à Constantinople « les ambassadeurs d'Ascel, roi des Herméchiones qui occupent les provinces intérieures des nations barbares près de l'Océan », et le fragment 30 de Priscus Panitès (*H. G. M.*, éd. Dindorf, t. 1, p. 341, l. 5-6), où on lit que « les Avares avaient émigré sous la pression des peuples habitant la contrée voisine de l'Océan ». Ainsi, moyennant une correction paléographique simple (faisant lire 'Ασκήλτου⟨ρ⟩ ῥηγός au lieu de 'Ασκὴλ τοῦ ῥηγός dans le texte de Théophane), il faudrait reconnaître en *Scultor* l'*Asceltour* restitué dans le texte de Théophane et y voir le chef d'une peuplade turque, puisque Ἑρμηχίονες ou Κερμιχίωνες est un nom perse des Turcs, à mettre en rapport avec les

Chionitae d'Amm., 16, 9, 4, et 17, 5, 1 (cf. Théophan., *Chronog.*, p. 245, l. 14-16, éd. De Boor, qui mentionne une ambassade des Cherméchiones auprès de Justin II en 568 ; G. Moravcsik, *Byzantinoturcica*, 2. durchgearb. Aufl., Berlin, 1958, t. 2, p. 158, *s. u.* Κερμιχίωνες). Quoique séduisante cette solution n'est pas entièrement satisfaisante, parce qu'elle soulève une difficulté d'ordre méthodologique, en s'appuyant sur une correction du texte de Théophane à partir du texte de Corippe qui n'est pas sûr... et qui est ensuite justifié à partir de cette correction, et parce que si *Ascel* correspond au nom turc *Eskil* (cf. G. Moravcsik, *Byzantinoturcica*, t. 2, p. 75, s. u. 'Ασκήλ), *'Ασκήλτουρ n'a pas de correspondant connu dans l'onomatisque turque. Il est cependant vrai que les ambassadeurs avares auraient pu être particulièrement sensibles à une allusion à l'ambassade de cet Ascel ou Asceltour. Nous ne pensons pas qu'il faille retenir l'hypothèse de Th. Nöldeke (*Geschichte der Perser und Araber zur Zeit der Sasaniden, aus der arabischen Chronik des Tabari,* übersetzt und mit ausführlichen Erlaüterungen und Ergänzungen versehen von Th. Nöldeke, Leyden, 1879, p. 158, n. 2) qui voit dans *Scultor* une déformation du nom d'un chagan turc appelé par Ménander Protector Σιλζίβουλος. Les deux noms sont phonétiquement trop éloignés.

LIVRE IV

4, 9-10 : Cette place, située juste à la sortie du palais, où l'on attend avec impatience l'arrivée du prince (4, 211-214) pour bénéficier de la *sparsio* qu'il fait à l'occasion de son consulat (4, 254-263), cette place, située tout près de la Chalcè (4, 248 ; la formule est semblable à celle de 1, 197, où il s'agit aussi de la Chalcè) et de Sainte-Sophie où Justin se rend ensuite (4, 311-314), est l'Augustéon. Elle était pavée de dalles de marbres, entourée de portiques et ornée notamment d'une statue équestre monumentale de Justinien. Sur elle, cf. R. Janin, *Constantinople byzantine...*, Paris, 1950, p. 65-67, et R. Guilland, *Études de topographie de Constantinople byzantine...*, t. 2, Berlin-Amsterdam, 1969, p. 40-54.

4, 11-12 : La *sparsio* était la distribution « à la volée » de pièces d'or que faisait le nouveau consul lors de sa procession consulaire le 1er janvier. Une des rares représentations de cette cérémonie constitue la planche 14 du calendrier de Philocalus de 534 (cf. H. Stern, *Le calendrier de 354. Étude sur son texte et ses illustrations* (= *Institut français d'archéologie de Beyrouth, Bibliothèque archéologique et historique*, t. 55), Paris, 1953, p. 155-157).

4, 43 : Le mot *robur* est ici énigmatique. S'il est une apposition à *cedrus*, comme le suggère dans un premier temps Stache dans son commentaire, Corippe se trompe, puisque le cèdre flotte et qu'il était même utilisé dans la construction des bateaux. Le problème ne disparaît pas s'il désigne, comme nous le croyons, une essence particulière. Au sens propre, c'est le rouvre, qui lui non plus n'est pas plus dense que l'eau. C'est pourquoi Av. Cameron donne au mot un sens un peu plus large (« strong wood ») et pense qu'il désigne l'ébène, qui effectivement ne flotte pas. Cette interprétation ne supprime pas pour autant toute difficulté : ou bien Corippe énumère des essences qui existent réellement dans les environs de Constantinople et l'on voit mal comment il pourrait alors mentionner l'ébène, ou bien il a une source littéraire et il faudrait que cette source mentionne l'ébène. Or tout le passage est un démarquage de Stat., *Théb.*, 6, 97-106, qui ne mentionne pas l'ébène, mais où on lit : ... *non expugnabile robur.* Il faut donc considérer que *robur* désigne bien ici une variété de chêne et que Corippe a voulu garder un adjectif en *-abilis*, même au prix d'une erreur.

4, 47 : Parmi toutes les corrections proposées par les éditeurs pour la leçon *tonat haere pulsans* de M^1, nous avons choisi celle de Sittl *tonat aere pulsans*, parce que nous avons pu constater que M^1 ajoutait souvent des *h-* parasites (cf. p. xc et n. 3) et que le parallélisme avec le vers suivant, qui fait correspondre *pulsans* à *tractae*, amène à penser que *pulsans* est employé absolument. La conjecture de Ruiz *tonat aethere pulsans* est inutile ; quant à celle de Petschenig *tonat aera repulsans*, elle est impossible puisque, comme l'a remarqué Appel, *Exegetischkritische Beiträge zu Corippus...*, Diss. München 1903, München, 1904, p. 66, Corippe n'utilise jamais *repulsare.* Si les conjectures d'Appel, *op. cit.*, p. 66, *tonat aera pulsans*, et de Muncker dans son édition des fables d'Hyginus *ad fab.* 64, *tonat aethera pulsans*, sont dignes de considération (*aera pulsare* se trouve chez Ov., *Trist.*, 5, 2, 26, et *Ars*, 1, 82 ; chez Corippe lui-même *Ioh.*, 4, 354-355 ; *aethera pulsans* ou *pulsat* est une clausule fréquente dans la poésie hexamétrique latine, cf. par exemple Lucan., 6, 225 ; Stat., *Silu.*, 4, 1, 6, et Corip., *Ioh.*, 8, 311 ; *Iust.*, 3, 43), la conjecture de Mommsen adoptée par Partsch, *tonat aerea pulsans*, ne nous semble pas satisfaisante, parce qu'elle introduit une correction supplémentaire sur la finale du mot litigieux et que, même chez les poètes, les coins qui servent à fendre le bois ne sont pas en bronze, mais en fer (cf. Virg., *Géorg.*, 1, 142-143 :

Tum ferri rigor atque argutae lammina serrae
(nam primi cuneis scindebant fissile lignum).

4, 71-72 : il s'agit des *missilia*, objets de valeur variable suivant le destinataire, distribués par le triomphateur ou le consul, lors de sa procession, aux dignitaires et au peuple. Bélisaire, lors de son triomphe, avait distribué de la vaisselle d'argent et des ceintures d'or provenant du trésor vandale (Proc., *Bell. Vand.*, 2, 9, 15-16, p. 458, éd. Haury). Les diptyques consulaires, qui sont eux-mêmes des *missilia*, montrent plus d'une fois de tels objets. Cf. R. Delbrück, *Die Consulardiptychen und verwandte Denkmäler* (= *Studien zur spätantiken Kunstgeschichte im Auftrage des deustchen archäologischen Instituts* herausgegeben von R. Delbrück und H. Lietzmann, 2), Berlin-Leipzig, 1929, diptyques nos 7, 9, 10, 11, 12, 16, 20, 21, 23, 24, 32, 34, 35 (= *missorium* d'Aspar), 44. Ce sont de grands plats ronds ou ovales (avec un pied conique sur le no 23), des plats carrés (*lances*) et de petites coupes rondes.

Parmi ces ustensiles d'argent se trouvent des objets plus difficilement identifiables qui se présentent comme de petites cassettes ou comme des barres de métal (diptyques n°s 9, 12, 16). Quelques plats et quelques coupes sont ornés de croix (diptyques n°s 10 et 20). Sur la mosaïque de la basilique de Junius Bassus (cf. *supra*, n. *ad* 1, 314-319) sont représentés des vases offerts par le consul, dont les membres des factions cherchent à s'emparer.

4, 73 : L'*aureus imber*, la « pluie d'or », désigne la *sparsio*, distribution à la volée de pièces d'or par le consul lors de sa procession (cf. n. *ad* 4, 11-12). Né dans les villes de Bithynie, où les magistrats distribuaient aux sénateurs et à certains citoyens des pièces d'un ou deux deniers lors de leur entrée en charge (Plin., *Epist.*, 10, 116), cet usage s'est étendu dès le début du IIe siècle aux consuls, puis sous les successeurs de Dioclétien, à tous les fonctionnaires auliques (cf. C. Jullian, *Processus consulaire*, dans *R. Ph.*, 7, 1883, p. 145-163, et plus spécialement p. 161). Mais une loi de 384 (*Cod. Théod.*, 15, 9, 1) limite aux seuls consuls le droit de distribuer des pièces d'or ou des diptyques d'ivoire et fixe comme limite supérieure au poids des monnaies 5,376 g. Sur plusieurs diptyques des sacs de pièces sont au pied du donneur des jeux consulaires (n°s 7 et 48 de R. Delbrück, *op. cit.*). Les diptyques 16 et 32, dans le catalogue de Delbrück, montrent de jeunes esclaves répandant des pièces sur le sable de l'arène en les tirant de sacs de peau ou de vases (n°s 23, 24, 34), vases carrés à la partie inférieure, larges et arrondis à la partie supérieure (cf. *infra*, n. *ad* 4, 105-113). La planche I de la *Notitia Dignitatum* (insignes du *comes largitionum* de l'Empire d'Occident) montre également des sacs et des vases cylindriques. Les distributions d'argent aux fonctionnaires et aux dignitaires avaient encore lieu au Xe siècle lors de certaines fêtes et notamment lors de celle des Rameaux (cf. Liutprand, *Antapodosis*, 6, 10, *M. G. H.*, *S. S.*, III, p. 339).

4, 82 : La leçon de *M feria* ne peut pas être conservée. Cette forme neutre ne serait attestée que dans le Pseudo-Rufin (*In Am.*, 8, 4, 6), où on lit, d'après l'édition de la *Patrologie latine*, 21, 1094 A : *fastidiebatis feria sabbatorum.* Une simple lecture fait apparaître qu'elle peut être le résultat d'une haplographie du *s*. En outre, il n'est pas question de mettre au compte de Corippe un tel changement de genre du mot : s'il utilise la forme de pluriel neutre *gaza*, c'est parce qu'elle a été utilisée avant lui par Commod., *Instr.*, 2, 14, 12 ; 2, 31, 14, et Drac., *Orest.*, 290. On ne peut pas tenir compte de l'existence chez Cic., *Leg.*, 2, 570, de la *iunctura ferias habere* relevée par Appel, *op. cit.*, p. 67, car Corippe ne s'inspire pas ici de ce texte en prose et les conjectures de Partsch *ferias quas* ou *quae festaque*, qui font intervenir un remaniement trop important du vers, ne sont pas convaincantes. C'est pourquoi, à la suite de Petschenig, nous adoptons la correction de Dempster *seria*. L'opposition *ioca-seria* dont Petschenig donne deux exemples (Sall. *Jug.*, 96, 2, et Liv., 1, 4, 9) est très fréquente au point d'être proverbiale (cf. A. Otto, *Die Sprichwörter und die sprichwörtlichen Redensarten der Römer*, Leipzig, 1890, p. 176-177). Comme variantes de cette opposition existent les oppositions *lusus-seria* (Ov., *Trist.*, 1, 8, 32), *ludicra-seria* (Fronto, *Princ. hist.*, p. 210, éd. Naber ; Minuc. Fel., 1, 3 ; Prud., *Cath.*, 3, 18) et précisément *ludus-seria* (Virg., *Ecl.*, 7, 17 ; Hor., *Sat.*, 1, 1, 27 ; *Ars poet.*, 226). Cette dernière opposition se retrouve, certes de façon indirecte, chez Corippe (*Iust.*, 3, 325-327) :

Quod tibi nunc uisum est uestro assignare labori
militibus nostris ludo solet esse diurno.
Hoc studium dominis, ea sunt sua seria seruis.

Ludus, repris par *studium*, est opposé à *seria*. En 4, 82, Corippe oppose l'aspect léger et superficiel des préparatifs de la décoration à leur aspect profond et sérieux : tandis que pour les uns ils sont une occasion de se divertir, ils inspirent aux autres une attitude plus retenue qui consiste à contempler la beauté solennelle de la décoration faite d'olivier et de laurier (4, 83 : *ludere nunc alios, alios spectare uideres*). Chacun y prend un plaisir différent (4, 84 : *mille uoluptatum species*).

4, 105-113 : Les *sportae* (4, 105) sont les paniers qui, avec les vases d'argent (4, 147), contiennent les pièces d'or destinées à la *sparsio* (cf. n. *ad* 4, 73). Quelques coupes ou plats destinés aux *largitiones* impériales ont été conservés, qui sont l'un à Genève (plat de Valentinien I, cf. H. Leclercq, article *Disque*, dans *D. A. C. L.*, t. 4, Paris, 1920, col. 1173-1191, spécialement col. 1187-1188, et n. *ad* 3, 112-115) et les autres à Léningrad (deux petites coupes et un grand plat de Constance II, cf. sur ce dernier A. Grabar, *L'empereur dans l'art byzantin...*, Paris, 1936, p. 48). Le plat de Valentinien évoque la *largitas*, tandis que les deux petites coupes de Constance représentent l'empereur et portent une inscription (cf. 4, 110 : ... *pressum titulis sculptumque figuris*).

4, 107 : Cette *sella triumphalis*, appelée en *Iust.*, 4, 227, *diualis sella* et lointaine ancêtre de la *sedia gestatoria* utilisée jusqu'à une époque toute récente dans les cérémonies vaticanes, n'est autre que la *sella curulis* portée sur une espèce d'estrade. Sur elle on consultera H. Göll, *Ueber dem processus consularis der Kaiserzeit*, dans *Philologus*, 14, 1859, p. 586-612, et plus spécialement p. 601-602 ; C. Jullian, *Processus consulaire*, dans *R. Ph.*, 7, 1883, p. 145-163, essentiellement p. 156, n. 8 ; R. Delbrück, *Die Consulardiptychen...*, Berlin-Leipzig, 1929, p. 63-64 ; H. Stern, *Le calendrier de 354, Études sur son texte et sur ses illustrations* (= *Institut français d'archéologie de Beyrouth, Bibliothèque archéologique et historique*, t. 55), thèse Paris 1953, Paris, 1953, p. 159-160 ; M. Meslin, *La fête des kalendes de janvier dans l'Empire romain, Étude d'un rituel de nouvel an*, thèse compl. Paris 1968, Paris, 1968, p. 56. En ce qui concerne la *sella* elle-même, les diptyques consulaires en donnent une représentation précise : les pieds portent des têtes de lions et se terminent en griffes sur lesquelles montent des feuilles d'acanthe. Le siège large est fortement décoré et porte un coussin rond en rouleau, peut-être pourpre, avec à ses extrémités des disques ornés de rosettes (diptyques n°s 11, 18 et 20 d'Aréobindus et d'Anastase). Les coins de la « caisse » du siège portent souvent des victoires. La *sella* possède également un repose-pied en forme de caisse fréquemment garni sur ses parois de pierres précieuses et légèrement rembourré (nos 16 et 21 de Clémentius et d'Anastase). Au VIe siècle, la grandeur du siège s'est accrue et le marchepied est double (nos 18, 19 et 20). L'estrade sur laquelle était porté le siège curule lors du premier *processus* du consul ne peut pas être représentée. Sid. Ap. (*Epist.*, 8, 8) parle d'*eboratas curules* et de *gestatorias bratteatas* : pour Stern, *op. cit.*, p. 159, n. 6, qui reprend Jullian, *op. cit.*, p. 156, n. 8, les *gestatorae bratteatae* sont des poutres dorées qui supportent le siège curule en ivoire (*curules eboratae*). Un passage de Cassiodore (Cass., *Var.*, 6, 1 : *sella curulem pro sua magnitudine multis gradibus enisus ascende*) laisse entendre que ces poutres formaient une estrade importante (cf. Stern, *op. cit.*, p. 160, n. 3). Encore faudrait-il être sûr que Cassiodore ne fait pas allusion à un soubassement appartenant à la *sella* proprement dite (comme le pense R. Delbrück d'après le diptyque no 43 qui serait celui de Sévérus consul en 530) ou qu'il ne fait pas allusion au double marchepied des sièges curules du VIe siècle (cf. *supra*).

4, 114-121 : Comme l'a remarqué R. Delbrück, *op. cit.*, ce que dit Corippe du siège curule ne permet pas d'en faire la description. Celle-ci n'est pas possible non plus d'après le calendrier de 354 ou les monnaies. Claudien ne parle que de l'*aurea sedes* d'Honorius (Claud., 8, 584).

4, 124 : Sur la trabée, cf. F. Courby, article *Trabea*, dans *Dictionnaire des antiquités grecques et romaines*, t. 5, Paris, 1917, p. 382 ; R. Delbruck, *Die Consulardiptychen...*, p. 53 ; E. Schuppe, article *Trabea*, dans *R. E.*, 2. Reihe, VI, Stuttgart, 1936, col. 1862. La trabée, appelée *toga picta* ou *triumphalis* était l'élément principal du costume triomphal : celui-ci comprenait une tunique de dessous pourpre avec des *claui* d'or, appelée *tunica palmata*, remplacée par la suite par un *colobium* également pourpre. La trabée elle-même était une espèce de toge plus courte que la toge normale et ornée de bandes. Cf. aussi *infra*, n. *ad* 4, 244.

4, 128 : L'Hydaspe est l'actuelle Djelam, rivière de l'Inde continentale. Mais ici sa mention est due à une réminiscence littéraire venant de Claud., 7, 3-4 :

... cinctusque imitata Gabinos
diues Hydaspeis augescat pupura gemmis.

4, 135 : *Caput mundi* est normalement un titre donné à Rome, dans l'Antiquité et au Moyen Age (cf. les nombreux exemples donnés par P. E. Schramm, *Kaiser, Rom und Renovatio, Studien und Texte zur Geschichte des römischen Erneuerungsgedankens vom Ende des karolingischen Reiches bis zum Investiturstreit* (= *Studien der Bibliothek Warburg*), 1, Teil, *Studien*, Leipzig-Berlin, 1929, p. 37, qui renvoie également à d'autres ouvrages). Seul *caput orbis* est par deux fois appliqué au souverain (Ov., *Trist.*, 3, 5, 46, au sujet d'Auguste, et Lucan., 9, 123-124, à propos de Pompée).

4, 136 : Pour Justin II, le thème bien connu de la *reparatio rei publicae* ou *temporum* (cf. H. Cohen, *Description historique des monnaies frappées sous l'Empire romain...*, continuée par Feuardent, t. 8, Paris, 1892, Procope n°s 1, 5-11 ; Gratien n°s 9, 29-32 ; Valentinien II n°s 26-28 ; Théodose n° 27 ; Maxime n° 3 ; Honorius n° 30) trouve plus précisément son illustration dans la « réactivation » du consulat (cf. p. XXXVIII n. 1).

4, 146 : *Mundi dominus* est un titre usité pour le prince depuis Lucan., 8, 242 (... *mundi dominis*). Cf. *T. L. L.*, article *Dominus*, t. 5, col. 1922, l. 69-72.

4, 198-205 : Avec, à l'arrière plan, l'image chrétienne du Bon Pasteur, Corippe applique ici à Justin une image courante dans l'idéologie impériale : alors que dès Homère et Hésiode le chef est un ποιμὴν λαῶν, elle trouve plus précisément son origine chez les philosophes (cf. Plat., *Polit.*, 268 c) et les rhéteurs (Eust. Thess., *Or.*, 3, p. 32, l. 2-3, éd. Regel). Elle est attestée de Tibère à Nicéphore III Botaniate et, d'une façon générale, le *Livre des Cérémonies* appelle l'empereur δεσπότην τε καὶ ποιμένα (1, 74, t. 2, p. 102, l. 23, éd. Vogt). Sur cette image, cf. O. Treitinger, *Die oströmische Kaiser- und Reichsidee nach ihrer Gestaltung im höfischen Zeremoniell*, Jena, 1938, réimpr. Darmstadt, 1956, p. 160, et H. Hunger, *Prooimion. Elemente der byzantinischen Kaiseridee in den Arengen der Urkunden* (= *Wiener byzantinische Studien*, Band 1), Wien, 1964, p. 100-102.

4, 215 : La sécheresse de la Libye (l'Afrique) était proverbiale (Lucan., 9, 690-696 ; Stat., *Théb.*, 4, 736-738 ; Claud., 5, 41-42).

4, 232 : La ceinture (*cingulum*, ζώνη) était l'insigne distinctif et obligatoire de tous ceux qui remplissaient un emploi au service de l'État, depuis le simple soldat jusqu'au plus haut des fonctionnaires. De nombreux passages des Codes Théodosien et Justinien réglementent avec soin le privilège de la porter et font ressortir l'éclat qui rejaillissait sur celui qui en était décoré (cf. R. Guilland, *Études sur l'histoire administrative de l'Empire byzantin. Les différentes classes de fonctionnaires (IVe-VIe siècles). Remarques*, dans Ἐπετηρὶς Ἑταιρείας Βυζαντινῶν Σπουδῶν, 37, 1969-1970, p. 134-145, et plus spécialement p. 134). Pour le préfet du prétoire, la ceinture, en cuir rouge doublé, portait sur ses bords des coutures, de riches ornements et avait une boucle en or. Pour le *comes sacrarum largitionum et le comes rerum priuatarum*, c'était la même, simplifiée. Les fonctionnaires moins élevés, comme ici ces espèces de « pages », se contentaient d'une ceinture dorée (cf. R. Delbrück, *Die Consulardiptychen...*, p. 37).

4, 233-247 : G. Bloch, article *Consul*, dans *Dictionnaire des antiquités grecques et romaines*, t. 1, 2, Paris, 1887, p. 1472, et C. Jullian, *Processus consulaire*, dans *R. P. H.*, 7, 1883, p. 145-163, surtout p. 159, ont remarqué à juste titre que désormais, au VIe siècle, tout montre que l'empereur-consul n'est plus considéré comme un sénateur. Encore pacifique chez Claudien à propos d'Honorius, la procession a un caractère militaire chez Corippe, et Justin, tout en portant la trabée, se déplace au milieu de ses gardes du corps et avec le diadème. Le *processus* est encore attesté en 769 pour les fils de Constantin Copronyme (Niceph. Greg., p. 77, l. 5-8, éd. De Boor) et en 867 pour Basile (Theoph. Cont., 5, 29, p. 256, l. 12-17, *C. S. H. B.*). Il n'est plus mentionné pour l'avènement de Constantin Porphyrogénète en 911, ce qui n'est cependant pas une preuve suffisante de sa disparition à cette époque.

4, 234 : Depuis longtemps déjà le Sénat était divisé en deux catégories, la classe supérieure étant celle des *uiri consulares*, consuls et anciens consuls ayant droit au port de la trabée. De tels *uiri consulares* en trabée sont représentés sur le socle de l'obélisque de Théodose, sur celui de la colonne d'Arcadius, sur le diptyque attribué à Constance III (cf. Delbrück, *Die Consulardiptychen...*, Berlin-Leipzig, 1929, pl. 6-8, p. 13-15 ; diptyque n° 2, p. 87-88. Les trois donneurs de jeux du diptyque Delbrück n° 58, p. 223, et le personnage à la droite du donneur de jeux sur le dyptique n° 56, p. 218, sont également des *uiri consulares* en trabée). Dans la procession de Justin II, les sénateurs en trabée devaient être peu nombreux, puisque le dernier consul en Occident avait été Décius Théodorus Paulinus en 534 et en Orient Basile en 541. Il ne devait donc pas exister beaucoup de *uiri consulares*.

4, 244 : Selon Claudien, la trabée que portait Honorius pour son quatrième consulat était garnie d'émeraudes enfilées (le poète peut ainsi parler, à l'occasion du quatrième consulat d'Honorius, de *membra... gemmato trabeae uiridantia cinctu*), de bijoux isolés (améthystes, hyacinthes bleues), de broderies comportant des perles, de jaspe (Claud., 8, 584-592 et 28, 562).

4, 264-284 : Reconstruite sur l'ancienne basilique Sainte-Sophie bâtie par Constantin et détruite lors de la sédition Nika en 532, Sainte-Sophie fut commencée le 23 février 532 et solennellement dédicacée le 27 décembre 537. La coupole, fissurée en 553 par un tremblement de terre, s'écroula le 7 mai 558. Après sa reconstruction, l'église fut à nouveau dédicacée le 23 décembre 563. Le luxe de l'édifice était considérable : pour sa construction Justinien avait fait venir des matériaux provenant de monuments antiques (huit colonnes de porphyre venant de Rome, huit colonnes de marbre vert venant d'Éphèse, des colonnes venant de Cyzique, de Troade, d'Athènes). L'île de Proconèse, Caristos en Eubée, Iassos en Carie, Hiérapolis en Phrygie, Chemtou en Numidie fournirent le marbre. La Thessalie et la Laconie envoyèrent des porphyres et des brèches. L'or, l'argent, l'ivoire et les pierres précieuses furent employés à profusion. Justinien dota la basilique d'objets de culte en or et de riches ornements sacerdotaux (les mosaïques de Saint-Vital de Ravenne montrent précisément Justinien et Théodora faisant une telle dotation à l'église Saint-Vital). Les Novelles 43, *préf.* ; 59, 1 ; 120, 7, prouvent que, toute sa vie, l'empereur se préoccupa de protéger et d'accroître le patrimoine de l'église. En tout cas, l'édifice fit une impression extraordinaire sur les contemporains et des légendes naquirent, selon lesquelles c'était l'intervention divine qui avait favorisé la construction de l'église. Sur Sainte-Sophie, on consultera Ch. Diehl, *Justinien et la civilisation byzantine*, Paris, 1901, p. 471-488 ; J. Ebersolt, *Sainte-Sophie de Constantinople, Étude de topographie d'après les Cérémonies*, thèse compl. Paris 1909, Paris, 1910, et R. Janin, *Géographie ecclésiastique de l'Empire byzantin*, I : *Le siège de Constantinople et le patriarcat œcuménique*, 3 : *Les églises et les monastères*, Paris, 1953, p. 472-473.

4, 287-288 : Ce palais des Sophianae se trouvait sur la rive asiatique du Bosphore. Le témoignage de Corippe, impliquant que sa construction était achevée au plus tard au début de 568 (date limite de composition du livre 4 de l'*In laudem Iustini*), remet en cause le témoignage de Théophane (Theophan., *Chronogr.*, 1, p. 243, l. 10-14, éd. De Boor), selon qui sa construction débuta en 568. Sa localisation est, selon R. Guilland, le moderne Usküdar (Chrysopolis) ou, selon R. Janin et Av. Cameron, l'actuel Cengelkoy. Cf. R. Janin, *Constantinople byzantine, développement urbain et répertoire topographique...*, p. 152-153 ; R. Guilland, *Les ports de Byzance sur la Propontide*, dans *Byzantion*, 23, 1953, p. 181-238, et notamment p. 191-193 ; Av. Cameron, *Notes on the Sophiae, the Sophianae and the harbour of Sophia*, dans *Byzantion*, 37, 1967, p. 11-20.

4, 290 : C'est bien là l'impression qu'eurent les contemporains, comme le montre le passage de Proc., *Aed.*, 1, 1, p. 14, l. 26-p. 15, l. 3, éd. Haury, tel qu'il est traduit par Diehl, *Justinien...*, p. 489-490 : « Lorsqu'on entre dans cette église pour prier, on sent tout aussitôt qu'elle n'est point l'ouvrage de la puissance et de l'industrie humaines, mais bien l'œuvre même de la divinité ; et l'esprit, s'élevant vers le ciel, comprend qu'ici Dieu est tout proche, et qu'il se plaît dans cette demeure que lui-même s'est choisie. »

4, 292-311 : Ce passage a été considéré par certains historiens de l'art comme une preuve de l'existence au temps de Justin II à Sainte-Sophie de mosaïques représentant des scènes de la vie du Christ et détruites ensuite par les iconoclastes. Stache, *comm. ad loc.*, a retracé l'historique de la question et a fait justice, à notre avis de façon définitive, d'une telle thèse. Au reste, en 4, 292, l'expression patristique *interni oculi* (Aug., *Conf.*, 11, 5 (7) ; Orient., *Comm.*, 1, 409) suffit à elle seule à montrer que les termes de Corippe s'appliquent à une représentation intérieure et non à des mosaïques ou à des peintures. Dans son souci de mettre en valeur la stricte orthodoxie de Justin au cours d'une période troublée par l'hérésie monophysite et aussi, depuis peu, par l'hérésie aphtharodocète, notre auteur cite les passages essentiels du *credo* du concile constantinopolitain de 553 qui reprend en grande partie le *credo* de Nicée (cf. J. N. D. Kelly, *Early christian creeds*, London-New York-Toronto, 1950, p. 301). Il y ajoute une profession de foi anti-monophysite qui est inspirée par le symbole du concile de Chalcédoine de 451 (*P. L.*, 56, 535 B-536 A : ... *unum eumdemque Christum, Filium, Dominum, unicum in duplici natura inconfuse, immutabiliter, indivise cognoscendum, in nullo duplicis naturae substantia interempta propter unitatem, salva proprietate utriusque naturae sub una persona substantia conveniente*).

4, 334 : Outre ses fonctions de *praepositus sacri cubiculi*, Calinicus était également sacellaire, c'est-à-dire trésorier des fonds privés de l'empereur.

4, 337 : Coripe reprend ici en la simplifiant la formule rituelle prononcée trois fois par le préposite lors des funérailles des empereurs : Ἔξελθε, καλεῖ σε ὁ βασιλεὺς τῶν βασιλευόντων καὶ κύριος τῶν κυριευόντων (Const. Porph., *Cerim.*, 1, 60 *C. S. H. B.*, t. 2, p. 84, l. 9-11 et 23-24, éd. Vogt). Il n'y a rien là qui puisse faire penser à une confidence que Justinien aurait faite sur son lit de mort au préposite Calinicus.

4, 353-355 : Aucune des conjectures formulées par les éditeurs pour restituer le texte ne nous semble devoir s'imposer. En *Iust.*, 4, 353, *subiectum* de Foggini est possible, sans plus. En *Iust.*, 4, 354 là où *M* se lit *carne uerus*, les éditeurs proposent au mépris de la paléographie *carnificis* (Foggini), *carne necata* (Partsch) ou *carne orbans* (Petschenig), ou suggèrent, en prenant des libertés avec le sens, *carne feras* ou *carniuoras* (Ruiz), ou restituent un mot attesté seulement dans la traduction latine d'Ignat., *Ad Smyrn.*, 5, 2, pour rendre le grec σαρκοφόρον (*carniferas* Mommsen). Dans ces conditions l'on pourrait tout aussi bien proposer (*iniquas*) *carnes uerus amans* (cf., 4, 352 : *bonitate*), *animas* pouvant être une correction de copiste pour *amas* résultant de la disparition d'un tilde. Le sens serait alors : « En ne voulant pas causer la perte de tout ce qui lui était..., il punit les chairs injustes avec une réelle affection, en faisant en sorte que le châtiment de la mort ne soit pas permanent... » La fin du vers est tout aussi peu assurée (*sequatur* Dempster ; *recedat* Rittershausen ; *deinceps* Mommsen ; *per omnes* Petschenig ; *futura* R. Meister, *Zu Coripp. laud. Iust. IV*, 354, dans *A. L. L. G.*, 15, 1908, p. 421-423).

APPENDICE I

Les Francs, les Alamans, les Goths, les Lombards, les Gépides et les Perses sous Justinien et Justin II

En 538 (539 selon Stein) Théodebert, roi des Francs et maître des Alamans, avait franchi les Alpes et ravagé la vallée du Pô, mais en 539 la famine, les maladies et Bélisaire l'avaient fait battre en retraite. En 540, il occupa les Alpes Cottiennes, la plus grande partie de la Vénétie, la Rétie romaine et des régions du Norique. Au milieu de 553 les deux frères Alamans Butilin et Leutharis, à la tête de 75 000 Francs et Alamans, ravagent l'Italie centrale, malgré une défaite devant Narsès à Rimini, et, tandis que Butilin arrive jusqu'au détroit de Messine, Leutharis parvient à Otrante. C'est au retour que le groupe de Leutharis est décimé en Vénétie franque par une épidémie et que Narsès extermine l'armée de Butilin à Capoue à l'automne de 554 (*Iust.*, 3, 384-385 :

> *sub qua Vandalici cediderunt strage tyranni,*
> *edomitique Getae, pubes Alamannica, Franci*).

Mais les Francs ne furent jamais vraiment vaincus et en 561 ou 562, le duc franc Aming, venu au secours du comte ostrogoth Vidin, est tué en voulant empêcher Narsès de passer l'Adige. Sur les Francs, on consultera L. M. Hartmann, *Geschichte Italiens im Mittelalter*, I. Band : *Das italienische Königreich*, Gotha, 1897, p. 283-285 ; Ch. Diehl, *Justinien et la civilisation byzantine au VIe siècle*, Paris, 1901, p. 404-406 ; J. B. Bury, H. M. Gwatkin et J. P. Whitney, *The Cambridge Medieval History*, vol. 2, *The rise of the Saracens and the foundation of the Western Empire*, Cambridge, 1913, p. 18 ; J. B. Bury, *History of the later Roman Empire, from the death of Theodosius I. to the death of Justinian*, vol. 2, London, 1923, réimpr. New-York. 1958, p. 257 ; 274-281 ; E. Stein, *Histoire du Bas-Empire*, t. 2 : *De la disparition de l'Empire d'Occident à la mort de Justinien*(476-565), publié par J.-R. Palanque, Paris-Bruxelles-Amsterdam, 1949, p. 360-361 ; 526-527 ; 605-608 ; A. H. M. Jones, *The later Roman empire, 284-602, a social, economic and administrative survey*, t. 1, Oxford, 1964, p. 276-277 et 291.

Les Goths sont appelés Gètes par Corippe (*Iust.*, *préf.*, 11 ; *Iust.*, 2, 123 ; 3, 385) en vertu d'une tradition littéraire (les Goths sont appelés Gètes par Rutilius Namatianus, par Claudien dans son *De Bello Pollentino siue Gothico*, par Mérobaude, *Carm.*, 4, 43 ; *Panég.*, 2, 14 et 134, par Sidoine Apollinaire dans ses poèmes, par Alcimus Avitus (*Epist.*, 87, *M. G. H.*, *A. A.*, VI, 2, p. 96, l. 33) ; par Ennode de Pavie, *M. G. H.*, *A. A.* ,VII, p. 92, l. 14 ; p. 92, l. 28 ; p. 94, l. 6) et ethnographique (*C. I. L.*, VI, 1196 ; Spart., *Carac.*, 10, 6 ; *Geta*, 6, 6 ; Jord., *Get.*, 9, 58, *M. G. H.*, *A. A.*, V, 1, p. 70, l. 4-6 ; Isid., *Orig.*, 9, 1, 89 ; *Goth.*, *M. G. H.*, *A. A.*, XI, p. 268, l. 2-9 ; cf. J. Svennung, *Zur Geschichte des Goticismus* (= *Acta Societatis Litterarum Humaniorum Regiae Upsaliensis*, 44, 2 B), Stockholm, 1967, p. 5-6. L'origine de cette assimilation remonte à l'installation des Goths en Dacie, dont les Gètes constituaient une partie des habitants, installation qui entraîna l'abandon de la Dacie par Aurélien en 271). Sur eux, cf. Diehl, *Justinien...*, p. 181-200 ; Bury, *The Cambridge Medieval History...*, p. 14-18 ; Id., *History of the later Roman Empire...*, p. 168-216 ; 226-274 ; Stein, *Histoire du Bas-Empire*, t. 2, p. 339-368 ; 564-604 ; Jones, *op. cit.*, p. 274-278 ; 287-291 : la guerre contre les Goths, « la plus grandiose des guerres justiniennes » (Stein, *op. cit.*, p. 339), comprit deux grandes phases : la reconquête de l'Italie par les Byzantins aux dépens des rois ostrogoths Théodat et surtout Vitigès de 535 à 540 et, de 541 à 553, les guerres contre leur successeur Totila. Prenant prétexte de l'assassinat d'Amalasonthe par Théodat le 30 avril 535, Justinien fait envahir la Dalmatie par Mundus et occuper la Sicile par Bélisaire dès la fin de 535. La Dalmatie, abandonnée par les Byzantins à la suite de la mort de Mundus au cours d'un combat, est reprise par Constantianus, tandis qu'en mai 536, Bélisaire entre en Italie, prend Naples et occupe sans combat Rome le 10 décembre 536. Vitigès, qui a remplacé Théodat à la suite d'une révolution militaire, se replie sur Ravenne pour venir assiéger Rome en mars 537. L'âpre résistance de Bélisaire et l'invasion du Picenum par des renforts byzantins sous les ordres de Jean, neveu de Vitalien, l'obligent à lever le siège un an plus tard. Milan est occupée au printemps de 537 par les Impériaux, mais l'arrivée de Narsès, venu surtout surveiller Bélisaire, provoque une mésentente entre les deux généraux, dont Vitigès profite pour reprendre Milan et en exterminer la population. Après le départ de Narsès, Bélisaire peut, en 539, reprendre ses opérations, troublées un moment par l'invasion des Francs (cf. *supra*), et assiéger Vitigès dans Ravenne, où il pénètre pacifiquement par la ruse en mai 540. Tandis qu'il rentre à Constantinople avec Vitigès, des nobles goths et le trésor de Théodoric (*Iust.*, 2, 123-124), une administration byzantine commence à s'installer en Italie. Cependant, à la fin de 541, Totila remplace Ildibald, l'éphémère successeur de Vitigès, occupe l'Italie centrale en 542 et soumet le Sud en prenant notamment Naples en 543. Bélisaire revient bien en 544, mais reste inactif et n'obtient pas grand résultat, si bien que Rome tombe aux mains de Totila le 17 décembre 546. Les succès de Jean dans le Sud l'obligent à évacuer la ville, que Bélisaire occupe, que Totila assiège en vain en 547 et qu'il reprend en 549, après le rappel de Bélisaire à Constantinople. Devant les succès du chef ostrogoth, qui se rend maître de l'Italie du Sud, de la Sicile, de la Corse, de la Sardaigne et même de l'Épire en 551, Justinien nomme en 550 Germanus général en chef, mais comme il meurt à la fin de l'année, c'est Narsès qui finalement en 552, après la reprise de la Sicile en 551 par Artabane et la neutralisation de la flotte ennemie par Jean, envahit l'Italie du Nord et livre la bataille décisive de *Busta Gallorum* à la fin du mois de juin. Totila y meurt et l'État ostrogothique y trouve sa fin. Le nouveau roi Teias ne peut empêcher la reprise de toutes les villes de l'Italie centrale et le dernier rassemblement barbare est battu à la fin de 552 lors de la bataille du *Mons Lactarius* au pied du Vésuve. Quelques foyers de résistance subsistent jusqu'en 562.

Ce sont donc des victoires anciennes que Corippe évoque, en en faisant rejaillir la gloire sur le successeur de Justinien, dont le pouvoir tout récent n'avait encore eu le temps de montrer son efficacité à la guerre.

Quand Justinien ne pouvait acheter les barbares, il cherchait à les diviser (cf. Agath., 5, 14, *H. G. M.*, 2, p. 370, l. 11-15, éd. Dindorf) : de la même façon qu'il utilisa les Huns contre les Avares (cf. la lettre qu'il adresse au chef hun telle qu'elle est rapportée par Jean d'Antioche, *fragm.* 218, *F. H. G.*, 4, p. 621-622, éd. Müller, et par Agathias, *H. G. M.*, 2, p. 390-392, éd. Dindorf, et qu'elle est traduite par Diehl, *Justinien...*, p. 374-375), les Huns Kotrigours contre les Huns Outrigours, il se servit des Lombards contre les Gépides. Dès 536, quand les Gépides, pourtant alliés de l'Empire et recevant des subsides de fédérés, prennent Sirmium, Singidunum et ravagent le diocèse dacique, Justinien conclut contre eux un traité avec le roi lombard Vacon, qui finalement n'attaque pas les Gépides. En 546, l'empereur, espérant ainsi provoquer une guerre entre les deux peuples, autorise les Lombards à s'établir dans le Norique et en Pannonie et leur donne de fortes sommes d'argent : les Lombards toutefois font la paix avec les Gépides. En mars 550 une nouvelle guerre éclate entre Lombards et Gépides qui débouche sur une paix de deux ans entre Thorisind et Audouin, assortie d'un traité avec l'empereur, qui à l'expiration de la trêve soutient les Lombards contre les Gépides. En juillet 552 Justinien, voulant éviter que l'un des deux peuples ne triomphe complètement de l'autre, prend l'initiative d'un traité de paix perpétuelle entre Lombards, Gépides et Byzantins. En 566 enfin, Justin II envoie Baduaire et les troupes de Scythie et de Mésie au secours des Gépides qu'il trouve moins dangereux que les Lombards. Mais comme ils ne restituent pas Sirmium, il laisse détruire en 567 leur État par une coalition de Lombards et d'Avares et, prenant de vitesse ces derniers, reprend Sirmium. Au cours du combat, le roi gépide Cunimond est tué de la main du roi lombard Alboin et les Avares contrôlent désormais les territoires des Gépides. Le neveu de Cunimond, Reptila, se réfugie à Constantinople avec le trésor gépide. Pour les Lombards et les Gépides, cf. C. Groh, *Geschichte des oströmischen Kaisers Justin II nebst den Quellen*, Leipzig, 1889, p. 69-74 ; L. M. Hartmann, *Geschichte Italiens im Mittelalter*, II. Band, 1, Hälfte : *Römer und Langobarden bis zur Theilung Italiens*, Gotha, 1900, p. 13-18 ; Diehl, *Justinien...*, p. 374-375 et p. 406-407 ; E. Stein, *Stu-*

dien zur Geschichte des byzantinischen Reiches..., Stuttgart, 1919, p. 7-9 et n. 11, p. 32 ; Bury, *The Cambridge Medieval History*..., p. 195 ; Id., *History of the later Roman Empire*..., p. 298-304 ; C. Diculescu, *Die Gepiden, Forschungen zur Geschichte Daziens im frühen Mittelalter und zur Vorgeschichte des rumänischen Volkes*, 1. Band, Leipzig, 1922, p. 133-160 ; L. Hauptmann, *Les rapports des Byzantins avec les Slaves et les Avares pendant la seconde moitié du VI*[e] *siècle*, dans *Byzantion*, 4, 1928-1929, p. 137-170, et plus spécialement p. 150-152 ; Stein, *Histoire du Bas-Empire*..., p. 309 et 528-531 ; Jones, *op. cit.*, p. 277 ; 304-305 ; L. Bréhier, *Vie et mort de Byzance* (= coll. « L'évolution de l'humanité », vol. 13), Paris, 1969, p. 47.

Depuis la conclusion en 561 de la paix de cinquante ans entre Byzantins et Perses, les rapports entre les deux puissances peuvent se résumer à deux ambassades (cf. Ménand., *fragm.* 15 et 17, *F. H. G.*, 4, 220-225, éd. Müller = *H. G. M.*, 2, p. 36-45, éd. Dindorf ; cf. aussi Groh, *op. cit.*, p. 90-94 ; Stein, *Studien*..., p. 5-7 et n. 8 et 9, p. 31-32 ; Bury, *The Cambridge Medieval History*..,, p. 266-267. Jean, fils de Domnentiolos, rencontra Chosroès en mars 567 avec la mission officielle d'annoncer au Perse le changement d'empereur survenu à Constantinople. Mais il devait aussi suggérer au Grand Roi la vente de la province de Svanie aux Byzantins. L'excès de zèle du diplomate éveilla la méfiance de son interlocuteur, qui maintint le statu quo, mais finit cependant par envoyer à Constantinople Izadh-Gouchnasp, de la famille des Zikh, pour parler de cette question litigieuse. L'envoyé tomba malade à Nisibis et y mourut. C'est Mebodh qui finalement présenta avant novembre 567 les vœux du Grand Roi au nouvel empereur. Même si Justin eut à son égard une réaction violente quand il essaya d'intervenir en faveur du Lachmide Amr d'Hira, qui se plaignait de ne plus recevoir les subsides que lui versait annuellement Justinien, l'accueil qui lui fut réservé se révéla dans l'ensemble amical et apparemment les relations entre les deux puissances restaient bonnes. Mais il n'y eut pas un mot échangé sur le problème de la Svanie. C'est sans doute à l'ambassade de Mebodh que Corippe fait allusion, en utilisant une expression symbolique qui désigne la soumission (*préf.* 34 : *inclinare caput subiectaque ponere colla*) pour évoquer la présentation des vœux du roi des Perses au nouvel empereur de Byzance. Il est remarquable que le poète commence l'évocation de l'attitude du Grand Roi par le même pronom (*ille*) que celui qui ouvre l'évocation de l'ambassade avare (*préf.*, 4 : *Illa... gens dura*) et prête au Perse, certes en des termes différents, la même attitude qu'aux Avares. C'est une raison de plus pour voir dans les mots de Corippe une référence à l'ambassade de la deuxième moitié de l'année 567.

APPENDICE II

Le discours des ambassadeurs avares à Justin II et sa réponse

Si l'on excepte le résumé sommaire et expéditif qu'en fait Jean d'Éphèse dans son *Histoire ecclésiastique* (6, 24, p. 247, l. 3-12, éd. E. W. Brooks), le discours des envoyés avares et la réponse de l'empereur ont été conservés par le fragment 14 de l'historien Menander Protector, écrit sous le règne de Maurice après 582 (*F. H. G.*, fragm. 14, éd. Müller = *H. G. M.*, 2, p. 33-36, éd. Dindorf), dont il n'existe à notre connaissance, outre la traduction latine de l'édition Müller, qu'une traduction allemande très libre procurée par E. Doblhofer, *Byzantinische Diplomaten und östliche Barbaren, aus den Excerpta de legationibus des Konstantinos Porphyrogennetos ausgewählte Abschnitte des Priskos und Menander Protektor*, übersetzt, eingeleitet und erklärt von E. Doblhofer (= *Byzantinische Geschichtsschreiber*, Band 4), Graz-Wien-Köln, s. d. (= 1955), p. 118-121. C'est pourquoi nous proposons de ce fragment une traduction française plus stricte : « Sous Justin le Jeune arrivèrent à Byzance les ambassadeurs avares pour recevoir les présents que l'empereur précédent, Justinien, donnait à leur nation. C'étaient des chaînettes d'or ciselé, conçues pour enchaîner en quelque sorte des fugitifs, et également des lits et quelques autres objets de plus haut raffinement. A ce moment les ambassadeurs avares voulurent éprouver l'empereur pour voir s'ils ne pouvaient pas recevoir d'autres cadeaux, abuser de la placidité des Romains et tirer un profit particulier de leur négligence. Alors ils décidèrent de demander audience à l'empereur et, celle-ci leur ayant été accordée, ainsi que la possibilité de dire ce qu'ils voulaient par l'intermédiaire d'interprètes, ils usèrent des termes suivants : « Il faut, empereur, alors que tu reçois « en héritage l'empire de ton père et les amis de ton père, « tout comme ton père bien agir et te montrer davantage

« le successeur du défunt en ne changeant rien à ce qu'il « faisait de son vivant. Car alors, nous aussi, nous garderons « le même jugement et, de la même façon, nous changerons « le nom de la bienfaisance en t'appelant toi aussi, après lui, « bienfaiteur. Et en outre nous aurons honte d'être bien « traités et de ne pas faire bénéficier du même traitement « celui qui en est l'auteur. Car nous avons récompensé ton « père, qui nous témoignait son amitié par des cadeaux, en « nous abstenant de faire, alors que nous le pouvions, des « incursions à travers le territoire romain, mais aussi en « faisant plus : nous avons en effet détruit en masse les bar- « bares de votre voisinage qui dévastaient sans cesse les « alentours de la Thrace et il n'en reste plus un seul pour « faire des incursions à travers les frontières thraces. C'est « qu'ils craignent la puissance des Avares qui a des rapports « amicaux avec l'empire romain. Nous sommes donc per- « suadés que ta seule innovation à notre égard sera de nous « offrir plus que ce que nous donnait ton père. En échange, « comme envers lui, nous te serons soumis au plus haut point « et nous te devrons une plus grande reconnaissance. Nous « sommes donc là pour recevoir les présents habituels. Sache « qu'il n'est pas possible que notre chef soit très bien disposé « envers toi et envers l'État romain, si on ne lui remet pas « auparavant ce pour quoi il a décidé de ne pas porter ses « armes contre les Romains. » Tel fut le discours des ambassadeurs avares, qui faisaient preuve d'une attitude ambiguë, semblant tantôt supplier et tantôt menacer. Ils pensaient ainsi effrayer et épouvanter l'empereur, et en conséquence obliger les Romains à être comme tributaires des Avares. Mais l'empereur, qui ne voyait dans les paroles des Avares rien d'autre que des mots ronflants, répondit ainsi : « Quand « vous profériez en suppliant votre discours orgueilleux, « quand vous pensiez par ce mélange de paroles faire aboutir « en votre faveur votre démarche empressée, dans cette « double espérance, vous êtes pour ainsi dire tombés de haut. « Car ni vos flatteries ne nous trompent, ni vos menaces ne « nous effraient. Je vais vous offrir des cadeaux plus grands « que ceux de mon père : le sens de la mesure, qui convient à « des hommes plus exaltés qu'il ne le faut. Celui qui, en effet, « corrige les hommes qui ont perdu la raison, qui en quelque

« sorte les instruit et qui brise l'élan funeste des présomp-
« tueux, sera considéré comme un bienfaiteur plus que celui « qui dispense la mollesse, qui passe pour avoir des senti- « ments amicaux, mais qui saisit un mince prétexte pour « anéantir aussitôt son prétendu protégé. Allez vous en donc « en ayant acquis auprès de nous un présent très grand, « même s'il ne consiste sans doute qu'à vous laisser terminer « votre mission en vie et en ayant reçu de nous une peur salu- « taire au lieu des richesses romaines. Puissé-je jamais n'avoir « besoin de votre alliance ! Par ailleurs, vous ne recevrez de « nous rien d'autre que, nous semble-t-il, le prix de la servi- « tude, et non, comme vous le pensez, un quelconque tribut. » L'empereur inspira une telle crainte aux ambassadeurs avares que les barbares se rendirent compte, à ses paroles, qu'il ne supporterait pas leur cupidité, qu'il ne leur donnerait rien de plus que ce qu'ils obtenaient auparavant, et qu'à l'avenir ils n'attaqueraient pas impunément le territoire romain. Leur découragement fut grand et ils se posaient le problème de savoir où cette situation les mènerait et quel serait le dénouement de cette affaire. Car ils ne désiraient pas rester pour rien à Byzance, et ne voulaient pas non plus repartir sur un échec. Néanmoins, dans leur malheur, le parti le plus souhaitable leur parut être de rentrer chez leurs compatriotes. Sous le coup de ces événements ils partirent vers le pays des Francs, étonnés de la réponse de l'empereur. »

De la comparaison entre les propos réellement tenus par l'ambassadeur avare, tels qu'on peut les connaître par le témoignage de Menander Protector, qui s'inspire vraisemblablement d'un compte rendu d'audience officiel, et ceux que lui prête Corippe, il ressort que notre auteur a conservé et même amplifié la vantardise du barbare, qu'il a conservé l'allusion aux activités avares en Thrace, transformées chez lui en un exploit fabuleux (cf. *supra*, n. *ad Iust.*, 3, 274-276), qu'il a repris en la démarquant la fin du discours pour lui conserver son sens politique. De la même façon, en ce qui concerne la réponse de Justin, Corippe a conservé le ton hautain et moralisateur de l'empereur. Mais il a introduit dans ses propos un long panégyrique de l'Empire (*Iust.*, 3, 328-389) et donné une portée plus grande au discours de Justin en ajoutant aux menaces contre la vie des ambassadeurs une mise en garde politique contre la nation avare.

INDEX NOMINVM

N. B. L'astérisque désigne des noms auxquels se rapportent des passages du poème, mais qui n'apparaissent pas dans le texte. Les abréviations ***P*** **et** ***PM*** signifient respectivement ***periocha*** et ***periocha in margine.***

INDEX FONTIVM

Les textes juridiques ne sont pas mentionnés dans cet index (cf. p. xiv n. 1 et xxxvi 4). Les emprunts mécaniques sont signalés ainsi :

DEB = début de vers (les 3 ou 4 premiers demi-pieds).
H 1 = premier hémistiche (les 5 ou 7 premiers demi-pieds).
H 2 = deuxième hémistiche (les 5 ou 7 derniers demi-pieds).
H = deuxième hémistiche d'un pentamètre devenu chez Corippe le premier hémistiche d'un hexamètre.
CL = clausule (les 4 derniers demi-pieds).

abréviations s'appliquent parfois seulement à une partie de l'emprunt, qui peut être s important, mais dont les autres éléments ne peuvent être facilement classés : par mple, nous désignons seulement par H 1 l'emprunt que fait Corippe en *Iust.*, 3, 277-278 :

... genibusque minantis
admouere manus...

laud., *Rapt. Pros.*, 1, 50-51 :

... genibusque suas cum supplice fletu
admouere manus...

colonne de droite donne les références au texte de Corippe.

ATOR	*Act.*	1, 47		*Iust.*	4, 307
		2, 98	(CL)		2, 90
		2, 1219			2, 171 ; 3, 71
TVS		1, 154	(H 2)		2, 24
		1, 302			2, 36 ; 2, 182
		2, 99	(DEB)	*Anast.*	18
		3, 267		*Iust.*	2, 137-138
		6, 202			2, 48
		6, 205-206			2, 55
		6, 217-218			2, 55-56
ONIVS		334, 112	(CL)		2, 106
		392, 17	(CL)		3, 111
ON. *Migne*		56, 371 C ; 372 B C			4, 301-302 ; 309-310
VDIANVS		3, 28	(H 2)		2, 386
		3, 315	(H 1)		3, 54
		5, 493	(H 2)		3, 77
		7, 3-4			4, 127-128

TABLE DES MATIÈRES

ACHEVÉ D'IMPRIMER
EN OCTOBRE 1981
SUR LES PRESSES DE
L'IMPRIMERIE DAUPELEY-GOUVERNEUR
A NOGENT-LE-ROTROU

VÉLIN TEINTÉ
DES PAPETERIES DE GUYENNE

4573 — 10 - 1981
Dépôt légal :
éditeur, n° 2258
impr., 4e trim. 1981. — 1973.